Manfred Gold

Der Pferdewirt

MANFRED GOLD

DER PFERDEWIRT

Reiten

Zucht und Haltung

Rennreiten

Trabrennfahren

BLV

Die Deutsche Bibliothek – CIP-Einheitsaufnahme

Der **Pferdewirt** : Reiten, Zucht und Haltung, Rennreiten, Trabrennfahren / Manfred Gold. [Das Kap. »Besonderes Fachwissen für den Schwerpunkt Trabrennfahren“ wurde von Clemens Grundler verf.]. – 4., überarb. Aufl. – München ; Wien ; Zürich : BLV, 1995
ISBN 3-405-14772-7
NE: Gold, Manfred

Das Kapitel »Besonderes Fachwissen für den Schwerpunkt Trabrennfahren« wurde von Dr. Clemens Grundler verfaßt.

Für den praktischen Bereich »Besonderes Fachwissen für den Schwerpunkt Rennreiten« wirkte Erich Pils beratend mit.

Dank an Dr. Max Pick für die Durchsicht des Kapitels »Pferdekrankheiten«.

BLV Verlagsgesellschaft mbH
München Wien Zürich
80797 München

Vierte, überarbeitete Auflage

Herstellung/Layout: Friedrich Wilhelm Borhagen

Gedruckt auf chlorfrei gebleichtem Papier

Gesamtherstellung:
Friedr. Pustet, Regensburg

Printed in Germany
ISBN 3-405-14772-7

Manfred Gold, Jahrgang 1935, Dipl. Ing. (FH), ist nicht nur Reiter und Pferdemann aus Passion, sondern seit über 40 Jahren beruflich mit Pferden verbunden. Berufliche Stationen sind u. a. die Stammgestüte Schwaiganger und Achselschwang, das Landgestüt Landshut/Pferdezuchtinspektion Niederbayern/Oberpfalz; das Referat Pferdezucht beim Bayerischen Staatsministerium für Ernährung, Landwirtschaft und Forsten und das Landesamt für Pferdezucht und Pferdesport mit Landesreit- und -fahrschule in München-Riem.
Seit 1976 ist M. Gold – der zusätzlich eine staatliche Gestütsmeisterprüfung und eine Berufsreiterprüfung abgelegt hat – für die Berufsbildung der Pferdewirte und Pferdewirtschaftsmeister in Bayern zuständig. Durch mehrere Pferdebücher und Fachbücher ist er dem deutschsprachigen Publikum und darüber hinaus bekannt.

Inhalt

Einführung

Die Berufsbezeichnung »Pferdewirt« ist zwischenzeitlich zum festen Begriff geworden bei den Reitern, den Züchtern und den Freunden des Rennsportes mit Pferden; dabei ist dieser Name erst seit einer bundeseinheitlichen Regelung im Jahre 1975 im Sprachgebrauch. Waren vorher die vier Pferde-Berufe in ganz unterschiedlichen Bereichen angesiedelt – von der Landwirtschaft bis zum Künstlerberuf waren sie eingegliedert –, so hat sie der Gesetzgeber sinnvoll mit einer Verordnung vereint, die seit dem 1. November 1975 ihre Gültigkeit hat. Für junge Menschen, die sich einen Beruf mit dem Pferd wünschen, ist es leichter und übersichtlich geworden, sich den speziellen Neigungen entsprechend zu spezialisieren.

Der Umgang mit dem Pferd ist alt; er dauert an, seit das Pferd bei uns Menschen seine Wohnung gefunden hat. Schon früh haben sich die »ersten Spezialisten« entwickelt, sowohl im Umgang mit dem Pferd als auch in der Ausbildung und in einer speziellen Nutzung. Der Mensch und die Geschichte des Menschen ist eng mit der Geschichte des Pferdes verbunden, seien es Jagd, Kriege, die Völkerwanderung, die Nutzung des Pferdes im Handel als Transportmittel oder in der jüngsten Zeit der Kontakt des Menschen zum Pferd als Sportkameraden. Neben dem Hund hat kein anderes Haustier einen so persönlichen Kontakt zu seinem Herrn gefunden.

Unser Jahrhundert ist das Zeitalter der Technik. Deshalb, so scheint es, zieht es den jungen Menschen oder den Menschen überhaupt, der von der Technik gefordert und überlastet wird, so stark zu einem Lebewesen hin. Nicht viele Möglichkeiten bieten zum Tier und zu der Natur in gleichem Maße Verbindung wie gerade das Pferd und der Pferdesport.

Pferdezucht und Pferdesport gehören heute zusammen. Freilich ist Pferdezucht ein rein landwirtschaftlicher Betriebs- bzw. Wirtschaftszweig; aber letztlich ist es auch sein Ziel, Pferde zu erzeugen und zwar für den Sport, für unsere sinnvolle Freizeitgestaltung und zu unserer Freude. Brot und Spiele – das forderte das Volk von seinen Herrschern. Der Beruf des Pferdewirtes ist beiden verbunden. Vielen bietet das Pferd mit Zucht, Ausbildung und Training die Möglichkeit zum Broterwerb. Vielen Zuschauern aber liefert das Pferd in den reiterlichen Disziplinen Dressur, Springen, Vielseitigkeit, mit Trabrennen oder beim Turf Spiele und Unterhaltung gleichermaßen.

Betrachtet man die Löhne, die in den Pferdeberufen, in der Pferdehaltung und im Pferdesport aufgewendet werden, dazu die Umsätze der Industrie für Ausrüstung, den Stallbau, das Pferdetransportwesen, die Turnier- und Rennveranstaltungen, so kann man die wirtschaftliche Seite und Bedeutung nicht übersehen. Eine Vielzahl von Beschäftigten findet in diesem Bereich Verdienst und ein Stück Bruttosozialprodukt wird erzeugt. Daß dies alles unter züchterischer Erkenntnis, unter sportlicher Fairness und unter Regeln und Gesetzen erfolgt, dafür haben die Pferdewirte und Pferdewirtschaftsmeister zu sorgen. Eine Aufgabe, die zu übernehmen sich lohnt.

Der Pferdewirt – Schwerpunkt Zucht und Haltung

Dieser Schwerpunkt ist die Basis für alle übrigen. Ein Großteil der hier vermittelten Fertigkeiten und Kenntnisse ist ohnehin in den übrigen drei Schwerpunkten zusätzlich gefordert. Haltung, Fütterung, Pflege, Stallbau, Gesundheitspflege, Veterinärkunde ziehen sich wie ein roter Faden durch die Schwerpunkte Reiten, Rennreiten und Trabrennfahren. Beim Pferdewirt – Zucht und Haltung – werden sie besonders vertieft vermittelt. Für die Entwicklung des Pferdes von der Geburt bis zum ausgewachsenen Sportpferd ist der Pferdewirt mit dem Schwerpunkt Zucht und Haltung verantwortlich.

Das erforderliche umfangreiche Wissen und Können im Bereich Zucht und Aufzucht macht den Beruf des *»Pferdewirtes – Zucht und Haltung«* absolut gleichwertig und attraktiv gegenüber den drei sportlichen Schwerpunkten.

Neben dem gesamten Haltungskomplex kommt den Zuchtvorgängen ein besonderes Gewicht zu. Der Deckbetrieb, die Trächtigkeit, die Geburt fordern umfangreiches Wissen und entsprechende Fertigkeiten. Bei dem heute wertvollen Zuchtpferdematerial darf wie im Umgang mit wertvollen Geräten und Maschinen nur der Fachmann Hand anlegen. Im Bereich Gesundheitspflege, Gesundheitsüberwachung, Krankheitsvorsorge, Präventivmaßnahmen und Erste Hilfe gilt immer noch: Was der Züchter, Gehilfe oder Meister nicht selbst erkennt, im Griff hat und beheben kann, das kostet über die Einschaltung des Tierarztes viel Geld. Der verantwortungsvolle Könner ist sich seiner Grenzen bewußt, denn bei zu spätem Herbeiholen des Tierarztes oder Einschaltung der Tierklinik sind Kosten und Schaden groß und bei hohem Zuchtwert schwer wieder gutzumachen. Hier ist der Fachmann und Könner gefordert, Leute mit Halbwissen und Wichtigtuerei sind in dieser Branche genug anzutreffen.
Unter den Ausbildungsbetrieben im Bereich »Pferdezucht und Haltung« sind überwiegend Warmblutzuchtbetriebe anerkannt. Vereinzelt bilden jedoch auch Vollblut-, Traber-, Ponyzuchtbetriebe und in neuester Zeit auch Quarterhorse- bzw. Appaloosazuchtbetriebe aus. Entscheidend ist u. a., daß die Möglichkeit besteht, im Reit- und Trainingsbereich eine reiterliche Grundausbildung zu vermitteln.
Die berufliche Fortbildung gipfelt im »Pferdewirtschaftsmeister – Teilbereich Zucht und Haltung« (früher: Staatlich geprüfter Gestütsmeister bzw. Vollblutgestütsmeister).

Der Pferdewirt – Schwerpunkt Reiten

Neben der Tierliebe und der Pferdeliebe, die man von allen vier Schwerpunkten verlangt, ist in diesem Schwerpunkt ein besonders hohes Maß an Sportlichkeit, guten motorischen Anlagen, Kraft, Geschick und Ausdauer verlangt. Der Pferdewirt – Schwerpunkt Reiten – hat zwei

Hauptaufgaben: Die eine ist es, junge Pferde anzulongieren, anzureiten, reiterlich zu fördern und sie schließlich bis zur Turnierreife und vielleicht sogar bis zum großen Sport weiterzubilden. Training und Wettkampf gehören dazu. Gerade der Wettkampf auf Spitzenpferden ist vielen Berufsreitern vorenthalten, wenn sie für einen sportlich ambitionierten Pferdebesitzer arbeiten. Damit zeichnet sich auch ab, daß dieser Schwerpunkt ein absoluter Dienstleistungsberuf ist. Einsatz, Engagement und Arbeit und der Siegerlorbeer liegen nicht immer in der gleichen Hand.

Die zweite und nicht weniger schöne Aufgabe für den »Schwerpunkt Reiten« ist die Heranbildung, Aus- und Fortbildung von Kindern, Jugendlichen und Erwachsenen im Reitsport. An den Breitensport ist gedacht. Auch der Spitzensport kommt nicht ohne den Breitensport aus. Dort findet er seine förderungswürdigen Talente – eine schöne Aufgabe!

Erfolg in dem Beruf zu finden heißt nicht immer, ein Pferd bis zu olympischen Ehren ausgebildet zu haben. Es kann in gleichem Maß befriedigen, eine Gruppe mit talentierten Kindern und Jugendlichen aufzubauen und zum Reitabzeichen oder zu ersten Placierungen hinzuführen.

So können beide Wege, der über die Ausbildung der Pferde wie auch der über die Ausbildung der Reiter, befriedigen und den Beruf zur Berufung werden lassen.

Die Fortbildungsstufe des »Pferdewirtes – Schwerpunkt Reiten« – ist der »Pferdewirtschaftsmeister – Teilbereich Reitausbildung«. Die früheren Berufsbezeichnungen waren »Staatlich geprüfter Bereiter« bzw. »Bereiter FN« und »Staatlich geprüfter Reitlehrer« bzw. »FN-Reitlehrer« (Berufsreitlehrer). Die Ausbildung lag bis zur gesetzlichen Bundesverordnung im Jahre 1975 in den meisten Bundesländern in der Hand der Deutschen Reiterlichen Vereinigung (FN) – Hauptverband für Zucht und Prüfung deutscher Pferde e.V. – und war in der Ausbildungs- und Prüfungsordnung (APO) geregelt. Bayern, das für die staatliche Ausbildung ein Vorreiter war, hat bereits seit dem Jahre 1959 die Berufsausbildung im ländlichen Reit- und Fahrwesen, im Reit- und Fahrwesen wie auch in der Zucht in einer eigenen Verordnung staatlich organisiert und anerkannt.

Ziel vieler junger Menschen ist es, *»Pferdewirt – Schwerpunkt Reiten«* (früher Bereiter) und nach der Weiterbildung »Pferdewirtschaftsmeister – Teilbereich Reitausbildung« (früher Reitlehrer [staatl. geprüft bzw. FN]) zu werden. Die Ausbildung von Pferden und Reitern ist gleichermaßen die Aufgabe.

Der Pferdewirt – Schwerpunkt Rennreiten

Bei den Vollblutrennpferden liegt dem gesamten Turfwesen ebenfalls der Leistungsprüfungsgedanke zugrunde. Vollblutpferde waren die ersten Tiere, die nach Leistung selektiert wurden. Englisches Vollblut wird nach strengen Regeln gezüchtet, nicht minder gewissenhaft aufgezogen und für das Rennen vorbereitet. Die Begründung der Zucht geht auf das Jahr 1793 zurück, als das Generalstutbuch für diese Rasse eröffnet wurde.

Der Beruf des Pferdewirtes – Schwerpunkt Rennreiten –, früher »Rennreiter« oder »Jokkey« genannt, verlangt sportliches Können, Mut, Ehrlichkeit und Selbstdisziplin. Entsprechende körperliche Eignung, niedriges Körpergewicht, meist verbunden mit geringer oder mittlerer Körpergröße, ist allerdings Voraussetzung. Die Rennreiter haben neben dem gesamten Komplex der Pferdehaltung, Fütterung und Pflege als besondere Aufgabe die für den Rennstall ausgesuchten Pferde zu trainieren und schließlich auf der Rennbahn zu starten. Der Turf bietet einmal die Flachrennbahn auf meist hervorragendem Rasengeläuf, zum andern aber die Hindernisbahnen. Bei den Rennen über Hindernisse unterscheidet man die Hürdenrennen, d. h. über bewegliche und umwerfbare Reisighürden, sowie zum andern Jagdrennen über feste Hindernisse wie z. B. Wälle, Bürsten, Hecken, Mauern und Gräben. Die Pferdewirte in diesem Bereich müssen bereits während der Ausbildung entsprechende Routine im Wettkampf- und Rennverlauf sammeln. Es ist eines der Probleme, daß auf vielen Rennbahnen derzeit noch nicht die notwendige Zahl an Nachwuchsrennen gesichert ist, die für den Nachwuchs die notwendige Erfahrung und Routine garantiert. Das zu verbessern muß die Verpflichtung der zuständigen Veranstalter, Funktionäre und Gremien sein. Denn auch hier gilt: Die Zukunft des Sportes hängt von der Qualität des Berufsnachwuchses ab.

Nach Ausbildung und Abschlußprüfung als Pferdewirt – Schwerpunkt Rennreiten – und nach einer mindestens dreijährigen hauptberuflichen Tätigkeit in diesem Beruf steht der Weg zur Fortbildung offen. Der »Pferdewirtschaftsmeister – Teilbereich Galopprenntraining« hat zum einen die Aufgaben des früheren Galoppertrainers übernommen, aber gleichzeitig mit dem Absolvieren der Meisterprüfung, die auch die Teile Wirtschaft und Recht sowie Berufs- und Arbeitspädagogik enthält, das Recht und

Der »*Pferdewirt – Schwerpunkt Rennreiten*« ist ein Spezialist, der körperliche Voraussetzungen mitbringen muß und ein nicht zu breites Betätigungsfeld wegen der geringen Anzahl der Rennbahnen vorfindet.

hoffentlich die Fähigkeit erworben, Auszubildende in diesem Schwerpunkt einzustellen und auszubilden. Die Aufsichtsorganisation für das Galopprennwesen ist das Direktorium für Vollblutzucht und Rennen e.V. in Köln. Das sportliche Betätigungsfeld sind räumlich die Galopprennbahnen der regional angesiedelten Rennvereine für den Flach- und Hindernisrennsport.

Der Pferdewirt – Schwerpunkt Trabrennfahren

Unter dem Namen »Berufsfahrer im Trabrennsport« verrichteten sie ihre Aufgaben vor der Übernahme auch dieses Berufes unter die Fittiche des Staates. Dachverband ist der Hauptverband für Traberzucht und Rennen in 4044 Kaarst 2 (HVT). Unter seiner Oberleitung waren es die regionalen Aufsichtsorganisationen wie CTB, OVT, ZVT, die sich um das Ausbildungs- und Prüfungswesen annahmen. Mit der Zusammenfassung aller vier Schwerpunkte der Berufe mit und um das Pferd konnte der gesamte Bereich Pferdezucht und Pferdesport an Gewicht gewinnen. Das Berufsbild umfaßt zusätzlich neben der Rennpferdehaltung und dem Training den Rennsportbereich. Auch im Trabrennsport ist der Leistungsgedanke bzw. die Leistungsprüfung die Basis für Zucht- und Rennwesen. Besondere Sachkunde in Haltung, Pflege, Hufbeschlag, Beschirrung und Training sind nicht zu missen. Der anerkannte und ausgebildete Fachmann stellt auch hier die Norm für Zucht und Rennsport dar.
Geschichte des Trabrennsportes, Trainingsmethoden und Beschirrungskunde wie auch die Regelung des Rennwesens sind so umfangreich, daß die Auszubildenden in diesem Schwerpunkt eine unbedingt gleichwertige Einschätzung wie die übrigen drei Disziplinen verdienen. Wenngleich durch das Anlegen strenger einheitlicher Maßstäbe anfangs gleich nach dem Jahre 1975 einige von der Härte des Prüfungswesens betroffen waren, so hat sich dadurch ein merklicher Fortschritt für das Niveau des Schwerpunktes Trabrennfahren ergeben. Nach der Ausbildung, der Abschlußprüfung und der mindestens dreijährigen hauptberuflichen Tätigkeit steht ebenfalls der Weg zur »Pferdewirtschaftsmeisterprüfung – Teilbereich Trabrenntraining« offen. Mit dieser Prüfung, der Übernahme einer Trabertrainieranstalt, die anerkannte Ausbildungsstätte sein muß, ergibt sich die Möglichkeit, die fachbezogene Ausbildung weiterzuführen.

Der *»Pferdewirt – Schwerpunkt Trabrennfahren«* findet seinen Hauptaufgabenbereich im Rennsport. Ziel der Berufsfahrerkarriere ist der »Pferdewirtschaftsmeister – Teilbereich Trabrenntraining«.

Allgemeines Fachwissen

Pferdehaltung

Eine zeitgemäße, allen Ansprüchen gerecht werdende Pferdehaltung muß nach den heutigen Erkenntnissen zwei Anforderungen entsprechen:

1. Die physiologischen und psychologischen Eigenarten des Pferdes sind in jeder Hinsicht zu berücksichtigen. Als Steppen- und Fluchttier beansprucht es eine gewisse Bewegungsfreiheit auch bei der Stallhaltung. Als Herdentier benötigt es möglichst immer Kontakt zu seinen Artgenossen.
2. Neben den Belangen des Tieres sind die Belange des Halters maßgebend. Die Preiswürdigkeit spielt eine Rolle, d. h. die Kosten für den Stallbau, für die dazugehörigen Nebengebäude und Einrichtungen sind ausschlaggebend. Das gilt besonders dann, wenn es sich um einen Betrieb handelt, der auf die Wirtschaftlichkeit angewiesen ist und als Basis für eine Existenzgrundlage dienen muß.

Neben den Kosten für Stall und Anlage hat die Arbeitswirtschaftlichkeit einen hohen Stellenwert. Ein wesentlicher Teil der laufenden Betriebskosten bei der Pferdehaltung sind die Löhne, so daß sich arbeitswirtschaftliche Grundrisse und Pläne besonders bei der langzeitigen Nutzung vermehrt auf Gewinn und Verlust auswirken.

Eine erfolgreiche Pferdezucht ohne große Koppeln mit mineralreichen Böden und artenreichem Pflanzenbestand ist nicht möglich. Wachstum, Gesundheit und Fruchtbarkeit hängen davon ab.

Neben neuerrichteten Stallungen und Anlagen geht es in vielen Fällen um die Nutzung vorhandener Gebäude. Umbauten und Einbauten in alten Ställen schränken die freie Planung und Entfaltung nicht selten ein. Dafür kommen sie häufig preisgünstiger. Bei neu zu errichtenden Ställen bevorzugt man isolierte Holzställe, die von der Anschaffung wie von der Benutzbarkeit her Vorteile gegenüber aufwendigen Steinbauten bieten. Sie bringen auch klimatisch und wärmetechnisch weniger Probleme.

Boxenhaltung

Bei Boxenhaltung muß man pro Pferd im Stall 13–15 qm in Anrechnung bringen. Davon entfallen 10–12 qm auf die Boxe selbst. Der Rest ist für die Stallgasse erforderlich. Bei zweireihiger Boxenaufstallung und in der Mitte verlaufendem Stallgang reduziert sich diese Fläche geringfügig. Bei einseitiger Boxenaufstallung ist sie gerade ausreichend. Die Boxenwände werden zweckmäßig aus stehenden, 3–4 Zentimeter starken Holzbohlen hergestellt. Die Höhe der geschlossenen Bohlen reicht bis ca. 1,40 m über dem Boden. Den Rest bis zu der insgesamt 2,20 m hohen Boxenwand bildet zweckmäßigerweise eine Trennwand aus senkrechten Gitterstäben mit einem Durchmesser von 2–2,5 cm und einem Zwischenraum von 7 cm. Die so eingerichtete Boxe ermöglicht den Tieren eine Kontaktaufnahme zueinander, verbessert die Durchlüftung und verhindert bei den angegebenen Zwischenräumen ein Hängenbleiben der Hufe, wenn die Tiere einmal vor Übermut aufsteigen, sich gegenseitig befehden oder beim Wälzen am Boden ein Bein bis zu den Gitterstäben hochstrecken. Die Trennwandhöhe für Hengstboxen muß reichlicher bemessen werden. Hier sind 2,50 m als Norm für Warmblutpferde anzulegen. Die Breite der Boxentüre sollte nicht unter 1,10–1,20 m liegen. Ob man Schiebetüren oder Türen mit gewöhnlichen Angeln verwendet, hängt vom Kostenaufwand, besonders aber auch von der Breite der Stallgasse ab. Für größere Ställe haben sich absolut die Schiebetüren bewährt. Sofern man in kleinen Ställen mit Schwenktüren vorliebnehmen will, so müssen sie jedenfalls bis zur Wand

Licht, Luft und Reinlichkeit im Stall fördern die Pferdegesundheit und damit jede Art von Leistung. Klare Übersicht unterstützt die Arbeit und verringert die Unfallgefahr.

zurückgeschlagen werden können. Vorstehende Teile wie Klinken, Riegel, Verschlüsse erhöhen das Verletzungsrisiko und die Gefahr des Hängenbleibens. Einfache Verschlußmechanismen sind in jedem Fall das Zweckmäßigste, sie dürfen nur von den Pferden selbst nicht erreicht werden können und sollen so in die Türe versenkt sein, daß sie auch von außen nicht aufgeschoben werden können.
Zur Boxeneinrichtung gehören Futterkrippe und Tränke. Der Ort für ihre Anbringung ist unbestritten, die Krippe gehört in die zweite Ecke der Boxe auf der Seite der Stallgasse. In der anderen Ecke liegt ja bereits die Boxentüre. So kann die Beschickung der Futterkrippe über einen ca. 40 cm breiten und 20 cm hohen darüberliegenden Schlitz erfolgen, was arbeitswirtschaftlich eine enorme Zeitersparnis bringt. Durch diesen Schlitz kann beim Betreten des Stalles kontrolliert werden, ob alle Pferde ausgefressen haben. Die Anbringungshöhe von Krippe und Selbsttränke liegt bei ⅔ der Widerristhöhe der darin aufgestallten Pferde. Das bedeutet für Warmblutpferde, Vollblüter oder Traber eine Höhe von circa 1,10–1,20 m Oberkante. Die Krippe hat eine Freßmulde von ca. 50 cm Länge, 25 cm Breite und 20 cm Tiefe. Ein auf der Innenseite der Freßmulde vorspringender Wulst verhindert das Ausstreuen des Kraftfutters. Aufgemauerte Keramikbarren sind in alten oder aufwendigen Ställen häufig anzutreffen. Reiß- und bißfestes Kunststoffmaterial, das gleichzeitig säurefest sein muß, aber auch nichtrostendes Edelstahlblech ergeben zweckmäßige und preiswürdige Krippen von besonderer Güte. Besonders als Eckkrippen sparen sie Raum und verhindern, daß Kanten und Ecken hervortreten, die Verletzungen beim Aufstehen des Pferdes in der Boxe verursachen können.
Die Selbsttränke ist heute die einzig vertretbare Art der Wasserversorgung. Zum einen haben die Pferde immer die Möglichkeit, frisches Trinkwasser aufzunehmen, was sich für die Verdauung günstig auswirkt und eine gewisse Gier auf das Wasser verhindert. Zum anderen ist das Tränken der Pferde mit Eimer aus arbeitswirtschaftlichen Gründen absolut undiskutabel. Setzt man für die tägliche Tränkezeit eines Pfer-

Ein mit Deckel geschlossenes Tränkebecken ist gegen Staub, Mist und Einstreu geschützt. Der darauf befestigte Leckstein wird gerne angenommen.

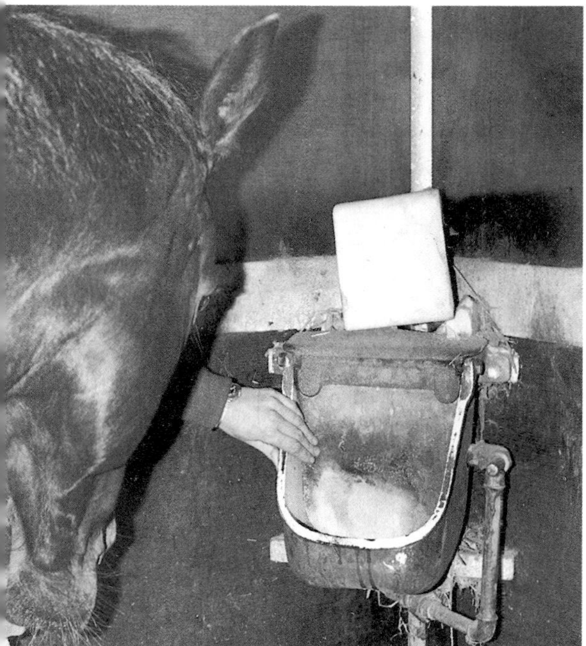

Technisch die beste und billigste Einrichtung zur Krippenbeschickung: ein Schlitz ohne jeden Mechanismus.

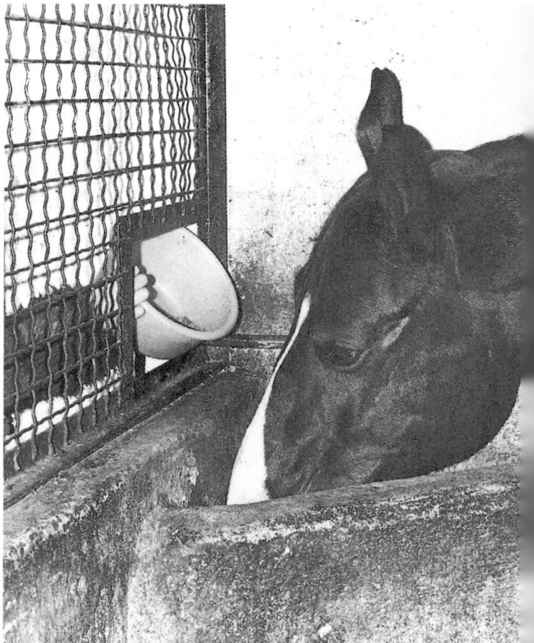

des nur 10 Minuten an, so ergeben sich im Jahr über 60 Stunden Zeit allein für das Tränken und die Kosten – setzt man den Lohn eines Hilfsarbeiters mit ca. 15,– DM an – pro Jahr/pro Pferd ca. 900,– DM. Selbsttränken für den Pferdestall müssen mit einem schweren Deckel versehen sein, um die Verschmutzung der Tränkeschale mit Mist, Streu und Futter zu verhindern. Das Gewicht verhindert, daß die Pferde ständig mit dem Deckel klappern und spielen. Die Anbringung der Tränke diagonal der Futterkrippe gegenüber ermöglicht eine feste Installation der Rohrleitungen auf der Boxenrückwand und reduziert gleichzeitig das Einstreuen von Körnern in das Trinkwasser. Zusätzlich können die Pferde nicht ständig Wasser während des Kauvorganges zu sich nehmen, wodurch die Zerkleinerung und Einspeichelung vernachlässigt wird oder unterbleibt.

Eine Heuraufe erübrigt sich, das Rauhfutter wird am Boden neben der Krippe den Tieren zum Fressen angeboten. Die überlieferte Art, den Pferden das Heu in einer hochangebrachten Raufe darzureichen, ist der Rückenmuskulatur nicht dienlich und bringt Staub- und Heureste in die Augen und Mähnen der Pferde.

Isolation und Wärmedämmung, Frischluft und Luftbewegung sind wichtige Komponenten, die das Stallklima ausmachen. Licht und Luft fördern außerdem das Wohlbefinden und die Gesundheit unserer Pferde im Stall. Neben der Frischluftversorgung in kleineren Ställen durch die Fenster wird der allgemeine Luftaustausch in größeren Stallanlagen über die First- und Dachtraufenbelüftung geregelt. In älteren Ställen findet man auch noch häufig den einfachen Abluftschacht. Dieser besitzt an der Decke bzw. am Boden jeweils eine Öffnung zum Regulieren der Zu- und Abluft. Den Luftaustausch auf mechanischem Wege zu unterstützen ist, soweit andere Möglichkeiten fehlen, eine Notlösung. Sie ist jedoch mit laufenden Betriebskosten verbunden und gleichzeitig läßt sich eine gewisse Lärmbelästigung nicht ausschalten. Die erforderliche Wärme – die meisten Pferdeställe sind ohnedies zu warm – ist sichergestellt, wenn Deckenhöhe und Isolation aufeinander abgestimmt sind und pro Großpferd ca. 45 m³ angesetzt werden. Das ergibt sich bei einer normalen Boxengrundfläche und einer Deckenhöhe von 3,50–4 m je nach Anzahl der Boxen und Größe des gesamten Stalles. Die Deckenhöhe von rund 3 m reicht bei kleineren Ställen bis ca. 8 Pferdeboxen, bei größeren Ställen ist mit 4 m Deckenhöhe ein Mindestmaß für das Verhältnis notwendig. Bei den heute errichteten Stallungen ohne tragender Zwischendecke werden diese Höhen ohnehin meist überschritten und dadurch ein viel größerer Luftraum je Pferd zur Verfügung gestellt. Dies entspricht der heutigen Auffassung, wonach die Gefahr für das Pferd, sich zu erkälten, nur als gering bzw. nicht vorhanden angesehen wird. Die früher als erwünscht angegebene Stalltemperatur von 15–20 °C ist überholt. Die Temperatur im Stall, dem ständigen Aufenthaltsort des Pferdes, soll nicht zu weit von der Außentemperatur bzw. von der Temperatur des Ortes abweichen, an dem das Pferd zur Arbeit eingesetzt wird. Dadurch werden Haut und Körper so reguliert, daß eine stärkere Umstellung nicht erforderlich wird. Man spricht heute auch der Kalthaltung das Wort. Diese die Gesundheit fördernde Haltungsart setzt allerdings voraus, daß der dadurch erhöhte Bedarf an Energiestoffen für die Erhaltung der Körpertemperatur entsprechend abgedeckt wird.

Die für die Stallhaltung optimale Luftfeuchtigkeit – der gewissenhafte Pferdehalter wird sie mit einem Hygrometer laufend überwachen – wird mit 60 bis 80% relativer Luftfeuchtigkeit angegeben. Daß nur durch entsprechende Frischluftzufuhr optimale Luft erhalten bleiben kann, wird klar, wenn man weiß, daß das Pferd mit rund 500 kg Eigengewicht pro Stunde ca. 3600 Liter ein- bzw. ausatmet. Der für die Stalluft und das Stallklima ebenfalls bedeutsame Anteil an Kohlendioxid darf 1 l je Kubikmeter nicht wesentlich übertreffen. Auch hier gibt nur Abhilfe entsprechender Luftaustausch, wobei man für ein Großpferd rund 200 m³, für ein Kleinpferd etwa knapp 100 m³ Frischluft je Stunde einkalkulieren muß. Frischluft ja Zugluft nein, das ist die allgemein herrschende Meinung über die Luftverhältnisse im idealen Stall. Unter Zugluft versteht man im allgemeinen stark bewegte Luft, die beim Eindringen unter der vorhandenen Raumtemperatur liegt. Die Gefahr wird allgemein überschätzt. Bei dem enormen Luftaustausch, der erforderlich ist, um ein gesundes Stallklima für unsere Pferde zu erhalten, ist eine größere Luftbewegung oft nicht zu vermeiden.

Schlimmer als die bewegte Luft ist der dadurch bewegte Staub. Er ist ein negativer Bestandteil der Stalluft und des Stallklimas, der eine absolut gesundheitsschädliche Wirkung ausübt. Reinlichkeit, saubere Stallgassen, staubfreies Einstreumaterial und Rauhfutter sowie befestigte und gereinigte Vorplätze um den Stall herum sind die sicherste Art, um diesem Problem entgegenzuwirken.

Licht und Helligkeit sind einer der größten Feinde des Staubes. Aber auch physiologisch haben die natürliche und künstliche Beleuchtung einen großen Einfluß auf die Pferdegesundheit, auf Fruchtbarkeit und Vitalität. Als Faustzahl wird je Pferdeboxe knapp ein Quadratmeter Fensterfläche von Baufachleuten empfohlen. Das entspricht etwa einem Fünfzehntel bis einem Zwanzigstel der Stallgrundfläche. Nicht ohne Wichtigkeit ist die Höhe der Unterkante der Fenster- bzw. des Lichtbandes, jedenfalls im Bereich der Pferdeboxen. Hier ist als Minimum bei Großpferden eine Höhe von 2,20 m über dem Boden anzusehen.

Abschließend noch eine kurze Betrachtung über den Standort des Stalles. Häufig sind diese Fakten zwar vorgegeben, soweit man jedoch wählen kann, ist auch die sogenannte innere Verkehrslage des Betriebes sowohl arbeitswirtschaftlich wie auch unter Berücksichtigung von Physiologie unserer Pferde ein besonderes Augenmerk zu schenken. Leichte Hanglage (bis ca. 10%) ist günstig, wobei der Stall nie auf dem höchsten Punkt und nie in der Senke zu errichten ist (Luftstau, Wasser). Entscheidend für den Arbeitsablauf ist ein günstiger Weg zur Dungstätte wie auch zu Reitplätzen, Trainingsplätzen, einer gedeckten Reitbahn oder anderen häufig benutzten Einrichtungen.

Die Beantragung und Erteilung einer Baugenehmigung vor jeder Errichtung von Stall, Halle, Scheune, auch von festen Weidezäunen ist gesetzliche Vorschrift. Zuständig ist dafür die Gemeinde und die Kreisverwaltung (Landratsamt).

Ständerhaltung

Zwar selten, aber doch noch anzutreffen ist heutzutage die sogenannte Ständeraufstallung. Vertretbar ist sie noch in einem Reitbetrieb, wo für täglich mehrstündige Bewegung der Pferde gesorgt ist. Die Maße für einen Ständer bei Großpferden beträgt 1,70 m Breite und 3,20 m Länge. Bei Kleinpferden und Ponys – Stockmaß bis 148 cm – genügen 1,50 m Breite und 2,60 m Länge. Die Trennung der Ständer voneinander sollte in jedem Fall durch feste Zwischenwände mit einer durchschnittlichen Höhe von etwa 1,80 m erfolgen. Eine Trennung lediglich durch Flankierbäume bringt immer besondere Gefahren mit sich und sollte nur auf kurzzeitige Verwendung, z. B. in Turnierunterkünften, beschränkt sein. Allerdings muß hier eine laufende Überwachung sichergestellt werden, da gerade dabei fremde und darunter nicht selten unleidige Pferde nebeneinander untergebracht werden müssen.

Laufstall

Laufstallungen haben heute eine nicht unbedeutende Renaissance erlebt, vor allem aus der Erkenntnis des Pferdeverhaltens und der Notwendigkeit der Sicherung der oft fehlenden Bewegung. Für Jungpferde ist die Haltung im Laufstall seit eh und je eine übliche Form der Aufstallung. Für Jährlinge bis Zweijährige sind etwa 6–9 qm Grundfläche im Laufstall anzusetzen, wobei die Größe möglichst so anzulegen ist, daß eine gerade Zahl von Pferden untergebracht werden kann. Selbst im Großbetrieb sollten dabei allerdings Laufställe für über 10 bis 16 Pferde unterbleiben, da dies nicht mehr der Sozialordnung, die in der Natur gilt, entspricht. Größere Herden leben auch in der Natur immer in mehrere Gruppen untergliedert, die sich lediglich zu einem losen Verband zusammenschließen. So günstig sich der Laufstall auf die Bewegungsmöglichkeit der Tiere auswirkt, so kommt vor allem ein Problem besonders schwer zum Tragen: Schwache Tiere werden bei der Futterverabreichung ständig und immer mehr in das Abseits gedrängt. Selbst große Gestütsbetriebe hängen deshalb, wenigstens zweimal zu Futterzeiten, den gesamten Besatz eines Laufstalles an durchgehenden Futterbarren an. Eine andere Möglichkeit, diesem Problem Paroli zu bieten, ist das Anbringen von Futterständen im Laufstall, die so eng sein müssen, daß sich kein zweites Pferd an den Barren herandrängen kann.

Neue Formen der Pferdehaltung

Die Mehrraumhaltung mit Auslauf ist gesund und bietet den so gehaltenen Pferden ein Mindestmaß an Bewegungsmöglichkeit. Ausreichend Platz ist Voraussetzung.

Ansicht

A
Grundriß

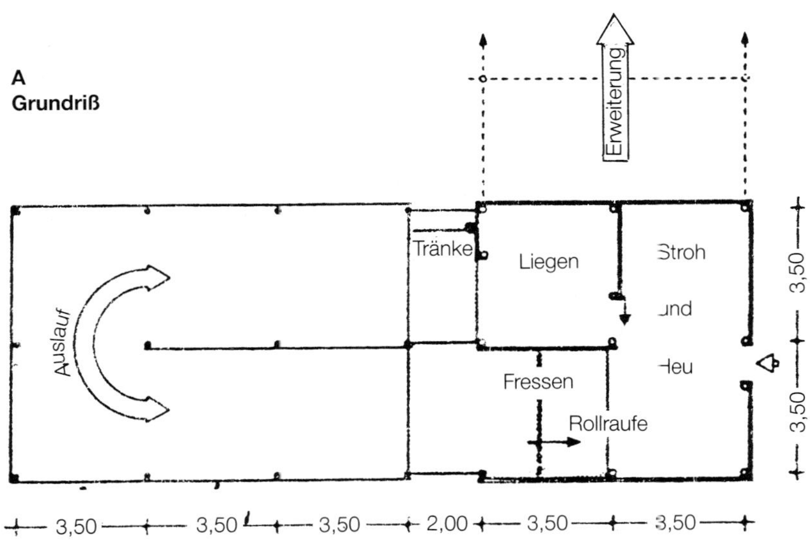

Mehrraum-Auslaufhaltung mit nebeneinander liegendem Freß- und Liegeplatz sowie Rollraufen- und Vorratsfütterung
(Nach Prof. Piotrowski, Bundesforschungsanstalt Völkenrode)

B Längs-anordnung

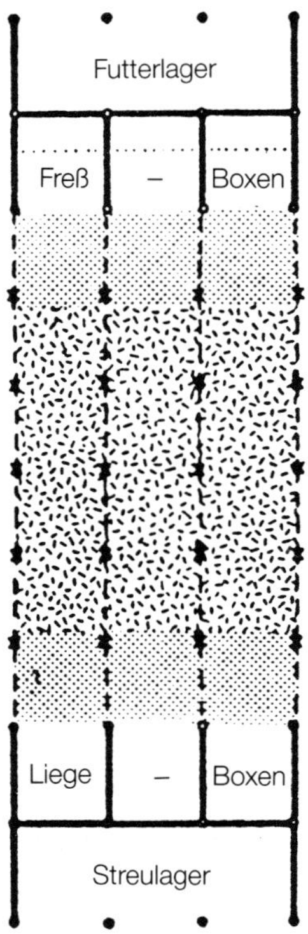

C Parallel-anordnung

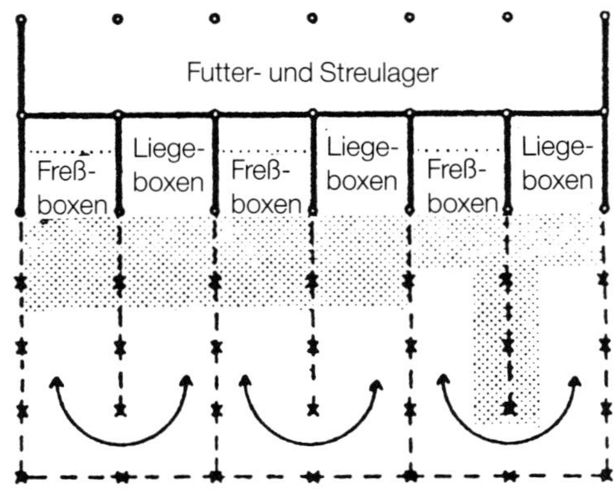

D Kompakt-anordnung

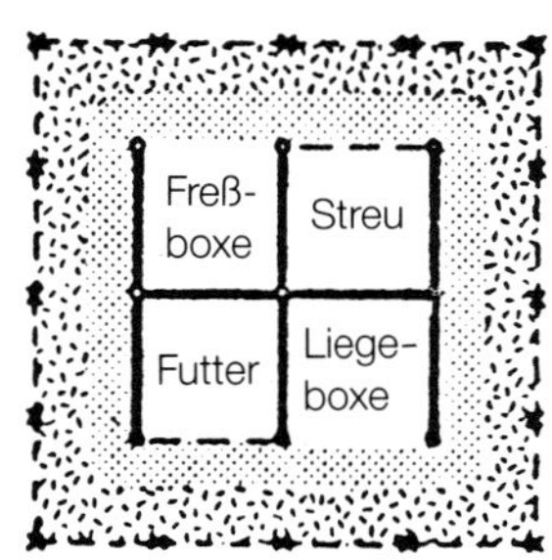

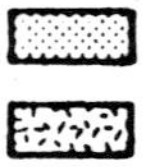

Möglichkeiten zur Anlage von Mehrraum-Auslaufhaltungen für Pferde
(Nach Prof. Piotrowski, Bundesforschungsanstalt Völkenrode)

Weidehaltung

Die Weidehaltung ist für das Steppentier Pferd jene Haltungsart, die seiner ursprünglichen Lebensweise am nächsten kommt. Als Bewegungs- und Fluchttier nimmt es ganztägig Futter auf. Die dabei bedingte ständige Bewegung wirkt sich ideal auf Körper, Organe, besonders aber auf die Beine aus. Deshalb gilt grundsätzlich: Ohne Weidemöglichkeit keine Pferdezucht. Stuten, Fohlen sowie ein- bis dreijährige Jungpferde gehören auf die Weide. Ein Warmblutpferd mittlerer Größe benötigt für eine Weideperiode von April/Mai bis Oktober/November eine Weidefläche von ca. 0,33 bis 0,5 ha. Bei dieser Fläche kann Erhaltungsfutter und bei nur geringer Leistungsanforderung auch das Leistungsfutter aus dem Grüngut aufgenommen werden.
Die Dauer- oder Standweide ist für Pferde das Übliche. Die gesamte eingezäunte Fläche steht dabei über die ganze Weideperiode zur Verfügung. Große Galoppierstrecken ermöglichen einen idealen Auslauf für das Trainieren von Herz und Lunge und stählen Sehnen und Gelenke. Die Anlage von Standweiden sollte deshalb, soweit es grundstücksmäßig möglich ist, möglichst in rechteckigen Flächen erfolgen, so daß sich lange, gerade Strecken zum Galoppieren ergeben. Der Nachteil: Ein nicht unbeträchtlicher Teil des Grases wird auf der Standweide allerdings »verwirtschaftet«, d. h. von den Pferden niedergetreten. Um den abgesetzten Mist bilden sich Gailstellen, an denen sich vermehrt spezielle Weideunkräuter ansiedeln.
Die entsprechende Weidepflege mit Gerätschaft und Düngung ist durch nichts zu ersetzen, sonst droht dem idealen Pflanzenbestand auf der Weide eine starke Zerstörung. Auf mittleren Mineralböden wäre eine Pflanzenzusammensetzung auf dem Dauergrünland, d. h. auf den Weiden, von ca. 60% Gräsern, 20% Leguminosen und ebenfalls 20% Kräutern als ideal anzusprechen. Für die Weideansaat haben sich besonders folgende Gräser bewährt: Obergräser, z. B. Rohrglanzgras, Wiesenfuchsschwanz, Wiesenlieschgras, Goldhafer, Knaulgras, Glatthafer, wehrlose Trespe. Untergräser: Deutsches Weidelgras, Wiesenrispe, Rotschwingel, Weißes Straußgras.
Der Bestand an Leguminosen ist besonders wertvoll, da diese stickstoffsammelnden Pflanzen aufgrund ihres verstärkten Rohproteingehaltes einen hohen Futterwert bieten. Gleichzeitig ist ihr umfangreiches Wurzelwerk bodenpflegend. Im Dauergrünland werden besonders folgende Leguminosen mit ausgesät: Weißklee, Wiesenrotklee, Bastardklee, Hornschotenklee, Wiesenblatterbse, Gelbklee, Zaun-und Vogelwicke.
Eine besondere Stellung nehmen die Kräuter ein. Großteils werden sie von der Natur selbst gesät. Sie machen zum einen das Futter schmackhaft und zum andern aufgrund hoher Mineralstoff- und Wirkstoffanteile wertvoll. Tritt allerdings die eine oder andere Kräuterart in überhohem Maße auf, so wird auch das erwünschte Kraut zum Unkraut. Zusätzlich haben die Kräuter oft die Eigenschaften, besondere Zustände des Bodens und des Grundwasserspiegels anzuzeigen.

Ist keine feste Wasserversorgung auf der Weide vorhanden, dann hilft ein Wasserfaß mit Selbsttränke.

Erwünscht sind auf dem Dauergrünland: Kümmel, Pimpernelle, Wiesenknopf, Frauenmantel, Spitzwegerich, Schafgarbe, Wiesenkerbel, Bärenklau, Pastinak, wilde Möhre, Löwenzahn, Pippau, Kohldistel und Sauerampfer. Rosettenbildende Kräuter werden, wenn sie in größerer Anzahl auftreten, zum Unkraut, weil sie alles übrige verdrängen. Eine besondere Eigenschaft als sogenannte »Zeigerpflanzen«, die dem Landwirt etwas anzeigen, haben z. B.: Moose, Heidekräuter, Klappertopf, Hauhechel, Thymian, die von schlechter Nährstoffversorgung des Bodens zeugen. Bei zu hohem Grundwasserspiegel und feuchtem sauren Boden finden wir häufig Simsen, Seggen, Binsen, Wollgräser und Wiesenknöterich. Auf schlechte Weidepflege mit hervortretenden Geilstellen weisen besonders Brennessel, Großer Ampfer, Pestwurz, Lattich oder Disteln hin.
Auf Giftpflanzen sowohl auf dem Dauergrünland wie als begrenzende Hecken muß man achten! Sie bieten eine nicht zu unterschätzende Gefahr. Im Wiesenbestand sei gewarnt vor Schierling, Herbstzeitlose, Fingerhut, Bilsenkraut und Einbeere. Als begrenzende Hecken sind besonders giftig: Eibe, Buchsbaum, Akazie, Liguster und Tollkirsche. Schwere Vergiftungen und sogar Todesfälle werden durch einige dieser Pflanzen verursacht.

Beispiel einer Saatmischung für Dauergrünland (Gestütskoppeln) (sandiger Lehm; Säurezustand: pH-Wert 6,5; Niederschläge 700 mm)

Sorte		Menge
Lieschgras		8 kg
Knaulgras		4 kg
Wehrlose Trespe		2 kg
Wiesenrispe		10 kg
Rotschwingel		6 kg
Deutsches Weidelgras		5 kg
Kammgras		2 kg
Hornschotenklee		2 kg
Weißklee		1 kg
Esparsette		2 kg
Kümmel		2 kg
Saatgutmenge für 1 ha	=	44 kg

Weideunterstand

Zum Schutz gegen Wind, Regen und Hitze brauchen die Pferde auf der Dauerweide einen Unterstand. Er ist zweckmäßigerweise auf drei Seiten geschlossen und bietet nach Osten die offene Seite zum Ein- und Ausgehen. Je Pferd sind ca. 8 bis 10 qm, je Kleinpferd ca. 6 qm Grundfläche zu veranschlagen. Ca. 2,50 m über der Erde kann zweckmäßigerweise eine Zwischendecke mit Stangen und darauf gelagerten Strohballen eingezogen werden. So ergibt sich eine gleichermaßen gute Isolierung gegen Kälte und Hitze. Auf die Dauerweide gehört eine Wasserstelle, die ausreichend und immer sauberes Wasser spendet. Ist keine Leitung oder Pumpe mit Selbsttränke vorhanden, so kann auch ein Wasserfaß, ebenfalls mit angebrachter Selbsttränke, als Notbehelf dienen. Trotz Grünfutter sollten je Pferd (500 kg) und Tag ca. 20–30 Liter Wasser zur Verfügung stehen.
Die Einzäunung und die Weidetore sind ein Kapitel, dem man nicht genügend Aufmerksamkeit widmen kann. Provisorien oder gar Schlamperei sind hier gefährlich. Berichte über Unfälle, bei denen Menschen- und Pferdeleben zu beklagen sind, kennen wir zur Genüge aus den Medien. Eine sichere Einzäunung für die Pferdekoppel besteht aus kräftigen Pfählen und Stangen. Früher verwendete man bevorzugt eichene Eisenbahnschwellen als Pfähle. Sie sind leider nur noch schwer zu bekommen. Daran werden drei Stangen mit einem Durchmesser von ca. 8–12 cm übereinander befestigt. Das Annageln der Stangen erfolgt von der Weideinnenseite, damit sie nicht von den scheuernden Pferden nach außen weggedrückt werden können. Für die Anbringung der Stangen haben sich folgende drei Höhen über dem Boden bewährt: 60 cm, 120 cm, 180 cm. An frequentierten Straßen oder wenn erhöhte Sicherheit gefordert ist, muß ca. 1 m innerhalb der Einzäunung ein Elektrozaun in einer Höhe von ca. 110–120 cm über dem Boden zusätzlich schützen. Dadurch ist den Pferden das Ausbrechen, gleichzeitig aber auch den Passanten das Füttern und Berühren der Pferde verwehrt. Auch zum Unterteilen der Weidefläche kann man sich eines Elektroweidezauns bedienen. Die neuen Modelle haben für Pferde gut sichtbare stromführende Bänder bis zu 4 cm Breite.

Wenn Unterteilung mit festem Holzzaun vorgesehen ist, dann genügen zwei übereinanderliegende Stangen mit einem Abstand von 70 cm und 140 cm über dem Boden. Als Abstand von Pfahl zu Pfahl haben sich etwa 5 m bewährt. Da die vorher erwähnten Eichenschwellen selten zur Verfügung stehen, ist es erforderlich, für Pfahl- wie für Stangenmaterial imprägniertes Holz zu verwenden. Es widersteht der Fäulnis und dem Verrottungsprozeß länger und der Verbiß durch die Pferde unterbleibt.
Die Breite der Weidetore ist durch die Breite der Pflegegeräte vorbestimmt. Die einfachste Art der Tore sind z. B. in runde Eisenbügel eingeschobene Stangen. Eingesteckte und gesicherte Splinte in den Schubstangen sind notwendig, um ein Herausschieben zu verhindern. Übrigens ist bei allen Arten an Weidetoren eine Sicherung der Verschlüsse erforderlich. Man bedenke, daß nicht nur die Pferde, sondern auch Kinder und unvernünftige Menschen daran hantieren und so häufig Pferde von den Koppeln freigekommen sind.
Zur Weidenutzung ist zu sagen, daß vom Dauergrünland eine sehr hohe Leistung erwartet werden kann, wenn durch mechanische Weidepflege, wie z. B. Wiesenegge, Schleppe oder Wiesenwalze, Bestockung und Wuchs günstig beeinflußt werden und durch abgestimmte Düngung mit Mineralstoffen (Stickstoff, Phosphor, Kali sowie Kalkung) für entsprechende Voraussetzungen gesorgt wird. Das Abtragen von Kothaufen dient nicht nur der Schönheitspflege, sondern vor allem auch zur Reduzierung der Infektionsgefahr durch Darmparasiten. Gleichzeitig wird die Bildung von Geilstellen (Stickstoffpflanzen) vermieden. Wechselweise Nutzung durch Weide und Mähen begünstigen Aufwuchs, Pflanzenvielfalt und Schluß der Grasnarbe. Der Wechsel der Tiergattungen auf den gleichen Weideflächen verringert ebenfalls die spezifische Parasitenverbreitung.

Ein zweckmäßiger Weidestall bietet Sonnenschutz und einen trockenen Liegeplatz. Ein Bergeraum für Rauhfutter ist bei offener Lage zweckmäßig.

Bewirtschaftungsplan für Dauergrünland auf dem Pferdebetrieb

	Dauerweide (Koppeln)	Koppeln mit Mäh-Weidenutzung	Wiese
Frühjahr	(bei Neuaussaat vorher gründliche Vorbereitung der Flächen, Furche voll umdrehen, Scheibenegge, Saategge, Einsaat) evtl. Zwischenkultur (Hackfrucht, Kleegras o. ä., Glattwalze)		
	Vor Vegetationsbeginn:		
	Schleppe/Wiesenegge	dto.	dto.
	Walze	dto.	dto.
	Grunddüngung: Reinwirkstoffe 80–100 kg/ha Phosphor (P_2O_5), 120–160 kg/ha Kali (K_2O), 60–120 kg/ha Stickstoff (N) (aufteilen!)		
	Nach Vegetationsfortschritt:		
Sommer	Koppelbesatz (ca. April) Umtrieb nach Abweidung Mist abtragen oder Schleppen, Weideunkräuter bekämpfen, Geilstellen ausmähen, N-Gaben (30–60 kg/ha)	(evtl. Koppelbesatz) oder Ende Mai Heuernte N-Gaben (30–60 kg/ha) Mitte Juli Beweidung (evtl. Mitte–Ende Juli) Heuernte (2. Schnitt oder Grummet)	– Mitte bis Ende Mai Heuernte N-Gaben (30–60 kg/ha) Mitte bis Ende Juli Heuernte – 2. Schnitt/Grummet. Evtl. P-Gabe Ende September Heuernte 3. Schnitt oder Grüngut für Silagegewinnung
Herbst	Weiterer Umtrieb, so daß jede Koppelfläche 1–2 Ruhepausen in der Vegetationszeit erhält	Oktober Nachweiden (evtl. Grüngut für Silagegewinnung)	
Winter	Mist abtragen, Schleppen, Ausmähen (evtl. P, K-Düngung)	dto. dto.	
	Bei Bedarf evtl. im Abstand von mehreren Jahren eine Kalkung 10–20 dt/ha ($CaCO_3$ oder in Verbindung)		

Pferdepflege

Die übliche Pferdepflege von intensiv gehaltenen Reit- oder Rennpferden wird täglich, und zwar frühmorgens oder am Vormittag, erledigt. Als Pflegewerkzeuge dienen:
- grobe Reis- oder Wurzelbürste,
- Roßhaarkardätsche,
- Stahl- oder Gummistriegel,
- zwei Schwämme,
- Putztuch,
- Hufkratzer, Huffett und Pinsel.

Wird die Putzarbeit maschinell erledigt, dann ersetzt der Staubsauger mit grobem und feinem Bürstenvorsatz sowie Striegel die entsprechenden Handgeräte. Kopf, Beine und alle jene Körperteile, bei denen das Fell dünn über den Knochen liegt, werden mit der Kardätsche oder feinen Bürste bearbeitet. Alle bemuskelten Körperteile werden zu Beginn der Putzarbeiten mit dem Striegel aufgerauht, so daß die feinen Schmutzteilchen in den Striegel gelangen. Dieser wird von Zeit zu Zeit am Boden ausgeklopft bzw. am Boden werden die sogenannten Striche abgeklopft, nach deren Anzahl man früher die Qualität der Putzarbeit bewertete. Sofern diese Arbeit nicht auf der Stallgasse oder einem festen Putzplatz verrichtet wird, sondern notgedrungen in der Boxe erledigt werden muß, so wird der Striegel an der unteren Boxenwand ausgeklopft, möglichst dort, wo der Mist liegt.

Die Putzarbeit mit der Kardätsche, die immer wieder am Striegel abgezogen wird, beginnt am Kopf, geht über Hals und Körper bis zur Kruppe und abschließend werden die Beine gereinigt und gebürstet. Die Reinigung von Augen, Nüstern und Maul wird mit einem feuchten Schwamm durchgeführt. Ein weiterer Schwamm dient zur gleichen Verrichtung an den Geschlechtsteilen und am After. Das fertig geputzte Fell des Pferdes wird mit einem Putztuch, einem möglichst rauhen Leinen, in Haarwuchsrichtung glattgezogen und von den letzten Staubkörnchen befreit.

Hufpflege

Besonderer Aufmerksamkeit bedürfen die Hufe. Nur tägliche Reinigung und Überprüfung sichern, daß hier alles in Ordnung ist und bleibt. Bei der morgendlichen Reinigung wird die gesamte Sohle mit dem Hufkratzer gesäubert, die äußeren Hufwände werden abgebürstet und Seitenwände sowie Sohle mit Huffett dünn eingestrichen. Besonders das Einfetten des Kronenrandes bzw. Saumbandes ist wichtig. Von hier soll gesundes Horn nachgeschoben werden. Das in den meisten Huffetten vorhandene Lorbeeröl hat eine besonders positive Wirkung.

Gewissenhafte Hufpflege täglich vor und nach der Arbeit macht sich immer bezahlt.

»Heißer Beschlag« ist selten geworden; das Anpassen der Eisen geht so am genauesten.

Im trockenen Zustand dringt das Huffett am leichtesten in die Oberfläche des Horns ein. Daher ist es nicht zweckmäßig, vor dem Einfetten die Hufe zu waschen. Allzu häufiges Waschen ist ohnehin aufgrund des auslaugenden Effekts nicht zu empfehlen. Dies erfolgt bestenfalls nach der Arbeit, wenn auf weichem tiefen Boden oder nassem tiefen Sand bzw. Rasen trainiert wurde. Nach der Arbeit wird der Huf erneut hochgehoben und von allen Erd- und Sandresten befreit. Besondere Aufmerksamkeit gilt der Überprüfung der Strahlfurchen und der Engstelle zwischen Strahl und Eckstreben. Hier ist die Gefahr groß, daß sich Steine festklemmen und durch Druck Entzündung der Huflederhaut hervorrufen. Zur obligatorischen Hufversorgung gehört ein Besuch des Hufschmieds im Abstand von ca. 6–8 Wochen. In diesem Zeitraum ist das Hufhorn 1 bis 1,8 cm nachgewachsen. Der Tragrand wird vom Hufschmied beschnitten und die stark wachsende Zehe muß dringend gekürzt werden. Das Eisen wird erneut aufgelegt oder, wenn es bereits abgetreten oder abgeschliffen ist, durch ein neues ersetzt. Es wäre falsch, bei harten Hufen und einem noch gut sitzenden Hufeisen länger zu warten. Die Hufwand an der Zehe wächst vermehrt, wodurch sich die Stellung der gesamten Fessel zum Boden hin zu einem spitzeren Winkel verändert. Die Folge ist eine Überbelastung der Beugesehenen am Bein, einem ohnehin gefährdeten Bereich bei all unseren Leistungspferden.

Pferdefrisur

In den unterschiedlichen Sportdisziplinen herrschen abweichende Gepflogenheiten. Beim Reitpferd, vor allem wenn es auf einer Leistungsschau oder auf einem Turnier vorgestellt wird, zollt man dem Frisieren viel Aufmerksamkeit. Besonders bei Material- und Eignungsprüfungen, auch bei Dressurprüfungen messen Reiter und Jury diesem Verschönern viel Wert bei, denn neben der Leistung kommt es bei der Bewertung zusätzlich auf Gesamteindruck an. Die Mähne wird verzogen, d. h. etwas ausgedünnt, und gekürzt, und zwar durch Auszupfen der längeren Haare. Diese werden auf der Seite entfernt, nach der die Mähne fallen soll. Ein

Die Mähnenhaare werden angefeuchtet, in Strähnen aufgeteilt und gleichmäßig eingeflochten.
Die Zopfspitzen werden mit kleinen Gummiringen umwickelt und mit Klebeband unter dem Zopfanfang befestigt.

kleines Büschel ums andere wird dabei um den kurzen Mähnenkamm gewickelt und nach unten ausgezogen. Nach Auslichten und Verkürzen werden die Spitzen des Mähnenhaares mit einem scharfen Messer gleichmäßig verlaufend eingekürzt. Die Länge der frisierten Mähne beträgt etwa eine Handbreit. Man läßt sie einige Zentimeter länger, wenn man öfter beabsichtigt, Zöpfe einzuflechten, diese nach unten umzulegen und mit Textilklebebändern oder Gummis zu befestigen.
Um die Bemuskelung der Kruppe zu zeigen und die Eleganz des Pferdes von rückwärts und seitwärts zu betonen, werden die Schweifhaare

Schlecht gepflegter Schweif

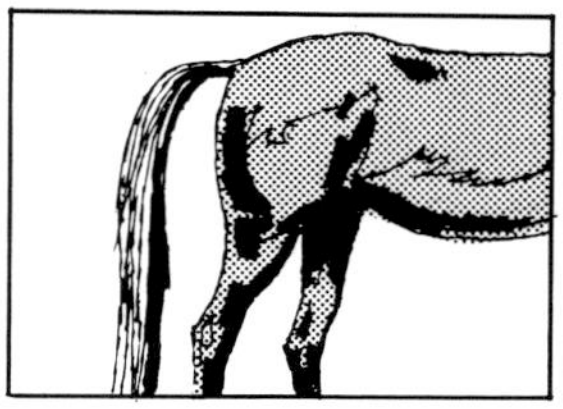

Gut gepflegter Schweif

an der Schweifwurzel mit der leicht gebogenen Fesselschere seitlich schmal ausgeschnitten bzw. ausgezupft, so daß sich der Schweif erst nach 20–30 cm unterhalb der Schweifwurzel zu seiner vollen Breite öffnet. Das Langhaar des Schweifes wird nie mit einer Bürste behandelt, sondern von Hand verlesen. Je gewissenhafter diese Arbeit erledigt wird, um so schöner und voller fällt der Schweif. Die Behandlung des Roßhaares mit Shampoo darf nur selten vorgenommen werden, denn dabei wird ihm das natürliche Fett entzogen und das Haar wird für Verschmutzung viel anfälliger. Das Ende des Schweifes wird mit der Schere eingekürzt und zwar so, daß bei getragenem Schweif in normaler Trabaktion die Haarspitzen eine Handbreit unter dem Sprunggelenk glatt abgeschnitten sind.
Die Fesselschere dient – ihr Name sagt es – in erster Linie auch zum Beschneiden des Fesselbehanges oder Kötenbehanges an der Rückseite der Fessel an Hinter- und Vorderbeinen. Die Natur hat diesen Haarwuchs unterstützt, um im Freien die empfindliche Haut des Pferdes in der Fesselbeuge zu schützen und den Wasserablauf zu begünstigen. Bei Pferden, die auf der Weide gehen, wird man das Fesselhaar belassen, um den natürlichen Schutz zu bewahren. Im Winter ist es bei vielen Pferden notwendig, die langen Haare unter dem Unterkiefer auszureißen. Man kann die Reste auch mit der Fesselschere kürzen. Das Absengen mit dem Feuerzeug oder mit einer Kerze kann nicht empfohlen werden, denn diese Art der Rasur lieben wohl auch die Pferde nicht. Jedenfalls, der Bart muß ab, denn er verunstaltet den Kopf sehr, und man wundert sich oft, wieso dasselbe Pferdegesicht plötzlich im Winter ganz anders aussieht als im Frühjahr oder Sommer. Was nicht gekürzt werden darf, sind die Tasthaare an Nüstern und Lippen. Sie gehören zu feinen Sinnesorganen im empfindlichen Maul- und Nüsternbereich des Pferdes.
Bei intensiver Winterarbeit in der Halle hat es sich bewährt, das Fell ganz oder teilweise zu scheren. Bei teilweisem Scheren bleibt das Haarkleid in der Sattellage, eventuell in der Nierenpartie und über der Kruppe bis zum Sitzbein erhalten. Die Meinungen über das Scheren gehen auseinander. Hat man viele Pferde zum Arbeiten und kaum Zeit, die Pferde trockenführen zu lassen oder trockenzureiten, so ist es wohl besser, den dicken Winterpelz rechtzeitig, d. h. im November, abzunehmen. Die Pferde müssen dann im Stall wie beim Führen von und zur Arbeit mit einer Decke angezogen werden. Beim frühzeitigen Scheren kann es erforderlich werden, ein zweites Mal im Verlauf des Winters den nachwachsenden Pelz kürzen zu müssen.
Die Vollblutpferde bleiben bezüglich Mähne und Schweif ziemlich in ihrem schönen Naturwuchs. Lediglich im Genick, wo das Genickstück des Zaumzeuges zu liegen kommt, wird meist auf halbe Handbreit das Mähnenhaar ausgeschoren, um den Zaum gut verpassen zu können. Beim Traberpferd werden Mähne, Schweif und Kötenbehang ebenfalls naturbelassen. Bei ihm gilt es geradezu als Schönheitsideal, wenn die Mähne sehr lang und fein gepflegt, möglichst bis zum Buggelenk und weiter herunterreicht.

Einstreu und Misten

Dies ist ein wichtiges Kapitel der Pferdehaltung. Als Einstreu bieten sich hauptsächlich drei Materialien an: Stroh, Sägemehl bzw. Hobelspäne und Torfmull. Wie in vielen Bereichen des Lebens hat kein Ding nur Vorteile, aber auch fast keines nur Nachteile.
Das Stroh bietet, wenn es trocken und möglichst staubfrei geerntet wurde sowie einwandfreier Lagerung unterlag, für das Pferd die meiste Bequemlichkeit. Vor allem Sommerstroh, d. h. Stroh von Sommergetreidearten, ist glatt, saugfähig und meist auch relativ staubfrei. Dazu gehören Haferstroh, Sommerweizen und Sommergerste. Die Winterstrohsorten wie Roggen, Winterweizen und Wintergerste sind zwar von der Saugfähigkeit her gut, aufgrund ihrer rauhen Oberfläche kann sich auf diesen Halmen jedoch leichter Staub festhalten und es können sich auch Pilze und Sporen einnisten. Pro Großpferd und Tag muß man bei gewissenhafter Mistarbeit mit ca. 5 kg Stroh bei Boxenhaltung auskommen. Bei gründlicher Boxenreinigung werden die Pferdeäpfel entfernt, das trockene Stroh in der Mitte der Boxe angehäuft und der feine Schmutz aus der Boxe gekehrt. Nur so ist es möglich, eine hygienische Stallhaltung zu gewährleisten. Andernfalls bilden sich immer wieder feuchte und übelriechende Einstreu-

ecken, die dazu zwingen, die gesamte Boxe auszuräumen und neu einzustreuen. Das ist hauptsächlich der Grund, weshalb in vielen Fällen eine Unmenge von Stroh verbraucht wird und der Pferdestrohmist wegen zu geringem Verrottungsgrad und zu kleinem Dunganteil nicht mehr an den Mann zu bringen ist. Bei Pferden, die gegen Staub allergisch sind, wird man häufig statt Stroh die Boxe mit Torfmull ausstatten. Torfmull bindet viel Feuchtigkeit, hält sie aber auch. Die Boxen erscheinen dunkel. Achtung: Keine Gartentorfmullmischung verwenden, die mit Mineraldünger versetzt ist. Torfmull ist ein Naturprodukt und ihr Abbau aus Gründen der schonenden Behandlung der Umwelt nicht mehr vertretbar.

Die dritte Möglichkeit ist die Einstreu mit Sägemehl. Sie bietet gegenüber dem Torfmull den Vorteil, daß aufgrund der helleren Farbe der Mist leichter zu sehen ist und dadurch gründlicher entfernt werden kann. Aber auch hier ist sauberes Abtragen der gesamten Pferdeäpfel notwendig, da sich sonst Matsch bildet, Ammoniakgase entstehen und besonders die Hufe in Mitleidenschaft gezogen werden.

Entstaubte Hobelspäne (z. B. Allspan) sind speziell für die Pferdehaltung bestimmt. Sie tragen dem Bedürfnis nach hygienischer Aufstallung besonders Rechnung und haben sich bei staubempfindlichen Pferden, die an Problemen mit der Lunge (Dämpfigkeit) oder mit Augen und Nüstern (Augenentzündungen, chronische Konjunktivitis) leiden, bewährt. Ein Versuch hat ergeben, daß bei dämpfigen Pferden eine Verbesserung der Lungenleistung von bis zu 30% möglich ist. Die Hersteller sind teilweise bereit, die Entsorgung zu übernehmen. Vorsicht – giftige Holzarten vermeiden!

Reisschalen haben sich in normalen Boxen ohne Feuchtigkeitsdrainage nicht bewährt. Sie binden zu wenig Wasser, sind nicht kohäsiv genug und – wer die Botanik kennt – wegen ihres Standortes stark auf Chemie angewiesen. Außerdem verrotten sie erst nach unangemessen langer Zeit.

Während für die Stroheinstreu die vierzinkige Strohgabel das richtige Ausmistgerät ist, muß für Sägemehl und Torfboxen eine sogenannte Kartoffelgabel Verwendung finden, die mit sehr vielen Zinken das Abheben des Mistes und der Pferdeäpfel möglich macht. Für den mit der Pflege Betrauten gilt in beiden Fällen, daß bei der Arbeit mit Gabel in der Boxe nie die Zinkenspitzen auf die Pferdebeine gerichtet sein dürfen. Die Strohgabel kann beispielsweise beim Verteilen der Streu mit den Zinken zum Boden gerichtet eingesetzt werden bzw. das Pferd muß in allen übrigen Fällen auf die nicht zur Bearbeitung stehende Seite gedrängt sein. Zur Verwendung des Mistes ist noch anzumerken, daß Torfmullmist und Strohmist abzusetzen sind, da sie aufgrund der humusbildenden Wirkung auch von Gärtnern genommen werden. Sägemehlmist dagegen ist absolut ein Problem, da wegen des hohen Anteiles von Harz- und Tannensäure im Holz seine Wirkung auf Acker, Feld oder Gemüsebeet nur negative Wirkung durch Bodenversäuerung bringt.

Pferdefütterung

So einfach die Fütterung von Klein- und Großpferden oft gehandhabt wird, so unkompliziert der Weidegang bei Zucht- und Reitpferd aussieht, es gibt dennoch grundlegende Fakten, die der Reiter, der Rennsportler, besonders aber auch der Züchter wissen muß und in der Praxis anwenden soll. Eine vollwertige Fütterung wirkt sich nämlich ganz wesentlich auf folgende Punkte aus:

- Wohlbefinden,
- Gesundheit,

Schon im Altertum erkannte man die Bedeutung der Pferdefütterung (Assyrisches Relief, 700 v. Chr. – Louvre, Paris).

(Aus E. Meyer »Pferdefütterung« (1986). Abdruck mit freundlicher Genehmigung des Paul Parey Verlags, Hamburg/Berlin)

– Zuchttauglichkeit,
– Leistungsfähigkeit und
– Aussehen.

Das Futter selbst muß für das Pferd schmackhaft, verdaulich und hinsichtlich seiner Zusammensetzung vollwertig sein. Dabei geht es um die Nährstoffe, die Ballaststoffe, die Mineralstoffe und die Vitamine. Die wesentlichsten Dinge sind in kurzer Form nachstehend zusammengefaßt. Die exakte Wissenschaft übrigens hat sich lange Zeit dem Problem der Pferdefütterung verschlossen. Erst nach einer Vielzahl von Analysen wurden 1974 von der Dokumentationsstelle der Universität Hohenheim für eine »DLG Futterwerttabelle für Pferde« spezielle Werte ermittelt, die eine tierspezifische Futternutzung und -berechnung zulassen. Diese Futterwerttabelle ist die Grundlage für jede Rationsberechnung, die wir aufgrund des Nährstoffbedarfes und des Nährstoffangebotes erstellen müssen.

Bau und Arbeitsweise der Verdauungsorgane

Das Pferd ist von seiner Natur her ein Pflanzenfresser, ein Herbivore, wie die Wissenschaft sagt. Von den übrigen pflanzenfressenden Haustieren, wie z. B. dem Rind, dem Schaf oder der Ziege, unterscheidet es sich wesentlich. Haben diese einen mehrkammerigen Magen und wird dort das wiedergekaute Futter bereits in den Vorkammern mit Pansenbakterien versetzt und aufgeschlossen, so erfolgt diese mikrobielle Umsetzung der Zellulose beim Pferd erst im Dickdarm und Blinddarm. Die Fähigkeit der Zelluloseverwertung ermöglicht es dem Pferd als Steppentier überhaupt erst, in seiner natürlichen Umwelt zu leben. Ein Viertel bis ein Drittel des Eiweißbedarfes wird auf diesem Wege aus Zellulose über die Darmbakterien für das Pferd nutzbar aufgebaut. Der Verdauungstrakt selbst gliedert sich wie folgt:

– Maul mit vorwiegend mechanischer Zerkleinerung des Futters durch die Zähne.
– Schlundkopf und Schlund, wobei der Schlundkopf sich nur in Richtung Magen öffnen läßt, sowohl ein Erbrechen wie auch ein Luftentweichen wird dadurch (und durch den Schließmuskel am Magen) verhindert, daher auch die Kolikanfälligkeit unserer Pferde. Nach dem Schlundkopf beginnt das unterbewußte – vegetative – System. Der Schlund besteht aus ringförmigen Muskeln.
– Magen mit einem Fassungsvermögen zwischen 10 und 20 Litern. Hier erfolgt die Stärke-Zucker-Verdauung wie auch im weiteren durch Fermente – z. B. Pepsin – die Eiweißspaltung und -verwertung.
– Dünndarm. In den beginnenden Dünndarm, den Zwölffingerdarm, wird aus der Leber der Gallensaft und aus der Bauchspeicheldrüse das für die Kohlenhydratverdauung wichtige Insulin sowie der säuredämpfende Pankreassaft eingeleitet.
– Blinddarm und Dickdarm haben im Anschluß daran einen wesentlichen Anteil am gesamten Verdauungsvorgang. Mit einem fast dreifachen Volumen – 45–60 Liter – im Vergleich zum Magen ist der Blinddarm auch von der Inanspruchnahme des Platzes her dominierend im Bauchraum (bakterielle Verdauung s. oben).
– Enddarm und After, in denen noch wesentlich Feuchtigkeit entzogen wird und die Ausformung der Pferdeäpfel erfolgt. Bei ausgeglichener Fütterung und geregelter Verdauung beträgt der Wassergehalt in den Pferdeäpfeln noch rund 75%.

Nach der mechanischen Zerkleinerung durch die Zähne und nach der Einspeichelung im Maul gelangt der Futterbrei durch den Schlundkopf in das unterbewußt gesteuerte Verdauungssystem. Aufgrund des ca. 20–24 m langen Dünndarmes benötigt die Nahrung für die gesamte Passage etwa 24–36 Stunden.

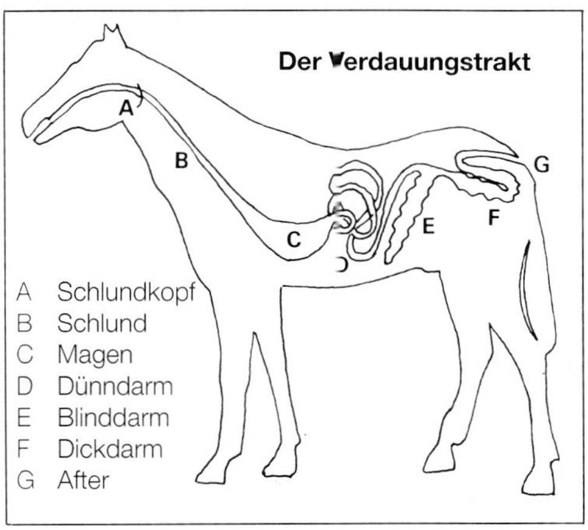

Nährstoffe und Nährstoffbedarf

Grundsätzlich geht man davon aus, daß in der Fütterung alle Stoffe vorhanden sein müssen, aus denen sich der Tierkörper aufbaut. Die Bestandteile des Pferdekörpers:

- ca. 75% Wasser,
- ca. 22% brennbare Kohlenhydrate, Fette und Amide (Eiweißstoffe),
- ca. 3% unbrennbare Mineralstoffe (Mengen- und Spurenelemente).

Diese Bestandteile müssen in dem von uns dargereichten Futter dem Pferd verabreicht werden.
Eine andere, jedoch auch nicht perfekte Möglichkeit zur Futtermitteluntersuchung ist die sog. Weenderanalyse, die dynamisch Stoffgruppen erfaßt und mit Rohnährstoffen rechnet.
Den Nährstoffen fallen zwei Hauptaufgaben zu:

Die Baustoffe dienen dem Aufbau und der Erneuerung der Zellen des gesamten Organismus. Sie werden besonders von Fohlen, Jungpferden, aber auch tragenden und säugenden Stuten benötigt. Zu den Baustoffen zählen: Eiweiß, verdauliches Rohprotein, Amide und Aminosäuren.

Die Energiestoffe werden vom Körper für die Verbrennung – Wärme – und Energieentwicklung benötigt. Erhöhter Energiestoffbedarf ist folglich bei Arbeits- und Sportpferden gegeben. Ein Minimum an Energie ist allerdings für die Aufrechterhaltung der Funktion der Körperorgane notwendig. Zu den Energiestoffen zählen die Kohlenhydrate, wie z. B. Zucker, Stärke, Rohfaser. Die Fette spielen dazu eine besondere Rolle, denn sie bilden als Depot Energiereserven. Sie werden überwiegend aus Kohlenhydraten aufgebaut und im Körper gelagert oder als körperfremdes Fett deponiert.

Der Bedarf an Baustoffen wie an Energiestoffen ist entsprechend den verschiedenen Pferdegruppen unterschiedlich. Er muß aber bei der

Nährstoffbedarf

Empfehlungen für den täglichen Bedarf an verdaulicher Energie (vE) und verdaulichem Rohprotein (vRp)
(nach Gesellschaft für Ernährungsphysiologie der Haustiere; DLG, Ffm 1982)

Arbeits- und Sportpferde:

Eig.Gew. kg	leichte Arbeit		mittlere Arbeit		schwere Arbeit	
	vE–MJ	vRp g	vE–MJ	vRp g	vE–MJ	vRp g
bei 100	19–24	95–120	24–28	120–140	28–	140–
bei 500 bei 600	64–80 73–91	320–400 365–455	80–96 91–109	400–480 455–545	96– 109–	480– 545–

Hochtragende und säugende Stuten:

Eig.Gew. kg	8.–11. Trächtigkeitsmonat	
	vE – MJ	vRp – g
bei 100	21–24	120–160
bei 500 bei 600	71–80 81–91	410–520 470–590
	1. – 3. – 5. Laktationsmonat	
bei 100	36 – 38 – 32	320 – 330 – 250
bei 500 bei 600	120 – 127 – 108 137 – 145 – 123	1060 – 1110 – 830 1210 – 1270 – 940

Zuteilung der Futtermengen berücksichtigt werden, um einmal gesundheitliche Schäden zu vermeiden und um das Höchstmaß an Leistungsfähigkeit zu erreichen.
Der Bedarf an verdaulicher Energie wird in Megajoule angegeben, der Bedarf des verdaulichen Rohproteins erfolgt in Gramm.

Mineralstoffe

Die Mengenelemente. Die in größeren Mengen benötigten Mineralstoffe haben verständlicherweise eine besondere Bedeutung. Sie werden als Mengenelemente bezeichnet. Zu diesen zählen: Kalk (Ca) und Phosphor (P), mengenmäßig vorherrschend im Körper. Sie machen ungefähr 2% des Lebendgewichtes aus und sind fast ausschließlich im Skelett und in den Zähnen eingelagert. Bei einem mittleren Warmblutpferd liegen die absoluten Anteile bei ca. 7 kg Calcium und 4 kg Phosphor. Das optimale Verhältnis von Kalk zu Phosphor in der Fütterung ist entsprechend: ca. 1,5–3,0 : 1. Natriumchlorid (NaCl), sprich Viehsalz, wird in sehr unterschiedlichen Mengen verbraucht. Dafür sind Arbeitsleistung und Schweißabsonderung ausschlaggebend. Im Sommer und bei starker Belastung scheidet ein Reitpferd oder Rennpferd bis zu 60 g NaCl aus. Man sorgt für Nachersatz über beigemengtes Viehsalz oder über einen Salzleckstein. Auch in den als »Wundermittel« verwendeten Elektrolytlösungen nimmt das NaCl einen Großteil ein. Das Magnesium (Mg) ist meist reichlich vorhanden, Mangelerscheinungen treten selten auf. Die laktierende Stute hat in den ersten Wochen in der Milch einen erhöhten Magnesiumanteil, der beim Fohlen die Verdauung ursprünglich in Funktion setzt und vor allem in den ersten Tagen darmpechlösend wirkt. Das Kalium regelt zusammen mit dem Chlor des Salzes innerhalb der einzelnen Zellen in erster Linie den sog. Binnendruck, der für den Austausch aller Stoffe innerhalb der Zellen die Voraussetzung darstellt. Bei Mangel treten Entwicklungsstörungen auf.

Spurenelemente. Wissenschaftliche Arbeiten über den exakten Bedarf, den Verbrauch, die Versorgung und den Stoffwechsel der Spurenelemente liegen nicht in ausreichendem Maße vor, weshalb zum Teil nur Schätzwerte zum Ansatz gelangen.
In der Praxis kann von einer gezielten Gabe der Spurenelemente nicht gesprochen werden. Die in vollwertigen Grund- und Zusatzfuttermitteln verabreichten Mengen reichen gewöhnlich aus. Bei den allgemein zusammengestellten Futterrationen werden sie deshalb vernachlässigt.

Mineralstoffbedarf bei Warmblutpferden

Mengenelemente: Bedarf g/Tier u. Tag

Alter und Belastung	Ca	P	NaCl	Mg
Fohlen	25	15	8	1,5
Jährling	30	20	20	2
Säugende Stute	60	35	35	8
Ausgewachsenes Reitpferd, leichte Arbeit	20	15	20	2
Ausgewachsenes Reitpferd im Leistungssport	40	25	60	4

Spurenelementbedarf eines mittelgroßen Reitpferdes bei mittlerer Arbeit

	Richtwerte* zum Spurenelementbedarf beim Pferd – Angaben in mg (Milligramm) je kg Futter-TS (Trockensubstanz) der Gesamtration	Spurenelementbedarf/-verbrauch für ein Warmblutpferd mit ca. 500 kg Lebendgewicht je Tag bei leichter bis mittlerer Arbeit und Standardfütterung (5 kg Hafer und 5 kg Heu = 9 kg TS) in mg (Milligramm)
Eisen	80–100	720–900
Kupfer	10	90
Zink	50	450
Mangan	40	360
Kobalt	0,05–0,1	0,45–0,9
Selen	0,1 –0,2	0,9 –1,8
Jod	0,1 –0,3	0,9 –2,7

* Nach Manfred Kirchgessner, TU Weihenstephan, »Tierernährung«, DLG-Verlag, Frankfurt, 1985
und Gesellschaft für Ernährungsphysiologie der Haustiere, DLG-Verlag, Frankfurt, 1982

Spurenelemente kommen nur in kleinsten Mengen vor und haben grob umrissen folgende Aufgaben:

Spurenelement	Aufgabe
Eisen (Fe)	Bildung des Blut- und Muskelfarbstoffs, sek. Sauerstofftransport
Kupfer (Cu)	Gefäßbildung, Skelettentwicklung
Kobalt (Co)	Blutversorgung, Oberhautentwicklung, Wachstumsregulativ
Zink (Zn)	Regelung der Hautfunktion und Aufbau der Hautstruktur, Haarwachstum
Mangan (Mn)	Steuerung des Knochen- und Fettstoffwechsels
Jod (J)	Steuerung des gesamten Stoffumsatzes über Schilddrüse und Schilddrüsenhormone
Selen (Se)	Muskelstoffwechsel
Chrom (Chr) Zinn (St) Molybdän (Mo)	Aktivatoren des Ferment- und Hormonhaushalts

Vitamine

Als wichtige »Lebensstoffe« wirken die Vitamine. Sie mobilisieren verschiedene Lebensvorgänge, sorgen als Katalysatoren, d. h. als Umsetzer bei einzelnen Mineralien zu deren Ausnutzung, Ablagerung und dergleichen. Ihre Bedeutung kommt erst dann gravierend zum Ausdruck, wenn sie fehlen und wichtige Lebensvorgänge dadurch gestört oder ganz unterbunden sind.
Abschließend über diese wichtigen Lebensstoffe, die neben den Nährstoffen in der Fütterung verabreicht werden müssen, muß man sagen, daß ihnen meist zu wenig Bedeutung beigemessen wird. Das geht gut, solange die Tiere gesund sind und die Futterversorgung möglichst natürlich erfolgt. Ein Großteil der Mineralstoff- und Vitaminversorgung kommt über die Grundfutterration. Besonders bei Weidegang und Verwendung optimal geernteter Rauhfuttergaben und Körnerfrüchte ist eine Unterversorgung selten der Fall. Erhöhten Bedarf haben Stuten vor der Geburt sowie während der Säugeperiode, Jungpferde bei den Wachstumsschüben und Spitzensport- und Rennpferde. Hier ist der Einsatz von Mineralstoffmischungen angebracht, die meist vitaminisiert angeboten werden und speziell auf den Bedarf von Zucht- und Sportpferden abgestellt sind. Bei vitaminisierten Mineralstoffmischungen ist

Die wichtigsten Vitamine in der Pferdefütterung, ihr Wirkungsbereich und die krankhaften Erscheinungen, die bei ihrem Fehlen auftreten, sind:

Vitamin	Wirkungsbereich und Aufgabe	Erscheinungen bei Mangel	Tägl. Bedarf in I. E. (Intern. Einheiten) Leb.Gew. 600 kg
A	Schutz der Haut und Schleimhäute Knochenbauregulativ	Erhöhte Infektionsgefahr, Druck auf Nerven, Sehstörungen, Wachstumsstörungen	30 000 I. E., aufgenommen als β-Carotin
D	Aufbau und Stoffwechsel des Skeletts und der Zähne, Regulation des Ca-P-Haushalts	Knochenweiche, Knochenmißbildung	5000 I. E.
E	Funktion von Herz- und Skelettmuskulatur, Regulativ der Geschlechtsvorgänge	Sterilität	120 I. E.
B_1	Steuerung des Kohlenhydratstoffwechsels	Schlechte Futteraufnahme und -verwertung	40 mg
B_2	Regulation im Augenbereich	Bindehautentzündung, Tränenfluß	40 mg
B_6	Regelt den Stoffwechsel der Aminosäuren	Zentralnervöse Störungen, Anämie, Leistungsschwäche	20 mg

(Die Vitamine A, D, E sind fettlöslich, B_1, B_2, B_6 wasserlöslich. Die Vitamine C und K, die zwar für den Tierkörper notwendig sind, werden beim Pflanzenfresser selbständig synthetisiert.)

auf das Verfalldatum zu achten, da man nach dieser Zeit mit erheblichen Verlusten bei den Vitaminen rechnen muß. Man hat sonst einen Bestandteil in der Mischung bezahlt, der nicht mehr verfüttert werden kann bzw. nicht mehr zur Wirkung kommt. Das Verfalldatum muß in jedem Fall auch der kleinsten Verpackungseinheit der Mineralstoffmischung aufgedruckt sein, das schreibt das Futtermittelgesetz zusätzlich zur Analyse vor.

Auch Mengenangaben für die Fütterung sind dabei meistens enthalten. Als Faustzahl kommt man mit drei verschiedenen Mengen nahezu aus, da die meisten Mischungen sich bezüglich ihres Inhalts gleichen. Mengen des vitaminisierten Mineralstoffutters je Tier und Tag:

- Fohlen 50 g;
- wachsende Jungpferde, niedertragende Stuten, Reitpferde bei mittlerem Einsatz ca. 100 g;
- hochtragende und säugende Stuten, stark benutzte Zuchthengste, Hochleistungssport- und Rennpferde 150 g.

Futtermittel

Als große Gliederung kann bei den Futtermitteln in 5 Gruppen aufgeteilt werden:

- Rauhfutter,
- Saftfutter,
- Kraftfutter,
- Ergänzungsfuttermittel,
- Alleinfutter.

Rauhfutter

Heu. Das wichtigste Futter für das im Stall gehaltene Pferd ist Wiesenheu – die konservierte Weide. Am besten geeignet ist der erste Schnitt der Wiese oder Weide, der kurz vor oder in der Blüte gemäht und getrocknet wird. Entsprechend der Bodenart, der Mineralstoffversorgung und dem Anteil an Gräsern, Kräutern und Leguminosen ist die Qualität des Heus immer variabel.

Neben den Bestandteilen spielt natürlich auch die Futtergewinnung und die Lagerung eine wesentliche Bedeutung für den Nährstoffgehalt und für die Verdaulichkeit. Ganz allgemein muß man feststellen, daß die Qualität des Heues in den meisten Fällen nicht mehr der früheren Qualität entspricht, als der Großteil des Rauhfutters als sogenanntes langes Heu ohne Presse eingefahren wurde. Die Arbeitswirtschaft läßt dies jedoch fast in allen Fällen nicht mehr zu. Dem Zeitpunkt der Ernte und des Pressens kommt eine ganz besonders hohe Bedeutung für die Qualität zu. Eine Qualitätsverbesserung im Ballen, wie sie früher im Stock durch Fermentierung stattfinden konnte, gibt es bedauerlicherweise nicht. Bei mittel- und hochdruckgepreßten, etwas feucht eingebrachtem Trockengut ist durch Bakterien und Schimmelpilztätigkeit nur eine Verschlechterung der Qualität zu erwarten.

Optimal für die Pferdefütterung ist langes Heu – auf dem Boden, auf Reutern oder Heuhütten (Bild) getrocknet. Leider ist es heute nur mehr schwer erhältlich.

Die Heuernte unterscheidet drei verschiedene Trocknungsarten: Die Bodentrocknung ist am wenigsten aufwendig und optimal zu mechanisieren, jedoch absolut von der Witterung abhängig. Bei hohen Niederschlägen wird man eventuell zu einer Reutertrocknung oder Trocknung auf Heuhütten ausweichen. Dies gilt besonders für Mittelgebirgslagen und für das Alpenvorland. Das Wetterrisiko ist am stärksten gemildert bei der sogenannten Unterdachtrocknung. Der Investitionsaufwand ist durch die Luftschächte und -kanäle, durch die mechanische Ausstattung und die Betriebskosten am höchsten.

Kritisch wird die Heulagerung in allen Fällen, wenn das Erntegut eine Feuchtigkeit von 18–20% erreicht. Im Inneren des Lagergutes entstehen dann Temperaturen von 60 ° C und höher. Das Futter wird dadurch nicht nur stark fermentiert, sondern nahezu verkohlt, und akute Brandgefahr für das gesamte Heulager entsteht. Die Überwachung mit Heusonden zur Temperaturmessung ist in solchen kritischen Situationen dringend zu empfehlen.

Der zweite Schnitt vom Dauergrünland bzw. von der Weide wird als Grummet bezeichnet. Zur Unterscheidung zum ersten Schnitt findet man darin keine oder nur selten Blütenstände der Gräser. Grummet ist meist feiner, kürzer und mehr grün gefärbt, hat einen stark aromatischen Geruch und ist aufgrund der geringeren Rohfasermasse hoch im Futterwert. Für Fohlen, aber auch für hochtragende Stuten, die mengenmäßig nicht viel aufnehmen können, ist es eine gute Möglichkeit, bedarfsgerecht zu füttern. Gemischt mit besonders rauhem, rohfaserreichem Heu ist es aber in allen Fällen für Pferde einsetzbar. Die Qualität des Heues wird vor allem durch die Sinnenprobe überprüft.

Luzerneheu und Kleeheu kommt im Regelfall nicht im Pferdestall zur Verfütterung. Wegen des doppelt so hohen Anteils an Rohprotein soll es nur mit sperrigem und rohfaserreichem Wiesenheu oder Futterstroh verabreicht werden.

Man verfüttere grundsätzlich nur gutes Heu. Jede mindere Qualität kann Verdauungsstörungen hervorrufen, da die empfindlichen Verdauungsorgane des Pferdes zwar unterschiedlich, aber nicht selten massiv reagieren. Als weiterer Grundsatz gilt: Verfüttere nie frisches Heu. Es führt zu Verdauungsstörungen und Koliken. Bei Zerreißungen im Magen-Darm-Trakt bzw. bei Darmverschlüssen kann der Tod folgen. Sechs Wochen Lagerzeit sind das mindeste. Grummet muß 8–10 Wochen abgelagert sein, ehe es dem Pferd zum Fressen vorgelegt wird.

Gutes Wiesenheu (erster Schnitt in der Blüte) enthält:

13% Wasser
87% Trockenmasse
davon 41% Kohlenhydrate
9,7% verdauliches Rohprotein
26,8% Rohfaser
2,1% Rohfett
7,4% Mineralstoffe.

Qualitätvolles Heu erkennt man an seiner grüngrauen Farbe, dem frischen aromatischen Geruch, dem ausgeglichenen Anteil an Stengeln, Blättern und Leguminosen sowie an dessen trockener, rescher und bröckeliger Konsistenz. Fehler: Ausgebleicht und ausgewaschen, gelbbraun bis grau und schwarz (zu stark fermentiert durch Überhitzung), brandiger, schimmeliger, muffiger Geruch, Staubentwicklung beim Transport und Verfüttern, zu harte Stengel, verholzt, feuchte, zähe Konsistenz.

Mittlere Wiesen ergeben einen jährlichen Durchschnittsertrag bei zwei Schnitten von rund 60 Dezitonnen je Hektar (Heu/Grummet). Der zweite Schnitt wird häufig an die Wiederkäuer verfüttert und ist für Fohlen und hochtragende Stuten bestens einsetzbar. Entsprechend dem oben erwähnten Durchschnittsertrag bei nicht zu intensiver Nutzung ist je mittelgroßes Reitpferd (600 kg) eine Dauergrünlandfläche von 0,33 ha für die Heugewinnung ausreichend.

Stroh. Grundsätzlich soll vom Futterwert her gesehen Stroh nicht in die Ration eingeplant werden. Das Einstreustroh muß jedoch von so hoher Qualität sein, daß es jederzeit von den Pferden gefressen werden kann. Blattreiches Stroh, insbesondere Haferstroh bringt die höchsten Futterwerte. Es ist mengenmäßig jedoch meist nicht ausreichend verfügbar. Vielfach weicht man auf Sommerweizenstroh oder Sommergerstenstroh aus. Stroh vom Wintergetreide ist etwas rauher, neigt eher zur Staubentwicklung und bietet besseren Ansatz für Rost- und Pilzbildung. Pilze sind im Stall ohnehin allgegenwärtig. Daß auch hier bei der Lieferung bzw. bei der Ernte immer wieder einzelne Ballen zu überprüfen sind, weiß der Erfahrene. Die Ansammlung von enthaltenen Giftpflanzen im getrockneten Zustand kann nicht nur im Heu, sondern auch im Stroh zum Problem werden.

Gutes Stroh ist trocken, griffig, staubfrei, glatt, gelb bis glänzend goldfarben und geruchlos. Es läßt sich, auch wenn es gebündelt war, leicht aufschütteln, ist nicht verklebt und vor allem nicht angefault, mufflig oder schimmlig.

Die Verfütterung von Stroh hat Bedeutung:

1. Bei der Darreichung von Fertigfutter. Zur Anregung der Darmbewegung und Sicherung der Verdauung müssen wenigstens 18% der gesamten Futterration als Rauhfutter verabreicht werden. Selbst bei hochtragenden Stuten darf der Anteil der strukturierten Rohfaser nicht unter 15% heruntergehen.
2. Zur Verhinderung der Langeweile bzw. zur Beschäftigung der Pferde in den Boxen.
3. Beim Weidegang, besonders im Frühjahr zu Beginn der Weidezeit, soll vor dem Austreiben gegebenes Stroh als Darmbremse gegen Durchfälle wirken.
4. Bei bewußt nährstoffknapper Fütterung. Auch bei den Pferden gibt es Pykniker, d. h. Fettsüchtige, denen man zwar das Sättigungsgefühl vermitteln muß, sie aber mit Nährstoffen unbedingt knapp zu halten hat.
5. Die Sättigung mit Stroh spielt bei verletzten Pferden eine Rolle, wenn vollkommene Ruhigstellung in der Boxe für den Heilerfolg angeordnet ist.

Saftfutter

Weidegras. Während das Heu für alle aufgestallten Pferde, d. h. die Sportpferde, Rennpferde, aber auch die Zuchtpferde, während der Winterzeit das wichtigste Futter darstellt, so ist das Saftfutter in Form des Weidegrases für unsere Jungpferde und Zuchtpferde während der Vegetationszeit die Hauptbasis ihrer Ernährung. Inwieweit zusätzlich Rauh-, Kraft- und Ergänzungsfutter gegeben werden muß, hängt von der Pferdegruppe und weitgehend auch von den Grünlandverhältnissen ab. Ein Zuchtbetrieb, der mit dem Saftfutter das direkt auf der Koppel aufgenommen wird, nicht den Grundbedarf decken kann, ist von der Pferdezahl her falsch bestückt. Nicht die Stallverhältnisse, sondern die zur Verfügung stehende Futterfläche während der Vegetationszeit schreiben den Besatz eines Pferdezuchtbetriebes vor. Über die Zusammensetzung dieser Futtergrundlage wurde ausführlich im Kapitel »Weide« eingegangen. Ausnahmsweise kann Saftfutter im Stall verabreicht werden. Das ist nicht der Regelfall, jedenfalls nicht beim Weidegras. Als Grundfutter kommen je 500-kg-Pferd ca. 35–50 kg Grünfutter täglich in Frage. Die Zusammensetzung wechselt stark; als Durchschnitt kann man davon ausgehen, daß Gras vom Dauergrünland folgende Bestandteile enthält:

78–85% Wasser
15–22% Trockenmasse
davon 16–28% Rohfaser
9–23% verdauliches Rohprotein
ca. 8% Mineralstoffe
35–50% Kohlenhydrate

Grünfutter vom Ackerbau. Zur Verfütterung im Stall kommen teilweise die Grünfutterpflanzen, die im Futteranbau auf dem Acker gewonnen werden. Dazu zählen die Leguminosen. Vorsicht, besonders frische Leguminosen sind gefährlich wegen ihrer blähenden Wirkung. Von Rotklee, Luzerne, Espasette usw. sollten täglich keine höheren Mengen als 15–25 kg je Pferd verabreicht werden. Günstiger sind Akkerfuttermischungen wie beispielsweise das Landsberger Gemenge oder ein Kleegras, das einmal ausgeglichener vom Nährstoffangebot, aber auch physiologisch leichter verdaulich ist. Die übrigen Grünpflanzen vom Acker, die meist als Zwischenfrüchte angebaut werden, wie z. B. Raps, Rüpsen, Markstammkohl, Süßlupine u. ä., sind teilweise von der Schmackhaftigkeit her beim Pferd nicht beliebt, zum andern von der Verdaulichkeit und Gasbildung her nicht zu empfehlen. Günstiger ist es, gehäckselten Grünmais, Grünroggen, Grünhafer zu verfüttern, sie werden gerne gefressen und sind wegen des geringeren Gehaltes an verdaulichem Rohprotein unproblematisch im Verdauungstrakt. Grünfutter aus dem Ackerfutterbau stellt immer ein gutes Zusatzfutter dar, das den Appetit anregt, diätetisch wirkt und zusätzlich Mineralstoffe und Vitamine einbringt.

Grassilage und Grünmaissilage. Für den bäuerlichen Pferdehalter ist das Thema Verfütterung von Silage eine Überlegung wert. Häufig sind Silobehälter aus der Rinderhaltung vorhanden, zum andern ist bei der Grünfutterkonservierung im Silierverfahren mit wesentlich geringeren Nährstoffverlusten zu rechnen als bei jeder Art der Heuwerbung. Dazu kommt der Vorteil der hervorragenden physiologischen Wirkung auf den Verdauungstrakt. Bei den oft unsicheren Wetterverhältnissen im Mai/Juni ist leicht ein trockener Tag für das Vorwelken des gemähten Grüngutes zum Einsilieren auszumachen. Falsch ist es, bei Regenwetter das Futter mit Schmutz und Wasser in Hoch- oder Fahrsilo zu bringen. Fehlgärungen sind die absolute Folge. Schmackhafte und wohlriechende Silage entsteht bei der Milchsäuregärung. Essig- und Buttersäurebakterien machen die Silage in jedem Fall unbrauchbar. Sie sind an der bräunlichen Verfärbung der Silage und an dem aufdringlich scharfen Geruch zu erkennen.

Das in guter Grassilage vorhandene lebensnotwendige Carotin wertet diese besonders auf. Die Maissilage ist noch reicher an Kohlenhydraten und wird von Pferden wegen des süßen Geschmacks gern angenommen. Die im Grüngut mitgehäckselten Kolben im Vorreifezustand beeinflussen Schmackhaftigkeit wie Futterwert enorm. Bei der Silage gilt genauso wie beim Heu: Es kann nur soviel Qualität konserviert werden, wie auf dem Maisacker oder auf dem Dauergrünland vorhanden ist.

Silage enthält zwischen 40% und 80% Wasser; die übrigen Bestandteile hängen wesentlich von Nährstoffversorgung, Erntezeitpunkt und Gärung ab.

Gute Silage ist grüngelblich, nur leicht feucht und riecht angenehm nach Sauerkraut oder Rosinen. An Reitpferde kann man je Tagesration ohne Bedenken bis zu 15 kg Silage verfüttern. Dies gilt nicht für Hochleistungspferde, bei denen diese Menge den Verdauungstrakt zu sehr belasten würde. Niedertragende Stuten und Jungpferde können mehr bekommen. Maissilage mästet leicht und eignet sich somit zum Auffüttern magerer Pferde sowie abgesäugter Stuten. Die diätetische und appetitanregende Wirkung ist erwähnenswert.

Silopacks sind eine neue Form der Gährfutterdarreichung. Das gut abgewelkte Gras wird auf der Wiese bereits in Plastikballen eingeschlossen und ergibt unter richtiger Gährung ein hervorragendes Futter. Achtung, kein Schmutz darf in den Ballen, kein Loch in die Umhüllung – sonst verdirbt diese Portion.

Rüben. Das in der Praxis erfreulicherweise am häufigsten gegebene Beifutter sind Möhren bzw. Karotten. Sie werden von Pferden wegen ihres süßen Geschmacks bevorzugt aufgenommen. Der Futterwert ist beachtlich, da über 50% der Trockenmasse von Einfach- und Mehrfachzuckern gestellt werden. Der Wohlgeruch der Möhren und die verdauungsanregende diätetische Wirkung hängen weitgehend von den enthaltenen ätherischen Ölen ab. Sie wirken sogar bei regelmäßigen größeren Gaben über längere Zeit als Hausmittel für die Wurmbekämpfung. Allerdings treiben sie nur leicht und auch nur speziell Spulwürmer ab. Eine Wurmkur kann dadurch nicht ersetzt werden. Besonders wertvoll an Möhren ist der hohe Gehalt an Karotin, einer Vorstufe des lebensnotwendigen Vitamins A. In 1 Kilogramm frischer Mohrrüben sind ca. 20–60 mg β-Carotin enthalten.

Zur Verfütterung kommen rote und gelbe Möhren, wobei die roten Sorten karotinreicher sind. Alle Rübenarten müssen vor dem Verfüttern gewaschen werden, da Erde und Schmutz sonst zu Durchfällen und Sandkoliken führen können. Die Reinigung darf erst unmittelbar vor dem Verfüttern erfolgen, da sonst rasch Fäulnis und Schimmelbildung eintreten. Möhren können in einer Tagesration bedenkenlos in Mengen von 2–5 Kilogramm verfüttert werden.

Auch die Massenrübe, Zuckerrübe und Stoppelrübe können in der Pferdefütterung eingesetzt werden. Während die Massenrübe und Stoppelrübe wegen des hohen Wasseranteils im Pferdebarren keinen hohen Futterwert besitzt, so ist die Zuckerrübe und Gehaltsrübe eine nicht zu verschmähende Bereicherung im Speisezettel. Tagesmengen von 6–10 Kilogramm sind bedenkenlos, allerdings schon stark diätetisch wirkend. Für Ausgleich durch andere Futtermittel mit reichlich Ballaststoffen muß gesorgt sein. Auch diese Rübenarten müs-

Inhalte	**Möhren**	**Gehaltsrüben**
Wasser:	87,2%	82,4%
Trockenmasse:	12,8%	17,6%
davon Kohlenhydrate	8,5%	13,6%
Rohprotein	1,1%	1,3%
Rohfaser	1,2%	1,1%
Rohfette	0,2%	0,1%
Mineralstoffe	1,8%	1,5%

sen vor dem Verfüttern frisch gereinigt bzw. gewaschen werden. Vereinzelt werden sie auch grob zerhackt. Der Gegenüberstellung links unten sind die Inhaltsstoffe von Möhren und Gehaltsrüben zu entnehmen.

Kraftfutter, Körnerfrüchte

Hafer. »Von allen Futtermitteln, die wir dem Pferd vorlegen, ist Hafer das gewöhnlichste und beste . . . Sein größter Vorzug besteht darin, daß er alle notwendigen Nährstoffe in der passendsten Form und Zusammensetzung enthält. Guter Hafer ist rein, hart, trocken, glänzend, geruchfrei und schwer.« So stellt sich Graf C. G. von Wrangel in seinem vor 100 Jahren erschienenen Werk »Das Buch vom Pferd« das »Idealpferdefutter« vor. Dieses nach Meinung vieler Pferdeleute in seinen Aussagen heute noch gültige Standardwerk der Pferdehaltung und Zucht ist zwar nicht auf dem wissenschaftlichen Stand der Gegenwart, die Praxis sieht jedoch auch heute noch den Hafer als das Pferdefutter gemeinhin an. Sie geht davon aus, daß mit einer ausgewogenen Heu- und Haferration durchaus eine brauchbare Standardfütterung ohne jeglicher Problematik zusammenstellbar ist.
Hafer ist ein Sommergetreide und wird in mehreren Sorten als gelb- oder weißspelziger und auch schwarzspelziger Hafer angebaut. Die Bodenansprüche sind nicht hoch, viel Bodenfeuchtigkeit ist erforderlich. 30–40 Dezitonnen je Hektar sind ein ordentlicher Durchschnittsertrag. Der Flächenbedarf für den Haferanbau je Großpferd beträgt somit gut ein halbes Hektar.
Im Handel sind zum Teil sehr gute Importqualitäten erhältlich, die u. a. aus Schweden, Amerika, Kanada oder Südfrankreich kommen. Beim Ankauf achte man auf folgende Qualitätsmerkmale:

- Litergewicht: 550–650 g (1000-Korn-Gewicht 35 g)
- Körner: groß (10–12 mm lang), rund
- Farbe der Spelzen: gelb, weiß, schwarz
- Geruch: geruchlos, frisch geernteter Hafer besitzt Erdgeruch
- Geschmack: beim Zerkauen mehlig bis süß
- Inhalt: weiß und mehlig
- Fehler: kleine, schmale Körner, viel Spelzen, leere Schalen, Litergewicht unter 500 g; rostiger, grauer oder brauner Belag bzw. Staub in den Längsfurchen der Körner deuten auf Pilzbefall, Schimmel oder Saatgutbehandlung hin; grüne Färbung der Spelzen und teigiger Inhalt deuten auf unreife Ware, bei falscher Lagerung dumpfer, muffiger Geruch, scharfer, bitterer Geschmack. Bei zu feuchter Einlagerung Pilz- oder Schimmelbefall; Verunreinigung durch Erde, Steinchen, Mäusekot, Mäuse- und Katzenleichen, Mutterkorn, Unkrautsamen. All diese »Zutaten« können Verdauungsstörungen und Vergiftungen hervorrufen.

Es ist keine Weltanschauung, den Hafer ganz oder gequetscht zu verfüttern. Das Alter des Pferdes, Futterverwertung und Kornqualität sollten das entscheiden. Bei einem voll in Leistung stehenden Pferd hat sich die Verfütterung des ganzen Haferkorns bestens bewährt. »Der Hafer sticht«, d. h. er macht nicht nur übermütig, sondern gibt viel geballte Kraft. Das richtige Futter deshalb für kernige Leistungspferde. Nachteil des ganzen Hafers ist natürlich ein gewisser Luxuskonsum, d. h. es wird im Pferdemist verhältnismäßig viel an Nährstoffen ausgeschieden. Auch die Verdaulichkeit des ganzen Hafers ist etwas schwerer, der Kauvorgang und die Einspeichelung hingegen werden dadurch stimuliert.

Gequetschter Hafer. An junge Tiere, ältere Pferde, deren Zahnabrieb schon fortgeschritten ist, aber auch an Turnierpferde, die schlecht fressen und nervös sind, füttert man, ehe zu

Beim Rauhfutter und ganz besonders beim Kraftfutter gibt es nur eines: Nicht schätzen, sondern wiegen und messen!

speziellerer Futterzubereitung übergegangen wird, gequetschten Hafer. Leistungspferde mit nervösen Magenbeschwerden gibt es übrigens häufiger, als man glaubt. Der gequetschte Hafer wird zu einem höheren Grad ausgenutzt, ist leichter verdaulich, hat aber den Nachteil, daß er bei längerer Lagerung Energie in die Luft entläßt und Feuchtigkeit aufnimmt, die zu Oxidation führen kann. Das Quetschen des Hafers muß möglichst täglich erfolgen. Gequetschter Hafer darf niemals länger als 3 Tage gelagert werden.

Für sparsame Wirtschaftsweise ist also wesentlich: Angequetschter Hafer kommt von der Ausnutzung her billiger, ganzer Hafer bedingt einen unvermeidbaren Luxuskonsum.

Nicht geeignet ist zu fein gequetschter oder geschroteter Hafer. Er fordert dem fressenden Pferd zu wenig Kautätigkeit ab, das Freßgut wird ungenügend eingespeichelt, die Staubentwicklung kann das Atmungssystem nachteilig beeinflussen und das feine Mehl verkleistert den Darm.

Hafer enthält:
11,6% Wasser
88,4% Trockenmasse
davon 59,6% Kohlenhydrate
11,0% Rohprotein
10,2% Rohfaser
4,7% Rohfett
2,9% Mineralstoffe

Gerste. Die Wüstenpferde Arabiens, die Pferde im Vorderen Orient, im nordafrikanischen Raum und die Berber und Andalusier Spaniens kennen als Körnerfutter fast ausschließlich nur Gerste. Es ist falsch, diese Getreideart als für das Pferd ungeeignet zu bezeichnen. Sie gehört neben dem Hafer und dem Körnermais zu den absoluten Pferdekraftfutterarten. Gerstenfütterung führt nicht zu Koliken und zur Dämpfigkeit. Sie macht übermäßig fett, wenn die Kraftfuttermenge bei einer Umstellung von Hafer beibehalten wird. Im Futterwert liegt die Gerste hoch. 1 kg Hafer wird deshalb durch 0,9 kg Gerste in der Ration ersetzt. Wegen des harten Spelzenmantels empfiehlt es sich, die Gerstenkörner stark zu quetschen oder besser grob zu schroten. Um der Gefahr von Gewebeverfettung in jedem Fall vorzubeugen, soll die Verfütterung trocken oder auch im Mash deshalb nur bei im harten Einsatz stehenden Sport- oder Arbeitspferden erfolgen. Mit einem Anteil von bis zu 33% Gerste in der Kraftfutterration kann man problemlos operieren.

Gerste enthält:
13% Wasser
87% Trockenmasse
davon 67,7% Kohlenhydrate
10,2% Rohprotein
4,7% Rohfaser
1,9% Rohfett
2,5% Mineralstoffe

Von der Botanik wie von der Pflanzenkultur her gesehen bietet Gerste sich als Sommer- oder als Wintergetreide an. Im Anbau ist die ertragreichere Sommergerste am meisten vertreten. Zur Verfütterung kommen dabei die guten Qualitäten jedoch nicht, da sie als Braugerste einen wesentlich höheren Gewinn einbringen. Die Wintergerste ist grundsätzlich von der Güte her als Futtergetreide einzustufen. Gute Erträge bringen 35–45 Dezitonnen je Hektar. Somit ist für den Fall, daß Gerste statt Hafer verfüttert wird, der Flächenbedarf je Warmblutreitpferd nur mit 0,3–0,5 ha zu veranschlagen.

Körnermais. In den ost- und südosteuropäischen Ländern, in Ungarn, Polen, Jugoslawien, besonders aber in weiten Teilen Amerikas wird neben Rauhfutter in reichlichen Mengen Körnermais den Pferden als Hauptenergiespender vorgelegt. Der guten Verdaulichkeit und des hohen Gehaltes wegen genügen vom Mais 80% der Menge, die an Hafer gegeben werden müßte. Das bedeutet bei der Zusammenstellung der Futterration, daß 1 kg Hafer durch 0,8 kg Mais zu ersetzen ist. Die Verfütterung von Mais kann in ganzen Körnern, bei älteren Pferden oder bei Zahnproblemen geschrotet erfolgen. Der hohe Futterwert des Maises liegt darin begründet, daß das Maiskorn keine Spelze besitzt, der Rohfaseranteil gering ist, und dieser Anteil kommt den Kohlenhydraten zugute.

Körnermais enthält:
12,6% Wasser
87,4% Trockenmasse
davon 70,0% Kohlenhydrate
9,4% Rohprotein
2,4% Rohfaser
4,1% Rohfett
1,5% Mineralstoffe

Der Mais beansprucht leichte, trockene und warme Böden. Die Kultur ist in der Fruchtfolge unkompliziert, da Mais mit sich selbst verträglich ist. Das Problem der Erkrankung mit Kolbenbrand wird allerdings dadurch auch vergrößert. Die Pflege und Einbringung ist gut zu mechanisieren und die Zucht von frühreifen Maissorten hat dessen Anbau in unseren Breiten in den letzten Jahren und Jahrzehnten sehr stark begünstigt. Der Flächenertrag liegt bei ca. 35–50 Dezitonnen je Hektar, das ergibt den geringsten Flächenbedarf für Körnerfutter je Reitpferd mit ca. 0,25–0,40 ha. Bei nicht mehrstündigem Einsatz und Arbeit fördert die Körnermaisverfütterung jedenfalls den Fettansatz. Als Anteil in einem Kraftfuttergemisch (40% Mais, 30% Hafer, 30% Gerste) eignet sich Körnermais dazu, den sonst in jeder Ration vorhandenen Rohproteinüberschuß zu vermeiden.
Die Eigenschaft, daß Mais rund macht, nutzt man bei stark abgesäugten Stuten oder zum »Bemuskeln« von Ausstellungspferden.

Sonstige Getreidearten. Neben den drei als Hauptfuttermittel für unser Pferd verwendeten Getreidearten kommen bei uns eventuell an bäuerlichen Betrieben noch in geringen Mengen vorhandene Weizen- oder Roggenvorräte in Frage. Sie sind ansonsten vom Preis her als Futtergetreide zu teuer.
Beim Weizen ist aufgrund des hohen, backfähigen Klebergehalts die Gefahr der Kleisterbildung im Pferdedarm groß, Koliken und Darmverschluß sind davon die schlimmsten Folgen. Bei der Verfütterung von Roggen lehrt die bäuerliche Erfahrung, daß es zu Hufrehe – diffuser Huflederhautentzündung, die zu schweren Lahmheiten führt – kommen kann und auch andere Stoffwechselstörungen oder Vergiftungen enstehen können.
Wenngleich meist andere Ursachen mit daran beteiligt sind, so spricht hier die Erfahrung, daß Kreuzverschlag – Schwarze Harnwinde – und Nierenverschlag mit einer Schädigung des gesamten Organismus einhergehen können. Sind also entsprechende Reste von Weizen oder Roggen in einem bäuerlichen Zuchtbetrieb keiner anderen Verwendung zuzuführen, so sollte man sie beim Einmischen in die tägliche Futterration bei unseren Pferden mit Anteilen von höchstens 10–20% (= 0,5–1 kg bei 5-kg-Tagesration) beschränken. Diese Vorsichtsmaßnahme ist zwar nach neuesten Fütterungsversuchen mit Roggen ins Wanken gebracht, aber solange keine breit angelegten und exakt ausgewerteten Ergebnisse vorliegen, sicher richtig. Der Einsatz von Hirse oder Reis, die im Weltanbau eine bedeutende Rolle spielen, wäre möglich, steht aber außer Diskussion, da die Anbaugebiete in Regionen liegen, wo die Versorgung für die Menschen oft nicht ausreicht.

Ergänzungsfuttermittel

Trocken- und Melasseschnitzel. Ein Neben- bzw. Abfallprodukt der Zuckerindustrie sind die Trockenschnitzel. Nach Entzug des Zuckers werden die fein aufbereiteten Rübenschnitzel getrocknet und eventuell zur Anreicherung und Geschmacksverbesserung noch mit Melasse, einem süß schmeckenden Sirup, der ebenfalls aus der Zuckerindustrie stammt, übersprüht. Wegen ihres hohen Energiestoffgehaltes sind Melasseschnitzel im Pferdestall besonders in Gegenden mit Rübenanbau gerne gesehen. Trockenschnitzel enthalten bis zu 10% hochwertigen Zucker, Melasseschnitzel sogar bis 25%.
Alle Zuckerschnitzel und Melasseschnitzelarten müssen 6–12 Stunden vor der Verfütterung in Wasser angequollen werden – auf 1 kg Schnitzel verwende man 4 Liter Wasser. Die stark quellfähigen Schnitzel vermehren sonst im Schlund, Magen oder Darmtrakt ihr Volumen und führen zu Verstopfungen und Zerreißungen. Bei warmer Lagerung der quellenden Schnitzel neigt das Gemenge zur Säuerung. Ein kühler Naßraum eignet sich deshalb am besten. Zuckerschnitzel mit hohem Melasseanteil haben nicht nur als Energiefutter Bedeutung; die Melasse wirkt verdauungsanregend. Erfahrene Praktiker verfüttern sie deshalb mit Erfolg an Pferde, die zu Koliken neigen.

Melasse. Zum gleichen Zweck kann auch die Melasse in ihrem sirupartigen Zustand Verfütterung finden. Sie wird dabei an andere Kraftfuttermittel zur Bindung gegossen. Die Tagesration soll 0,5–1 kg nicht überschreiten.
Trockenschnitzel enthalten:

9,4% Wasser
90,6% Trockenmasse
davon 58,1% Kohlenhydrate
8,9% Rohprotein
18,1% Rohfaser
0,5% Rohfett
5,0% Mineralstoffe

Getrocknete Melasseschnitzel enthalten:
9,6% Wasser
90,4% Trockenmasse
davon 60,2% Kohlenhydrate
9,4% Rohprotein
14,1% Rohfaser
0,4% Rohfett
6,7% Mineralstoffe

Die Mineralstoffe bestehen vor allem aus Kalium und Natrium.

Weizenkleie ist ein Mühlennachprodukt, das bei der Mehlgewinnung abfällt. Sie ist in fast allen Zucht- und Sportpferdeställen zu finden. In hohem Maße enthält sie Vitamine des B-Komplexes und ist deshalb besonders wertvoll. Die zusätzlich anregende Wirkung auf die Darmtätigkeit wird bei kranken Pferden ausgenutzt. Wegen des staubförmigen Zustandes wird sie am besten im Mash, einem selbstgefertigten Futterbrei, verabreicht. Tagesmengen nicht über 0,5 kg je Reitpferd, da sonst der Darm verkleistert und der Mineralstoffhaushalt aufgrund des hohen Phosphor- und Magnesiumangebotes und dem fehlenden Calcium gestört wird. Wichtig ist eine absolut trockene Lagerung.

Weizenkleie enthält:
13,3% Wasser
86,7% Trockenmasse
davon 51,8% Kohlenhydrate
14,4% verdauliches Rohprotein
11,1% Rohfaser
3,9% Rohfett
5,5% Mineralstoffe

Leinsamen. Der Leinsamen ist nicht nur ein Futtermittel, sondern besonders auch ein Heilmittel für unsere Pferde. Bei allen Verdauungsstörungen, bei Durchfällen schwerster Art, bei durch Krankheit oder Überbeanspruchung heruntergekommenen Pferden wird mit Erfolg Leinsamen verabreicht. Eine besondere Wirkung haben die hochwertigen, ungesättigten Fettsäuren, die für glänzendes Haar und glatte Haut sorgen. Man berücksichtigt diese Wirkung besonders bei Ausstellungspferden. Wegen der harten, gegen die mechanisch und chemische Verdauung widerstandsfähige Schale kann der Leinsamen auch geschrotet bzw. gemahlen werden. Achtung: Nur frischgeschrotet verfüttern! Unter Einwirkung von Feuchtigkeit entsteht durch einen chemischen Abspaltungsprozeß die hochgiftige Blausäure. Zur Verfütterung wird Leinsamen trocken in die Kraftfutterration eingemischt oder besonders, wenn man die Heilwirkung im Darm sucht, mit heißem Wasser zu Mash aufgekocht. Verhältnis Wasser: Leinsamen wie 5:1. Der entstehende schleimige Brei überzieht die gesamten Schleimhäute des Verdauungstraktes mit einer Schutz- und Heilschicht, so daß Entzündungen rasch abklingen und heilen. Die Gefahr der Oxidation kann durch das Kochen des Leinsamens gebannt werden. Rein gewonnener und gut gelagerter Leinsamen ist glänzend, kaffeebraun, frei von Schmutz und Fremdstoffen und riecht nußartig bis ölig. Bei den hohen Preisen für Leinsamen bestehe man mit Recht und Nachdruck auf bester Qualität.

Standardfuttermengen sind:
- Fohlen 50 g
- ausgewachsene Pferde 150–200 g.

Leinsamenextraktionsschrot kommt aus der Ölgewinnung. Ihm ist das wertvolle Leinöl entzogen, dennoch bleibt es aufgrund des hohen Eiweißgehaltes ein hochwertiges Futtermittel. Die Mengen bei besonders im Futter stark abgefallenen Pferden kann mit Extraktionsschrot gegenüber dem Leinsamen bis auf das Drei- bis Vierfache erhöht werden.

Leinsamen enthält:
9,9% Wasser
90,1% Trockenmasse
davon 23% Kohlenhydrate
22,4% Rohprotein
7,7% Rohfaser
32,4% Rohfett
4,6% Mineralstoffe

Sojaextraktionsschrot. Ein besonders hochwertiges verdauliches Rohprotein ist im Sojaschrot enthalten. Von allen Futtermitteln im Pferdebarren ist der Prozentanteil mit ca. 43% verdaulichem Rohprotein am höchsten. Er findet besonders in der Ration bei Fohlen und bei hochtragenden und säugenden Stuten Anwendung. Man kauft ihn am preiswertesten ein, wenn auf den Säcken keine »Hufeisen«, sondern »Kuhhörner« aufgedruckt sind, denn Sojaschrot ist im Rinderstall das bevorzugte Milchviehfutter. Die Herstellung erfolgt aus Sojabohnen; durch ein natürliches Röstverfahren ist Sojaextraktionsschrot für Pferde sehr schmackhaft und auch gut verdaulich.

Grüncobs. Besonders in den Grünlandgebieten haben vor Jahren die Grünfuttertrocknungsanlagen zugenommen. In Gebieten mit hohen Jahresniederschlagsmengen ist man damit nochmals unabhängiger vom Wetter. Das Futter wird verlustfrei eingebracht und ist leicht und auf kleinem Raum lagerbar. Das frischgemähte Grüngut wird in der Trocknungsanlage zerkleinert, durch eine Heißlufttrommel geblasen und anschließend durch auswechselbare Schablonen zu Cobs gepreßt (Durchmesser 2–5 cm). Grüncobs können ob ihrer zerkleinerten Struktur die Verdauungsbewegungen des Darmtraktes nicht beeinflussen. Sie sind kein Rauhfutter mit strukturierter Rohfaser, sondern absolutes Kraftfutter. In der Kraftfutterration können sie bedenkenlos bis zu 40 oder 50% des gesamten Kraftfutters eingeplant werden. Alle Pferdegattungen nehmen sie gerne an. Grüncobs enthalten (starke Streuung durch Unterschiede im Grüngut):

10,4% Wasser
89,6% Trockenmasse
davon 40,8% Kohlenhydrate
14,0% Rohprotein
22,4% Rohfaser
3,4% Rohfett
9,0% Mineralstoffe

Pflanzenöle. Sie sind höchstwertiges Energiefutter (98%) und können sofort verbraucht oder gespeichert werden. Die Verfütterung ist an Tiere, von denen Höchstleistungen gefordert werden – Military- und Rennpferde–, aktuell. Geeignet sind besonders:

- Leinöl,
- Sojaöl,
- Maisöl,
- Olivenöl,
- Sonnenblumenöl,
- Distelöl.

Tagesmengen von bis zu 500 ml geben voll ausreichende Energiemengen, wenn auch die Wissenschaft bis 1000 m für möglich hält. Die Fettsäuren müssen im Dünndarm voll »verseift«, d. h. aufgespalten sein, ehe der Speisenbrei den Blinddarm erreicht (Durchfälle!).

Pferdefertigfutter, Alleinfutter

Im Zuge der Rationalisierung wurden Futtermischungen von nahezu allen bedeutenden Futtermittelherstellern für das Pferd geschaffen. Die Propagierung als Alleinfutter ist überholt. Damit wollte man sagen, daß dieses pelletierte Futter ohne jeden Zusatz auch ohne Rauhfutter, als »Alleinfutter« eingesetzt werden kann. Das verstößt in ganz grober Weise gegen die Ernährungsphysiologie des Pferdes. Auch bei Fertigfutter ist der Mindestanteil von 18% der strukturierten Rohfaser im Gesamtfutter einzuhalten. In diesen Fertigfuttern sind mannigfache Futterkomponenten enthalten. Die Industrie bringt hier vor allem Nebenprodukte aus Müllerei, Speiseölproduktion, Zuckererzeugung, Brauerei, Molkerei. Auch Grünmehle, Tapioka und Kartoffelstärke sind darin. Natürlich werden auch Hafer, Gerste und Mais, meist in höheren Anteilprozenten, eingemischt. Dabei muß man grundsätzlich davon ausgehen, daß die erste Qualität dieser Getreidesorten nicht im Fertigfutter verarbeitet wird, sondern im Original und rein verkauft wird, weil sie hier als Qualitätsgetreide höheren Preis erbringen. Wissenschaftlich nicht erklärbar ist die Tatsache, daß bei der Verfütterung von pelletiertem Fertigfutter öfter Koliken auftreten als bei der Verfütterung von gequetschtem oder geschrotetem Getreide. Schuld mag teilweise daran die Unerfahrenheit der Besitzer sein, die nicht, wie es bei jeder Futterumstellung erforderlich ist, den Austausch allmählich vornehmen, sondern oft von heute auf morgen das eine Futter gegen das andere austauschen. (S. Seite 50.)

Als Vorteile des Fertigfutters locken:

1. Gleichbleibende Qualität, gleicher Inhalt, und die jedem Sack anhängende Analyse ermöglicht es, genau nach Nährstoffbedarf zu füttern.
2. Zu jeder Mahlzeit ist nur <u>ein</u> Futtermittel erforderlich.

3. Die Mineralstoff-, häufig auch die Vitaminversorgung, ist so ausgelegt, daß sich für diesen Bedarf eine Ergänzungsfütterung erübrigt.
4. Bequemes Angebot, unproblematische Lagerung und einfacher Transport in Containern mit Gebläseumfüllung tun ein übriges.

Als Nachteile drohen: rasches Hinunterwürgen ohne genügende Einspeichelung; dadurch werden die Freßzeiten kürzer, die Langweile nimmt zu, die Kolikanfälligkeit steigt. Nur reichlich Rauhfutter kann Abhilfe schaffen.

Eine Zusammensetzung kann beispielsweise wie folgt aussehen:

20–50% Haferschrot
10–30% Gerstenschrot / Maisschrot
20–50% Grünmehle/Wiesengras/Leguminosen
10–12% Weizenkleie
5% Sojaextraktionsschrot
5% Melasse
5% Leinsamen/Zuckerschnitzel/Biertreber/Bierhefe etc.
3% Mineralstoffe und Vitamine

Detaillierte Nährstoffangaben müssen den jeweiligen Analysen – ihre Anbringung ist Pflicht – entnommen werden. Die Angaben über Energie fehlen darin häufig. Rückschlüsse können aus dem Rohfasergehalt getroffen werden.

Grundsätzliches zum Wasserverbrauch

Wasser ist für alle Säugetiere lebensnotwendig. Es steuert:

- Gesundheit,
- Leistungsfähigkeit,
- Funktion des Darmkanals und des Stoffwechsels,
- Regulation des Wärmehaushaltes (Schweißbildung).

Der Bedarf hängt weitgehend vom Verlust ab (Niere, Darm, Haut, Lunge, Euter). Bei größeren Mengen von Saftfutter in der Tagesration wird hiermit ein entsprechender Anteil abgedeckt.

Bei Hochleistungspferden, z. B. in der Vielseitigkeit, entstehen innerhalb einiger Stunden Wasserverluste bis zu 7 kg je 100 kg Lebendgewicht. Sie werden wie beim Sportler teilweise mit Elektrolytlösungen (Natrium, Kalium, Magnesium) ausgeglichen, um Kreislaufbelastung und Bluteindickung zu vermeiden.

Bei säugenden Stuten kommt zum Normalbedarf an Wasser zusätzlich die Wassermenge von 10–20 l, die in der täglichen Milch abgegeben wird. Untersuchungen (nach Heilmann 1984) haben ergeben, daß das Trinkbedürfnis stark von der Temperatur abhängt. So nahmen Weidepferde bei 0–5 °C 1mal in 8 Stunden Wasser auf, die gleichen Pferde tranken bei 30–35 °C 1,8mal je Stunde.

Als Standardbedarf können nachstehende Zahlen angesehen werden:

Ø Wasserverbrauch	je 100 kg* Lebendgewicht	Pferd 500 kg	Pferd 600 kg
leichte Arbeit	7 l	35 l	42 l
schwere Arbeit, Hochleistungssport	10–12 l	50–60 l	60–72 l

* Diese Angaben entsprechen den Normen nach Helmut Meyer, »Pferdefütterung«, Parey-Verlag, Berlin und Hamburg 1986.

Die Futterlagerung und der Futtervoranschlag

Am günstigsten kauft man sowohl Rauhfutter wie auch Getreide immer kurz nach dem Zeitpunkt der jeweiligen Ernte ein. Bei der Errichtung einer Anlage oder eines Stalles ist es also erforderlich, für die Ganzjahresvorräte den Lagerraum zu schaffen. Geht man von der Faustzahl aus, daß ein Warmblutpferd bei mittlerer Leistung etwa 1% seines Lebendgewichtes als Kraftfutter und 1% als Rauhfutter benötigt, so ist eine überschlagene Rechnung des Lagerraumbedarfes für Kraftfutter, Heu und auch Stroh leicht aufzustellen. Auch für das Stroh, das als Einstreu benötigt wird, muß man ca. 1% des Körpergewichtes einplanen. Das 500 kg schwere Pferd benötigt folglich 5 kg Heu und 5 kg Stroh sowie etwa 5 kg Hafer. Das ergibt jeweils einen Jahresbedarf von 1825 kg (5 kg mal 365 Tage pro Pferd).
Gepreßtes Heu und gepreßtes Stroh wiegen ca. 120 kg je Kubikmeter. Das ergibt für Heu bzw. Stroh 14–18 Kubikmeter Lagerraum, für beides zusammen je Pferd ca 30–35 m^3.
Bei einem Gewicht von 500 kg für 1 m^3 Hafer errechnet sich ein Siloraumbedarf von 3,7 m^3 je Pferd und Jahr. Wenn man auch bei einer kleineren Anzahl von Pferden bis ca. 10 Stück den mehrmaligen Bezug von Kraftfutter im Jahr bevorzugen wird, weil die Errichtung eines Silos und die Vorratshaltung eine finanzielle augenblickliche Belastung darstellt und Platz beansprucht, so sind ab 10–12 Pferden im Stall Großeinkauf und Lagerung des Kraftfutters im Silo betriebswirtschaftlich absolut zu bevorzugen. Bei der Lagerhaltung des Heu- und Strohbedarfes spielen die Raumkosten eine bedeutende Rolle. In stadtnaher Pferdehaltung kann sich aus diesem Grund die mehrmalige Anlieferung immer noch als günstiger errechnen. Ansonsten ist zu überlegen, ob man eine dachlastige oder ebenerdige Lagerung des Futters bei der Neuerrichtung einer Anlage einplant. Die ebenerdige Lagerung bietet die Möglichkeit der leichten Einlagerung, der leichten Entnahme und der geringeren Baukosten. Allerdings muß bei der Entnahme und der Verbringung des Futters und Strohs zu den Boxen ein längerer Weg in Kauf genommen werden. Dem gegenüber stehen bei der dachlastigen Lagerung die erhöhten Baukosten – tragfähige Stalldecke – und die eventuelle Staubentwicklung beim Abwurf. Günstig sind allerdings die kurzen Wege vom Lagerraum zur Boxe. Für Kraftfutter ist der ideale Lagerraum der Hochsilo, der so aufgestellt sein muß, daß man mit einem Futterwagen darunterfahren kann. Als Zwischenglied am Futterauslaß muß die Haferquetsche installiert sein, die möglichst mit einer Staubabsaugung in Verbindung stehen soll. Der Vorrat an Quetschhafer darf dabei nie älter als 1 bis höchstens 3 Tage alt werden, da durch Veratmung sonst Nährstoffverluste, aber auch Oxidation der Fettsäuren im gequetschten Hafer verursacht werden. Für die übrigen Ergänzungsfutter ist ein absolut trockener, belüfteter Raum erforderlich. Er muß dicht verschließbar sein, um Mäusen und Ratten den Zugang zu verwehren. Ein spaltenfreier Boden, Decke und Wände sind wichtig, um Mitessern wie Kornkäfern und ähnlichem Ungeziefer den Zugang zu versperren. Mäuse, Ratten und Katzenkadaver gehören weder in den Hochsilo noch in andere Futterbehälter. Auch sie führen wie verdorbene Futtermittel zu Vergiftungen, zu Rehe und eventuell sogar zum Tod eines Tieres (Botulismus).

Praktische Fütterung und Futterrationen

Beim Warmblutpferd beginnt die Arbeit etwa mit drei bis dreieinhalb Jahren. Von der Weide kommend sollte erst mit leichter Arbeit begonnen werden und dann die intensive Stallfütterung mit Kraftfutter einsetzen. Ansonsten kommt die Kraft vor dem Gehorsam, und vermehrte Widersetzlichkeit belasten Pferd und Reiter gleichermaßen. So lassen sich Nerven sparen und Härte vermeiden. Beim angerittenen Jungpferd wird man in den ersten drei bis vier Monaten mit 1 kg Kraftfutter auskommen und erst nach dieser Zeit im Laufe des ersten halben bis ganzen Jahres allmählich auf 2 kg, 3 kg und 5 kg erhöhen. Der Sättigungsbedarf muß am Anfang mit sehr guter Heuqualität erreicht werden. Bei jeder Ration gelten als entscheidende Kriterien: 1. Nährstoffbedarfsdekkung, 2. Sättigung, 3. Schmackhaftigkeit, 4. Verdaulichkeit.

Sportpferderationen

Die nachstehenden Beispiele können nur einen Teil der Möglichkeiten bringen. Der versierte Züchter oder Futtermeister wird viele andere Futtermittel anwenden, muß dabei aber stets den Nährstoffbedarf im Auge behalten.

Heu/Hafer-Ration für ein Reitpferd (500 kg)

Arbeits-leistung	**Ration**		**Angebot an**	
	Hafer kg	**Heu kg**	**vE–MJ**	**verd. Roh-protein g**
leicht	3	6	77,7	573
mittel	5	5	93,5	695
schwer	6	5	105,0	782

Der Proteinbedarf ist bei dieser Heu/Hafer-Ration reichlich gedeckt. Die Heuqualitäten, die in der Praxis meist zur Verfügung stehen, entsprechen selten dem Standard. Beifütterung von ca. 100–150 g/Tag vitaminisiertem Mineralstoffutter ist notwendig.

Gemischte Kraftfutterration

	Ration kg	**Angebot an**	
		vE–MJ	**verd. Roh-protein g**
Hafer	3	34,5	261
Mais	1	13,6	68
Weizenkleie	0,5	4,9	56
Leinsamenschrot	0,5	7,1	84
Heu	5	36,0	260
vitaminisiertes Mineralstoffutter	ca. 100 g		
Nährstoffangebot		96,1	729

Kraftfutter-Rüben-Heu-Ration

	Ration kg	**Angebot an**	
		vE–MJ	**verd. Roh-protein g**
Hafer	3	34,5	261
Gerste	2	25,8	166
Gehaltsrüben	8	27,2	64
Heu	3	21,6	156
vitaminisiertes Mineralstoffutter	ca. 100 g		
Nährstoffangebot		109,1	647

Fertigfutter-Hafer-Heu-Ration

	Ration kg	**Angebot an**	
		vE–MJ	**verd. Roh-protein g**
Fertigfutter, z. B. Pferdekorn (Baywa)	3	37,5	360
Hafer	2	23,0	174
Heu	5	36,0	260
vitaminisiertes Mineralstoffutter	ca. 50 g		
Nährstoffangebot		96,5	794

Fertigfutter-Strohration

	Ration kg	**Angebot an**	
		vE–MJ	**verd. Roh-protein g**
Fertigfutter	6	63,0	720
Stroh	4	22,0	36
Nährstoffangebot		85,0	756

All diese Rationen beinhalten bei bedarfsgerechtem Angebot an Kohlenhydraten ein Überangebot an verdaulichem Rohprotein. Bei einer Reduzierung von Energie kann zum Ausgleich Stroh von der Einstreu aufgenommen werden. Man kann aber auch in einer speziellen Kraftfutterration den Luxuskonsum an verdaulichem Rohprotein vermeiden:

Mais-Getreide-Ration mit ausgeglichenem Rohproteinanteil

	Ration kg	**Angebot an**	
		vE–MJ	**verd. Roh-protein g**
Körnermais	2,4	32,6	163,2
Hafer	1,0	11,5	87,0
Gerste	0,9	11,6	74,7
Heu	4,0	28,4	200,0
Nährstoffangebot		84,1	524,9

Vom Nährstoffangebot ist dies eine sehr ausgeglichene Ration, die in der Praxis noch viel zu wenig angewandt wird.

Futterration auf einem landwirtschaftlichen Betrieb

	Ration kg	Angebot an vE–MJ	verd. Rohprotein g
Hafer	2	23,0	174
Gerste	1	12,9	83
Weizenkleie	0,5	4,9	56
melassierte Zuckerschnitzel (angequollen verfüttern)	1	13,4	49
Maissilage	10	29,0	100
Heu	3	21,6	156
Nährstoffangebot		104,8	618

Als Berechnungsgrundlage für diese Rationen dient jeweils ein mittelschweres Reitpferd (500 kg) bei mittlerer Arbeitsleistung (1–2 Stunden tägliches Reiten). Die Kraftfutterrationen werden bei Turnierpferden im Hochleistungssport, besonders bei Vielseitigkeits- und Militarypferden, um 30–50% und darüber erhöht. Mit den Rauhfuttergaben kann man bis auf 20% der Gesamtfuttermenge (Trockenmasse) zurückgehen. An Turnierpferde wird vielfach *Mash* ein- bis zweimal wöchentlich verfüttert. Die Bereitung für eine Mash-Mahlzeit sowie die Zutaten sind unten angegeben.

Die Kraftfutterrationen werden bei Turnierpferden, im Vielseitigkeitssport, aber auch im Rennsport um 30–50% und darüber erhöht. Mit den Rauhfuttergaben kann man bis auf 20% der Gesamtfuttermenge zurückgehen. Um dem Pferd die erforderlichen Mengen an Nährstoffen zuzuführen, aber auch um den Appetit zu erhalten, kann es notwendig werden, daß man die drei Futterzeiten auf vier bis fünf Tagesgaben ausdehnt. Leistungspferden wird zweimal in der Woche eine Mahlzeit als Mashmahlzeit verabreicht.

Ein Standardmashrezept:
1,5–2 kg Hafer, gequetscht
0,5–1 kg Reformhafer
0,2 kg Leinsamen(schrot)
0,5 kg Weizenkleie
20–60 g Viehsalz
100–150 g Mineralstoffgemisch.
Bei Sportpferden im hartem Einsatz könnte man hinzufügen (Circa-Mengen):
100 g Traubenzucker
0,5 kg Mais- oder Gerstenschrot
10 rohe Eier

Ein Mash, der speziell für Zuchtstuten im hochtragenden oder säugenden Zustand gedacht ist, würde als Zusatz erhalten:
bis 1 kg Sojaextraktionsschrot
bis 200 g Michlpulver
bis 100 g Karotin (pulverisiert) u. ä.

Zur Mashbereitung werden etwa 6 Liter Wasser zum Kochen gebracht, darin der Leinsamenschrot bzw. der ganze Leinsamen aufgekocht, nach 1–2 Stunden wird man die Getreideschrote und übrigen Zusatzfuttermittel einmischen, einrühren und quellen lassen. Der gesamte Futterbrei wird mit der Weizenkleie lose abgedeckt, Salz und Mineralstoff hinzugefügt, und nach kürzerem Ziehen wird das Ganze, wenn es handwarm ist (ca. 35 °C), durchgerührt und so an die Pferde verfüttert.
Vor dem Ausritt, dem Training oder gar Leistungsprüfungen werden keine größeren Futtermengen gegeben. Turnierpferden reicht man ca. 2–3 Stunden vor einem Start die letzte kleine Ration. Ein sehr dünner Mash oder Trank in kleiner Portion kann ebenfalls bis 2 Stunden vor der Prüfung verabreicht werden. Besonders aber mit Traubenzucker muß man dabei bei Vielseitigkeits- oder Hochleistungspferden vorsichtig sein, da der Speichel sonst im Maul klebt und die Pferde von erhöhtem Durstgefühl gequält werden. Als Leitsatz bei Leistungspferden gilt immer: Die letzte gültige Aussage über eine ausreichende und richtig zusammengestellte Fütterung gibt das Pferd selbst. Bei gesundem Aussehen, Erhaltung und weiterer Steigerung der Leistungsfähigkeit im Training und im Wettkampf sowie bei gleichzeitiger nervlicher Ruhe und Belastbarkeit ist beste Gewähr dafür gegeben, daß alles in Ordnung ist. Die Geschichte und Tradition liefert den Beweis für die Richtigkeit dieses Leitsatzes. Hohe Leistungen wurden von Pferden erbracht, ehe man Nährstoffbedarf kannte und Futtermittel analysierte.

Zuchtstutenration

Braucht das Sportpferd in erster Linie Energie, Brennstoff für die Muskelarbeit, so sind bei der Zuchtstute vorwiegend Aufbaustoffe für die nötige Neubildung der Zellen des werdenden Jungtieres im Mutterleib erforderlich. Gut zwei Drittel der Größe der Leibesfrucht werden vom

8. bis zum 11. Trächtigkeitsmonat aufgebaut. Um die notwendigen Nährstoffe im Futter unterzubringen, wird das Rauhfutter auf ca. 1,5–2 kg reduziert, die Qualität des Heues muß dabei verbessert werden, die Kraftfutterration wird in dieser Zeit auf 6 kg, im letzten Drittel sogar auf 8–9 kg angehoben. Die Stute benötigt im Endstadium der Trächtigkeit und bei der beginnenden Laktation – ca. 600 kg Eigengewicht – 81–91 Megajoule verdauliche Energie und 470–590 g verdauliches Rohprotein täglich. Der im Enddrittel der Tragezeit intensivierte Knochenbau beim Fohlen macht eine Mineralstoff-, insbesondere Calcium/Phosphorbeifütterung in verdoppelter Menge erforderlich. Eine praktische Ration für diese Stute wäre z. B.:

2 kg Heu, beste Qualität
2 kg Möhren
5 kg Hafer, davon die Hälfte Reformhafer
1 kg Sojaschrot
0,5 kg Weizenkleie
0,5 kg Leinsamenschrot
150–200 g Mineralstoff- und Spurenelementgemisch (vitaminisiert).

Am Tage der Geburt bzw. am Tag darauf empfiehlt sich die Verabreichung eines sehr flüssigen Mashes, der die Stute kräftigt und die Milchbildung anregt. Eine entsprechende Zusammensetzung wäre z. B.:

6 Liter heiße Magermilch
0,5 kg Leinsamenschrot (aufgekocht)
0,5 kg Weizenkleie
1 kg Haferschrot
50 g Kochsalz
5–10 rohe Hühnereier.

Das Ganze wird frisch vor dem Verfüttern angerichtet, um Säuerung zu vermeiden, und auf 35 °C abgekühlt (handwarm) der Stute zum Trinken vorgestellt.

Fütterung des Zuchthengstes

Bei einer normalen Verwendung mit einem Stutenkontingent bis ca. 25 Stuten in einer Deckzeit reicht eine durchschnittliche Fütterung entsprechend der mittleren Arbeitsleistung. Nur bei hochfrequentierten Hengsten, die im Natursprung 60–80 Stuten erhalten können, ist es erforderlich, entsprechend mehr verdauliches Rohprotein, Energie- und vor allem auch Mineralstoffe und Vitamine zu verabreichen. Erfolgversprechend kann auch die Verfütterung von angekeimtem Hafer sein. Damit muß allerdings bereits 6–8 Wochen vor der Deckzeit begonnen werden. Wenn man bedenkt, daß täglich etwa 200–500 g Keimhafer zur Verfügung stehen müssen, so ist eine große Vorkeimanlage erforderlich. Neben der Fütterung ist aber gerade bei den Zuchthengsten die tägliche Bewegung und der Aufenthalt über mehrere Stunden in Licht, Luft und Sonne – Aufbau und Umsetzung von Vitamin D – von besonderer Wichtigkeit. Im übrigen leidet ein stark benutzter Beschäler keinen Schaden, wenn er während der Hauptdeckzeit an Fleisch verliert. Das können sogar 50–100 kg sein.

Fohlenfütterung

Was einem Fohlen im ersten Lebensjahr an Futter fehlt, kann in seinem ganzen Leben nicht mehr nachgeholt werden. Dieser Merksatz ist jedem guten Züchter und Aufzüchter oberstes Gebot. Die spätere Tüchtigkeit und Belastbarkeit eines Pferdes hängt davon ab, ob es in seiner Hauptaufbauzeit Mangel litt oder nicht. Knochen, Sehnen, Muskeln und Organe müssen alle erforderlichen Baustoffe und Mineralstoffe aufeinander abgestimmt zur Verfügung bekommen. Ab Ende der ersten bzw. ab der zweiten Woche nach der Geburt bietet man dem jungen Stallbewohner die ersten stark angequetschten Körner an. Hafer oder auch Weizen eigenen sich bestens für das neugierige Jungtier, das die fressende Mutter beobachtet. Eine separat bereitgestellte niedrige Holzkrippe, bei der möglicherweise quer angebrachte Metallbänder den Zugriff für die Mutter versperren, haben sich dabei bewährt. Wenngleich die ausreichende Ernährung zu diesem Zeitpunkt durch die Muttermilch erfolgt, so wird doch die rechtzeitige Aufnahme von festen Körnern angelernt. Die Beigabe von Kleie verbessert das ungünstige Calciumverhältnis. Vorsicht bei größeren Mengen: Gefahr der Verkleisterung des Darmes. Dem natürlichen Bedarf angepaßt sind die pelletierten gepreßten Fohlenaufzuchtfuttermittel. Sie bieten ausgewogene Nährstoff- und Mineralstoffmengen. Ab dem zweiten Monat wird die Kraftfuttermenge bereits auf 0,5 kg gesteigert. Für jeden weiteren Monat muß man ein

halbes Kilogramm Kraftfutter rechnen, so daß ein Fohlen mit 12 Monaten etwa auf 4–6 kg Kraftfutter kommt.
Doch wieder zurück zur hauptsächlichen Ernährung des Fohlens in den ersten Lebenswochen und -monaten. Lebensspendender Born ist das Gesäuge der Stute, die mit 3–8 Litern Milch einsetzt und täglich bald 12–18 Liter Milch gibt. Der Laktationshöhepunkt liegt zwischen der 5.–10. Woche nach der Geburt (bis 24 Liter). Dann geht die Milchmenge allmählich wieder zurück. Mit 4–6 Monaten wird in der Regel das Fohlen abgesetzt.
Von besonderer Bedeutung ist die Milch der ersten Stunden und Tage – die Kolostralmilch. Sie enthält vermehrt Magnesium zum Darmpechabtreiben, und unter den Milcheiweißarten ist das Globulin – neben Albumin und Casein – erhöht vorhanden, weil es den Übergang vom Bluteiweiß begünstigt. Außerdem sind Abwehrstoffe und Antikörper gegen Krankheiten darin enthalten.

Mutterlose Fohlenaufzucht

Ein Problem besonderer Art entsteht, wenn die Mutterstute bei oder nach der Geburt verendet. Manchmal kommt es auch vor, daß eine Stute keine Milch gibt oder das Fohlen bösartig ablehnt. Die beiden letzteren Fälle sind jedoch selten, und eine solche Zuchtstute gehört unverzüglich aus der Zucht herausgenommen. Die ersten Maßnahmen sind, eine Amme zu suchen bzw. über die Zuchtverbände an eine Stutenmilchbank zu kommen, um dort sowohl Kolostralmilch wie auch die anschließende Milch zu beziehen. Zwischen täglich 6 bis 12 Tränkezeiten in den ersten Wochen sind erforderlich, um der Natur entgegenzukommen. Der noch kleine Fohlenmagen bekommt sonst nicht die notwendige Flüssigkeitsmenge. In den ersten drei Tagen genügen ca. 2,5–5 l Flüssigkeit täglich. Bis zum Ende der ersten Woche wird dies auf 7 Liter gesteigert. Ab der 4./5. Woche muß trockenes Aufzuchtfutter, eventuell auch Trank, die natürliche Milchquelle mit ersetzen helfen. Spezielle Fohlenaufzuchtmilchpräparate erleichtern heute die Problematik. Ein Betrieb, der auf Wirtschaftlichkeit abgestellt ist, muß die Entscheidung treffen, ob Aufzucht oder nicht, denn bei bezahlter Arbeitskraft geht sie immer in den roten Zahlenbereich.
Neben der Ernährung ist ein weiteres Problem die Prägung und die immer gegebene Gefahr des Kümmerns. Der nachstehende Tränkeplan für mutterlose Aufzucht soll einen Anhaltspunkt für die Darreichung, aber auch für die Mühen geben. Notfalls kann für die Aufzucht auch Kuhmagermilch, der Zucker zugesetzt ist, eingesetzt werden. Sie kommt jedoch nicht an die nach neuzeitlichen Erkenntnissen hergestellten Stutenmilchpräparate heran. Während normalerweise das Absetzen der Fohlen zwischen dem 4. und 6. Monat erfolgt, wird man bei mit Ersatzmilchpräparaten aufgezogenen Jungtieren versuchen, sie spätestens mit dem 4. Monat von der flüssigen Nahrung entwöhnt zu haben. Frühzeitig intensive Kraftfutterdarreichung und bestes Heu oder Grummet müssen das mühsame Werk unterstützen. Das baldige Zusammenbringen mit anderen Fohlen muß die Prägung des Jungtieres regulieren.

Tränkeplan für mutterlose Fohlenaufzucht

Fohlenalter	Wassermenge (ca. 40° C)	Milchpräparat kg	Tränkezahl	Fohlenaufzuchtfutter kg
1.–3. Tag	2,5 l	0,5	6–12	
4.–5. Tag	4,0 l	0,8	6–12	
6.–7. Tag	6,0 l	1,5	6	
2.–3. Woche	10,0 l	2,5	4	*
4.–5. Woche	12,0 l	3,0	3	
6.–10. Woche**	10,0 l	3,0	2	0,5–1,0
11.–14. Woche	8,0 l	2,5	2	1,5
15.–16. Woche	6,0 l	1,6	1	2,0

* Das erste versuchsweise Angebot von Körnerfutter oder Fohlenaufzuchtfutter erfolgt ab der 2. Woche.
** Beifütterung von festem Fohlenaufzuchtfutter.

Aufzucht: Jährlinge, zwei- und dreijährige Jungpferde

Die Fohlen reichlich, die Jährlinge knapp, das ist ein rechter Grundsatz. Das wichtigste Element für diese Pferdegruppe ist die großflächige Koppel oder Dauerweide, die neben der Nahrung auch die Bewegung sichert. Bei jungem, frischem Gras, aber auch bei knappem Bewuchs auf der Weide sollte vor dem Verlassen der Ställe Heu oder Stroh als Beifutter bzw. als Darmbremse angeboten werden. Auch gehäckselter oder silierter Grünmais finden zweckmäßig Anwendung, um eine knappe Weide auszugleichen. Die Aufzucht der Spezialrassen, wie der Galopper oder Traber, vollzieht sich logischerweise kürzer, da sie mit 1½ oder spätestens 2 Jahren eingebrochen und an die Arbeit gewöhnt werden müssen. Die Fohlenaufzucht gestaltet sich deshalb noch intensiver und die Weidezeit als Jungpferd wird kürzer. Gerade bei den Galoppern wird auch in dieser Periode intensive Fütterung, insbesondere mit Baustoffen betrieben. Nicht selten entstehen dadurch Probleme mit den Pferdebeinen, die dadurch stark zur Gallenbildung neigen, unklar werden oder sich lymphatisch verändern.

Größenwachstum und Gewicht eines Jungpferdes (Warmblut)

Alter	Stockmaß	Gewicht
bei Geburt	100–115 cm	ca. 55 kg
12 Monate	150–156 cm	310–350 kg
24 Monate	155–162 cm	410–470 kg
36 Monate	160–166 cm	490–510 kg
60 Monate*	165–170 cm	530–580 kg

* ausgewachsen

Extensive Fütterung von Kleinpferden und Freizeitpferden

Hier hat sich eine spezielle Haltung und Fütterung entwickelt. Wer mit seinem Pferd nur Spazierritte und auch diese nur gelegentlich unternehmen will, der kann sich mit einer einfachen und extensiven Haltung und Fütterung begnügen. Diese Haltungsformen sind gesund, wenn auch nicht immer ansehnlich. Ein primitiver Offenstall mit ständigem Zugang im Sommer zur Dauerweide, im Winter zu gestapeltem Rauhfutter, Heu und Stroh, sind alles. Bei Kälte und Schneelage wird entsprechend des höheren Erhaltungsbedarfes die benötigte Rauhfuttermenge bis auf 6–8 kg ansteigen. Die neuesten Erkenntnisse haben teilweise sogar schon das Gegenteil bewiesen, da aufgrund der besseren Gesundheit und dem fehlenden Infektionsstreß der Nährstoffbedarf nicht erhöht wird. Generell rechnet man bei Kleinpferden und Ponys mit einem Bedarf an Rauhfutter von ca 2% des Körpergewichtes. Wichtig ist selbst bei Frost ständig verfügbares Wasser. Eine immer fließende Tränke bietet eine Möglichkeit, um die Wasserversorgung sicherzustellen, geheizte Tränkebecken sind ein technischer Ersatz dafür. Beim Einsatz und beim Reiten extensiv gehaltener Pferde muß man im Winter beachten, daß sie sich einen langen Winterpelz zugelegt haben. Man darf sie nicht so intensiv belasten, daß sie zum Schwitzen kommen. Das Fell mit Unterwolle braucht zu lang, um von selbst zu trocknen. In dieser Zeit ist die Gefahr einer Unterkühlung erhöht. Extensiv gehaltene Pferde und Kleinpferde sind meist frei von Aggressionen und bereiten deshalb dem weniger geübten Reiter viel Vergnügen im Sattel. In vielen Ländern gibt es diese Pferde zu mieten, die ohne Problem von einem Touristen zu reiten sind bzw. diesen spazierentragen. Das Leben dieser »Leihobjekte« verläuft dabei nicht immer auf der Sonnenseite in der Welt der Kreaturen.

Für Ponys und Kleinpferde, die im Leistungssport gehen, gilt diese Haltung und Fütterung natürlich nicht. Sie stellen die gleichen Anforderungen wie Groß- und Sportpferde. Wenn man die Leistung der kleinen Pferde mit der der Großpferde vergleicht, ist proportional von Eigengewicht und Futterbedarf die Leistung von Ponys und Kleinpferden 1,5 mal so groß wie die der Großpferde (Seefeldt/Breidbach: 1954/57).

Eine besondere Art der extensiven Aufzucht und Haltung ist in Gebirgsgegenden die Älpung. Sie kommt besonders für Haflinger-Jungpferde in Frage. Erfahrene Züchter bestätigen, daß die Almweide für die optimale Entwicklung dieser Rasse eine Voraussetzung ist.

Die wichtigsten Futtermittel für das Pferd

Nährstoffgehalte pro kg ursprünglicher Substanz
Mcal = Megacalorie = 1000 Calorien, 1 Mcal = 4,186 Megajoule (MJ)

	Trocken-substanz %	Roh-faser g	verd. Roh-protein g	verd. Energie MJ	Calcium g	Phos-phor g	Natrium g	β-Carotin mg
Weidegras: frisch 1. Aufwuchs vor bis nach dem Schossen	18,8	42	25	1,9	0,8–1,2	0,7	0,2	50–75
Beginn bis Mitte Blüte	21,0	54	28	2,0	1–1,4	0,8	0,2	30–40
Grassilage, angewelkt, 1. Schnitt	30–45	90–130	20–33	2,5–4,0	2–3	1–1,4	0,1	40–40
Maissilage, Vollreife	30	70	15	2,9	0,8–1,0	0,6–0,8	0,1	–
Rübenblattsilage	16	22	15	1,5	1,9	0,4	1,2	5,10
Wiesenheu: Beginn bis Mitte Blüte	87	268	52	7,5	3,5–6,0	2,5–4	0,6	10–20
Wiesenheu Ende Blüte	87	290	50	7,2	4,5–6,0	2–3	0,5	5–10
Luzerntrockengrün	89	281	84	8,5	18,0	2,9	1,7	100–200
Hafer-, Weizenstroh	88	400	8	5,0–5,5	2,7–3,6	1,2–0,7	1–2	
Gerstenstroh aufgeschlossen mit Ammoniak	88	402	7	5,0	2,7	0,7	1,1	
Zuckerrüben	24	13	10	3,4	0,6	0,4	0,2	
Massenrüben	11	9	8	1,5	0,3	0,3	0,3	
Möhren (rot)	13	12	10	1,5	0,5	0,4	0,3	50–60
Trockenschnitzel	90	181	59	13,4	8,8	1,0	2,2	
Melasse	77	0	81	11,0	4,2	0,2	5,7	
Hafer	88	102	87	11,5	1,0	3,2	0,3	
Gerste	88	47	83	12,9	0,6	3,5	0,3	
Weizen	88	25	85	12,6	0,6	3,4	0,1	
Mais	88	24	68	13,6	0,3	2,8	0,2	
Sojaextraktionsschrot	88	59	427	14,6	2,8	6,4	0,3	
Weizenkleie	88	111	112	9,7	1,6	11,3	0,5	
Leinsamen	90	77	168	14,1	2,5	4,7	0,8	
Bierhefe	90	14	440	13,8	2,3	15,3	2,2	
Magermilch getrocknet	94	1	323	14,9	13,2	10,2	5,1	
Pflanzenöl (990 g – Rohfett)	10	–	–	38	–	–	6	360 J.E. (Vit. A)

Die wichtigsten Mischfuttermittel für das Pferd

Nährstoffgehalte pro kg ursprünglicher Substanz
Mcal = Megacalorie = 1000 Calorien, 1 Mcal = 4,186 Megajoule (MJ)

	Trocken-substanz %	Roh-faser g	verd. Roh-protein g	verd. Energie MJ	Calcium g	Phos-phor g	Natrium g	β-Carotin I. E.
zum Hafererersatz	88	80–120	70–100	11,5	8–15	4–6	2	8000– 18000 (Vit. A)
zur Haferergänzung	88	70–120	100–160	12,5	10–25	5–8	2–8	12000–100000 (Vit. A)
sog. Alleinfutter zu Stroh	88	150–180	60–90	10,5	8–15	3–6	1–2	6000– 18000 (Vit. A)
Fohlenaufzuchtfutter	88	50–100	140–180	13,5	10–15	6–8	2	20000– 30000 (Vit. A)
Mineralfutter (100 g)					12–24	4–8	mind. 5	mind. 30000 (Vit. A)

Fütterungstechnik

Futterzeiten sind etwas, woran man als verantwortlicher Betriebsführer absolut gebunden ist. Nichts nehmen unsere Tiere übler, als nicht zur geregelten Stunde ihr Essen zu erhalten. Drei Mahlzeiten sind die übliche Norm. Bei empfindlichen Pferden, die zur Kolik neigen, auch bei Pferden, die einen hohen Nährstoffbedarf zu decken haben, sind 4 oder 5 Mahlzeiten durchaus angebracht.

Bewährte Futterzeiten:

Morgenmahlzeit 6.00 Uhr
Mittagsmahlzeit 12.00 Uhr
Abendmahlzeit 18.00 Uhr.

Die Aufteilung von Kraft- und Rauhfutter kann etwa nach folgendem Muster erfolgen:

	Kraftfutter	Rauhfutter
morgens:	⅓ oder ¼	¼ oder ⅓
mittags:	⅓ oder ¼	¼
abends	⅓ oder ½	½ oder ⅔

Achtung: Eine nicht ausgefressene Futterkrippe wie auch Pferdemist, der in der Boxe liegt und der zu hart oder zu flüssig ist, geben Hinweise auf besondere Probleme. Futterverweigerung tritt beispielsweise auf, wenn Pferde den sogenannten Frosch, eine Entzündung des Gaumens, haben. Von den dick geschwollenen, geröteten Schleimhäuten des Gaumens lösen sich Hautfetzen. Das rauhe Heu und der spitze Hafer stechen in die schmerzempfindlichen Schleimhäute. Das Pferd nimmt nur vorsichtig und wenig oder überhaupt kein Futter mehr an. Ein selbst anwendbares Heilmittel ist das Einreiben des Gaumens mehrmals am Tage mit einer Handvoll Viehsalz. Auch adstringierende Medikamente sind hier bewährt (z. B. Myrrhentinktur). Der Zahnwechsel ist bisweilen die Ursache, daß unseren Pferden das Futter nicht schmeckt. Schieferzähne und Zahnhaken an den Backenzähnen sind schmerzhaft. Sie treten bei älteren Pferden auf. Die seitliche Mahlbewegung ist dadurch behindert und die Spitzen stechen in das Zahnfleisch. Hier muß geraspelt werden. Sofern man selbst nicht in der Lage ist, behebt der Tierarzt den Schaden.

Grundlagen der Pferdezucht

Frühgeschichte

Unsere heutigen Pferdeschläge und Pferderassen gehen auf einen fuchsgroßen, fünfzehigen Sohlengänger zurück. Der Ursprung unseres heutigen Pferdes ist der sogenannte Eohippos, das heißt übersetzt »Pferdchen der Morgenröte«. Es lebte etwa 70–65 Millionen Jahre v. Chr. Die archäologischen Relikte lassen eine einigermaßen korrekte Rekonstruktion zu. Der Eohippos war ein fünfzehiger Sohlengänger, etwa fuchsgroß und lebte in den Braunkohlenwäldern. Um im weichen Waldboden nicht zu versinken, stattete ihn die Natur als Sohlengänger mit gespreizten Zehen aus. Über den Meso- oder Miohippos (30–10 Mio. J. v. Chr.) und über den Merryhippos, der sich bereits zum Dreizeher herunterentwickelte und am Rand der Ursteppen zum Grasfresser wurde, ging die Entwicklung weiter zum Pliohippos und den Vorfahren der »echten Pferde«, jener Gruppe, die als Allohippos-Stenonius-Formenkreis bezeichnet werden. Die Entwicklung vollzog sich in Eurasien und Nordamerika gleichermaßen, da über die Behringbrücke eine Verbindung bestand. Die Zeit des Pliohippos und der Allohippos-Formen war etwa zwischen 11 und 1 Million Jahre vor Christus. Erst im Anschluß daran taucht das Przewalskij-Pferd auf und das Solutrépferd, ein germanisches Pferd. Gleichzeitig liegt hier die Entwicklung der Halbeselformen, der Wildesel und der Zebras. In diesen letzten zehntausend Jahren mag der Zeitpunkt der Domestikation gelegen sein, über den sich die Wissenschaftler nicht ganz einig sind und verschiedene Thesen aufstellen. Die erste Begegnung zwischen Mensch und Pferd passierte wohl, als dieses Wild in Fallgruben gefangen wurde und als Nahrung diente. Das dürfte etwa 6000–8000 v. Chr. stattgefunden haben. Die eigentliche Domestikation fand wohl später um ca. 5000–4000 v. Chr. statt. Den ersten Nachweis darüber finden wir im osteuropäischen,

Das Przewalskij-Pferd ist ein wichtiges Bindeglied zwischen den Urpferden und den Kulturrassen der Gegenwart. Eine der wertvollsten Originalzuchten der Welt wird im Zoo Hellabrunn/München gehegt.

Tarpane gibt es nur noch als Rückkreuzungen in Tiergärten. Sie stellten einen Übergang zu den Großpferden dar.

arabischen, asiatischen Raum. Dort herrschten die besten Lebensverhältnisse für den Pferdling überhaupt. Ein Fundort südlich von Kew am Dnjepr läßt klar erkennen, daß das dortige Derejewkapferd bereits vier Jahrtausende vor Christus als Hauspferd gehalten wurde und diese Form, die auch als Tarpan bezeichnet wurde und dem heutigen Islandpferd am nächsten kommt, als die Erstform des heutigen Hauspferdes gilt.

Rassenkunde

Nach der heutigen Erkenntnis werden unseren Pferderassen drei Hauptgruppen als Ursprung und Ahnen vorausgestellt:

- das Steppenpferd, der Vorfahre der vollblütigen Rassen (als Stammvater wird hier das Przewalskij-Pferd angesehen, als Übergangsform gilt darin auch der Tarpan);
- die Stammform der Waldpferde, die der Vorgänger aller kaltblütigen Rassen sein soll (hier erscheinen in der Entwicklungsgeschichte das westliche Eiszeitpferd von Solutré oder auch das Diluvialpferd);
- Kleinpferde und Ponys (sie kommen ursprünglich als Plateau- oder Wüstenpferde vor; die Kenntnis über sie stammt von englischen Knochenfunden, und sie wurden als keltische Ponys bezeichnet).

Die Gliederung der Gegenwart vollzieht sich wie folgt:

1. Vollblut
2. Warmblut
3. Kaltblut
4. Kleinpferde, Ponys
5. Spezialpferderassen

Durchschnittsgewichte verschiedener Rassen

Rasse	Durchschnittliche Gewichte (ausgewachsen)
Kaltblut	700–800 kg
Deutsches Warmblut	530–600 kg
Englisches Vollblut	450–520 kg
Araber	400–450 kg
Traber	400–520 kg
Fjord	480–500 kg
Haflinger	450–470 kg
Isländer	340–360 kg
Shetlandpony	100–210 kg

Vollblut

Der Vollblutaraber (ox)

Älteste Rasse beim Vollblut ist das arabische Vollblut, ursprünglich gezüchtet in Nordafrika und im Orient. Es gilt heute als erwiesen, daß in Ägypten rund 2500 Jahre vor Christi Geburt mit der Pferdezucht begonnen wurde. 1000–500 v. Chr. sprach man bereits von den großartigen Gestüten der ägyptischen Könige. Einen Nachweis für Vollblutpferde in Arabien kann man erst für die zweite Hälfte des 4. Jahrhunderts nach Christus bringen. Die Hochform der Pferdezucht in Arabien begann allerdings im 7. Jahrhundert zur Zeit Mohammeds. Heute ist man der Auffassung, daß alles echte arabische Vollblut auf die fünf Familien, d. h. auf die fünf Stuten Mohammeds zurückgehen muß. Das

Vollblutaraber (ox)

Englisches Vollblut (xx)

sind die Stuten bzw. Linien Kuheilan, Saklawe, Obajan, Hamdane und Hatbar. Die Typen »Kuheilan« (jetzt »Koheilan«), »Saklawe« (jetzt »Saklawi«) und der dazukommende weniger edle große »Muniki«-Typ sind in der gegenwärtigen Zucht hauptsächlich vertreten.
Erscheinungsbild: Der Araber ist ein sehr edles, trockenes Pferd mit einem Stockmaß von ca. 148–155 cm, Kopf meist klein, harmonisch, mit konkavem Nasenrücken – Hechtkopf. Der Hals ist nicht selten tief angesetzt, meist ziemlich gerade. Straffe Oberlinie zum Teil mit hohem Schweifansatz, heute immer mehr gewünscht die Leistungskruppe. Das Fundament ist in der Regel trocken, sehr sehnig, mit kleinen harten Hufen. Mähne und Schweif sind nicht sehr dicht, aber seidig. Es dominieren die Schimmelfarbe und die Braunen. Füchse und Rappen sind selten. Die Mechanik ist meist flach mit genügend Raumgriff. Hervorstechend sind Ausdauer und Härte dieser Pferde. Das Temperament ist meist lebhaft bei sehr gutem Charakter. Hervorragende Vollblutaraberzuchten und -gestüte existieren in den Vereinigten Staaten, Polen, Nordafrika. Auch in der Bundesrepublik Deutschland ist gutes Zuchtmaterial vorhanden. Die Zuchten in Arabien und Nordafrika sind auf den Export, aber auch auf den Rennsport ausgerichtet.

Englisches Vollblut (xx)

Diese Pferderasse ist als das Galopprennpferd oder der englische Vollblüter über die ganze Welt verbreitet. Als rein gilt nur, wessen Vorfahren in den internationalen Vollblutstutbüchern eingetragen sind. Das General Stud Book wurde 1793 begründet und eröffnet. Teilregister dieses Stutbuches von England werden in allen Ländern mit Rennpferdezucht und Vollblutrennen geführt. In Deutschland ist dafür das Direktorium für Vollblutzucht und Rennen in Köln zuständig.
Das Englische Vollblut geht abstammungsmäßig auf den Araber zurück. Drei Stammväter aus dem 17. und frühen 18. Jahrhundert sind nahezu in allen Pedigrees, d. h. in allen Stammbäumen zu finden. Es sind dies Byerley's Turk (etwa 1689–1705), Darley's Arabian (etwa 1706–1725) und Godolphin Barb (etwa 1724–1753). Nachkommen des Hengstes Darley Arabian sind die berühmten Rennpferde Eclipse 1764 und St. Simon 1881.
Erscheinungsbild: Im Exterieur stellt das Englische Vollblut ein sehr trockenes, vom Gesicht her erkennbar hartes Rennpferd dar. Weite Nüstern, langer Hals, hoher, ausgeprägter Widerrist, gut bemuskelte Schulter, abgezogene und abgedachte Leistungskruppe sowie große Gurttiefe weisen auf Leistungsvermögen hin. Das Stockmaß geht von ca. 155–170 cm, wo-

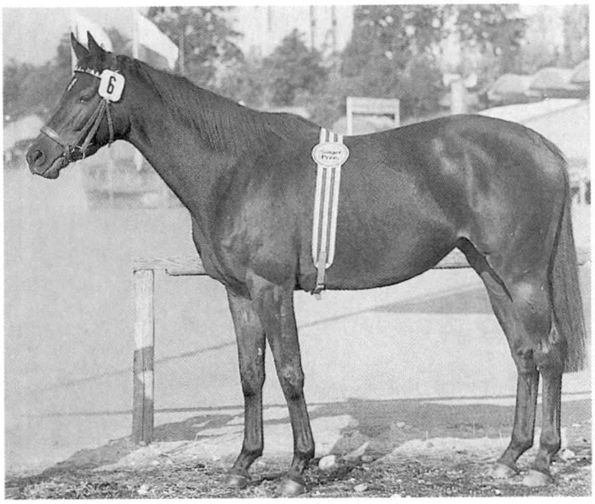

Angloaraber (x)

Warmblut: Deutsches Reitpferd; ausdrucksvoller, rahmiger Hengst im Erhaltertyp

bei im deutschen Zuchtbereich überwiegend Pferde mit ca. 160 cm, in England und Irland dagegen häufig mit 170 cm zu finden sind. In der Farbpalette finden wir häufig Braune und Dunkelbraune, sehr gerne gesehen ohne weiße Abzeichen. Seltener gibt es auch Füchse und Rappen und Schimmel. Das Englische Vollblut hat große Bedeutung bei der Veredlung aller Warmblutzuchten zur Züchtung von Hochleistungspferden und zur Verbesserung von Adel und Eleganz.

Der Anglo-Araber (x)

Anglo-arabische Pferde sind direkte Kreuzungsprodukte von Englischem Vollblut und Araber-Vollblut. Sie stellen eine glückliche Verbindung hinsichtlich Größe, Rittigkeit sowie Ausdauer, Temperament und Charakter dar. Besonders in Frankreich hat sich die Anglo-Araber-Zucht zur Erzeugung hochwertiger Reitpferde durchgesetzt. Einer der bedeutendsten deutschen Blutlinienbegründer ist der Anglo-Araberhengst »Ramzes«, ein Sohn des Englischen Vollblüters »Rittersporn xx« aus der Araberstute »Jordi«. Er deckte in der westfälischen und kurze Zeit in der holsteinischen Zucht. Unter den Ramzes-Kindern und -Enkeln sind Erfolgspferde bis zu den olympischen Klassen, und zwar in allen drei Disziplinen: in der Dressur, im Springen wie in der Vielseitigkeit.

Warmblut

Das vorwiegend im Reitsport eingesetzte Pferd ist das Warmblutpferd. Deutschland ist durch seine hochentwickelte Warmblutzucht in Europa und in der Welt bekannt. Die Olympischen Spiele, bei denen sich viele Nationen deutscher Pferde bedienen, beweisen es immer wieder.
Seit dem Jahre 1975 hat sich aufgrund eines Beschlusses der Deutschen Reiterlichen Vereinigung – Abteilung Zucht – die ganze Bundes-

Warmblut: Deutsches Reitpferd; edle, harmonische Stute mit guten Proportionen

republik auf ein einheitliches Zuchtziel festgelegt. Dieses Zuchtziel heißt **»Deutsches Reitpferd«**. Es ist wie folgt formuliert: »Gezüchtet wird ein edles, großliniges und korrektes Reitpferd mit schwungvollen, raumgreifenden, elastischen Bewegungen, das aufgrund seines Temperamentes, seines Charakters und seiner Rittigkeit für Reitzwecke jeder Art geeignet ist.«
Erwünschte Bestmaße innerhalb dieses Zuchtzieles sind:

Maße	Hengst	Stute
Stockmaß	165–170 cm	164–168 cm
Bandmaß	175–180 cm	174–178 cm
Brustumfang	195–220 cm	190–205 cm
Röhrbeinstärke	21–23 cm	21–22 cm

Die Hengste sollen sich dabei nicht nur durch die Maße von den Stuten unterscheiden. Ihr Gesamtbild muß wesentlich den männlichen Ausdruck ausstrahlen. Die einzelnen Verbände, wie z. B. Hannover, Westfalen, Holstein, Bayern, Trakehner usw., sind nach wie vor für die Betreuung ihrer Züchter regional zuständig. Auch die Brandzeichen werden nach den bisherigen Zuchtbuchordnungen weiter vergeben. In der Realität aber sind die Pferde der verschiedenen Zuchtverbände im Exterieur gleich geworden. Die gemeinsamen Leistungsprüfungen und Wettkämpfe stellen ja auch gleiche Anforderungen. Dominierend im Blutaufbau ist in der Bundesrepublik Deutschland der Hannoveraner und dessen Nachzuchtgebiet Westfalen. In fast allen Zuchtgebieten hat man diese Blutströme verwendet. Zur Erzeugung von Hochleistungspferden wird gezielt mit Englischen Vollbluthengsten, Halbblütern, zum Teil Anglo-Arabern und Trakehnern veredelt.

Der Traber

Die älteste planmäßige Zucht dieser sehr hoch im Blut stehenden Spezialrasse begann in Rußland unter Katharina II., als 1775 Graf Orlow den orientalischen Schimmelhengst »Smetanka« zur Zucht von schnellen Wagenpferden einsetzte. Es entstand der **Orlow-Traber**. Im heutigen Rennsport spielen besonders der Amerikanische und der Französische Traber eine Rolle.

Der **Amerikanische Traber** ist im Typ ein gedrungener, harter und kompakter Flieger – Stockmaß ca. 155–160 cm. Stammvater ist unter anderem Hambletonian, Sohn des Vollblüters »Messenger«. Eines der wichtigsten Rennpferde war Greyhound mit einem Meilenrekord von 1:55,15.

Der **Französische Traber** entwickelte sich planmäßig etwa ab 1835 auf der Blutgrundlage Normänner – Norfolk Trotter – Vollblut. Eleganter, großliniger Typ – Stockmaß ca. 170 cm – mit Steherqualitäten. Ein in der ganzen Traberwelt bekanntes Pferd war beispielsweise die Ausnahmestute Roquepine.

Die erste Zuchtstätte des **Deutschen Trabers** war im Jahre 1885 das Gestüt Mariahall/Rheinhessen. Bereits im Jahre 1874 wurde in Hamburg-Altona ein Traberclub für die Abwicklung großer Rennveranstaltungen gegründet. Der Deutsche Traber liegt im Typ zwischen dem Französischen und dem Amerikanischen Traber – Stockmaß ca. 158–165 cm. Züchterisch wird in deutschen Gestüten viel amerikanisches, zum Teil auch französisches Blut angepaart. Die am weitesten verbreiteten Vererber in der deutschen Zucht sind Epilog (Rekord 1:18,6) und dessen Sohn Permit (Rekord 1:17,3). Eines der bekanntesten Rekordpferde in Bayern war Simmerl – 1:15,6 –, der seinem Züchter, einem Landwirt, eine Gewinnsumme von nahezu einer ¾ Million einbrachte.

Deutscher Traber

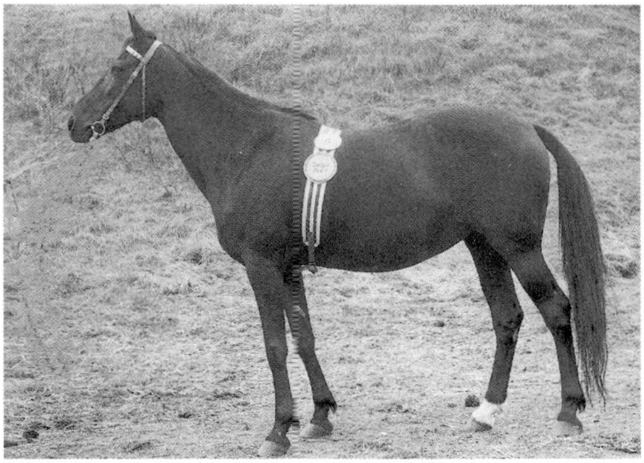

Kaltblutpferde

Sie sind stark zurückgegangen. Die Technisierung und Mechanisierung in der Landwirtschaft wie auch im Transportgewerbe sind dafür die Ursache.

Süddeutsches Kaltblut. Das letzte geschlossene größere deutsche Kaltblutzuchtgebiet liegt im Bayerischen Oberland. Der Ursprung dieser Pferde geht auf die römische Provinz Norikum zurück. Im Jahre 1906 wurde erstmals ein Stutbuch eingerichtet. 1920 führte man dazu das Edelweiß als Brandzeichen ein. Neben dem leichteren Schlag im Bayerischen Oberland gab es vor allem aus dem österreichischen Pinzgau kommend den schwereren, massigen Pinzgauer. 1939 wurden aufgrund eines Beschlusses des damaligen Reichsverbandes beide zusammen als Noriker bezeichnet und erst im Jahre 1948 einigten sich die Landesverbände des süddeutschen Raumes auf die Bezeichnung Süddeutsches Kaltblut. Knapp 1000 eingetragene Zuchtstuten werden in den Büchern geführt. Im Typ verkörpert es ein ruhiges, mittelschweres Schrittpferd mit einem Stockmaß von 158–164 cm Widerristhöhe. Als dominierende Farbe kann man den Fuchs mit heller Mähne bezeichnen. Die restlichen 20% werden von Braunen, Rappen und Tigern aufgefüllt. Der Einsatz des Süddeutschen Kaltblutpferdes ist vorwiegend in der Voralpenregion im Holzbringen gesichert. Aber auch bei Festzügen, in Brauereigespannen und in Kutschen finden wir heute schwere Kaltblüter.
Erwähnenswert sind die noch verbliebenen, früher sehr bedeutenden Blutlinien:
Vulkan-Gothe-Vulkan IV. Diese aus dem österreichischen Pinzgau stammende Linie mit kalibrigen Pferden steht nach der Zahl der Nachkommen an erster Stelle und hat die altbayerische Altbürschl-(Herrnhauser-Prinz)-Linie abgelöst.
Die Bravo-Diamant-Linie ist flächenmäßig über ganz Süddeutschland und Österreich verbreitet. Die Nachkommen sind teilweise von unterschiedlichem Typ, Größe und Qualität.
Die Optimus-Nero-Linie steht nach der Vulkan-Linie an zweiter Stelle von der zahlenmäßigen Bedeutung her. Sie bringt im Typ sehr kalibrige, schwere Pferde.

Süddeutsches Kaltblut

Namensmäßig sind noch zu erwähnen die Achus-Achilles- und die Weißfuß-Juchard-(Oberländertyp)-Linien.

Das **Rheinisch-Westfälische Kaltblut** hatte eine große Bedeutung. In den dreißiger Jahren machten sie die Hälfte des Gesamtpferdebestandes in Deutschland aus. Heute weisen die Zuchtbücher knapp 400 eingetragene Stuten nach. Das Stockmaß liegt über dem des Süddeutschen Kaltblutes und beträgt ca. 162–172 cm. Braun- oder Fuchsschimmel dominieren, aber auch Braune und Füchse trifft man an.

Der **Schwarzwälder Fuchs** – Schwarzwälder Kaltblut. Ihr Ursprung geht auf Landschläge, aber auch auf viele zurückgelassene neapolitanische Franzosenpferde zurück. Heute ist enger Blutanschluß mit dem Süddeutschen Kaltblut gegeben. Das Zuchtbuch hat nur mehr ca. 300 Stuten in seinen Seiten registriert. Das Stockmaß liegt bei 145–155 cm. Wie der Name sagt, dominieren Füchse, besonders beliebt ist der Dunkelfuchs und frühere Kohlfuchs mit nahezu weißem Langhaar.

Schleswiger Kaltblut. Es geht auf das Jütische Pferd in Dänemark zurück, wobei dieser Jütländer bereits zur Römerzeit und auch schon bei den Wikingern vor über 1000 Jahren erwähnt wurde. Stockmaß 156–162 cm, dominierend die Fuchsfarbe; leider sind nur mehr knapp 100 Stuten im Pferdestammbuch von Schleswig-Holstein verzeichnet.
Weitere europäische Kaltblutrassen sind der Abtenauer, eine besonders kleine Norikerzucht

Haflinger: moderner, edler Typ

Fjordpferd

im Land Salzburg; der Ardenner, ein mittelschweres, kompaktes Kaltblutpferd in den französischen und belgischen Ardennen; der Brabanter, ein massiges Pferd aus dem Marschgebiet Belgiens; der Jütländer, ein mittelgroßer Arbeitstyp aus Dänemark; der Percheron, ein sehr kapitales, schweres Kaltblutpferd, das seine Heimat im Gebiet von Perche in Frankreich hat; das Shire-Horse, das aus Mittelengland kommt und die größte Pferderasse der Welt darstellt. Charakteristisch für das Shire-Horse sind die langen Gliedmaßen, die mit einem seidigen, hoch heraufreichenden Kötenbehang, meist in Weiß, ausgestattet sind.

Kleinpferde und Ponys

Der Haflinger

Ursprünglich wurde diese Rasse im Gebirge für die Arbeit gehalten. Die Blutgrundlage war eine Südtiroler Landrasse. Die gezielte Zucht begann mit dem Hengst »El Bedavi XXII« und dessen Sohn »249 Folie«. Sie hatten das Blut orientalischer Beutepferde in ihren Adern. Der aus der Radauzer Zucht stammende El Bedavi wurde 1868 geboren und deckte im Vintschgau. Sein Sohn Folie, geb. 1873, hatte bereits die charakteristische Fuchsfarbe mit Aalstrich; zum Stammhengst wurde er aufgrund seiner überragenden und einheitlichen Nachzucht. 1935 kamen über das Inntal – Gut Wiesen – die ersten Haflinger (Hengste Held, Urban I, Xandl 3) nach Deutschland. Heute ist die Rasse in ganz Europa und darüber hinaus sporadisch zu finden, wenngleich Südtirol, Österreich, Bayern, Westfalen und Thüringen besondere Schwerpunkte bilden. Den heutigen Ansprüchen folgend wurde das Haflinger Pferd vom Trag- und Zugtier zum Freizeit-, Kinder- und Fahrpferd umgezüchtet. Dies geschieht durch die Selektion eleganter und edler Blutlinien. Vereinzelt wurden auch Vollblutaraberhengste mit Fuchsfarbe eingekreuzt. Wichtig ist es, die Auslese nicht nur nach dem Exterieur, sondern besonders auch nach Temperament, Charakter und Reiteignung zu betreiben. Typisch für die Haflinger sind die Fuchsfarbe und das helle Langhaar. Der moderne Haflinger hat ein edles Gesicht, einen verfeinerten und verlängerten Hals mit möglichst freier Ganasche, deutlichen Widerrist und eine leicht geschwungene Oberlinie. Das Fundament ist trockener geworden, die Bewegung flacher und raumgreifender. Das Bestmaß für Stuten liegt bei 140–144 cm Stockmaß und einer Röhrbeinstärke von 18–20 cm. Hengste dürfen ein Stockmaß von 142–146 cm erreichen; Röhrbeinstärke: 19–21 cm.

Das Fjordpferd, der Norweger

Die Rasse stammt aus Norwegen und ist im Exterieur sehr einheitlich. Charakteristisch ist die Hellfalbfarbe mit Aalstrich und dunklen Abzeichen an den Beinen. Der Norweger wurde ursprünglich in der Landwirtschaft eingesetzt. Auch er ist heute für den Freizeitreitsport und besonders für den Fahrsport umgezüchtet. Im Temperament ist er sehr ruhig, im Typ etwas schwerer als der Haflinger. Charakteristisch ist die Stehmähne, die den knappen Hals noch verdeutlicht. Widerristhöhe/Stockmaß 137 bis 145 cm.

Connemara-Pony

Island-Pferd

Connemara-Pony

Das Connemara-Pony stammt aus Irland. Diese Kleinpferderasse kommt dem Warmblutpferd sehr nahe und bringt hervorragende Reitpferdeeignung mit. Die ursprünglich etwas robuster gezüchteten Ponys sind heute stark veredelt und erzielen im Leistungs- und Turniersport hervorragende Ergebnisse. Einzelne Connemara-Ponys haben erfolgreich im Wettkampf gegen Großpferde teilgenommen. Eines der bekanntesten ist »Dundrum«, ein Springwunder, das bei Meisterschaften in England sogar die 2-Meter-Mauer überwand. Widerristhöhe/Stockmaß 140–148 cm, alle Farben werden gezüchtet.

Das Island-Pferd

Diese urtümliche Rasse wurde immer reingezogen und dabei von den Umweltbedingungen auf der Eis- und Felsinsel Island geprägt. Das ergab ein besonders hartes, robustes Pferd. Anspruchslos in der Fütterung und Haltung stellt es ein zähes Reittier dar, das für Erwachsene im Freizeitsport voll befriedigend ist. In Island werden die Herden den Sommer über auf riesige Weiden verbracht und erst im August wieder zusammengefangen. Diese wilde Aufzucht erhält die Eigenart der Rasse. Neben den Grundgangarten Schritt, Trab und Galopp ist die Gangart Tölt angezüchtet und muß bei in der Zucht eingesetzten Tieren ausgeprägt vorhanden sein. Als zweite laterale Gangart zeigen viele der Isländer auch noch den Rennpaß. Besonders der Tölt ist zum Überwinden langer Distanzen auf schwierigem Gelände eine hervorragende Gangart, denn sie ist für Pferd wie Reiter kräftesparend. Das Pferd bewegt sich dabei im Viertakt in einem wesentlich höheren Tempo als dem Schritt. Die Widerristhöhe beträgt im Durchschnitt etwa 138 cm, wobei Streuungen von 135–142 cm voll akzeptiert werden. – Ausgezeichnetes Pony für Distanzritte.

Das New-Forest-Pony

Die Rasse ist ursprünglich im Südwesten von London in einem großen Waldgebiet gezüchtet. Zuchtbasis war eine kleine englische Arbeitspferderasse, die zum Teil mit kleinen Englischen Vollblütern veredelt wurde. Heute sind die New Forest-Ponys ausgezeichnete Reitponys, die im Turniersport Optimales unter Jugendlichen leisten. Sie kommen einem kleinen, edlen Warmblutpferd sehr nahe. Die durchschnittliche Widerristhöhe beträgt 145 cm Stockmaß, wobei auch hier eine Variation von 140–148 cm akzeptiert wird.

New-Forest-Pony

Das Welsh-Pony

Welsh-Mountain (Sektion A). Dieses Pony ist der kleinste Vertreter der Welsh-Gruppe. Es ist hochedel und sieht mit seinem feinen Gesicht, einem meist ausgeprägten Hechtkopf und trokkenem Fundament einem Miniaturaraberpferd durchaus ähnlich. Die Gänge sind ausgezeichnet mit flacher und raumgreifender Beinführung. Orientalisches Araberblut wurde immer wieder eingekreuzt. Das Welsh-Mountain- oder Welsh-Pony Sektion A reicht von etwa 118–122 cm. Seine Heimat Wales, insbesondere der Küstenstreifen an der Westküste, mit wildromantischer Landschaft, aber harten Klimabedingungen, macht dieses edle Pony zu einem harten und robusten Pferd. Neben den guten Reiteigenschaften ist insbesondere auch die Eignung für den Fahrsport zu erwähnen.

Das Welsh-Pony (Sektion B). Es ist die größere Variante des Welsh-Mountain-Ponys mit gleichen Eigenschaften. Es kann gut der Nachfolger sein, wenn das Kind dem ersten Pony entwachsen ist. Außer für Turniere eignet es sich aufgrund seiner Kraft und seiner Ausdauer als Jagdpferd. Das Welsh-Pony Sektion B reicht bis zu einer Widerristhöhe von ca. 137 cm.

Welsh Sektion C, Welsh Cob Typ. Es zählt zu der schwereren Art des Welsh-Ponys und führt bereits Cob-Blut in seinen Adern. Es ist sehr geländesicher und hervorragend als Spring-, Fahr- und Jagdpferd geeignet. Im Stockmaß reicht es bis 137 cm wie das Pony der Sektion B, ist aber kompakter.

Welsh Sektion D. Dies ist das Welsh Cob Pony und wird teilweise schon als Cob angesprochen. Es ist ein hervorragender Gewichtsträger und durch seinen unkomplizierten Charakter als Familienpferd und Jagdpferd bestens geeignet. Im Stockmaß reicht es bis 148 cm, und nicht selten darüber.

Dartmoor-Pony

Das Dartmoor-Pony kommt aus dem Südwesten Englands aus einem Hochlandgebiet, das auf einer Landzunge weit in das Meer hinausreicht. Wind, angrenzende Felslandschaft und karge Futtergrundlage prägen dieses Pferd. Im Gebäude wird es von einem feinen Gesicht und einer gut gewölbten Halsung ausgezeichnet. Der kräftige, stämmige Körper hat als Besonderheit eine gespaltene Kruppe. Temperament und Charakter sind sehr ruhig und ausgeglichen. Deshalb ist diese Rasse als Kinderreitpferd hervorragend geeignet. Trotz dieser Vorzüge ist das Dartmoor-Pony in den Zuchtbüchern der deutschen Verbände zahlenmäßig nur gering vertreten. Widerristhöhe/Stockmaß 120–127 cm.

Welsh-Pony: Sektion B

Dartmoor-Pony

Shetland-Pony

Shetland-Pony

Die kleinste Ponyrasse bei uns ist das Shetty oder Shetland-Pony von den Shetland-Inseln im Norden Schottlands. Die Pferdchen sind heute über die ganze Welt verbreitet. Das Shetland-Pony ist ein lebhaftes Kleinpferd, dessen eilige, trippelnde Bewegung für den Reitsport ungeeignet ist. Das aktuelle Zuchtziel verlangt aber ein elegantes Rechteckpferd mit flachen Bewegungen, auf dem Kinder das Reiten erlernen können. Im Fahrsport hat sich das Shetland inzwischen gut eingeführt. Ein- und Mehrspänner, sogar Zehnerzüge sind von Festzügen und Schauprogrammen nicht mehr wegzudenken. Shettys werden auch in speziellen Farbzüchtungen gezogen. Neben den Grundfarben und -varianten sind Schecken, Tiger, Isabellen, Falben und weitere Spielarten anzutreffen.

Charakteristisch sind ein kleiner, edler Kopf mit großen, dunklen Augen, Rechteckformat, straffer Rücken, dichte Mähne und langer, dichter Schweif. Die Widerristhöhe bewegt sich etwa zwischen 95 und 105 cm.

Eine spezielle Spielart ist das sogenannte »Toy-Shetty« – Spielzeug-Shetty –, das man in Amerika zu züchten begann. Dieses Spielpferdchen hat ausgewachsen eine Widerristhöhe von rund 65–85 cm Stockmaß.

Deutsches Reitpony

Mit Zunahme des Freizeitreitsportes haben sich Kleinpferde und Ponys stark vermehrt. Sie sind in der Haltung meist anspruchslos und daher billiger, außerdem im Temperament und Charakter teilweise unkomplizierter als Großpferde. Aufgrund ihrer geringen Größe ist das Gewichts- und Kräfteverhältnis zu Kindern um vieles günstiger. Man kauft sie praktisch nach Konfektionsgröße zu den Kindern passend. Kriterien beim Deutschen Reitpony sind Exterieur und Eigenschaften für den Reitzweck. Entsprechend der Leistungsprüfungsordnung wird in folgende Sektionen eingeteilt:

K (= klein)	bis 127 cm	Stockmaß Widerristhöhe
M (= mittel)	128–137 cm	Stockmaß Widerristhöhe
G (= groß)	138–148 cm	Stockmaß Widerristhöhe

Züchtungsgrundlage für das Deutsche Reitpony sind u. a. New Forest, Welsh, Dülmener, Connemara, aber auch kleine Vollblüter und Araber.

Neben diesen in Deutschland gezüchteten Ponys sind namentlich zu erwähnen:

- der Bosniake aus Jugoslawien,
- der Huzule, ein Robustpferd vom Hochland der Karpaten,
- der Konik aus dem galizischen Polen,
- das Dales-Pony, welches wir insbesondere auf den britischen Inseln finden,
- das Exmoor-Pony mit dem messingfarbenen, glänzenden Sommerfell und dem kleiefarbenen Maul,
- das Fell-Pony, Highland-Pony und der Hackney aus England und Schottland.

In der Rhônemündung in Südfrankreich existieren immer noch Herden von Wildpferden, die Camargue-Pferde, die größenmäßig ebenfalls zu den Ponys gerechnet werden. In Deutschland leben zwei Wildpferdeherden und zwar das Dülmener Wildpferd und das Nordenkirchener Pony.

Aus den schwedischen Wäldern kommen die Gotland-Ponys oder Skog-Russ, die zu den Kleinpferden zählen und besonders temperamentsmäßig sehr wertvolle Kinderreitpferde darstellen.

Die wichtigsten Brandzeichen

der Verbände und Gestüte in der Bundesrepublik Deutschland, in Österreich und in der Schweiz

1 Baden-Württemberg: a) Warmblut, b) Gestütsbrand Hauptgestüt Marbach/Lauter, c) Haflinger, d) Ponys
2 Bayern: a) Warmblut, b) Gestütsbrand Hauptgestüt Schwaiganger, c) Süddeutsches Kaltblut, d) Haflinger, e) Ponys
3 Niedersachsen: a) Hannoveraner Warmblut, b) Ponys (auch Weser-Ems)
4 Hessen: a) Warmblut, b) Haflinger, c) Ponys
5 Holstein: a) Warmblut, b) Ponys
6 Oldenburg: Warmblut
7 Rheinland: a) Warmblut, b) Islandponys, c) Ponys
8 Rheinland-Pfalz-Saar: a) Warmblut, b) Ponys
9 Westfalen: a) Warmblut, b) Haflinger und Islandponys (jeweils mit dem Buchstaben H oder I in der Mitte), c) Ponys
10 Berlin-Brandenburg
11 Mecklenburg-Vorpommern
12 Sachsen
13 Sachsen-Anhalt
14 Thüringen
15 Zuchtverband für deutsche Pferde
16 Trakehner Bundeszucht
17 Österreich: a) Warmblut, der Anfangsbuchstabe des jeweiligen Zuchtgebietes wechselt, b) Haflinger
18 Schweizer Warmblut, Eidgenössisches Gestüt Avenches

Quarterhorse

Appaloosa

Westernpferde und Spezialpferde in Deutschland

Das Quarterhorse

Das Zuchtbuch des Quarterhorses ist heute mit 1,9 Millionen registrierten Pferden das bedeutendste und größte auf der gesamten Welt. Etwa 60 000 Fohlen werden jährlich geboren und eingetragen. In Amerika ist es das Familienpferd schlechthin. Sein Name kommt von A-Quarter-Mile-Race, einem Kurzstreckenrennen über ca. 400 m, das sich in den Pioniertagen der Vereinigten Staaten höchster Beliebtheit erfreute.
Erst seit 1940 ist das Quarterhorse in einem Verband organisiert, der American Quarterhorse Association. Es steht im sogenannten »Stocktype« und hat eine Widerristhöhe von ca. 145–155 cm. Es ist ausgewogen und harmonisch im Körperbau. Besonders muskulös präsentiert sich die Hinterhand und die Kruppe. Im Charakter ist es sehr ruhig und gelassen, arbeitswillig und fleißig. Es kann robust gehalten werden, ist leichtfuttrig und ein ideales Arbeits- und Freizeitpferd.
Das Markenzeichen und Erkennungsmerkmal für das Quarterhorse ist die sehr lange, schräge und extrem gut bemuskelte Kruppe. Mit ihrer Hilfe kann man es auf weite Entfernung identifizieren.

Das Painthorse

Dieses Pferd stellt eine gescheckte Richtung des Quarterhorses dar. Von Anfang an waren unter dem gewöhnlichen Quarter Schecken vertreten. Als sie 1940 ausgeschlossen wurden, obwohl sie von der Qualität her gleich gut wie das übrige Quarter waren, lediglich eben die Scheckfärbung aufwiesen, haben sich mehrere Züchter zusammengetan, um getrennt diesen Farbentyp weiterzuzüchten. 1961 bzw. 1962 vereinigten sich die amerikanischen und texanischen Scheckenzüchter und gründeten 1965 einen Verband unter der Bezeichnung »American Painthorse Association«.

Appaloosa

Ca. 95% der Appaloosas sind Tiger, d. h. wenigstens zweifarbige Pferde, die mit kleinen runden bis ovalen Flecken gezeichnet sind. Die Farbpalette bietet Fuchstiger, Brauntiger und Rapptiger. Aber nicht allein die Farbe machen dieses Pferd aus. Die Rasse stammt aus einer Zucht der Nesperce Indianer im Nordwesten der USA, die gezielt ein hartes, wendiges und schnelles Pferd mit ausgezeichnetem Charakter züchteten. Dies ist nicht gemeinhin das Indianerpony, denn das waren meistens nur gezähmte Mustangs. Der Appaloosa wird wie das Quarterhorse auch als Rennpferd in den USA gezüchtet und hält einige Geschwindigkeitsre-

Pinto

Friesenpferd

korde. Das Stoßmaß liegt zwischen 142 und 160 cm, wobei auch hier übergewachsene vorkommen.

Pinto

Pintozucht ist die Zucht von gescheckten Pferden. Sie ist keine ausgesprochene Rassenzucht, sondern eine reine Farbzucht. Das Merkmal dafür sind große, zusammenhängende landkartenartige Flecken, wobei wechselweise der Grund dunkel oder hell sein kann. Außergewöhnlich sind auch die blauen, dunklen bzw. die Glasaugen in dieser Rasse. Die Größen beim Pinto variieren sehr stark, nachdem aus dieser Rasse Westernpferde, Freitzeitpferde, ein Reitpferdetyp, ein Pferd mit mehreren Gangarten, aber auch ein Ponytyp hervorgehen.

Das Friesenpferd

Über die ganze Bundesrepublik hat sich inzwischen das Friesenpferd sporadisch verbreitet. Es ist ein hervorragendes Gespannpferd, das im Quadratformat liegt, viel natürliche Aufrichtung besitzt und trotz der ihm eigenen hohen Knieaktion über raumgreifende Bewegungen verfügt. Im Zuchtziel ist die Rappfarbe möglichst ohne Abzeichen angestrebt mit langer Mähne, vollem Schweif und üppigem Kötenbehang.

Der Andalusier

Aus jahrtausendealter züchterischer Tradition stammen diese edlen Pferde, die eine ausgesprochene Veranlagung für die Dressur besitzen. Sie sind harmonisch, widerstandsfähig, energisch und trotzdem im Charakter als sanft zu bezeichnen. Ihre spezielle Eignung als Reitpferd beweisen sie besonders bei den Vorstellungen der Schule über der Erde, aber auch beim Stierkampf zu Pferd. Bei dieser Rasse dominiert die Schimmelfarbe. Die durchschnittliche Widerristhöhe liegt bei ca. 155 cm.

Andalusier

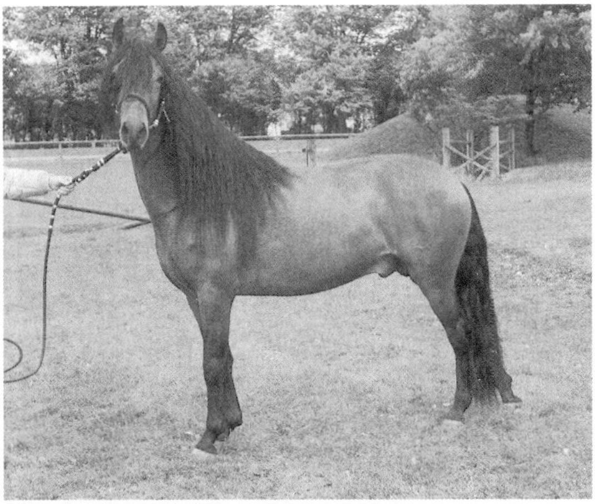

Paso

Der Paso

Die Rasse stammt aus der Erobererzeit der Spanier in Südamerika. Im wesentlichen stellt sie eine Kreuzung zwischen Andalusiern und Berbern dar. Ihre Besonderheit ist die Paßbewegung, die dem ausdauernden und edlen Reitpferd einen weichen und bequemen Gang ermöglicht. Für stundenlange Ritte macht sie dies in dem weiten Land besonders geeignet. Braune, Füchse und Schimmel sind anzutreffen. Das Stockmaß bewegt sich zwischen 145 und 155 cm Widerristhöhe. Die Gangart ist ein nicht reiner, sondern gebrochener Paß, der sogenannte »Paso Llano«. Bei dieser Gangart spürt der Reiter weder die Seitwärts- noch die Aufwärtsbewegung des Pferderückens.

Russische Warmblutpferde

Erst in jüngster Zeit wieder eingeführt sind der Tersker wie auch der Achal-Tekkiner. Die beiden aus Rußland kommenden Rassen wurden züchterisch von Marschall Budjonny gefördert. An ihrer Entstehung sind der Strzelezker-Vollblut-Araber, insbesondere Koheilan-Nachkommen, Kabardiner- und Donpferde sowie einige ungarische Gidrans beteiligt. Sie sind durchschnittlich 150–155 cm hoch mit Röhren von 18,5–19,5 cm.

Besondere Rassen

Über 300 regulär gezüchtete Pferderassen, verteilt auf alle Erdteile, bieten ein mannigfaches Bild, über das Spezialliteratur informieren kann. Erscheinungsbild und Eigenschaften werden von der Scholle und dem Verwendungszweck geprägt.

Shirehorse

Pinzgauer Tigerhengst △ Achal-Tekkiner ▽

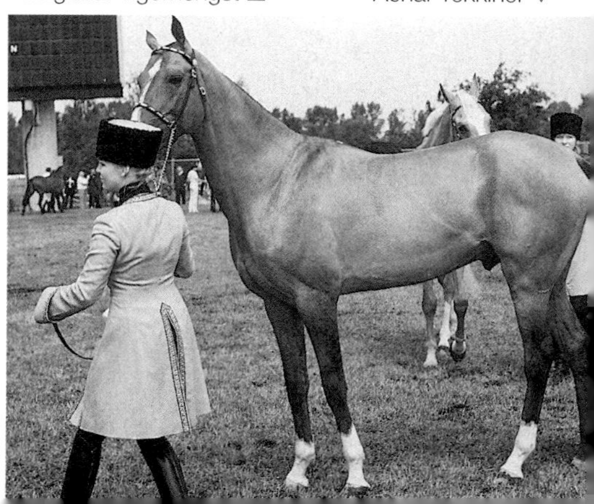

Die Fortpflanzung

Fortpflanzung, Geschlechtsreife, Deckakt und Geburt sollen nunmehr wieder beim Warmblutpferd beobachtet werden, da diese Rasse am meisten verbreitet ist. Zu den anderen Pferderassen bestehen bisweilen kleine Unterschiede in Zeit und Ablauf.

Die Geschlechtsreife tritt bei Hengsten wie bei Stuten in der Regel im zweiten Jahr ein. In die Zuchtverwendung kommen Hengste jedoch erst nach der Körung (gesetzliches Alter mindestens 24 Monate) bzw. nach einer Zuchttauglichkeitsfeststellung, also durchschnittlich im dritten Lebensjahr. Auch Stuten werden nicht vor dem dritten Lebensjahr oder, sofern sie im Wachstum zurückgeblieben sind, erst im vierten Lebensjahr gedeckt.

Die Rosse, wie die Brunft, Brunst oder Paarungsbereitschaft der Stuten genannt wird, beginnt im Frühjahr – Februar/März – mit der aufkommenden Wärme des Frühlings und den intensiver werdenden Sonnenstrahlen. Die Dauer der Rosse beträgt zwischen 3 und 7 Tage. Der günstigste Zeitpunkt für eine **Befruchtung** – die Vereinigung von Ei- und Samenzelle – liegt im letzten Drittel dieser Zeit. Nach dem Lösen vom Eierstock wandert das Ei über den Eileiter in die Gebärmutter, und nur während es sich im Eileiter befindet, ist überhaupt eine Befruchtung möglich. Wird eine Stute dem Hengst nicht zugeführt bzw. wird sie beim erstmaligen Bedecken nicht trächtig, so wiederholt sich die Rosse im Zyklus von 3 Wochen. Nach einem erfolgreichen Bedecken bleibt sie aus. Um zu kontrollieren, ob eine Stute trächtig geworden ist, führt man sie 21 Tage nach der Belegung erneut dem Hengst zu. Lehnt sie den Hengst mit erkennbarem Gebaren ab – Schlagen, Wiehern, Wegdrängen –, so kann man annehmen, daß eine Befruchtung eingetreten ist. Von dieser natürlichen Art der Feststellung, die einer gewissenhaften Beobachtung bedarf und auch Kenntnis des Züchters voraussetzt, ist man teilweise abgekommen. Den besten Zeitpunkt für die Bedeckung, aber auch den Zustand der Trächtigkeit kann der Tierarzt feststellen: Follikelkontrolle, Trächtigkeitsuntersuchung. Durch rektalen Eingriff erkennt er, ob gerade ein Eisprung stattfindet und somit der beste Zeitpunkt zum Decken vorliegt. Ob die Stute trächtig wurde, läßt sich wiederum durch einen Eingriff über den Darm durch den Tierarzt ermitteln. Manch skeptischer Züchter hegt dabei die Befürchtung, daß dieser Eingriff zum Frühabort führen kann. Außerdem läßt sich die Trächtigkeit über das Blut bestätigen.

Beim Sprung-aus-der-Hand wird die Stute vor dem Deckakt gefesselt, um zu verhindern, daß sie den Hengst durch Schlagen mit den Hinterbeinen verletzt.

Verfahren zur Trächtigkeitsfeststellung

Kennzeichen \ Methode	Rektale Untersuchung	Ultraschall-Untersuchung	Hormonale Tests		
			Progesteron-Test	PMSG-Nachweis	Östrogen-Nachweis
Zeitpunkt der Untersuchung	22. Tag bis Ende der Trächtigkeit	16. Tag bis Ende der Trächtigkeit	am 18. Tag der Trächtigkeit	42.–120. Tag	120.–280. Tag
Art der Untersuchung	Tastuntersuchung über den Mastdarm	Untersuchung mit einer Sonde	Blutabnahme und Untersuchung	Blutabnahme und Untersuchung	Untersuchung von Kot bzw. Harn
Vorteile der Methode	sofortiges Ergebnis	frühestmögliches Verfahren; sofortiges Ergebnis	früher Zeitpunkt der Untersuchung	auch für Kleinpferde geeignet	Probegewinnung durch den Besitzer
Nachteile der Methode	zur frühen Diagnose ein erfahrener Tierarzt erforderlich	teures Gerät erforderlich	bei nicht zeitgerechter Blutentnahme kommt es zu Fehlergebnissen	auch im Falle einer Resorption noch positives Ergebnis möglich	Untersuchung 4 Monate nach dem Decken → spätes Ergebnis

Bei allen Verfahren ist eine schädliche Auswirkung auf die Weiterentwicklung der Frucht nicht zu befürchten

Beim Sprung-aus-der-Hand wird die Bedekkung auf dem Deckplatz vollzogen, auf dem der Probierstand steht. Der Probierstand ist aus rundem, massivem Holz gebaut und schließt jede Gefahr der Verletzung aus. So wird der Hengst vor den Schlägen einer Stute geschützt, die zum Decken nicht bereit ist. Grund für die Verweigerung kann sein, daß sie bereits trächtig ist oder zu früh zum Hengst geführt wurde. Zeigt sich im Probierstand die Bereitschaft der Stute, so wird sie herausgeführt. Die Stute wird »geseilt« oder »gespannt« d. h., ihre Hinterbeine, deren Hufe ohne Eisen sind, werden mit Seilen gefesselt. Dies geschieht zum Schutz des Hengstes. Aus Hygienegründen werden vor dem Decken die äußeren Geschlechtsteile gereinigt und leicht desinfiziert. Daß die Stute frei von infektiösen Keimen oder physiologisch, klinisch wie mikrobiologisch einwandfrei zum Decken ist, hat vorher der Tierarzt im Stutenpaß oder in einem ähnlichen Attest bestätigt. Der Schweif der Stute wird mit einer Plastikbinde umwickelt (Haare, Schmutz). Beim Bespringen der Stute durch den Hengst muß man darauf achten, daß die Stute nicht verletzt wird.

Wichtig ist, daß der Penis des Hengstes in die Scheide gelangt und nicht Verletzungen des Afters verursacht oder die Geschlechtsteile des Hengstes verletzt werden. Eine desinfizierbare Deckrolle aus Schaumgummi mit Kunststoff überzogen kann zum Schutze über den After der Stute gehalten werden (bei sehr kleinen Stuten zweckmäßig und empfehlenswert). Im Verlauf des Deckaktes muß der Zeitpunkt des Samenergusses beim Hengst abgewartet werden. Dies dauert bei Hengsten, die stark im Einsatz sind oder bei älteren Hengsten oft lange. Man erkennt es daran, daß beim Hengst oft die Schweifwurzel zuckt, bzw. man muß es am Samenleiter ertasten. Innerhalb einer Rosseperiode kann die Stute zwei-, eventuell dreimal vom Hengst belegt werden, sofern er nicht bereits durch eine Großzahl von Stuten zu stark ausgelastet ist. Enger als in einem Abstand von 1½ Tagen zu decken ist jedoch unsinnig, da das Sperma in der Regel bis zu 36 Stunden bewegungs- und befruchtungsfähig bleibt.
Die Hygienevorschriften bestimmen heute, daß in der gezielten Zucht nur Stuten, die ein gesundes Fohlen gebracht haben, und zum Teil auch

Maiden- oder Jungstuten, die erstmals zum Hengst kommen, ohne tierärztliche, d. h. klinische und mikrobiologische Untersuchung gedeckt werden dürfen. Alle übrigen – gleichgültig ob sie verworfen haben, ein Jahr güst geblieben sind oder die Frucht resorbiert haben – müssen dieser genauen Untersuchung unterzogen werden. Nur so ist es möglich, Deckseuchen und Geschlechtskrankheiten bei den Pferden zu bekämpfen und die Fruchtbarkeit zu erhöhen.

Die **Künstliche Besamung** ist stark im Zunehmen. Wir unterscheiden:
– Frischsamenübertragung und
– Gefriersamenübertragung.

Während erstere neben der stärkeren Einsatzmöglichkeit eines begehrten Hengstes hygienische und physiologische Vorteile verspricht, macht die Gefriersamenübertragung zusätzlich von Raum und Zeit unabhängig. Für die Durchführung ist ein gekonntes Management Voraussetzung. Besamungserlaubnis und entsprechende Ausbildung und Prüfung des Besamungspersonals sind Grundbedingung. Nur Tierärzte und geprüfte Besamungswarte (siehe Tierzuchtgesetz) dürfen diese Aufgabe übernehmen. Die Nachteile können beim Pferd besonders gravierend sein (Rückgang des Brunstverhaltens, Verengung der Blutlinien).

Die Samengewinnung erfolgt mittels einer künstlichen Scheide. Eine rossige (evtl. dauerrossige) Stute wird als Deckpartnerin eingesetzt. Samengewinnung möglichst nach exaktem Zeitplan (z. B. 4 × wöchentlich) erhöht die Samenqualität für die Gefriersamenbereitung (Kohlensäureblöcke – flüssiger Stickstoff – −196 °C). Frischsamenübertragung ohne Aufbereitung ist bis zu 60 Minuten nach der Gewinnung möglich. Ein Ejakulat kann in 12–25 Samenportionen aufgeteilt werden. Zahl der Spermien in der Samenflüssigkeit des Hengstes: 100–300 Millionen/Milliliter.

Für den Erfolg ist die spezielle Eignung des einzelnen Hengstes, aber auch die Eingefrier- und Auftaumethode von großer Bedeutung. Die Sameneinbringung in die Gebärmutter ist das geringste Problem.

Resorption, Abort. Zwei Ursachen können vorliegen, wenn eine erfolgreich bedeckte oder besamte Stute kein Fohlen austrägt und gebiert:
1. Die Resorption,
2. der Abortus.

Die Resorption tritt sehr früh ein, wenn die Kondition der Stute eine Trächtigkeit nicht zuläßt; das befruchtete Ei bzw. der Embryo wird im Tragsack aufgelöst und von den umliegenden Zellen auf dem osmotischen Weg aufgesaugt = resorbiert.

Ein Abort hat meist eine akute oder chronische Ursache, die nicht selten bei stallspezifischen Erregern zu suchen ist. Der frühe Abort findet meist im 2. bis 3. Monat statt, spätes Verwerfen, das oft durch äußeren mechanischen Einfluß – z. B. Sturz, Deichselschlag oder ähnliches – erfolgt, tritt gerne im 8. bis 9. Trächtigkeitsmonat auf.

Die Tragezeit. Die Trächtigkeit bei der Stute dauert 11 Monate (320 bis 355 Tage). Hengstfohlen werden häufig länger, Stutfohlen in der Regel kürzer ausgetragen oder sie kommen auch pünktlich.

Weidegang, das heißt Bewegung und Futteraufnahme in freier Natur, ist während der gesamten Dauer der Trächtigkeit zu empfehlen.

Die einsetzende Geburt zeigt sich folgendermaßen an: In den letzten Tagen vor dem Abfohlen hebt sich der Tragsack, die Leibesfrucht beginnt sich in die Geburtswege einzurichten. 24–12 Stunden vor der Geburt senken sich die Beckenbänder ein, die Schweifwurzel wird elastisch und weich, etwa 12–6 Stunden vor der Geburt lösen sich die Harztropfen, die die Zitzenöffnungen am Euter verschließen, und die Milch beginnt einzuschießen. Unmittelbar vor der Geburt wird die Stute unruhig, beginnt hin- und herzugehen und schwitzt meist heftig an Hals, Brust und Körper. Sie legt sich wiederholt hin und springt unvermittelt auf.

Da Fohlen nicht selten in der Eihaut zur Welt kommen, ist ein Überwachen der Geburt im Stall unbedingt erforderlich. Viele Stuten bevorzugen zum Gebären die Nachtzeit, wenn vollkommene Ruhe im Stall herrscht. Sie legen sich, die Wasserblase gleitet durch die Geburtswege, weitet diese aus und macht sie gleitfähig,

sobald sie platzt. Bei Normallage erscheinen dann die Vorderbeine in der Eihaut, auf denen der Kopf liegt. Eine normale Geburt geht schnell vonstatten. Ein Ziehen erübrigt sich. Wenn gezogen werden muß, dann nur im Rhythmus der Preßwehen etwa in einem Winkel von 45° abwärts, gemessen an der Wirbelsäule der Stute. Wenn das Fohlen in seiner Lage verändert werden muß, z. B. der Kopf nach oben zu holen, eventuell auch anzuschlaufen ist, muß man das Fohlen aus den Geburtswegen in den geräumigeren Tragsack zurückschieben. Nur dort ist es wendbar oder es können die Beine bzw. die Unterkiefer angeschlauft werden.
Ist das Fohlen auf der Welt, dann wird man sofort die Luftwege freimachen, es mit frischem Stroh abreiben und vor die Stute legen. Der Nabel wird mit Jod desinfiziert; nur wenn er nicht von selbst reißt, trennt man ihn etwa 8 cm außerhalb des Körpers ab. Dazu wird der am Körper befindliche Teil um mehrere Finger gewickelt und versucht, durch einen Ruck die Nebelschnur an der dafür vorgesehenen Stelle abzureißen. Dies ist immer besser als den Nabelstrang nach dem Abbinden mit Schere oder Messer zu teilen. Beim Abreißen schnellen die inneren Gefäße zurück, so daß automatisch eine Infektion vermieden wird. Die Nachgeburt geht meist rasch ab. Ist dies innerhalb von zwei Stunden nach der Geburt nicht erfolgt, dann muß dringend der Tierarzt geholt werden. Wenn vor oder während der Geburt Unpäßlichkeiten auftraten oder die Lage sehr stark verändert war, wurde er ohnehin schon geholt.
Die abgegangene Nachgeburt ist im Stall auszubreiten und gewissenhaft zu kontrollieren, daß alle Teile aus dem Tragsack herausgelöst wurden. Wenn sich noch Teile oder einzelne Fruchtrosen darin befinden, muß ärztliche Versorgung folgen, denn es besteht sonst die Gefahr einer Infektion, einer Geburtsrehe oder einer totalen Sepsis bei der Stute.

Der ursprüngliche Natursprung auf der Weide wird meist nur noch bei Kleinpferderassen angewandt. Bei hohem Hengstverschleiß ist allerdings die Fruchtbarkeit der Stuten optimal.

Faustzahlen bei Zucht und Aufzucht

Die Gewichtsentwicklung eines Warmblutfohlens vor der Geburt

Trächtigkeitsmonat	Gewicht der Leibesfrucht
3. Monat	unter 0,5 kg
6. Monat	ca. 5 kg
8. Monat	ca. 18 kg*
9. Monat	ca. 28 kg
10. Monat	ca. 40 kg
11. Monat	ca. 55 kg

* Beginn der Vorbereitungsfütterung

Wichtige Begriffe bei der Vererbung und moderne Methoden der Tierzucht

Die Vererbung der äußeren und inneren Eigenschaften erfolgt über die Kernschleifen (Chromosomen) und die darin gelagerten Gene. Die Kernschleifen werden nach der Verschmelzung der Ei- und Samenzellen bei der Reduktionsteilung, der sogenannten Meiose, auf beiden Seiten – männliche bzw. weibliche – halbiert, da sonst die Chromosomen die doppelte Zahl ausmachen würde. Für die Bestimmung der Individuen ist aber die Anzahl der Chromosomen verantwortlich.
Das Pferd besitzt 64 Chromosomenpaare, d. h. jeweils paarig angeordnete gleichgestaltige Chromosomen. Der Esel beispielsweise besitzt 62 Chromosomenpaare, und dies ist die Ursache, daß eine Paarung von Pferd und Esel zwar ein einmaliges Produkt, den Muli oder den

Maulesel, ergibt, diese sogenannte F1-Generation jedoch nicht weiter fruchtbar ist. Die Pferdestute, gedeckt mit einem Eselhengst, ergibt das große Maultier. Die kleine Eselstute, gedeckt mit einem Pferdehengst, ergibt den Maulesel.

Die Reinerbigkeit bzw. Mischerbigkeit – Homozygotie bzw. Heterozygotie – gewisser Anlagen ist im voraus nicht feststellbar. Sonst wäre die Zucht eine mathematische Planung, und diese gibt es auf diesem Gebiete nicht. Was dominant, sich durchsetzend, bzw. rezessiv, d. h. zurückweichend ist, zeigt letztlich in der Pferdezucht fast immer erst das Produkt.
Durchgezüchtete Stuten- und Hengstlinien bieten dennoch berechtigte Hoffnung dafür, daß die nachgezogenen Tiere im Exterieur wie in der Leistungsanlage den Vorfahren ähnlich sind. Eine Sicherheit und Regelmäßigkeit in der Vererbung bei so hoch entwickelten Lebewesen wird nie erreichbar sein. Diese Tatsache gestaltet die Zucht immer wieder aufs neue interessant.
Folgende Zuchtmethoden bieten sich an und werden beim Pferd praktiziert:

Reinzucht bzw. Rassenzucht. Beide zur Paarung herangezogenen Elterntiere gehören der gleichen durchgezüchteten Rasse an. Eine hohe Wahrscheinlichkeit der Erbsicherheit ist gegeben.

Linienzucht. Innerhalb der gleichen Rasse werden spezielle Blutlinien mit einer besonderen Veranlagung herausgesucht und angepaart. Die Wahrscheinlichkeit, daß sich die bestimmte Eigenschaft – Anlage für Dressur, Springen usw. – bei den Nachkommen vererbt, ist dadurch noch erhöht.

Inzucht. Eine sehr hohe Konsolidierung erhält man durch die Anpaarung von Tieren im zweiten bis vierten Verwandtschaftsgrad (Verwandtschaft des Erbgutes). Man spricht hier von Inzucht. Die Gefahr ist jedoch groß, daß nicht nur die gewünschten Eigenschaften, sondern auch nachteilige Anlagen, die möglicherweise rezessiv, d. h. verdeckt vorhanden sind, auftauchen.

Inzestzucht. Inzestzucht ist die Paarung von Tieren des ersten Verwandtschaftsgrades, d. h. eine Paarung beispielsweise von Mutter – Sohn, Vater – Tochter oder Schwester – Bruder. Bei der weitgehenden Identität der Erbsubstanz ist die Sicherheit sehr hoch, daß positive wie negative Eigenschaften unverkennbar auftreten. Die Inzestzucht wird nicht nur angewandt, um Vorzüge zu erzielen, sondern auch um nachteilige Anlagen (Letalfaktoren) zu erkennen.

Kreuzungszucht. Bei der Kreuzung werden bewußt Tiere unterschiedlicher Rassen gepaart. Man versucht, Eigenschaften zu kombinieren, die ansonsten nur bei verschiedenen Rassen vorkommen.
Bei der Verdrängungskreuzung zielt man auf eine Verbesserung meist einer gesamten Rasse hin (Veredelungskreuzung mit Vollblut).
Bei der Gebrauchskreuzung wird immer wieder mit den Elterntieren verschiedener Rassen neu gepaart, um sog. F1-Tiere für den Gebrauch zu erhalten, ohne mit diesen weiterzuzüchten.
Beispiel: Irische Kaltblutstuten / Draughthorse × Englischer Vollbluthengst = Irischer Hunter / Spring- bzw. Jagdpferd.

Mendel'sche Vererbungslehre. Die von Gregor Mendel im Jahre 1865 entdeckten Vererbungsgesetze (Uniformitätsgesetz, Spaltungsgesetz, Unabhängigkeitsgesetz, Gesetz von der Neukombination der Gene) sind auch heute noch gültig. Danach gilt beispielsweise: Aus zwei unterschiedlichen Eltern mit reinerbigen Anlagen entstehen bei der Paarung einheitliche mischerbige Nachkommen (F1, Filialgeneration). Werden diese Nachkommen weiter in der Paarung eingesetzt, so erfolgt z. B. eine Aufspaltung im Verhältnis: ¼ entsprechend dem Genotyp und Phänotyp des Großvaters, $^2/_4$ entsprechen den Eltern, ¼ entspricht der Großmutter (Intermediärer Erbgang).

Die **Farbvererbung** ist beim Pferd ein Bereich, der den Erbgang bedingt sichtbar nachvollziehen läßt.
Von den 64 Chromosomen des Pferdes, die in 32 Paaren angeordnet sind, sind auch in einem die Gene (genetische Einheit) für die Farbgebung des gezeugten Produkts von Anfang an vorhanden. Alle Farben beim Pferd werden vom gleichen Pigment gebildet, die Intensität und Verteilung ist ausschlaggebend für Rappe, Brauner oder Fuchs. Die Vererbungswissen-

schaftler haben in genetischen Formeln die einzelnen Farben bezeichnet:

aabb = reinerbiger Fuchs
AABB = reinerbiger Brauner
aaBB = reinerbiger Rappe

Die Paarung von Füchsen ergibt beispielsweise immer fuchsfarbene Fohlen mit der genetischen Bezeichnung aabb. Ähnlich ergeben reinerbige Rappeltern gleiche Fohlen.
Je nach Reinerbigkeit (Homozygotie) oder Mischerbigkeit (Heterozygotie) lassen sich unzählige Beispiele konstruieren. Der Schimmelfaktor bringt zusätzliche Möglichkeiten in den Phänotyp. Er bewirkt, daß das Fell eines Rapp-, Fuchs- oder braunen Fohlens im Lauf der Jahre weiß wird, obwohl die Haut pigmentiert bleibt. Der Schimmelfaktor ist dominant, 50% der Fohlen aus der Paarung mit einem Schimmel-Elternteil werden Schimmel.

Genotyp. Der Genotyp eines Individuums umfaßt dessen erbmäßige Anlagen.

Phänotyp. Der Phänotyp zeigt lediglich das äußere Erscheinungsbild des Individuums; er muß nicht mit dem inneren Erbgut des einzelnen Lebewesens übereinstimmen. D. h. ein Pferd mit bestimmtem Äußeren hat diese Merkmale nicht in seinem Erbgut verankert, sondern es vererbt Anlagen, die an seinem eigenen Äußeren nicht ersichtlich sind.
Ein interessantes Beispiel ist die Vererbung der Körperfarben, d. h. von Deck- und Langhaar. Auch diese sind nicht unbedingt dominant im Erbgut vorhanden.

Erbwertschätzung. Ein wesentliches Kriterium zur Steigerung des Zuchtfortschrittes ist die Erbwertschätzung bzw. -ermittlung. Die Erkenntnisse zur Verbesserung der genetischen Anlagen stützen sich auf die Eigenleistung des Zuchttieres auf Vorfahrens-, Geschwister- und Nachkommenleistung.
Die neuen Wege der Zuchtwertschätzung bedienen sich des Blup-Tiermodell-Verfahrens (BLUP = **b**est **l**ined **u**nbased **p**rediction). Entwickelt wurde dies 1973 von dem Wissenschaftler Henderson und speziell für die Zuchtwertschätzung beim Pferd weiterentwickelt von Dr. Meinardus und Professor Bruns an der Universität Göttingen.

Dabei können eine Vielzahl von Informationsquellen für die Einzelleistung eines Pferdes berücksichtigt werden.
Dabei zeigte sich, daß unter der Vielzahl von geprüften Merkmalen die Gewinnsumme der Plazierung einer Einzelleistung das geeignete Leistungsmerkmal für die Rangierung der Väter ist. Die Erblichkeitsgrade – Heritabilität genannt – zeigen dabei für das Merkmal Springen den Faktor 0,18, für Dressur sogar nur 0,16.

Embryo-Transfer. Eine mit Hormonen behandelte Stute produziert gleichzeitig mehrere reife Eier, die nach der Besamung entnommen und mehreren Stuten, sog. Leihmüttern, eingepflanzt werden. So ist auch die Vermehrungsrate hochwertiger weiblicher Tiere erhöhbar. Dadurch mehrere Nachkommen von einem Elternpaar, raschere Erbwertschätzung möglich, beschleunigter Zuchtfortschritt, Embryobank von aussterbenden Rassen. Durch Embryoteilung ist die Erzeugung von vollkommen identischen Nachkommen möglich.

In-Vitro-Fertilisation bedeutet »Zucht in der Retorte«, d. h. Ei- und Samenzellen werden im Reagenzglas vereinigt und so Retortentiere »produziert«, oder das Ei wird einer sterilen Mutter eingepflanzt.

Als **Klonierung** bezeichnet man ein wissenschaftliches Verfahren, bei dem durch Teilung aus einem befruchteten Ei dreißig und mehr identische Tiere erzeugt werden können.

Eine **Chimäre** entsteht durch die Vereinigung der Keimzellen von verschiedenen Arten oder Rassen wie sie in der Natur sonst nicht möglich ist (in England: Ziege × Schaf = geep).

Bei der **Androgenese** werden zwei Samenzellen mit einer Eizelle verschmolzen und sodann vor der Meiose der Chromosomensatz des weiblichen Eies entfernt. Das Produkt hat genetisch zwei Väter aber keine Mutter.

So interessant diese Zuchtverfahren unter Anwendung moderner Technologien sind, für die praktische Pferdezucht haben sie noch keine Bedeutung. Ob sie nur Vorteile oder aber auch Fluch bringen werden, entscheidet die Zukunft.

Die organisierte Pferdezucht

Erst seit dem Beginn dieses Jahrhunderts haben sich die einzelnen Zuchtgebiete zu Vereinigungen und Verbänden nacheinander zusammengeschlossen. Aufgabe der Verbände ist es, die Zuchtbücher zu führen, Zuchtziele aufzustellen, die Vermarktung für die Züchter zu organisieren. Die meisten der Züchtervereinigungen sind regional begrenzt tätig. Übergreifende Vereinigungen sind das Direktorium für Vollblutzucht und Rennen, der Hauptverband für die Traberzucht und Rennen, der Trakehnerverband, die Züchtervereinigungen für das arabische Pferd und der Zuchtverband für deutsche Pferde.
Die Hauptaufgabe bleibt die Zuchtbuchführung, die Grundlage für jegliche organisierte Zucht. Allgemein werden vier verschiedene Bücher geführt:

Zuchtbuch mit Unterteilung

Hengstbuch Ia (qualifiziertes Hengstbuch). Eingetragen werden Hengste, die nach Exterieur, Abstammung und Leistung in der Lage sind, den Zuchtfortschritt entscheidend zu fördern. »Hengste für das Zuchtprogramm«.
Ausschlaggebend sind für die Eintragung Eigenleistung, Nachkommenleistung und Index.

Hengstbuch Ib. Hengste aus anderen Zuchtgebieten, die bereits gekört oder anerkannt sind.

Hengstbuch II. Eingetragen werden alle Hengste, die die Mindestanforderung nach den EG-Richtlinien und nach § 2 des Tierzuchtgesetzes erfüllen, jedoch nicht in das Hengstbuch I aufgrund von Exterieur oder Leistung aufgenommen werden können.

Grundlage für die Zuchtbuchführung ist eine gewissenhafte Registrierung und Kennzeichnung (Brand mit Nummern) der Nachzucht.

Zuchtbücher für die Stuten

Hauptstammbuch. Eingetragen werden Stuten, deren Mütter mindestens in das Stammbuch des jeweiligen Zuchtverbandes eingetragen sind, und deren Väter, Väter der Mütter, Großmütter und Urgroßmütter Hengste sind, die im Hengstbuch I eingetragen sind oder eingetragen werden können.
Bei der Exterieurbewertung müssen sie eine Note von 6,0 insgesamt erreichen; keine der einzelnen Kriterien darf schlechter wie 5 bewertet sein.

Stammbuch. Es werden Stuten eingetragen, deren Mütter mindestens in das Vorbuch 1 des jeweiligen Verbandes eingetragen sind oder eingetragen werden können, sowie deren Väter und deren Väter der Mütter und Großmütter Hengste sind, die in das Hengstbuch I des jeweiligen Zuchtverbandes eingetragen sind oder eingetragen werden können. Die Bewertung des Exterieurs muß die Gesamtnote 5,0 erreichen; keines der Teilkriterien darf unter der Note 4,0 sein.

Vorbuch 1. Es werden Stuten eingetragen, deren Väter und deren Väter der Mütter Hengste sind, die in das Hengstbuch I des jeweiligen Verbandes eingetragen sind, und die eine Exterieurbewertung von 5,0 in der Gesamtnote erreichen, wobei keine Teilnote unter 4,0 sein darf.

Vorbuch 2. In dieses werden Stuten eingetragen, die im jeweiligen Rassetyp stehen, jedoch in keines der vorstehenden Bücher eingetragen werden können. Außerdem kommen in dieses Buch alle Nachkommen von Hengsten des Hengstbuches II des jeweiligen Verbandes. Die Exterieurnote muß ebenfalls wie vorher die Gesamtnote von 5,0 erreichen, wobei kein Teilkriterium unter 4,0 bewertet sein darf.

Die Körung durch Verbände

Voraussetzungen für den Deckeinsatz eines Hengstes sind:

- Mindestalter 2 Jahre
- Abstammung über Generationen, die im Zuchtbuch eingetragen sein müssen, nach Anforderung von Verband bzw. EG,
- ordnungsgemäße Entwicklung der primären und sekundären Geschlechtsmerkmale,
- ein Exterieur, das über dem Durchschnitt der Landeszucht liegt und geeignet ist, die Stutengrundlage zu verbessern,
- ein Leistungsvermögen, das wenigstens durch eine bestandene Eigenleistungsprüfung nachgewiesen wurde.

Die Zusammensetzung der Verbandskommission entspricht der früheren staatlichen Körkommission (Züchter, Veterinär, Zuchtleiter). Der Einfluß des Staates auf die Förderung und Verbesserung der Zucht ist auf die Durchführung der Hengst- und Stutenleistungsprüfungen beschränkt.

Die regionalen Züchtervereinigungen sind zu Landesverbänden zusammengeschlossen. Die Aufgabe eines Dachverbandes nimmt die Abteilung Zucht der Deutschen Reiterlichen Vereinigung wahr.

Ein Blick in die Zukunft ist schwierig. Es ist zu erwarten, daß das neue Recht der Europäischen Gemeinschaft ab 1. 1. 1992 sich weiter durchsetzt, das laut den Römischen Verträgen von 1957 die Liberalisierung des Handels innerhalb der Gemeinschaft sicherstellen wird. Das EG-Recht bricht Landesrecht, d. h. die nationalen Gesetze und Verordnungen müssen weichen. Die staatliche Körung ist bereits weggefallen, die Verbände erhalten für die Herdbuch- und Stutbuchzucht höhere Aufgaben, um die Qualität für die Zukunft zu sichern. Das neue System wird heißen: Pferdezucht und Pferdeproduktion.

Exterieurbeurteilung

Die Lehre vom Körperbau des Pferdes, die sogenannte Exterieurlehre, ist nicht nur für den Züchter interessant, der nach Harmonie und Schönheit strebt. Aus dem Äußeren versucht der Fachmann, besondere Anlagen für den Sport bzw. für eine besondere Disziplin abzuleiten. So läßt eine lange, schräge Schulter erkennen, daß ein Pferd mit besonderem Raumgriff ausgezeichnet sein wird, oder eine extrem kräftige, gut bemuskelte Kruppe läßt erwarten, daß das Pferd bei nicht zu langer Mittelhand gebäudemäßig Vorzüge für den Springreiter bringen wird. Ein Pferd von extremer Härte, Trockenheit und Nerv wird dem Beurteiler sagen, daß es möglicherweise für den Vielseitigkeitssport prädestiniert ist. Aber nicht nur die besondere Eignung läßt sich aus dem Exterieur ableiten. Harmonie, ebenmäßige Gliedmaßen, die ohne grobe Stellungsfehler und mit gut ausgeprägten Gelenken ein korrektes Pferd auszeichnen, lassen auch erwarten, daß sich dieses bei vernünftiger Ausbildung und geregelter Arbeit länger nutzen läßt als ein Pferd, das entsprechende Stellungsfehler aufweist, welche meist mit Verschleißerscheinungen einhergehen.

Kurz gesagt: Exterieurlehre ist nicht Selbstzweck. Sie soll uns helfen, das richtige Pferd zu erwerben und bis zu einer hohen Leistung zu führen, die es lange Zeit vollbringen kann.

Übrigens, der Pferdekenner wird nicht geboren; auch diese Fähigkeit muß man sich erwerben, wobei ein gewisses Talent und Auge es dem Lernenden wesentlich erleichtern kann. Unbedingt damit verknüpft ist aber die Erfahrung, die man bei möglichst vielen Pferden sammeln muß und die zusammen mit Wissen, Gedächtnis und dem geübten Auge den Pferdekenner schließlich ausmachen.

Zur Beurteilung selbst: Um Ordnung in die Beurteilung des Pferdes zu bringen, gliedern wir in fünf Einzelkriterien. Diese werden einzeln benotet mit Wertnoten von 10 bis 0 (10 = Bestnote). Zum Abschluß erhält das beurteilte Pferd eine Gesamtnote, die allerdings nicht das arithmetische Mittel der fünf Einzelnoten sein muß. Hohe Bewertung in mehreren Kriterien kann ein absolutes Versagen in einem Einzelpunkt nicht wettmachen.

Bei der Bewertung wird unterteilt in:
- Typ
- Gebäude
- Gliedmaßen und Hufe
- Gang-Korrektheit
- Schritt
- Gang-Schwung
- Gesamtnote

Der Typ

Bewertet wird der Gesamteindruck, den man von einem Pferd gewinnt, steht man ihm auf einer Entfernung von ca. 10 m gegenüber. Das Pferd wird dabei von der Seite betrachtet, die vier Beine sind von dem Beobachter klar zu erkennen, d. h. das Pferd »steht offen«. Die zuerst zu betrachtende Seite ist im Regelfall die linke.

Das wichtigste bei der Beurteilung des Typs ist das Übereinstimmen mit dem Zuchtziel seiner Rasse. Das Zuchtziel umfaßt die Optimalvorstellung des Äußeren. Beim Warmblutpferd ist hier die Verwendung zu Reitzwecken jeglicher Art erwünscht. Dazu kommen der Rahmen: kleinrahmig, mittelrahmig, großrahmig, und auch das Format: Rechteckformat, Quadratformat, das wir bei der Typbewertung nicht übersehen wollen. Den Abschluß bildet der Geschlechtscharakter des Tiere, d. h. der Hengst und die Stute dürfen nicht nur an ihren primären Geschlechtsmerkmalen zu erkennen sein, sondern ihr Gesamteindruck – Gesicht, Hals usw. – muß auf das Geschlecht hinweisen.

Deutsches Reitpferd: hohes Niveau bei Typ, Gebäude, Gliedmaßen und Hufen.

Das Gebäude

Bei der Beurteilung des Gebäudes wird der gesamte Körper von Kopf bis Kruppe ausschließlich der Gliedmaßen begutachtet und benotet. Abweichungen von der Norm sind immer eine Gefahr, die die Zweckmäßigkeit und die Leistungsfähigkeit negativ beeinflussen können. Ein ausdrucksvoller, trockener Kopf zeigt Adel, Härte und Nerv an. Markante Reitpferdepoints sind ein langer, nach oben gewölbter Hals und gute Ganaschenfreiheit, die eine zwanglose Beizäumung ermöglichen. Weiter zählen dazu: Widerrist und Schulter. Ein gut ausgeprägter Widerrist, der weit in den Rücken reicht, sichert die Fixierung des Sattels und

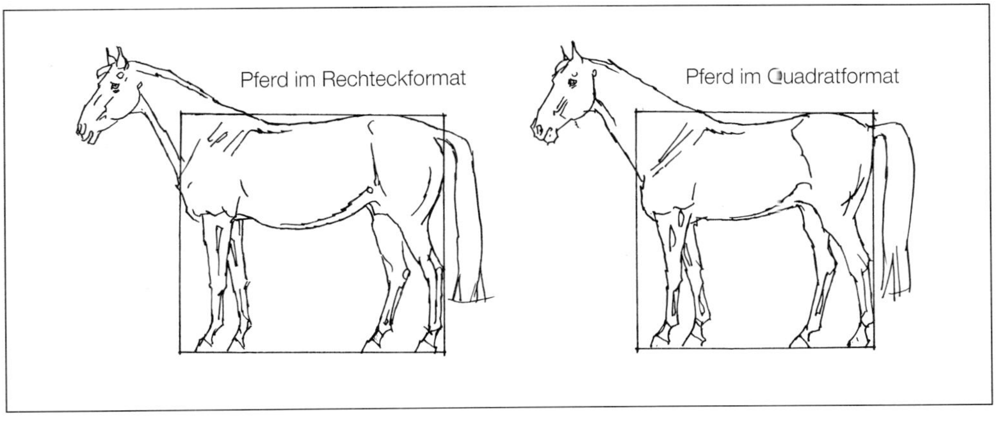

Reitpferdepoints

Für den Reiter haben einige Gebäudeteile besondere Bedeutung. Das trifft in hohem Maße für Hals, Schulter, Rücken und Kruppe zu.

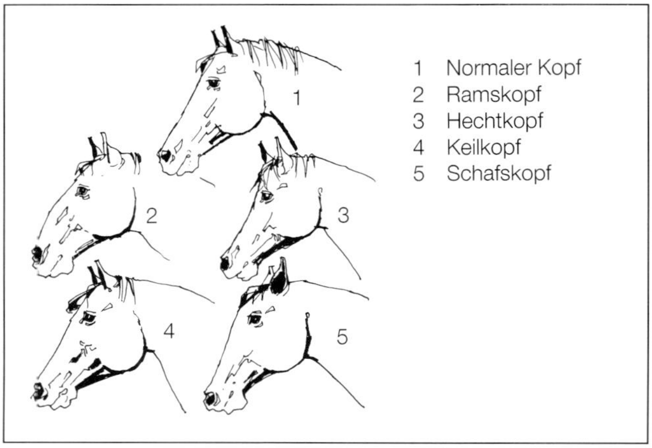

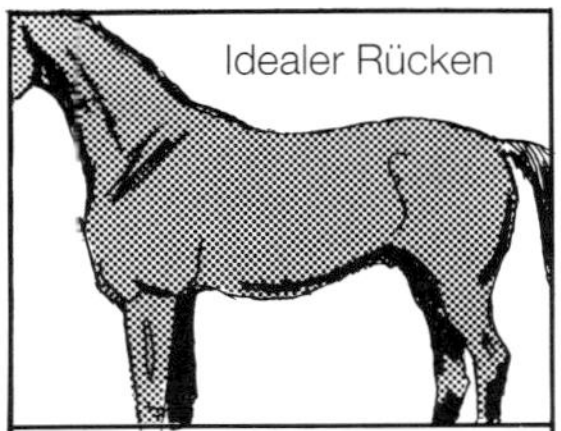

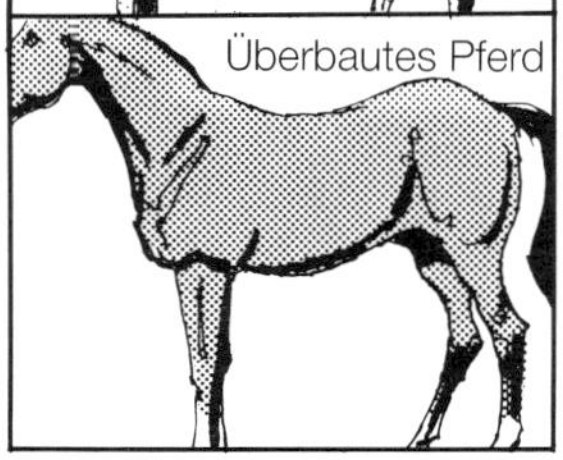

Normale Kruppe, schräge Schulter

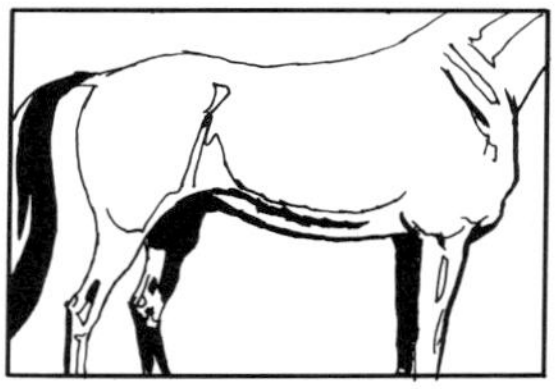

Abfallende Kruppe, steile Schulter

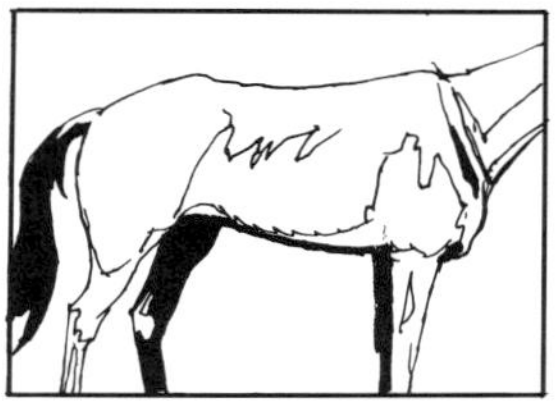

Horizontale Kruppe, schräge Schulter

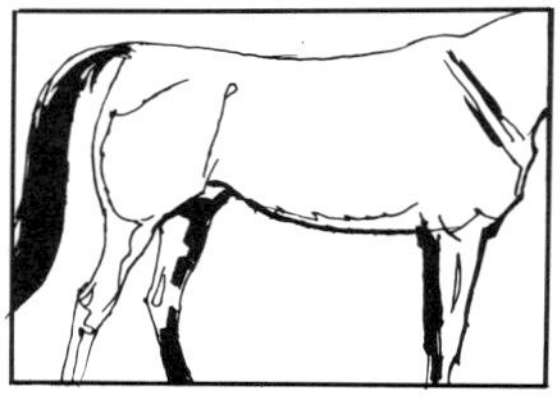

setzt den Reiter weit in den Rücken, weg von der Vorhand auf die schwingende, tragende Brücke der Rückenmuskulatur. Das ist wichtig für den Dressur- wie für den Springreiter.
Ein wesentlicher Teil der Ausbildungsarbeit, die Übertragung der Last des Pferdekörpers wie des Reitergewichtes auf die Hinterbeine, wird dadurch abgekürzt. Ziel der Ausbildung ist es, etwa $5/8$ des Gesamtgewichtes auf die Hinterhand zu übertragen. Beim unausgebildeten, galoppierenden Pferd lasten etwa $2/3$ des Gewichtes auf den Vorderbeinen; nur $1/3$ wird von der Hinterhand getragen. Sie betreibt in erster Linie die Vorwärtsbewegung.
An der Schräge des Schulterblattes bzw. der Schulterblattgräte ist die raumgreifende Aktion der Vorhand zu erkennen. Eine Parallele zur Schulterblattgräte, gefällt durch den Ellbogen, gibt die Richtung bzw. den Punkt an, an welchem ein Pferd beim Vorwärtstreten im Trab wirklich fußen kann. Durch erzeugte Spannung ist es durchaus möglich, die Vorderbeine des Pferdes höher anzuheben. Sie müssen jedoch, ehe sie den Boden berühren und die Last des Körpers abfangen, wieder deutlich gesenkt werden, um die Last übernehmen zu können (Blender, Schwebetritte). Die Oberlinie des Rükkens soll leicht geschwungen sein, d. h. die Sattellage darf ruhig minimal vorgetieft sein. Fehlerhaft ist jede Veränderung in der Nierenpartie. Sowohl eine Karpfenniere, d. h. eine nach oben gewölbte Niere, wie auch ein Nierendruck beeinträchtigen die tragende Brücke des Rückens. Es entstehen Schmerzen in dieser Partie, welche ein Festhalten der gesamten Rückenmuskulatur verursachen. Ein weiterer Reitpferdepunkt ist die Kruppe. Sie soll lang, nach hinten leicht abgezogen und von hinten gesehen seitwärts abgedacht sein. Gute Bemuskelung nach außen wie nach innen – Behosung – zeugen von athletischer Veranlagung des Pferdes und von hinreichendem Muskeltraining. Der Motor des Pferdes steckt in der Hinterhand. Die Tragkraft wie auch Schub und Schwung werden daraus entwickelt. Pferde mit flacher Kruppe oder extrem abgeschlagener Kruppe bringen zu spitze bzw. zu stumpfe Winkel in Hüfte, Knie, Sprunggelenk und Fessel. Die abgezogene, von hinten gesehen abgedachte Leistungskruppe korrespondiert meist mit spitzeren Winkeln im Knie und deutlichem Winkel im Sprunggelenk. Die durch Arbeit zu erreichende sogenannte Hankenbeugung wird dadurch begünstigt. Sie ist beim Dressurpferd besonders erwünscht, aber auch beim Springpferd bringt ein gewisser Winkel »Gummi« und die bessere Fähigkeit zum Abdrücken. Der Querschnitt des Pferdeleibes soll längsoval sein, das begünstigt Sitz und Anlegen der Unterschenkel des Reiters. Die Brustbreite ist insoweit von Bedeutung, als Pferde mit zu breiter Brust häufig bodeneng bzw. zeheneng, mit zu schmaler Brust gern zehenweit oder bodenweit stehen. Das Mittelmaß ist hier das richtige. Wesentlich für die Leistungsfähigkeit ist die Tiefe der Brust, da Herz und Lunge bei Belastung sich nach unten ausdehnen. Für den freien Tritt nach vorne ist Ellbogenfreiheit nötig. Sie darf nicht zur übertriebenen Herzlehre führen. Eine tiefe und geschlossene Flanke zeugt von guter Futterverwertung und gutem Futterzustand. Hochtrainierte Pferde dürfen in der Flanke etwas geschürzt sein. Das ist nicht gleichbedeutend mit schlechtem Flankenschluß oder gar mit einer Hungergrube oder Dampfrinne, die das Anzeichen für gesundheitliche Probleme, z. B. für Kurz- oder Schweratmigkeit, sind.

Gliedmaßen und Hufe

Mit der wichtigste Teil bei der Exterieurbeurteilung sind die Gliedmaßen und Hufe eines Pferdes. Ein altes Sprichwort sagt nicht umsonst: »Das schönste Pferd ist soviel wert, wie sein schlechtestes Bein wert ist.«
Die Stärke des Fundamentes soll zum Körper passen. Feine Beine sind meist trocken, d. h. Sehnen, Knochen, Blutgefäße sind unter der Oberhaut erkennbar. Langer Unterarm und kurze Röhre bzw. kurze Hinterschiene sichern raumgreifende Bewegung und flache Aktion. Korrekte Stellung des Fundaments wird nicht nur der Schönheit wegen angestrebt, sondern wegen einer langen Benutzbarkeit des Pferdes. Verdrehte und schiefe, einseitig belastete Gelenke verschleißen rasch. Drehende Bewegung erhöhen dieses Risiko wesentlich. Auf der einen Seite des Knochens tritt ein übermäßiger Abrieb der Gelenkwalzen bzw. -pfannen auf, an der entgegengesetzten Seite kommt es zu einer Überdehnung des Sehnen- und Bänderappara-

Stellungsfehler und Hufformen

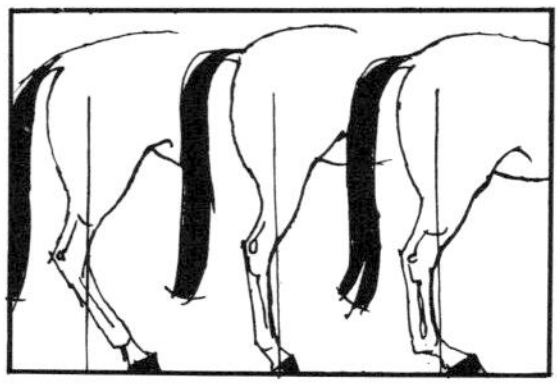

säbelbeinig stuhlbeinig bärentatzig

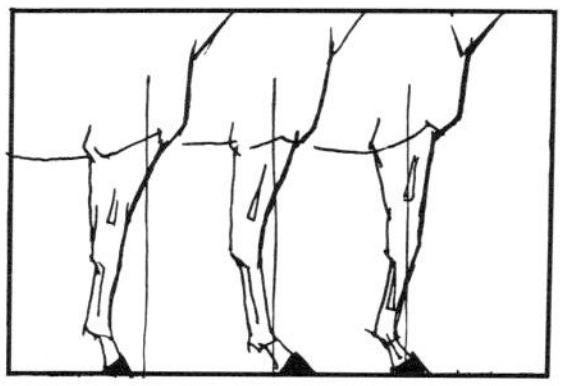

rückständig rückbiegig vorbiegig

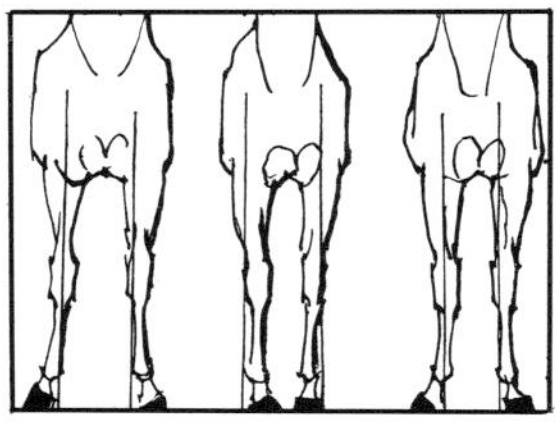

bodenweit zeheneng zehenweit

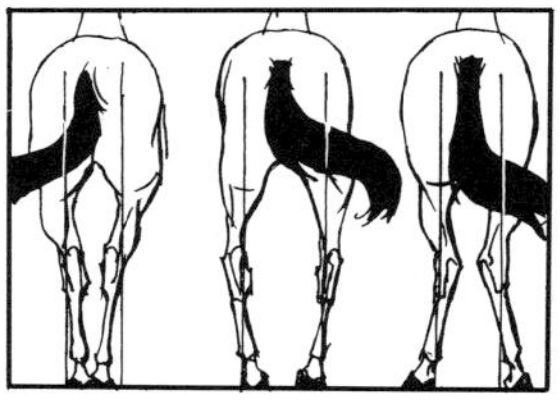

bodeneng faßbeinig kuhhessig

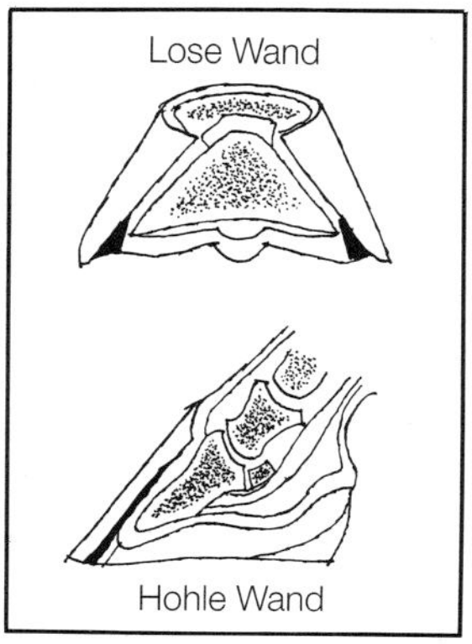

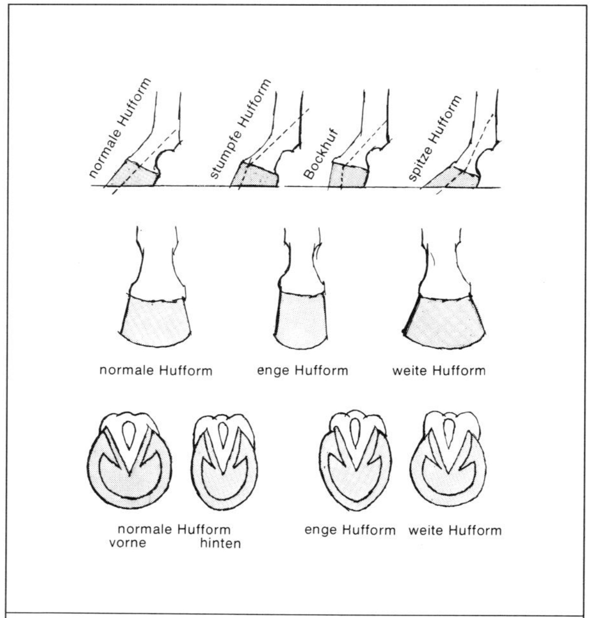

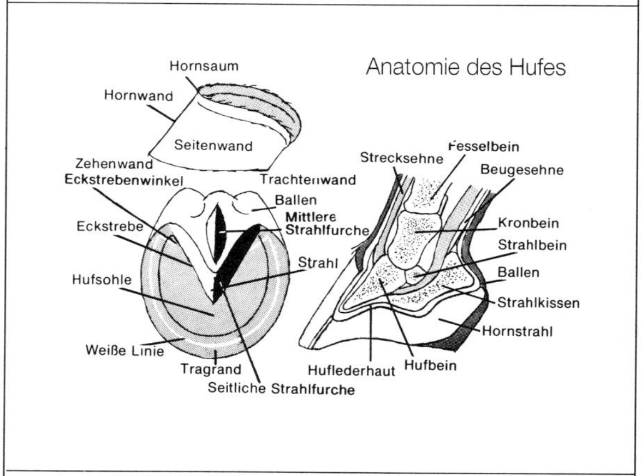

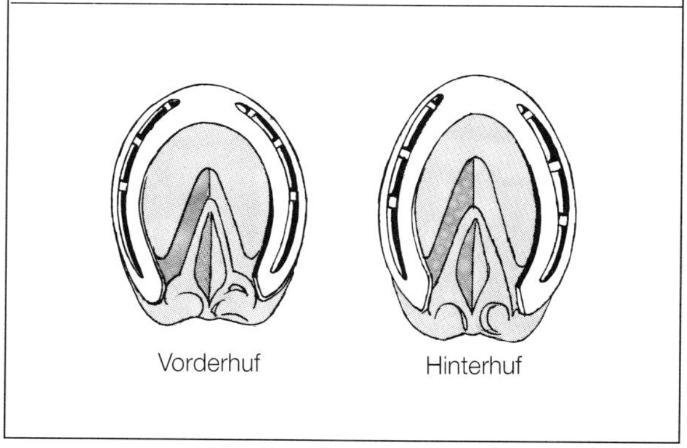

tes. Man achte auf Stellung, Länge und Winkelung der Fessel. Pferde mit langer Fessel haben meist einen spitzen Fesselwinkel. Diese Pferde haben federnde Tritte und sind angenehm zu sitzen. Die übermäßige Federung belastet jedoch den Beugesehnenapparat auf der Hinterseite der Röhre stark. Beim Anreiten solcher Pferde darf man nur allmählich vorgehen. Pferde mit kurzer Fessel, meist verbunden mit steilerem Winkel, sind in der Bewegung gerne etwas stumpf und stoßen den Reiter. Ein Verschleiß erfolgt hier nicht im Sehnenapparat, sondern geht durch ständiges Stoßen auf Kosten der Gelenke. Knochenauftreibungen, besonders im Sprunggelenk der allbekannte Spat, sind nicht selten die Folge. Der optimale Winkel der Fessel zum Boden beträgt bei den Vorderbeinen ca. 45°, bei den Hinterbeinen 50°. Starke Verstellungen führen zum Streichen (Berührung von Huf mit dem gegenüberliegenden Fesselkopf) und damit zu einer ständigen Verletzungsgefahr bei Training und Wettkampf. Ein breites, mit guten Übergängen ausgestattetes Sprunggelenk und Karpalgelenk gehört mit zu einem solchen Fundament ebenso wie ein harter, zäher Huf mit gleichmäßig belasteten Trachten und gut aufgewölbter Sohle.

Die Korrektheit des Ganges

Die Beurteilung des Fundamentes im Stand stimmt mit der Beurteilung in der Bewegung hinsichtlich der Korrektheit meist überein. In der Bewegung sieht man oft deutlicher, was an Stellungsfehlern im Stand nur angedeutet war. Dabei wird das Pferd von vorne und von hinten, im Schritt und im Trab betrachtet. Vorder- und Hinterbeine müssen sich jeweils dabei decken. Vereinzelt tritt erst in der Bewegung bodenweite oder bodenenge, zehenweite bzw. zehenenge Stellung (O- oder X-Beinigkeit) der Vorderbeine oder die Kuhhessigkeit bzw. Faßbeinigkeit bei den Hinterbeinen zu Tage. Jede seitliche Drehbewegung wirkt der Vorwärtsbewegung entgegen und erhöht, wie oben erwähnt, den Verschleiß. Auch die »Taktreinheit der Gänge« zählt zur Korrektheit.

Der Schritt

Er wurde bisher bei der Schwungbewertung einbezogen, was nicht richtig war. Diese bedeutende Gangart im Viertakt ohne Schwebephase (Schwung) wird jetzt angemessen einzeln bewertet. Ein guter Schritt ist taktrein – Viertakt ohne Verschiebung des gleichseitigen Abfußens, fleißig und raumgreifend –, die Hinterbeine treten über die Trittsigel der Vorderbeine und frei aus der Schulter schreitend. Das Maß des Übertretens hängt dabei wesentlich von der Länge der Mittelhand des Pferdes ab. Das Rechteckpferd tritt bei gleichem Raumgriff weniger über als beispielsweise ein Quadratpferd. Die Bewertung des »Schreitens« setzt Erfahrung und Vergleich mit vielen anderen Schrittbewertungen voraus.

Der Schwung des Ganges

Die Bewertung umfaßt Raumgriff, Schulterfreiheit und Beinstreckung des Vorderbeins, beim Hinterbein Untertritt, Schub, Aktivität in den Gelenken und die Schwebephase.
Wenn eine Gangart in ihrer Ergiebigkeit gefördert werden kann, so ist es am ehesten der Trab. Zwar kann die Schräge der Schulter anatomisch nicht verändert werden, durch ein Senken der Hinterhand wird jedoch der Schulterwinkel zum Boden spitzwinkliger und damit positiv verändert. Wir wissen, daß beispielsweise starker Trab erst von Pferden gezeigt werden kann, die sich durch die dressurmäßige Förderung in der Hinterhand gesenkt haben – das kommt der relativen Aufrichtung gleich. Eine Beeinflussung des Schrittes sowie der Galoppade ist schwerer möglich.
Bei allen Phasen in der Bewegung ist die deutliche Tendenz nach vorwärts-aufwärts erwünscht. Pferde, die stark auf der Vorhand laufen, bereiten bei ihrer Ausbildung mehr Arbeit und unterliegen dem rascheren Verschleiß.

Gesamtnote. Nach der Beurteilung der Einzelkriterien wird eine Gesamtnote vergeben. Die Einstufung ins Zuchtbuch, Hengstbuch oder auch die Placierung bei Materialprüfungen kann nach dieser Bewertung erfolgen.

Abschließend einen Ratschlag für jeden Berufspferdemann, der einen reiterlichen Anfänger beim Ankauf beraten soll. Das schönste Pferd ist nicht unbedingt auch das richtige für den jeweiligen Reiter. Das Interieur, nämlich Temperament, Charakter und Rittigkeit zusammen machen erst das ganze Pferd aus. Das beste Pferd für einen Reiter, sei er Anfänger, Fortgeschrittener oder Spitzenreiter, ist nicht das teuerste, schönste und leistungsfähigste, sondern das passende Pferd, mit dem er seine Wünsche verfolgen kann und dem Ziele möglichst nahe kommt!

Vorführen von Pferden

Am sachgemäßen Führen erkennt man den Pferdemann. Er steht vor dem Pferd, geht neben dem Pferdekopf und führt in der rechten Hand den Trensen- bzw. Führzügel. Jedes Vorstellen eines Pferdes nur am Halfter ist unsachgemäß und bringt Gefahren mit sich. Bei allen Schadensfällen wird ein Gutachter das Verbringen eines Pferdes vom Stall zur Koppel über einen öffentlichen Weg nur dann als sachgemäß anerkennen, wenn das Pferd mit einem Führzügel versehen war. Nervigen Pferden wird man dabei eine Trense anlegen, Hengsten oder Vollblütern eventuell sogar ein sog. Steigergebiß.
Vorgeführt und vorgemustert werden Pferde auf Zuchtschauen, Vielseitigkeitspferde nach Prüfungsabschnitten oder Hengste bei Körungen. Die korrekte Zäumung hierbei ist die Trense mit hannoverschem oder englischem Reithalfter. Mitunter wird das Reithalfter allerdings weggelassen, um die elegante Linie eines Pferdekopfes besser zu betonen. Vorgeführt wird im Schritt und im Trab. Beim Pferdekauf und bei Gesundheitskontrollen in Vielseitigkeitsprüfungen ist die gerade Musterbahn üblich, bei allen Zuchtschauen und Körungen hat sich die Dreiecksmusterbahn eingeführt. Die Pferde müssen entsprechend eingemustert, d. h. an das Führen im Schritt und im Trab gewöhnt sein. Der Führer kann nicht mit Gewalt und zu kurzem Fassen der Zügel am Pferdekopf das Pferd in eine Richtung zwingen, es muß frei am mittellangen Zügel dem Vorführer gehorchen. Nicht ziehen, sondern kurzes Parieren am Zügel veranlaßt niedere Gangarten oder führt zum Halten. Beim Mustern auf der Geraden werden etwa 10 Meter vor und zurück im Schritt geführt, anschließend rund 20 Meter vor und zurück getrabt. Jede Wende erfolgt nach rechts, da sich sonst das Pferd dem Einfluß des auf der linken Seite Führenden entzieht. Beim Wenden wird immer zum Schritt durchpariert. Auch auf der Dreiecksbahn wird an jeder Ecke zum Schritt durchpariert. Beim Aufstellen wird das Pferd mit der linken Breitseite dem Beschauer bzw. der Kommission zugerichtet. Nach einer Wendung mit einer viertel Drehung nach rechts beginnt das Vormustern, auch auf der Dreiecksbahn zuerst auf der Geraden im Schritt und

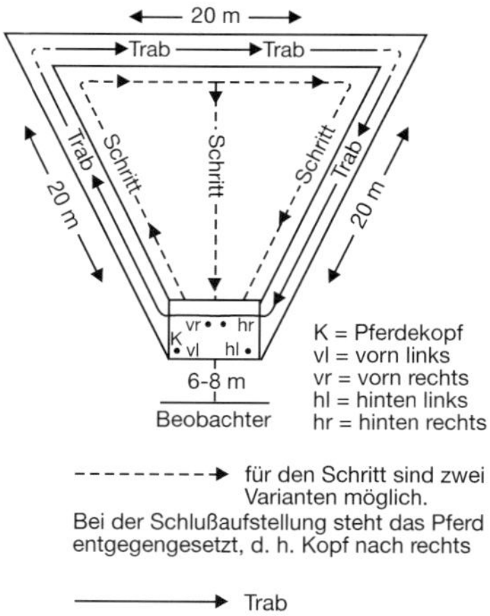

Die Dreiecksbahn zum Mustern im Schritt und Trab

Richtiges Führen des Pferdes am Zügel

Falsche und leichtfertige Führung des Pferdes

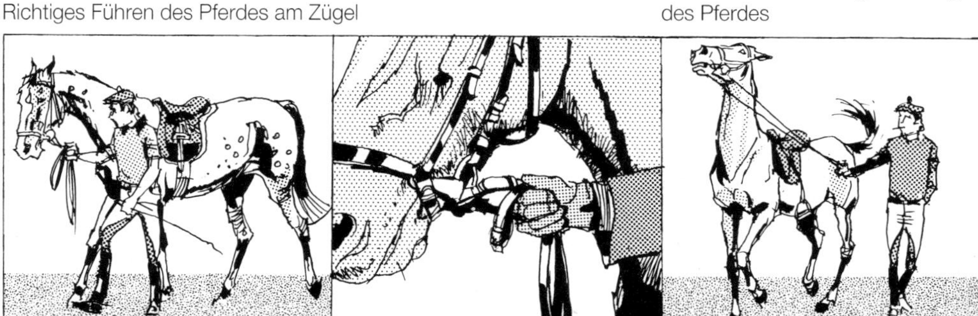

dann im Trab auf dem Dreieck, wobei die Seiten ca. 20–30 Meter lang sind. Abschließend wird es wie zu Beginn der Besichtigung im Stand in offener Stellung (alle 4 Beine von der Kommission aus sichtbar meist auf der anderen, rechten Seite) vorgestellt.

Offene Stellung mit vier gleichmäßig belasteten Beinen

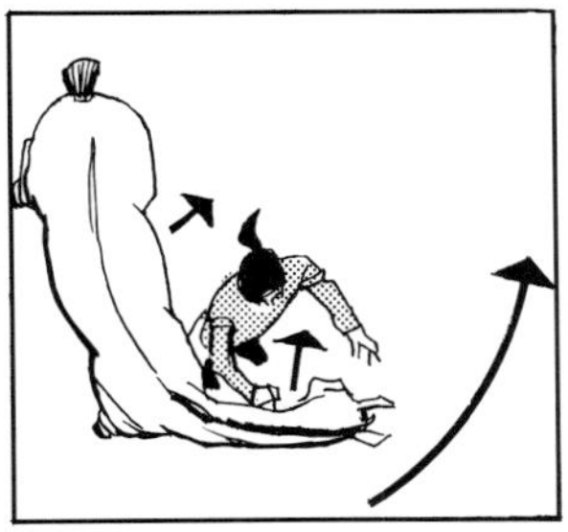

Falsche Wendung nach links: Der Reiter hat so keine Gewalt über das Pferd

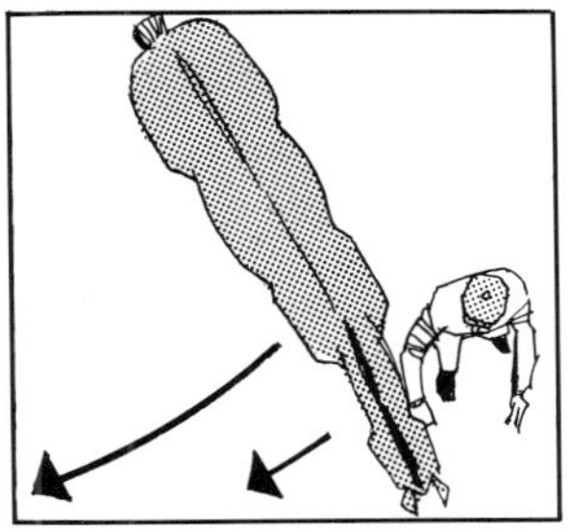

Beim Führen die Wendungen immer nach rechts machen

Beim Vorstellen und Mustern gilt immer: Vorteile des Pferdes betonen, Schwächen möglichst kaschieren! Auch Kleidung, Sauberkeit und Auftreten des Vorführers wirken auf den Gesamteindruck.

Vorstellen auf der Dreiecksbahn: Gutes Herausbringen, gekonntes Vorstellen und Vormustern haben einen bedeutenden Anteil an der Bewertung von Hengsten und Stuten bei Schauen, Staatsprämienverleihungen und Körungen.

Beschreibung des Pferdes: Farbe und Abzeichen

Die Körpergrundfarben: Zu ihrer Bestimmung wird das Deckhaar = kurze Haar am ganzen Körper und das Langhaar = Mähne, Schweif, Kötenbehang herangezogen.
Alle verschiedenen Farben werden nur von einem gemeinsamen dunklen Pigment hervorgerufen, das durch unterschiedliche Dichte die Variationen erscheinen läßt.

Fuchs
Deckhaar hell-dunkelrot
Langhaar gleichfarbig oder heller
Fuchs = F.
Hellfuchs = Hlf.
Dunkelfuchs = Df.
Rappe
Deckhaar und Langhaar sind schwarz
Rappe = R.
(in alten Pferdepapieren verwendet – Sommerrappe = SoR. – wenn im Winterhaar gelbliche oder rötliche Haarspitzen auftreten und das Pferd nur im Sommer vollkommen schwarz erscheint)
Brauner
Deckhaar braun
Langhaar schwarz
Brauner = B.
Hellbrauner = Hlb.
Dunkelbrauner = Db.
Schwarzbrauner = Schwb.
Schimmel
Haben Weißzeichnung am ganzen Körper, Deck- und Langhaar; sie werden dunkel oder weiß geboren. Letztere haben braune, blaue oder gelbe/helle Augen.
Schimmel = Sch.
Hellfuchsschimmel = Hlfsch.
Fuchsschimmel = Fsch.
Dunkelfuchsschimmel = Dfsch.
Rappschimmel = Rsch.
Hellbraunschimmel = Hlbsch.
Braunschimmel = Bsch.
Dunkelbraunschimmel = Dbsch.
Albino = Albino (Albinos werden mit pigmentfreier Haut am ganzen Körper geboren, deren Augen erscheinen rosa-rot)
Stichelhaare
Abkürzung = Stichelh. = einzelne Schimmelhaare im Deckhaar. Sie werden unmittelbar nach der Grundfarbe angegeben, teilweise auf Körperteil beschränkt.
Z. B. Df., zahlreiche Stichelh.; R., einzelne Stichelh. an Hals und Schulter.
Isabell
Deckhaar gelb, grau, wildfarben
Langhaar und Beine immer hell
Isabell = Is.(abell)
Falbe
Deckhaar hell, grau, mausgrau, Aalstrich
Langhaar, Beine und Hufe immer dunkel bis schwarz
Falbe = Falbe
Schecke
Deckhaar meist weiß (Umkehrung möglich)
Große, landkartenartige Flecken, meist über ganzen Körper verteilt
Schecke = Schecke
Fuchsschecke = Fschecke
Rappschecke = Rschecke
Braunschecke = Bschecke
Schimmelschecke = Schschecke (Pigmentflekken nur schwach angedeutet)
Tiger
Deckhaar meist weiß (Umkehrung möglich)
Langhaar weiß oder je nach Farbe
verschiedene große, runde bis ovale Körperflecke
manchmal auf Körperteile beschränkt (Schabracke, Kruppe)
Tiger = Tiger
Fuchstiger = Ftiger
Rapptiger = Rtiger
Brauntiger = Btiger

Abzeichen am Kopf
Anzugeben ist eventuell die Form: z. B. rund, herzförmig, quadratisch, gezackt, unregelmäßig (unreg.) groß, klein
und Intensität: (weiß), stichelhaarig, (am Rande) schattiert, gefleckt, farbstoffrei.

Stirnhaare = Sth. Einzelne Haare in der Mitte zwischen den Augen
Flocke = Fl. Weißes Abzeichen in der Mitte zwischen den Augen bis ca. 3 cm
Stern = St. Abzeichen zwischen den Augen (3 cm – 7 cm ∅), großer St.

Abzeichen am Kopf

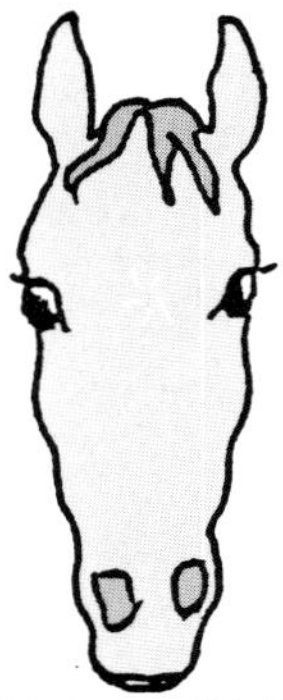
Stirnhaare (Sth.)

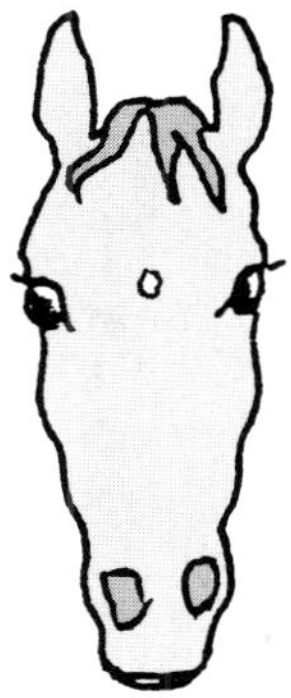
Flocke (Fl.)

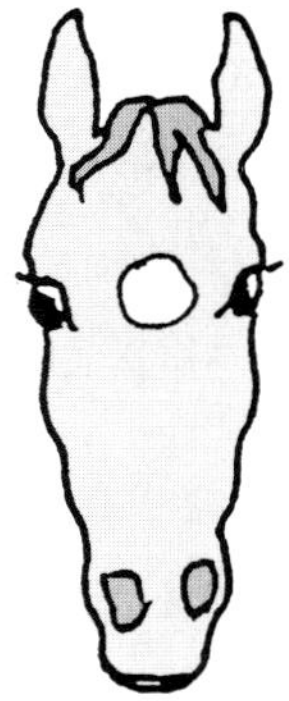
Stern (St.)

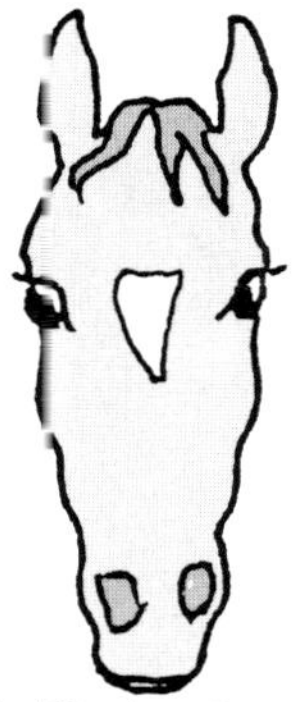
keilförmiger Stern/ Keilstern (keilförm. St., Keilst.)

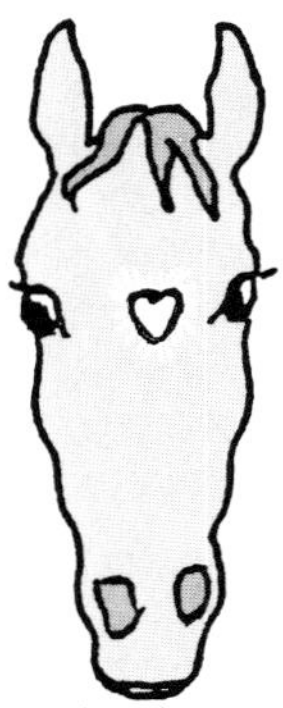
herzförmiger am Rande schattierter Stern (herzförm. a. R. schatt. St.)

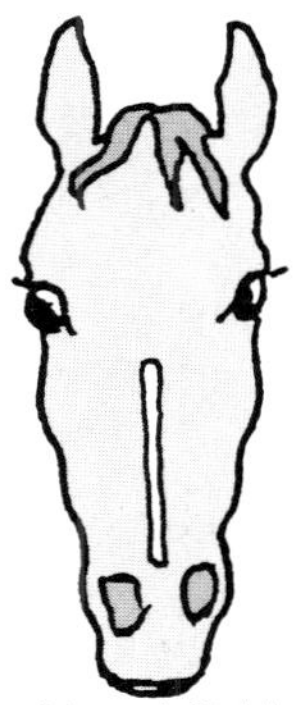
(Nasen)-Strich (Nasen)-Str.

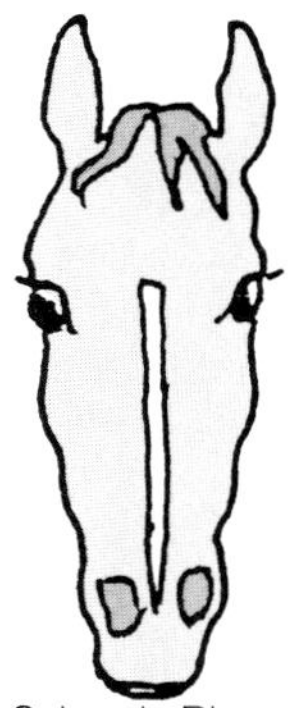
Schmale Blesse (schm. Bl.)

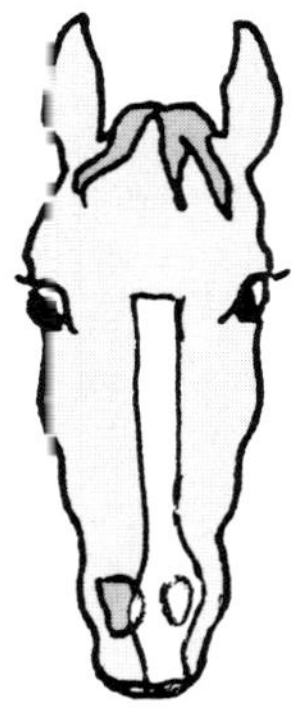
in rechte und über linke Nüster reichende durchgehende Blesse (in re. u. üb. li. Nüst. rchd. dchg. Bl.)

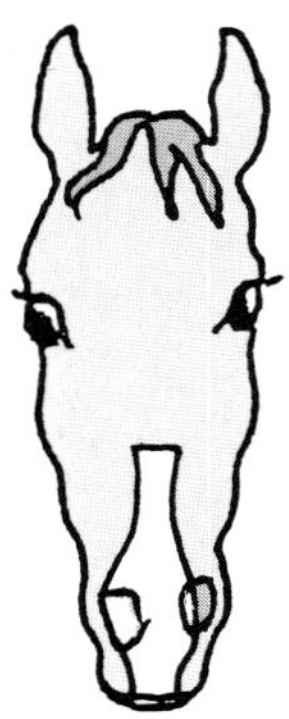
br. unt. üb. re. u. in li. Nüst. rchd. dchg. Bl.

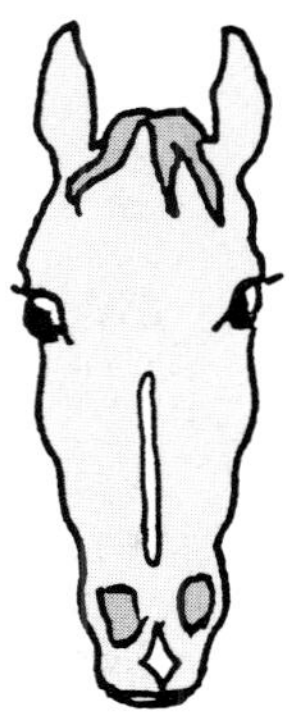
(Nasen)strich, Schnippe; (Str., Schn.)

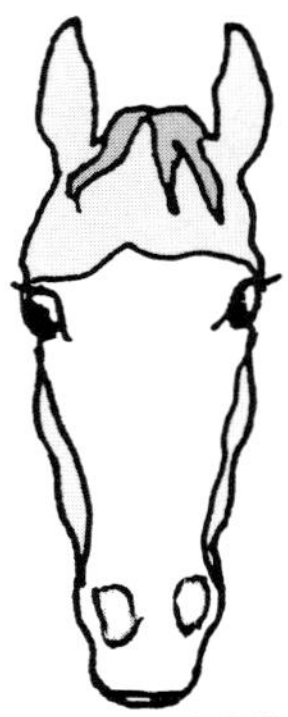
Laterne mit Milchmaul

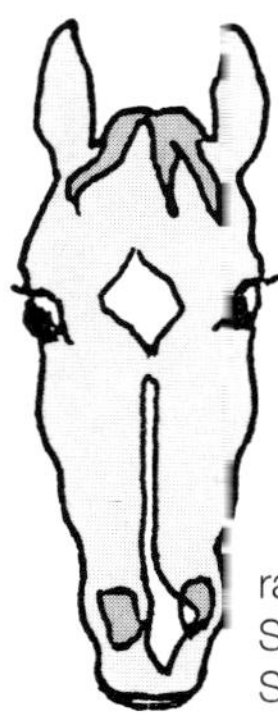
rautenförmiger Stern, (Nasen)-Strich mit in li. Nüst. rchd. Schnippe; (rautenförm. St., Str. mit i. li. Nüst. rchd. Schn.)

Blesse = Bl. Weißes langes Abzeichen zwischen den Augen beginnend und etwa bis zu den Nüstern reichend;
in das Maul reichende Bl. = durchgehende = dchg. Bl.
Standardbreite der Bl. = 4 cm (sonst breite/schmale/Schnurbl.). Einzelheiten sind zur sicheren Identifizierung anzugeben, z. B. br., unt. d. Auge re. eingebuchtete, i. d. Mitte geschn., i. re. u. üb. li. Nüst. reichd., dchg. Bl.; (gezackt, keilförm. usw.)
(Nasen-)Strich = Str. Feiner, auf dem Nasenrücken verl. weiß. Str.
Untere Blesse = Unt. Bl. (früher als Nasenblesse bez.). Sie beginnt unterhalb der Augen, etwa in der Mitte des Nasenrückens.
Schnippe = Schn. Weißes bis fleischfarbenes Abzeichen, meist rautenförmig, zwischen Nüstern.
Oberlippe/Unterlippe weiß/weißer Fleck = Obl./Utl. w./w. Fleck
Milchmaul/Krötenmaul = weißes bzw. pigmentfreies oder geflecktes Maul (Nüst. bis Kinngrube)
Laterne = großes weißes Kopfabzeichen über Augenbogen und Nüstern reichend (häufig mit Milchmaul verbunden)

Abzeichen an den Gliedmaßen

Die Abzeichen an den Gliedmaßen werden wie folgt registriert:

1. die Seite: – linke(r,s), rechte(r,s) . . .
2. – . . . vorder, hinter . . .
3. Bezeichnung des Abzeichens: . . . Krone, Ballen, Fessel, Fuß, Bein

Es zählt immer der höchste Punkt, der vom weißen Abzeichen erreicht wird; ist die Abgrenzung des Abzeichens in ihrem Verlauf in der Höhe nicht einheitlich, so wird dies durch die zusätzliche Bezeichnung »unregelmäßig« (unreg.) angezeigt. Die Gliedmaßen werden in der Reihenfolge: linke Vorder . . ., rechte Vorder . . ., linke Hinter . . ., rechte Hinter . . ., beschrieben. Wenn zwei oder mehrere Gliedmaßen das gleiche Abzeichen aufweisen, werden sie zusammengefaßt registriert; im übrigen bleibt die Reihenfolge erhalten (z. B. li. Vorderfessel, re. Vorderfuß und re. Hinterfuß halb, li. Hinterkrone weiß.

Die Abzeichen und ihre Abkürzungen

Krone = . . .kr. weißes Abzeichen, das bis ca. 2½ cm oberhalb des Saumbandes (= oberer Hufrand) reicht.
Ballen = . . .bln. weißes Abzeichen auf den 2 Ballen einer Gliedmaße; bei weißer Krone nur angegeben, wenn deutlich abgesetzt.
Fessel (halb) = weißes Abzeichen, das bis zur Mitte des Fesselkopfes (oder zur Hälfte des Fesselbeines) reicht.
Fuß = weißes Abzeichen, das über die Mitte des Fesselkopfes (ca. 5 cm) reicht.
Fuß halb = weißes Abzeichen, das bis zur Mitte der Vorderröhre bzw. Hinterröhre (Hinterschiene) reicht.

Linke Vorderkrone, rechte Vorderkrone und Ballen, linke Hinterfessel, rechte Hinterfessel halb weiß
(li. Vkr., re. Vkr. u. Blln, li. Hfsl., re. Hfsl. halb w.)

Linker Vorderfuß, rechter Vorderfuß halb, linkes Hinterbein, rechter Hinterfuß hoch weiß
(li. Vf., re. Vf. halb, li. Hb., re. Hf. hoch w.)

Fuß hoch = weißes Abzeichen, das bis zur Mitte des Karpal- bzw. Sprunggelenkes reicht.
Bein = weißes Abzeichen, das über das Karpalgelenk bzw. Sprunggelenk reicht.
(Bein hoch) diese Bezeichnung ist offiziell nicht eingeführt, wird aber der Genauigkeit wegen oft verwendet: weißes Abzeichen das bis zum Ellbogengelenk bzw. Kniegelenk, d. h. bis zum Körper hoch reicht.

Besondere Kennzeichen und Merkmale

Stichelhaare (= Stichelh.) sind einzelne bis zahlreiche weiße Haare, die im Deckhaar auftreten. Sie werden unmittelbar nach der Grundfarbe angegeben unter Berücksichtigung ihrer Häufigkeit und gegebenenfalls des Körperteiles, an dem sie auftreten. (Z. B.: Df., zahlreiche Stichelh.: = ein Dunkelfuchs, der am ganzen Körper gleichmäßig zahlreiche weiße Haare im Deckhaar aufweist; oder z. B.: B., einzelne Stichelh. a. li. Schulter und Flanke).
Helles Langhaar (= hell. Langh.) kommt besonders bei Füchsen aller Farbschattierungen vor. Das Langhaar ist heller als das Deckhaar. Dies muß bei der Beschreibung angegeben werden und zwar unmittelbar nach der Grundfarbe (z. B.: Hf., hell. Langh.: = typisch für einen hellfuchsfarbenen Haflinger mit noch hellerem, fast weißem Langhaar).
Körperflecke sind weiße, aber auch dunkle oder schwarze Farbflecke, die überall am Pferd auftreten können; sie sind nach Größe (bis ca. 5 cm = klein, ab ca. 15 cm = groß), nach Lage und evtl. nach Form abzugeben.
Augenbesonderheiten
Ein Glasauge (selten auch Fischauge) ist ein helles, glasiges, durchsichtiges Auge (Glaskörper, Iris und Pupille). Es kommt meist in einer pigmentfreien Umgebung vor (Laterne bei Schecken und dergleichen).
Das Birkauge ist pigmentiert, hat aber einen weißen (birkenrinden-farbenen) Irisring.
Blindheit ist durch eine trübe bis weiße Pupille zu erkennen, oder das Auge ist durch Verletzung ausgelaufen. Muß angegeben werden.
Narben, Muskeldellen, Weidebrände etc., die an Kopf, Körper und Gliedmaßen als bleibende und auffällige Merkmale entstanden sind, werden nach Größe und Lage registriert. Die erworbenen Merkmale kommen in der Reihenfolge nach allen anderen.

Zusammenfassung der Beschreibung

Für die Registrierung gilt folgende Reihenfolge:

1. Alter
2. Rasse (Brandzeichen)
3. Grundfarbe
4. Geschlecht
5. evtl. Stichelhaare, hell. Langhaar
6. Abzeichen am Kopf
7. Abzeichen an den Gliedmaßen
8. Körperflecke
9. Veränderungen an den Augen
10. Narben, Weidebrände, Muskeldellen etc.

z. B.: 8jähr. Hann. F. Wallach mit hell. Langhaar und einz. Stichelh. a. d. Kruppe, Laterne m. Milchmaul, li. Vfsl., re. Vf. halb, li. Hf. hoch, re. Hb. w., am Bauch in Gurtl. gr. w. Fleck, li. Glasauge, a. re. Buggelenk ca. 10 cm lange Narbe.

Interieur, Sinne, Triebe

Die inneren Vorgänge hängen von der ursprünglichen Lebensform des Pferdes ab. Als Herden- und Fluchttier hat es sich viele Eigenheiten erhalten, die aus dieser Zeit resultieren. Rangordnung, Selbsterhaltung und Arterhaltung sind dabei von dominierender Bedeutung. Die beiden Urtriebe Selbsterhaltung und Arterhaltung steuern auch im wesentlichen das Verhalten des Einzelindividuums.

Zur **Selbsterhaltung** gehört der Trieb zu fressen, zu trinken, bei Gefahr zu flüchten oder sich, wenn in die Enge getrieben, zu verteidigen.

Die Arterhaltung wirkt sich wohl in erster Linie auf den Geschlechts-, Mutter- und Aufzuchttrieb aus, aber auch sekundär davon abhängige Reaktionen stehen damit in engstem Zusammenhang. So formiert sich beispielsweise die Herde, die eine gebärende Stute schützt oder Fohlen vor Gefahren abschirmt. So wie die Triebe das Leben unserer Pferde steuern, so sind die Sinne die Basis für die Kommunikation, ohne die das Ganze nicht zum Abspielen käme.

Der Gesichtssinn. Das Auge ist das Fenster der Seele, sagt der griechische Philosoph Sokrates, und beim Pferd ist sicher etwas mit daran. Als wichtigstes Sinnesorgan steuert es dessen Verhalten weitgehend. Die Physiologie sagt uns, daß das Pferd seine Umwelt etwa in siebenfacher Vergrößerung und mit abstrahierten Linien wahrnimmt. Das macht verständlich, weshalb es in manchen Situationen so schreckhaft reagiert.

Das Gehör. Das zweitwichtigste Organ ist das Gehör. Es ist ebenfalls gut ausgeprägt, wobei vor allem rhythmisches Hören – z. B. das Erkennen einzelner Personen am Schrittrhythmus – in ihm fest verankert ist. Auch rhythmische Musik beeinflußt die Bewegung.

Der Geruchssinn bedeutet nicht allzuviel. Trotzdem sind Rauch-, Feuergeruch oder unangenehme andere Gerüche – beispielsweise im Tränkeimer – vom Pferd wahrnehmbar und verursachen unmittelbare Reaktionen.

Der Geschmack ist jedenfalls stark genug ausgeprägt, um Futterqualitäten zu unterscheiden, und nicht selten lehnt ein Pferd, das an ein ständiges Krippenfutter gewohnt ist, eine plötzliche Neuzuteilung ab. Wiederum ist hier besonders das Wasser als Träger von fremdem Geschmack das erste, was von unseren Pferden verschmäht wird.

Der Tastsinn, im erweiterten Sinne das Gefühl, das über den ganzen Pferdekörper verteilt ist, zeigt sich bestens ausgeprägt. Neben den Tasthaaren an Nüstern und Maul (die keinesfalls abgeschnitten werden dürfen) sind vor allem an der Seitenlinie der Rippen feine Nerven vorhanden, die leichteste Berührungen registrieren und das Pferd zu entsprechendem Reagieren veranlassen (Schenkelhilfen).

Leistungseigenschaften

Für unsere Nutzung sind sechs wesentliche Eigenschaften bzw. Kriterien von besonderer Bedeutung. Es sind dies Temperament, Charakter, Rittigkeit und Leistungsbereitschaft, Konstitution und Kondition. Diese sollen kurz definiert werden.

Das Temperament ist die eigene Aktivität, der Vorwärtsdrang. Im Negativen wirkt er sich zur Trägheit aus. Wir wollen Pferde mit deutlich vorwärtsorientiertem Temperament, die allerdings dabei nicht zu heftig sein sollen.

Der Charakter ist das Verhalten des Einzelindividuums gegenüber seinen Artgenossen, anderen Tieren, aber auch gegenüber dem Menschen. Es gibt Pferde, die im Temperament einwandfrei sind, jedoch einen schlechten, d. h. einen bösartigen Charakter besitzen. Die züchterische Selektion hat in den meisten Fällen bösartige Pferde ausgemerzt. Nur in seltenen Fällen ist diese Eigenschaft im Erbgut noch vorhanden. Wesentlich unterscheiden muß man, ob die gezeigte Bösartigkeit eine genetisch bedingte Veranlagung ist oder ob sie möglicherweise durch falschen Umgang durch den Menschen verursacht wurde. Wir wissen, ein Pferd ist in kurzer Zeit verdorben. Den Fehler auszumerzen, dauert in der Regel lange Zeit, ist mühsam, verlangt Geduld und auch viel Einfühlungsvermögen.

Die Rittigkeit ist etwas, was wir heute versuchen, dem Pferde anzuzüchten. Die Eigenschaft ist komplex und hängt von mehreren Dingen ab. Auch das Gebäude spielt eine wesentliche Rolle dabei. Günstige körperliche Anlagen, entsprechende Muskelpartien, feinsensibilisierte Nerven, ein geeignetes Temperament und ein guter Charakter beeinflussen die Rittigkeit. Dazu kommt das Gedächtnis, das bei der reiterlichen Ausbildung einen außerordentlichen Wirkungsgrad besitzt. Viele der Übungen wurden vom Pferd nur deshalb gerne wiederholt, weil es sich erinnert, daß es bei der ersten Produktion ausgiebig gelobt wurde.
Die Rittigkeit kann gefördert werden durch sachgemäße und systematische Ausbildung,

durch logischen Aufbau der Arbeit – erst arbeiten nach entsprechender Lösungsphase – und durch zweckmäßige Hilfsmittel, z. B. entsprechende Sattelung und Zäumung.

Die Leistungsbereitschaft unserer Sportpferde ist ein vieldiskutiertes Thema. Dabei wird viel in das Interieur unserer Pferde projiziert, das in Wirklichkeit nicht vorhanden ist. Der sogenannte Kämpferwille ist in der Regel nichts anderes als ein Rest des Drangs des Pferdes, im Pulk zu fliehen. Das ist bestimmt bei den Rennpferden die Triebfeder für das Streben, vorne zu sein und der Gefahr zu entrinnen. Es gibt wirklich Pferde, die angesichts eines Hindernisses auf dieses zusteuern und es zu überwinden versuchen. Eine echte Erklärung dafür gibt es nicht. Das Bemühen, bei Springpferden »sauber zu sein«, hat mit sportlichem Ehrgeiz vermutlich wenig zu tun. Die unangenehme Erinnerung an kräftiges Anschlagen – Schmerz – bei massiven Hindernisstangen ist die reale Ursache für diesen »Sportsgeist«. Gerade dies wird ja auch ausgenutzt, indem man Pferde auf mannigfache Arten »barrt« oder »sauber macht« (gem. LPO verboten!).
Grundsätzlich gilt es festzustellen, daß das Innere eines Pferdes, das Interieur, seine »Persönlichkeit« stark bestimmt und ausschlaggebend für die gemeinsame Leistung von Pferd und Reiter ist.
»Das Auge ist der Spiegel der Seele unserer Pferde.« Wir Reiter sollten nicht versäumen, ab und zu in diesen Spiegel zu blicken, um darin einiges von der Kreatur, manches aber auch von uns selber zu erkennen.

Die Konstitution ist die Anlagenvielfalt vom Gebäude, von den Organen und den Muskeln und vom Skelett her, die durch Vererbung vorgegeben ist. Sie ist unabänderbar.

Die Kondition ist die augenblickliche Verfassung, die aus Aufzucht, Umwelt, Fütterung und Training resultiert. Abhängig von diesen Einflüssen ist sie ein »Produkt« der Gegenwart, das veränderbar ist.

Pferdebegleitpapiere

Für alle Pferde, die in der gezielten Zucht eingesetzt werden und die im Turniersport oder Rennsport starten, ist die Sicherstellung ihrer Identität erforderlich. Auch beim Decken, zum Nachweis von erfolgten Schutzimpfungen und dgl. sind amtliche bzw. halbamtliche Papiere erforderlich. Im wesentlichen stehen zur Verfügung:

Der Abstammungsnachweis, Fohlenschein oder das Pedigree

In ihm sind verzeichnet: Lebensnummer und Name, Mutter und Vater sowie Datum der Bedeckung. Von dem zu identifizierenden Pferd müssen angegeben sein: das Geburtsdatum, das Geschlecht, Farbe und Abzeichen, der Züchter, der Besitzer, mindestens vier Generationen der Abstammung (bei Hauptstammbuchpferden, bei Stammbuch- und Vorbuchpferden entsprechend der Zuchtbuchordnung weniger), die Vergabe von Fohlenbränden und Eintragungsbränden, die Eintragung in das Turnierpferderegister, so vorhanden Ergebnisse über Leistungsprüfungen Prämierungen, Körergebnisse bzw. Besamungserlaubnis. Der Stempel des jeweiligen Verbandes mit der Rassenangabe Kaltblut, Warmblut, Haflinger oder Kleinpferde läßt die regionale und Rassenzugehörigkeit erkennen. Schließlich sind noch angegeben: Ort, Datum und Unterschrift, ein Verbandsstempel und Siegel sowie die Unterschrift des Zuchtleiters, der die Verantwortung für die Richtigkeit dieser Urkunde trägt.
Der Abstammungsnachweis ist wie gesagt eine Urkunde. Jede eigenmächtige Änderung ist eine Urkundenfälschung und macht das Papier ungültig. Der Abstammungsnachweis gehört zum Pferd und ist bei Prämierungen, Körungen und dergleichen zur Eintragung im Original vorzulegen.

Beispiel im Hengstkatalog

RASSO -P- **LN:** HB 41 01071 71 **HE** **GEB:** 17.05.71

FARBE: BRAUN
ABZ.: ST.BD.VFSL.UNREG.GEFL.W.,B.DHF.UNREG.W.,

ZÜCHTER: PELLENGAHR HEINRICH, 59302 OELDE
AUFZÜCHTER:
BESITZER: HAUPT U. LANDGESTÜT, 82441 OHLSTADT

RAMIRO HB 41 01745 65 BRAUN 173 CM/ 3JÄHRIG	**RAIMOND** HB 21 03807 60 SCHIMMEL 166 CM/ 3JÄHRIG	**RAMZES** HB 08 04028 37	**RITTERSPORN XX**	HB
			JORDI	
		INFRA H 21 01459 50	**FANATIKER**	HB
			LINING	
	VALINE H 21 03136 61 CM/29JÄHRIG	**COTTAGE SON XX** HB 06 40002 44	**YOUNG LOVER XX**	HB
			WAIT NOT XX	
		HOLLE H 21 01291 49	**LOGENSCHLIESSER**	HB
			ILONA	S
FEODORA H 41 15393 63 CM/27-JÄHRIG	**FIFFIKUS** HB 41 01573 59 CM/31JÄHFIG	**FIRN** HB 41 01404 51	**FESCH**	HB
			FRIEDA	SP
		FALKA H 41 09107 46	**FLITTER I**	HB
			NERVA	H
- , , , , 27-00-00	**DORETTE** SP 41 13537 58 CM/32JÄHFIG	**DRALL** HB 41 01357 49	**DOEMITZ I**	HB
			ASBECK	H
		KORA H 41 11177 50	**KLAUS**	HB
			AUERHENNE	SP

Maße: 170 / 182 / 198 / 22 (1980)
Körung: MÜNSTER 1973

EIGENLEISTUNG
Hengstleistungsprüfung: 1974 MÜN.-RIEM
23,1 /19,81/ / /8 /18
Fruchtbarkeit: Ged. Stuten: 784 HE: 195 ST: 208
Eingetr. Nachkommen: HB: 8 HE: 1 HS: 71 SS: 10 V1: 1 V2: 0 GR: 304
Hengstbuchanerkennung:

NACHKOMMENLEISTUNG
Lebensgewinnsummen: MAT: 22607 DM/106 NK DRE: 13315 DM/35 NK
SPR: 335028 DM/324 NK VIE: 3170 DM/10 NK
FAH: 493 DM/ 3 NK GES: 378087 DM/ NK

Zeichenerklärung

JALISCO JUN.	Name des Vaters
HB 04 81496 81	Einstufung und Lebensnummer: Hengstbuch 04 81496 81
Braun	Farbe
169 cm/5jährig	Stockmaß/Alter beim Messen
85/105.73/15/37	Ergebn. der Hengstleistungsprüfung: Jahr/Pkte./Platz/Teiln.zahl/
+ 0.28	Standardabweichung
DORINA -F-	Name der Mutter
S 81 70029 73	Einstufung und Lebensnummer
FUCHS	Farbe
163 cm/4jährig	Stockmaß/Alter beim Messen
14–6–6	Alter – Zuchtjahre – Anzahl der Fohlen
	Berechnung der Zuchtleistung ab 1. 1. 1983

ST	= Stute
HE	= Hengst
HB	= Hengstbuch
SP	= Staatsprämienstute
H	= Hauptstammbuch
S	= Stammbuch
V1	= Vorbuch 1
V2	= Vorbuch 2
GR	= Geburtsregister

Zusammensetzung der Lebensnummer: z. B. 81 70029 73

81	= Kennziffer für Rasse u. Zuchtgebiet, hier: Warmblut aus Bayern
70029	= Deckscheinnummer (die letzten 3 Ziffern werden dem Fohlenbrand hinzugefügt)
73	= Geburtsjahr

Leistungszeichen

A	= Zugleistungsprüfung bestanden
A*	= Zuchtstutenprüfung unter dem Reiter einschließlich Mindestleistungsprüfung bestanden
P	= Prämiert
F	= Fruchtbar (Stuten mit Fohlen/4 Jahre)
F*	= sehr fruchtbar (Stuten mit 7 Fohlen/8 Jahren oder 10 Fohlen
L	= Lebenskraft
N	= Nachzucht (nur für Hengste)
V	= Vererbung (nur für Stuten)
(v)	= Zur Bewertung von Vorkörbuchstuten herangezogen
E	= Elitestuten

Zuchtverbände in der Bundesrepublik
Stand 12.05.93

Schlüssel	Kurztext	Verbandsbezeichnung	Bemerkung
00	sonst	sonstige	
01		Pony Inländer (o. Zuchtgebiet)	
02		Pony Ausländer	
03		Warmblut Inländer (o. Zuchtgebiet)	
04		Ausland	
05	DDR	DDR	bis einschl. 1989
06	XX	Vollblut	
07	Tr.	Traber	
08	Arab.	Araber	
09	Trak.	Trakehner	
10	ZdPf.	ZVB f. Deutsche Pferde e.V.	
11	Fries	Friesen	
13	SAA-A	Shagya-Anglo-Araber (ZSAA)	
19	W-Ems	Weser-Ems sonstige Rassen	
21	Holst	Holstein Warmblut	
22	Holst	Holstein Pony, Kleinpferde	
23	Holst	Schleswiger Kaltblut	
27	MCKVP	Mecklenburg Vorpommern	
28	MCKVP	Mecklenburg Vorp. Pony, Kleinpferde	
29	MCKVP	Mecklenburg Vorpommern Kaltblut	
30	OFAO	Ostfr.-Altoldenburg	
31	Hann.	Hannover Warmblut	
32	Ostfr	Ostfriesland Warmblut	
33	Oldbg	Oldenburg Warmblut	
34	Hann.	Hannover Pony, Kleinpferde	
35	W-Ems	Weser-Ems Pony, Kleinpferde	
36	Nds.Kbl.	Niedersächsisches Kaltblut	
37	SANH	Sachsen Anhalt	
38	SANH	Sachsen Anhalt Pony, Kleinpferde	
39	SANH	Sachsen Anhalt Kaltblut	
41	Westf	Westfalen	
42	Westf	Westfalen Pony, Kleinpferde	
43	Rhld.	Rheinland	
44	Rhld.	Rheinland Pony, Kleinpferde	
45	Westf	Westfalen Kaltblut	
46	Rhld.	verschiedene Rassen	
50	RPS	Zweibrücker Pony	
51	RPS	Zweibrücker	
52	RPS	Zweibrücker Warmblut	
53	RPS	Zweibrücker Warmblut	
57	BRDBG	Brandenburg	

Schlüssel	Kurztext	Verbandsbezeichnung	Bemerkung
58	BRDBG	Brandenburg Pony, Kleinpferde	
59	BRDBG	Brandenburg Kaltblut	
61	Hess.	Hessen u. Hessen-Nassau Warmblut, Kaltblut, Haflinger, sonst.	
62	Hess.	Hessen-Nassau Warmblut	
63	Hess.	Hessen Pony, Kleinpferde, Sonst.	
64	Hess.	verschiedene Rassen	
67	Thuer	Thüringen	
68	Thuer	Thüringen Pony, Kleinpferde	
69	Thuer	Thüringen Kaltblut	
71	BaWue	Baden-Württemberg Warmblut	
72	BaWue	Baden-Württemberg Warmblut	
73	BaWue	Baden-Württemberg	
74	BaWue	Baden-Württemberg Kaltblut	
77	BaWue	Baden-Württemberg Pony, Kleinpferde	
81	Bay.	Bayern Warmblut, Kaltblut, Haflinger sonst.	
82	Bay.	Bayern Kaltblut	
83	Bay.	Bayern Haflinger	
84	Bay.	Bayern Pony, Kleinpferde, Sonst.	
85	Bay.	verschiedene Rassen	
87	SACHS	Sachsen	
88	SACHS	Sachsen Pony, Kleinpferde	
89	SACHS	Sachsen Kaltblut	
99	Ausl	Ausländ. Pferde f. intern. Prüfungen	

Der Pferdepaß

Bei Pferden, die international im Sport gehen, international gehandelt werden, bei Galoppern und Trabern, die außerhalb ihres Zuchtlandes Wettkämpfe bestreiten, ist als Identitätspapier der Pferdepaß üblich. Für den Turniersport wird er von der Internationalen Reiterlichen Vereinigung ausgestellt, für Englische Vollblüter und Traber vom Direktorium für Vollblutzucht bzw. vom Hauptverband für Traberzucht und Rennen. Zur Vereinfachung der Identitätsüberprüfung sind in diesem Pferdepaß die Abzeichen nicht beschrieben, sondern in Umrißzeichnungen des Pferdes mit roter Farbe eingetragen (Abb. hierzu s. Seite 90). Dadurch sind bei den oft speziellen Ausdrücken bei der Übersetzung für die Abzeichen Verwechslungen ausgeschlossen und eine absolute Sicherung wird gewährleistet. Ort, Datum und Unterschrift der ausstellenden Institution wie auch des verifizierenden Tierarztes unterstreichen den urkundlichen Charakter.

Der Stutenpaß

Für alle in der Bundesrepublik verwendeten Zuchtstuten hat sich der von den Tier- bzw. Pferdegesundheitsdiensten ausgestellte Stutenpaß bestens bewährt. Darin sind alle Zuchtjahre verzeichnet, so daß der Besitzer oder ein eventueller Käufer die Kontrolle über das bisherige Fruchtbarkeitsgeschehen vor Augen hat. Die klinischen und bakteriologischen Untersuchungen, die vor den Bedeckungen erforderlich sind, werden mit ihrem Ergebnis eingetragen. Damit ist eine wertvolle Gesundheitskontrolle möglich, um sogenannte Problemstuten unschwer zu erkennen und rechtzeitig aus der Zucht auszuscheiden. Der Hengsthalter, zu dem eine Stute gebracht wird, muß sich nach der Verfügung des Tierarztes verhalten, der in seinem Attest bestätigt: »Zum Decken frei!«

Impfbescheinigung, Impfpaß

Die Impfbescheinigungen bzw. Impfpässe werden auf speziellen Vordrucken der Impfstoffhersteller von den jeweiligen Impfärzten ausgestellt. Zur Teilnahme an Schauen, bei Grenzübertritten, oft bei Standortwechseln, wird die Vorlage eines Impfpasses verlangt. Nicht selten ist dazu ein amtstierärztliches Zeugnis über den Gesundheitszustand des Herkunftsstalles vorzulegen.

Gesundheitslehre, Veterinärkunde

Für den Pferdewirt in allen vier Schwerpunkten ist es wichtig, den Aufbau und die Wirkungsweise des Pferdekörpers und seiner Organe zu kennen. Bei Verletzungen und einfachen Unpäßlichkeiten muß er sich als »versierter Pferdemann« helfen können. Im Falle von schwierigen Erkrankungen und Verletzungen entscheidet er rechtzeitig und rasch, daß unverzüglich der Tierarzt beigezogen werden muß oder daß das Pferd in eine Tierklinik zu verbringen ist. Wer sich bei Kleinigkeiten nicht selbst helfen kann, wird einen Teil des Verdienstes, der ihm zusteht, an den Tierarzt weitergeben; wer überheblich in ernsteren Fällen selbst »zu pfuschen« versucht, wird durch Verschlimmerung oder gar den Tod des betreuten Pferdes zu großem Schaden beitragen. Der gute Pferdewirt wird klar und sicher entscheiden: Hier hilft Selbsthilfe, dort gilt es, Tierarzt oder Klinik einzuschalten. Also: Umfangreiches Wissen um Anatomie und Physiologie wie um Pferdekrankheiten tut not!

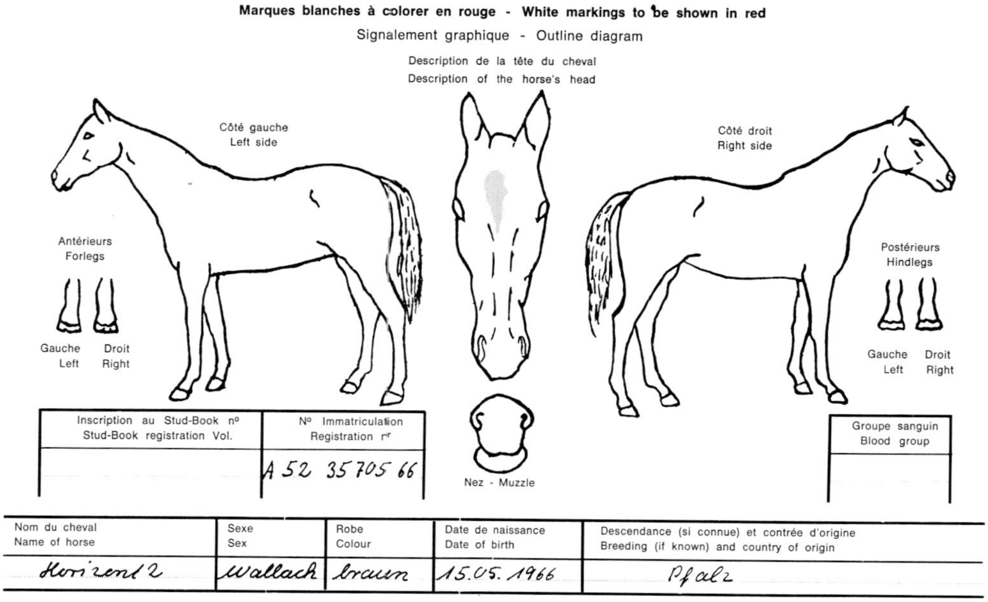

Internationaler Kontrolle dient der Pferdepaß: Er weist die Abzeichen des Pferdes in Umrisse eingezeichnet aus, um Probleme bei der Übersetzung auszuschalten. So kann die Identität über die Grenzen hinaus gesichert werden.

Puls, Atmung, Temperatur

Zur Kontrolle der Gesundheit eines Pferdes muß man folgendes wissen:

- Im Ruhezustand schlägt das Herz 28- bis 44mal. Fohlen und Kaltblutpferde weisen teilweise höhere Frequenzen auf.
- Die Lunge wird im Ruhezustand durch die entsprechenden Muskelgruppen sowie das Zwerchfell 10- bis 16mal/Minute ein- und ausgeatmet. Die Luftqualität und Temperatur des Stalles können hier beeinträchtigend wirken.
- Die Körpertemperatur – rektal gemessen – liegt zwischen 37,5 und 38,2 °.

Die Herztätigkeit, d. h. der Puls, wird mit dem Mittelfinger auf der Innenseite des Unterkieferknochens getastet.

Die **Atmung** an den Nüstern zu erfühlen ist unsicher, da die meisten Pferde, sobald sich die Hand den Nüstern nähert, anfangen, hastiger Luft einzuziehen. Der bessere Punkt ist die Flanke bzw. der hintere Teil des Unterbauches, an dem bei Erkrankung auch die Dampfrinne erscheint.

Die Temperatur wird mit einem Fieberthermometer im After gemessen. Neben den üblichen Thermometern mit Quecksilber haben sich heute die digitalen Thermometer bewährt, die nur kurze Zeit im Darm verbleiben und beim Erreichen der höchsten Temperatur ein akustisches Signal geben. Das Thermometer mit Klammer und Schnur am Schweif zu befestigen war früher als unerläßlich angesehen worden. Nun weiß man, daß die Darmbewegung das Thermometer nie nach innen in den Darm gleiten läßt, sondern bestenfalls ausstößt und es sodann am Boden zerbricht. Man kommt aber ohnehin nicht daran vorbei, das Thermometer, solange gemessen wird, zu halten, so daß sich eine Befestigung erübrigt.
Ein weiterer Teil der einfachen Gesundheitskontrolle ist die Überprüfung des Mistes, ob zu fest oder flüssig, sowie das regelmäßige Absetzen von nicht zu stark verfärbten und sehr trüben Urins. Auch die Kontrolle der Futterkrippe, ob leergefressen, ob sich dort eventuell Futterwickel befinden oder ähnliches, gehört zu den täglichen Kontrollmaßnahmen.

Knochenbau

Am Skelett des Pferdes sind alle Muskeln und Bänder aufgehängt und die Organe darin untergebracht. Die Haut hält das Ganze zusammen. Bei einer groben Unterteilung spricht man vom **Stammskelett**, wobei als Stamm die Wirbelsäule betrachtet wird, sowie von den **Extremitäten**. Beim ungeborenen Fohlen ist das Skelett bereits voll angelegt und diese Knochen wachsen stark, ehe sie vollkommen verknöchern. Die Verknöcherung erfolgt durch die Einlagerung von überwiegend Kalk und Phosphor. Der Abschluß des Größen- bzw. Längenwachstums der Knochen liegt etwa am Ende des vierten bzw. beim Beginn des fünften Lebensjahres. Unterschiede ergeben sich durch die Frühreife oder Spätentwicklung von einzelnen Rassen bzw. auch durch den Einfluß einer Kastration bzw. das Bedecken bei der Stute.
Das Zentrum des Stammskelettes ist die **Wirbelsäule**, die am Hinterhaupt mit dem Atlas und dem Dreher beginnt. Das Pferd hat 7 Halswirbel, 18 Rückenwirbel, 5, eventuell auch 6 Lendenwirbel und ein Kreuzbein, das aus 5 Wirbeln besteht und zu einer Knochenbrücke verwachsen ist. Der Schwanz wird von 15–20 Schwanzwirbeln gebildet. Die 8 wahren Rippen im Vorderteil des Brustkorbes sind am Brustbein fest verwachsen, die 10 falschen Rippen haben nur eine elastische Verbindung zu diesen und sind deshalb neben dem Zwerchfell für die Atmung verantwortlich. Der **Kopf** setzt sich zusammen aus Stirnbein, Nasenbein, Hinterhauptsbein, Jochbein, sowie dem Ober- und Unterkiefer. Zwischen den Schneidezähnen und den vorderen Backenzähnen – Prämolaren – ist der Kiefer zahnlos; dieser Bereich wird zum Einlegen der »Gebisse« benutzt. Der hintere Unterkieferrand, seine Breite und Ausprägung spielen eine besondere Rolle. Wir sprechen von der Ganasche.
Die **Vordergliedmaßen** haben keine feste Verbindung zum Stammskelett. Sie sind nur mit Muskeln und Bändern mit diesem verbunden. Kontaktpunkt ist das Schulterblatt, das eine dreieckige Form besitzt und in dessen Mitte die sogenannte Schulterblattgräte verläuft. Der Oberarm schließt im Buggelenk an, es folgen Ellbogen, Unterarm, Karpalgelenk, Vorderröhre, Fesselgelenk, Fesselbein, Krongelenk,

1 Wirbelsäule
2 Unterkiefer
3 Oberkiefer
4 Schulterblatt
5 Oberarmbein
6 Ellbogengelenk
7 Unterarmbein
8 Vorderfuß-
wurzelgelenk
9 Fesselgelenk
10 Krongelenk
11 Griffelbein
12 Hufgelenk
13 Darmbein
14 Hüftgelenk
15 Sitzbein
16 Oberschenkelbein
17 Kniescheibe
18 Kniegelenk
19 Unterschenkelbein
20 Sprunggelenk
21 Fersenbein

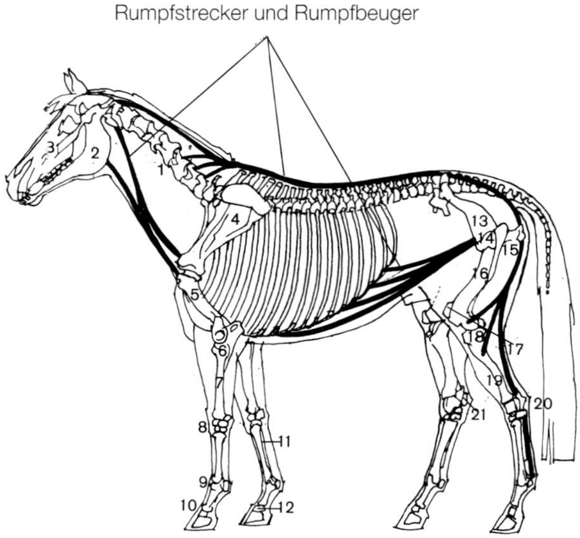

Das Skelett

1 Schopf
2 Genick
3 Nasenrücken
4 Ganaschen
5 Kehlgang
6 Bugspitze
7 Oberarm
8 Unterarm
9 Ellbogenhöcker
10 Fesselkopf
11 Fessel
12 Köten
13 Schlauch
(bei Hengsten,
Wallachen)
14 Kastanie
15 Knie
16 Sprunggelenk
17 Hüfte
18 Oberschenkel
19 Lende
20 Schweif
21 Kruppe
22 Sattellage
23 Widerrist
24 Mähnenkamm
25 Röhren

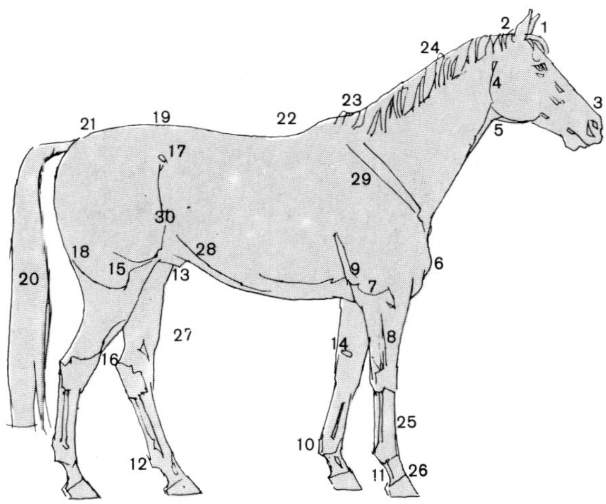

Die Körperteile

26 Hufkrone
27 Hanken
28 Dampfrinne
29 Schulter
30 Flanke

Kronbein, Hufgelenk und Hufbein. Unterhalb des Hufgelenkes sitzt das Strahlbein, welches zur Hufrolle gehört.
Die **Hintergliedmaßen** sind über das Hüftgelenk mit dem Becken, das ringförmig und im Kreuzbein mit dem Hauptskelett verwachsen ist, verbunden. Das Becken setzt sich aus je zwei Sitzbeinhöckern, Darm- oder Hüftbeinen und Schambeinen zusammen. Das Hüftgelenk ist ein Kugelgelenk mit besonders hoher Tragfähigkeit. Der hier beginnende Oberschenkel endet im Kniegelenk, es folgen Unterschenkel (Schien- und Wadenbein) sowie das Sprunggelenk mit 6 (Karpalgelenk 7) Knochen, die Hinterschiene oder Hinterröhre, die sich im Fesselgelenk fortsetzt. Die weitere Folge ist wie bei den Vordergliedmaßen.

Zähne und Zahnkunde

Bereits Aristoteles, Plinius und Xenophon haben sich mit der Zahnkunde auseinandergesetzt. Bei ihnen galten Pferde, die keine Kunden in den Reibeflächen mehr hatten, als alte Pferde, die man für den Reitzweck nicht mehr einsetzen sollte.
Bleibendes Gebiß: Nach den Erkenntnissen der heutigen Zahnkunde kann das Zahnalter bis zum 12. bzw. 14. Jahr ziemlich exakt bestimmt werden. Der Pferdekenner sagt dennoch nicht, »ein Pferd ist so alt«, sondern ein Pferd »zeigt aufgrund des Zahnalters folgendes Alter«. Abweichungen ergeben sich aufgrund harten Zahnschmelzes – nicht selten bei Schimmeln – oder sie hängen von der Futtergrundlage ab (Weide mit sandigem Boden, hartes Futter, weiches Krippenfutter usw.).
Die **Fohlenzähne – Milchzähne –** sind etwa in folgenden Altersabschnitten vorhanden, wobei jedoch bei den Tagen und Wochen mit einer Streuung zu rechnen ist:
- Zangen mit 6 Tagen
- Mittelzähne mit 6 Wochen
- Eckzähne mit 6 Monaten

Im Gebiß des erwachsenen Pferdes finden wir 40 Zähne beim Hengst und 36 Zähne insgesamt bei der Stute:
- 12 Schneidezähne
- 4 Hakenzähne
- 12 Prämolaren
- 12 Molaren

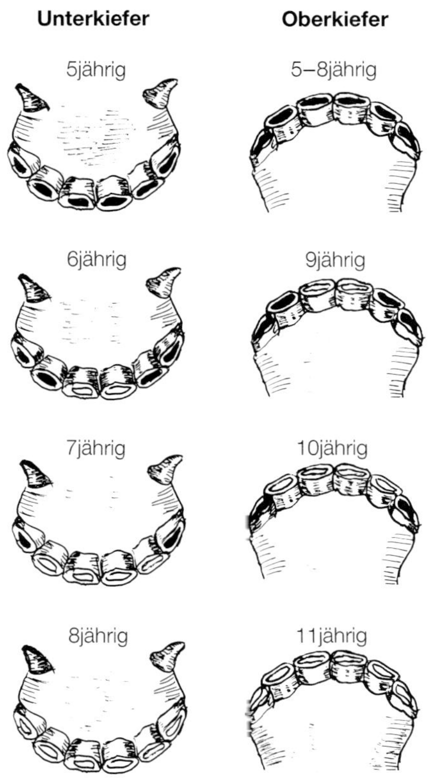

Die in den Zähnen der Unterkiefer ca. 7 mm, der Oberkiefer ca. 14 mm tiefen Kundenmulden (= schwarz) werden nacheinander ausgeschliffen. Sie bilden eine Grundlage beim bleibenden Gebiß für die Altersbestimmung.

Einen groben Anhalt für die Altersbestimmung bildet bei Pferden mit bleibendem Gebiß auch der Bißwinkel (Seitenansicht). Die Galvayne'sche Linie kommt mit ca. 10 Jahren an den oberen Eckzähnen aus dem Oberkiefer zum Vorschein und wächst pro Jahr etwa 2 mm herunter.

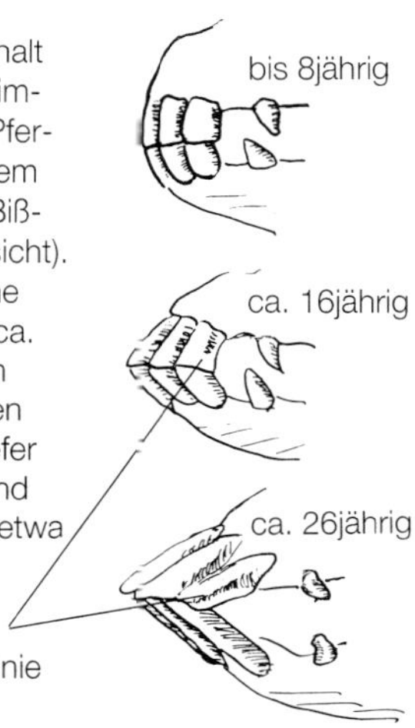

Ausnahmsweise können auch bei Stuten die 4 Hakenzähne – Hengstzähne – vorhanden sein. Meist sind sie bei etwas derben, männlich wirkenden Stuten entwickelt. Für die Altersbestimmung werden die Schneidezähne des Ober- und des Unterkiefers herangezogen. **Der Zahnwechsel** erfolgt oben und unten etwa gleichzeitig, wobei mit 2½ Jahren die Zangen, mit 3½ Jahren die Mittelzähne und mit 4½ Jahren die Eckzähne gewechselt werden. Gewechselt sind somit:

- mit 3 Jahren die Zangen,
- mit 4 Jahren die Zangen und Mittelzähne,
- mit 5 Jahren das gesamte Schneidegebiß bestehend aus Zangen, Mittelzähnen und Eckzähnen.

Im weiteren Verlauf verschwinden die sogenannten **Kunden**, bohnenförmige Vertiefungen, die in der Zahnreibefläche vorhanden sind und die durch die Abnutzung immer seichter werden und schließlich ganz verschwinden.
Die Kunden im Unterkiefer sind verschwunden

- mit 6 Jahren bei den Zangen,
- mit 7 Jahren bei den Mittelzähnen,
- mit 8 Jahren bei den Eckzähnen.

Im Oberkiefer

- mit 9 Jahren bei den Zangen,
- mit 10 Jahren bei den Mittelzähnen,
- mit 11 Jahren bei den Eckzähnen.

Beim 11- bis 12jährigen Pferd dürfen in den gesamten Schneidezähnen von Ober- und Unterkiefer keine Kunden mehr vorhanden sein. Die Zangen, die wie alle übrigen Schneidezähne beim jungen Pferd queroval in der Oberfläche sind, bilden beim 18- bis 24jährigen Pferd eine dreieckige Oberfläche, die bei Pferden über 24 Jahren in einen längsovalen Querschnitt übergeht.
Mit 9 bzw. mit 15 Jahren zeigt sich am Eckzahn der Oberkiefer jeweils ein Einbiß. Auch der Bißwinkel gilt als grober Anhaltspunkt. Von der Seite gesehen stehen beim jungen Pferd bis etwa 8 Jahre die Schneidezähne senkrecht aufeinander, beim 14- bis 18jährigen bilden sie allmählich einen stumpfen Winkel, der beim 25- bis 30jährigen Pferd in einen spitzen Winkel übergeht. Die Galvayne'sche Furche am Eckzahn der Oberkiefer taucht mit ca. 10 Jahren aus dem Zahnfleisch auf, wächst jährlich um 2 mm und hat mit 20 Jahren den unteren Rand des Zahnes erreicht.

Haut, Muskeln, Sehnen, Bänder

Die Haut ist die Schutzhülle des gesamten Körpers. Sie verhindert die Verdunstung und damit ein Austrocknen der Körperzellen. Eine gewisse Verdunstung tritt über die Schweißdrüsen auf, wenn Verdunstungskälte für den Temperaturausgleich erforderlich wird. Neben den Haarwurzeln, aus denen die Körperhaare herauskommen, sind Talg- und Schweißdrüsen sowie Blutgefäße in der Haut eingelagert. Haut und Haare bilden auch Schutz gegen Wärmeverluste. Ein wesentlicher Teil des Wärmeschutzes besteht darin, daß die Gliedmaßen eine bedeutend niedrigere Temperatur als der Kern des Körpers besitzen. Wegen des geringen Querschnittes würde sonst an den Gliedmaßen ein radikaler Temperaturverlust im Winter erfolgen. Das Haarkleid besteht aus Unterhaar bzw. Unterwolle und Grannen. Dazu kommt das Langhaar. Die Haarfarbe wird von nur einem Pigment bestimmt. Die Dichte der Ansammlung im einzelnen Haar verändert die Lichtbrechung, so daß vom pigmentfreien Albino bis zum Rappen nur die Pigmentkonzentration entscheidet. Eine besondere Erscheinung auf der Haut sind der Sporn auf der Hinterseite des Fesselgelenkes und die Kastanie auf den Innenseiten der Gliedmaßen oberhalb der Karpal- bzw. Sprunggelenke. Sporn und Kastanie sind rudimentäre Reste aus der frühgeschichtlichen Entwicklung. Die »Arbeit« am Pferdekörper, besonders im Rückenbereich, an Schulter und Kruppe, wird von Muskeln erledigt, die mit Bändern und Sehnenfasern am Skelett befestigt sind. Bei den Muskeln teilen wir in zwei Hauptgruppen: Bei den längsgestreiften Muskelgruppen handelt es sich um die unwillkürlich gesteuerten, bei den quergestreiften Muskeln um die willkürlich bewegten Muskelpartien.

Der Huf

Der Huf ist ein Hornschutz an den Gliedmaßen. Die Hauptbestandteile des Hufes sind:

- Saumband mit Hufsaum,
- die Hufkrone,
- die Zehenwand,

Muskulatur und Gliedmaßen

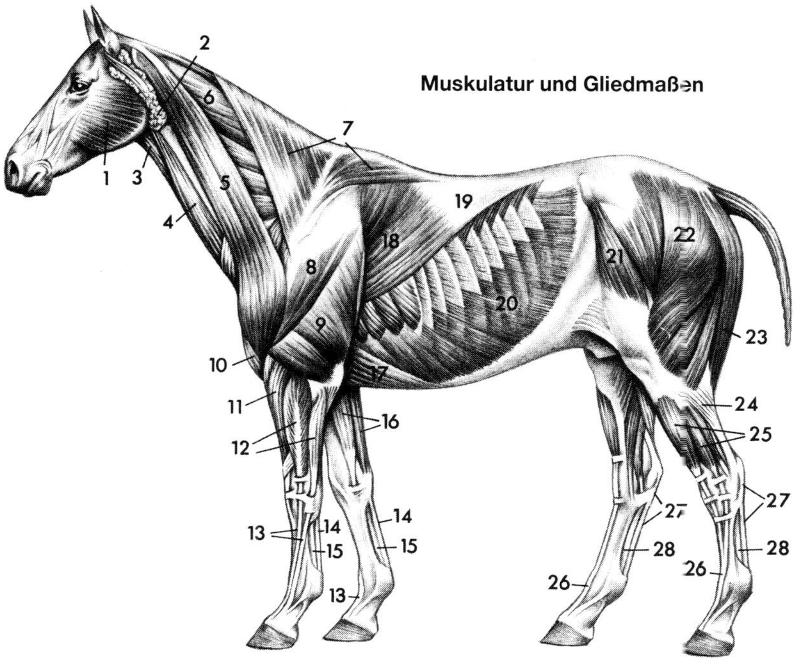

1 Kaumuskel 2 Ohrspeicheldrüse 3 Brust-Zungenbeinmuskel 4 Brust-Kiefermuskel 5 Oberarm-Kopfmuskel 6 Milzförmiger Muskel 7 Kappenmuskel 8 Grätenmuskel 9 Strecker des Vorarmes 10 Oberflächlicher Brustmuskel 11 Strecker des Vordermittelfußes 12 Zehenstrecker 13 Sehnen der Zehenstrecker 14 Oberflächliche Beugesehne 15 Tiefe Beugesehne 16 Beuger der Vorderfußwurzel 17 Tiefer Brustmuskel 18 Breiter Rückenmuskel 19 Rückenlendenbinde 20 Großer schiefer Bauchmuskel 21 Kruppenmuskel 22 Auswärtszieher des Hinterschenkels 23 Einwärtszieher 24 Achillessehne 25 Zehenstrecker 26 Sehnen der Zehenstrecker 27 Oberflächliche Beugesehne 28 Tiefe Beugesehne

- die Seitenwände bzw. Trachten,
- der Ballen,
- die Eckstreben,
- die Hufsohle und
- der Strahl mit Strahlfurchen.

Die Innenseite des Hufes wird von ca. 600 verhornten Plättchen, sogenannten Lamellen, gebildet, in die das Hufskelett frei aufgehängt ist. Das ergibt eine hervorragende Stoßdämpfung, wie sie beim Zehenspitzengänger nicht besser sein könnte. Diese Aufhängung, kombiniert mit der bei jedem Tritt spreizenden Bewegung der Huftrachten, ergibt den sogenannten Hufmechanismus. Er muß in jedem Fall erhalten bleiben, auch beim beschlagenen Pferd, sonst treten Lahmheiten auf. Der intakte Hufmechanismus ist am abgenommenen Hufeisen erkennbar, nämlich an den ausgescheuerten Rinnen auf beiden Eisenschenkeln.

Hufwachstum. Aus dem Saum wachsen monatlich ca. 9–11 mm Hufhorn. Das ergibt pro Jahr etwa die Länge des gesamten Hufes, der nachwachsen muß. Das Hufhorn selbst soll hart, aber elastisch sein und wird hauptsächlich aus drei Schichten gebildet. Auf der Außenseite liegt eine sehr dünne Glasurschicht; ihr folgt eine dicke Hornwand; und auf der Innenseite befindet sich die Verbindungsschicht, die sich aus den Plättchen und der Lederhaut zusammensetzt. Die Form von Vorder- und Hinterhuf ist unterschiedlich. Ist der Vorderhuf meist rund und hat in seiner Zehenwand einen Winkel von 45–50 °, so ist die Sohlenform des Hinterhufes eher herzförmig mit einer abgerundeten Spitze.

Die Zehenwand ist hinten etwas steiler, d. h. ihre Neigung zum Boden beträgt ca. 50–55 °. Wichtig ist die gut nach oben gewölbte Sohlenfläche – sie bedingt den Schutz der Sohle vor Erschütterung und Quetschung durch Steine –, aber auch massive Eckstreben und ein trockener, gut ausgebildeter Strahl gehören zu einem gesunden Huf.

Fehler sind:
- zu enger Huf
- zu weiter Huf
- spitzer Huf
- stumpfer Huf
- Bockhuf
- Platthuf
- Vollhuf

Zehenachse: Die Hufmittellinie muß mit dem anschließenden Kron- bzw. Fesselbein eine Gerade ergeben (von vorne wie von der Seite gesehen). Man spricht sonst von der gebrochenen Zehenachse, die zu den schwerwiegenden Stellungsfehlern zählt.

Kreislauf und Atemsystem

Zum Kreislaufsystem gehören das Herz und die Blutgefäße. Motor des Kreislaufsystems ist das Herz, das eine Druck- und Saugwirkung ausübt. Es besteht aus zwei Kammern und zwei Vorhöfen. Diese sind durch Trennwände geteilt und mit Herzklappen verbunden.

Großer Blutkreislauf: Das sauerstoffreiche Blut, das aus der Lunge kommt, wird aus der linken Herzkammer über die Aorta in alle Organe und Teile des Körpers gepumpt. Nach der Sauerstoffabgabe an die einzelnen Verbrennungsstellen nimmt es Kohlendioxid auf, bringt dies über die Venen in den rechten Vorhof und anschließend in die rechte Herzkammer zurück. Aus der rechten Herzkammer, also praktisch nach Beendigung des großen Blutkreislaufs, beginnt **der kleine Blutkreislauf**. Das Blut wird jetzt über die Lungenarterie in die feinen Gefäße der Lungenbläschen gepumpt, um dort von Kohlendioxid befreit und mit neuem Sauerstoff aufgetankt dem Herz wieder zugeführt zu werden (linker Vorhof).

Interessant sind die rassebedingten Unterschiede des Herzes. Das Schrittpferd weist, gemessen am Körpergewicht, das kleinste Herz auf. Das Kaltblüterherz wiegt ca. 0,5%, das des Galoppers ca. 1% des Eigengewichtes.

Die Herztätigkeit, die in Ruhe zwischen 28 und 44 Schlägen liegt, läßt sich bis zu einer Frequenz von über 200–250 Schlägen bei höchster Belastung steigern. Das in den Adern befindliche Blut – bei einem 500-kg-Pferd sind es ca. 40–50 Liter – setzt sich aus dem Blutplasma oder Blutwasser, den roten und weißen Blutkörperchen und den Blutplättchen zusammen. An Blutaufbau, -abbau und -speicherung sind Milz, Leber und Knochenmark beteiligt.

Die Lunge und ihre Funktion ist bereits beim Kreislauf mit dem Gasaustausch erwähnt. Die normale Atemtätigkeit mit acht bis sechzehn Zügen pro Minute wird unter starker sportlicher Belastung auch auf 75–100 Atemzüge in der Minute gesteigert. Die Lunge selbst ist kein aktives Organ; sie wird von den Muskeln, die an der Brust bzw. an den Rippen sitzen, und vom Zwerchfell geatmet.

Gehirn und Nervensystem

Die Steuerung des Organismus erfolgt überwiegend über das Gehirn und das Rückenmark. Reize werden von den Sinnesorganen aufgenommen und Steuerungen und Impulse an die Sehnen, Bänder und alle Körperteile an der Peripherie zurückgeleitet. Das durchschnittliche Hirngewicht bei einem 600-kg-Pferd beträgt ungefähr 700 g (beim Menschen etwa 1250 bis 1500 g). Vom Gehirn aus werden auch die Sinnesorgane Sehvermögen, Gehör, Geschmack, Geruch und Gefühl gesteuert. Das Herz ist autonom.

Der Verdauungsapparat

Der Weg des Freßgutes beginnt im **Maul**. Hier setzt die mechanische Zerkleinerung ein, aber auch die Einspeichelung; teilweise werden Einfachzucker, die sich im Speichel lösen, auf dem osmotischen Wege aufgenommen. Über den **Schlundkopf**, der sich nur zum Magen zu öffnet und bei dem der Speisebrei in das vegetative System eintritt, geht es durch den Schlund mit ringförmigen, kontrahierbaren Muskeln zum Magen. Der nur in eine Richtung zu öffnende Schlundkopf und Mageneingang ist eines der Probleme, weshalb bei Pferden bei einer Überfüllung oder Gärung im Magen die Gefahr zur Kolik so groß ist. Der Magen ist sehr klein. Er faßt bei einem Warmblutpferd von ca. 550 kg nur 12–18 Liter. Er liegt unmittelbar hinter dem Zwerchfell, das den Ober- bzw. Vorderbauch (Lungenflügel) abtrennt, zentral in der Mittelhand mit betonter Neigung nach links. Rechts schließt sich die Leber, links die Milz an. Der Magen ist nieren- bzw. bohnenförmig. Der Schlund mündet in der Mitte der eingebuchteten Seite. Durch die Bewegung des Magens wird alles aus dem Schlund ankommende Futter zuerst zur Benetzung mit Magensaft an die Magenwände gepreßt. Während der Speisebrei den Magen durchwandert, wird zuerst die Stärke-Zucker-Verdauung in Angriff genommen. Nach weiterer Zusetzung von sauren Fermenten, unter anderem Pepsin wie beim Menschen, beginnt die Eiweißspaltung und -verwertung. Die vom Tierarzt mit dem Stethoskop oder selbst mit dem Ohr wahrnehmbaren Geräusche stammen nicht aus dem Magen, sondern vorwiegend aus dem Darm. Die Tätigkeit des Magens – Peristaltik – und die Absonderung von Verdauungssäften sind weitgehend von der Futterbeschaffenheit, -reinheit und dem Freisein von Schad- und Giftstoffen abhängig. Die im Magen eingeleitete Verdauung wird im **Dünndarm**, der mit dem Zwölf-Finger-Darm beginnt, fortgesetzt. Der Dünndarm selbst ist rund 20 m lang und bedeutend, weil die Entnahme der wesentlichen Aminosäure und Proteine sowie die Beifügung von notwendigen Verdauungssäften in diesem Bereich erfolgt. Die Fermente der **Bauchspeicheldrüse** (Pankreassaft und Insulin), die gleichmäßig über den ganzen Tag abgesondert und in den beginnenden Dünndarm eingespeist werden, besorgen die Überleitung des Zuckers und der Kohlenhydrate in eine aufnehmbare Form. Übrigens, die Menge der von der Bauchspeicheldrüse abgesonderten Flüssigkeit macht täglich ca. 5% des Körpergewichtes aus. Ebenfalls in den Dünndarm mündet der von der **Leber** kontinuierlich produzierte und abgegebene **Gallensaft** ein. Er verseift die Rohfette, die in die Bestandteile Fettsäuren und Glyzerin zerlegt werden. Eine Speicherung des Gallensaftes ist beim Pferd nicht möglich, da die Gallenblase selbst fehlt. Größere Mengen an pflanzlichen oder tierischen Fetten werden deshalb auch in der Nahrung abgelehnt. Der Abbau der strukturierten Rohfaser kann erst in der nächsten Stufe erfolgen, im **Blinddarm** und **großen Grimmdarm**. Beide zusammen ergeben den Dickdarm. Bei anderen pflanzenfressenden Haustieren, wie z. B. dem Rind oder dem Schaf, wird diese Aufgabe im mehrkammerigen Pansen vollzogen. Der Blinddarm hat ein beachtliches Fassungsvermögen, er nimmt die doppelte bis dreifache Menge des Mageninhalts an Verdauungsbrei auf. Das sind ca. 30–60 Liter. Hier sind die Mikroorganismen tätig, die dem Pferd ein Dasein in seiner ursprünglichen Umwelt erst ermöglichen. Diese Darmbakterien nehmen aus der Zellulose Strukturbausteine wie Stickstoff und Kohlenwasserstoff auf und verwandeln sie für ihren eigenen Bedarf in hochwertige Verbindungen, sogenannte Aminosäuren. Im weiteren Verlauf des Verdauungstransportes sterben diese kurzlebigen Mikroben ab. Mit ihrem Körper stehen nun dem »Wirtstier«, in dessen Darm sie leben, die wertvollen Nährstoffverbindungen zur Verfügung. Bis zu einem Viertel – das ist allerdings wissenschaftlich nicht belegbar – des erforderlichen Bedarfes an Stickstoffverbindungen (Eiweiß) werden beim Pferd auf diese Weise aufgebaut. Der **kleine Grimmdarm** und **Mastdarm** bilden die letzte Passage des gesamten Freß- und Verdauungstraktes, den sogenannten Enddarm. Hier erfolgt nochmals ein starker Wasserentzug aus dem inzwischen extrahierten Futterbrei. Die vielfachen Abschnürungen des Darmnetzes in diesem Abschnitt bedingen die Ausformung der Pferdeäpfel. Gut geformte Pferdeäpfel haben etwa einen Wassergehalt von ca. 75% und weisen damit auf eine geregelte Verdauung und Gesundheit hin. Das Futtergut braucht, wenn es den Verdauungstrakt passiert, vom Maul bis zum Enddarm ca. 50 Stunden; vorausgesetzt sind Gesundheit und normale Futterkomponenten, die aus Kraft- und Rauhfutter bestehen.

Geschlechtsorgane und Harnwege

Aufgrund ihrer Anatomie gehören die Geschlechtsorgane und Harnwege zusammen. Die **Niere** dient zur Ausscheidung von Giftstoffen, die der Körper abgebaut oder aufgenommen hat, sowie zur Regulation des Wasserhaushaltes. Entnommen werden diese aus rund 5000 Litern Blut, die täglich durch das Nierengewebe fließen, und aus denen täglich rund 5 Liter Harn ausgeschieden werden. Neben der Niere erfolgt ein Teil des Wasserausstoßes über die Haut in Form von Schweiß und über den Darm in Form des Kotes. Bei der laktierenden Stute wird eine entsprechende Menge an Wasser auch mit der Milch abgesondert. Die Nieren sind paarig angeordnet und geben den ausfiltrierten Harn zur Speicherung an die dehnbare **Harnblase**, die im Becken liegt, weiter. Von dort erfolgt etwa 5- bis 10mal täglich eine Entleerung über die äußeren Geschlechtsorgane.

Die Geschlechts- und Fortpflanzungsorgane

Bei der **Stute** bestehen sie aus zwei Eierstöcken, der Gebärmutter und der Scheide. Das Ei selbst wird in den Eierstöcken entwickelt und reift in den flüssigkeitsgefüllten Follikeln heran, bis diese platzen und das Ei in den Eileiter entlassen. Im Eileiter ist auch der einzige Platz, in dem eine Befruchtung erfolgen kann, wenn während der Passage durch diesen lebensfähige Samenzellen vorhanden sind. Mit dem Abstoßen des Eies vom Eierstock wird dort das sogenannte Gelbkörperhormon entwickelt, das für die weitere Zeit eine Ruhepause für den Eierstock signalisiert und gleichzeitig über Hormonsteuerung das gesamte Verhalten des weiblichen Tieres beeinflußt. Wenn das Ei während der Passage, die rund 24 Stunden dauert, nicht befruchtet wird, so stirbt es ab und die Möglichkeit der Konzeption – Befruchtung – ist für diese Rosse vorbei. Die Einnistung, Zellteilung und das Wachsen der Leibesfrucht erfolgen in der Gebärmutter, dem sogenannten Tragsack der Stute.
Geschlechtsorgane des Hengstes sind die Hoden, die Nebenhoden und die Nebengeschlechtsdrüsen und der Schlauch bzw. Penis. Die Herstellung der Samenzellen – Spermatozoen – erfolgt in den Hoden. Von dort werden sie anschließend in den Nebenhoden bis zum Samenerguß aufbewahrt. Die Samenflüssigkeit kommt dazu aus den Nebengeschlechtsdrüsen. Bei einem gesunden Hengst werden bei einem Deckvorgang ca. 50 ml Ejakulat ausgestoßen, in dem sich rund 7 Milliarden Spermien bewegen. Eine einzige Samenzelle jedoch genügt für die Befruchtung des Eies im Eileiter der Stute. Wie verschwenderisch geht doch hier die Natur zur Selektion innerhalb der Samen vor. Die Samen bleiben in Gebärmutter und Eileiter rund 36–48 Stunden befruchtungsfähig, nachdem sie über den Muttermund hierhergelangt sind.

Pferdekrankheiten

Die Tabelle auf Seite 93ff. über die häufigsten Pferdekrankheiten soll eine Hilfe für ein rasches Erkennen entsprechender Erkrankungen sein und muß vor allem zur raschen Entscheidung beitragen, ob selbst Hand anzulegen ist oder umgehend tierärztliche Hilfe in Anspruch genommen werden muß.
Nachfolgend sind weitere Krankheitsherde aufgeführt oder Komplexe, die von Krankheiten befallen werden können:

Das Fundament

In diesem Bereich geht es in erster Linie um Lahmheiten. Bei der ersten Diagnose wird in Stützbeinlahmheiten – der Schmerz entsteht beim Aufstützen bzw. Auftreten der entsprechenden Gliedmaßen – und Hangbeinlahmheiten – hier wird der Schmerz bei der Bewegung, d. h. bei der Vorführung des Beines im Bewegungsablauf verursacht – unterschieden.

Nageltritt, Steingallen, Vernagelung

Sie entstehen durch äußere Einwirkung, d. h. durch Stich, Nagelverletzung (Schmied) oder Prellung der Sohle beim Aufspringen auf einen spitzen Stein. Daraus entsteht nicht selten ein Hufabszeß. Der aufgestaute Eiter muß nach außen abgeleitet werden, der Schmied oder Tierarzt wird hier eine entsprechende Öffnung ausschneiden. Eine rasche Heilung kann mit einem Leinsamenverband – gekochter Leinsamen – eingeleitet werden. Ein entsprechender

Die häufigsten Pferdekrankheiten zur Schnelldiagnose

Bereich	Erscheinungsbild	Ursache	Behandlung
Kopf, Hals	Nasenausfluß	*Erkältung* und Virusinfektion	Schonung über einige Tage
	eitriger Nasenausfluß, Fieber, Schwellung der Lymphdrüsen im Kopf- und Halsbereich	*Druseinfektion*	Tierarzt: heiße Umschläge, Zugsalben
	Tränenfluß und eitriger Ausfluß aus dem Auge, Verschluß der Augenlider	*Fremdkörper*	Ausschwemmung mit Wasser
		Bindehautentzündung, Verengung oder *Verstopfung des Tränenkanals, Verletzung* und Infektion der Hornhaut bzw. des Augapfels. *Periodische Augenentzündung* (Hauptmangel)	Bei allen krankhaften Veränderungen, die über 1 Tag anhalten: Tierarzt! Bei Verletzungen sofort Tierarzt
Atmungsorgane	pfeifendes, rasselndes Atmungsgeräusch, besonders bei Belastung	*Kehlkopfpfeifen, Röhren* (Verengung im Kehlkopf, die Leistungsabfall verursachen kann)	Hauptmangel, wenn unheilbar und schwerwiegend; Ankaufsuntersuchung durch Tierarzt. Operation
	trockener Husten	*Kehlkopfentzündung* (ohne Beteiligung des gesamten Lungentraktes) durch Staub, Erkältung, Infektion	Tierarzt zur sicheren Diagnose
	Husten, der aus der Tiefe der Lunge kommt, Fieber, Nasenausfluß	*Pferdeinfluenza,* Hoppegartener Husten: Virusinfektion oft mit seuchenartiger Verbreitung	Tierarzt: hustenlindernde Mittel. Bei zu kurzer Schonung chronischer Verlauf, Dämpfigkeit. Vorbeugende Schutzimpfung mit Praevacun o. ä.
	Kurzatmigkeit, Atemnot, Husten, Erschöpfungszustand, heftige Flankenatmung mit Bildung der sog. Dampfrinne	*Dämpfigkeit:* umfaßt alle chronischen, krankhaften Veränderungen im Lungen-Herz-Komplex. Meist geplatzte Lungenbläschen und Vergrößerung der Lunge, was zur Verringerung der Sauerstoffaufnahme führt. Entsteht oft aus verschleppter Influenza über chronische Bronchitis. Ähnliche Krankheitserscheinungen bei chronischem, schwerem Herzklappenfehler	Hauptmangel beim Pferdekauf: tierärztliche Ankaufsuntersuchung! Unheilbar! Bei Lungendampf mit Cortisonpräparaten Linderung erreichbar (Verschleierungsgefahr!)

Bereich	Erscheinungsbild	Ursache	Behandlung
Verdauungsorgane	Bauchschmerzen, Scharren, Schweißausbruch, Unruhe, Schlagen mit den Hinterbeinen nach dem Bauch, Umblicken und Beißen nach dem Bauch, lautes Stöhnen, Niederwerfen und Wälzen	*Kolik:* Verstopfung, Gasbildung, Blähung, Magenüberfüllung, Schleimhautentzündung, Geschwürbildung, starker Wurmbefall, Vergiftung durch Pflanzen oder Chemikalien, Darmverschlingung	Bei leichter Kolik führen, sofort absoluten Futterentzug. *Sofort Tierarzt!*
	breiiger, wäßriger Kot, ständiges Misten	*Durchfall:* bedingt durch rasche Futterumstellung, verdorbene, schimmelige Futtermittel, Weidegang ohne genügende, allmähliche Futterumstellung und Rauhfutterbeigabe	Abstellung des Fütterungsfehlers! Weglassen des verdorbenen Futters! Auf der Weide Heu- oder Strohbeifütterung. Tierkohlepräparate! Bei längerem Anhalten: Tierarzt!
	aufgetriebener Bauch, stumpfes, glanzloses, struppiges Haarkleid, verscheuertes Schweifhaar, eventuell Würmer im Kot sichtbar	*Darmparasitenbefall:* erhöhte Invasionsgefahr auf der Weide, jedoch auch in Laufställen und fremden Boxen und Ställen. Beim Pferd sechs Arten: Spulwürmer, Fadenwürmer (Maden), Pfriemenschwänze, Palisadenwürmer, Magenbremsenlarven, Bandwürmer	Tierarzt! Kotprobenuntersuchung, anschließend individuelle Parasitenbekämpfung, bei Weidetieren zweimal im Jahr
Gliedmaßen, Hufe	Lahmheiten beim Aufsetzen der Gliedmaßen (Stützbeinlahmheit)	*Prellung* im Gelenk, *Zerrung* der Sehnen, *Steingallen, Nageltritt, Vernagelung, Hufabszeß, Entzündung* nach Kronen- oder Ballentritt, *Überbeine* im Entstehen, *Hufrollenentzündung, Spat*	Bei geringgradigen Lahmheiten durch Prellungen und Zerrungen Ruhe! Bei allen anhaltenden, entzündlichen und wiederkehrenden Lahmheiten Tierarzt!
	Lahmheiten beim Vorführen der Gliedmaßen (Hangbeinlahmheit)	*Zerrungen* im Schulter-, Ellbogen-, Hüft-, Knie- und Sprunggelenk	Schwer zu lokalisieren! Tierarzt!
	vollkommene Unbrauchbarkeit eines Beines – es wird nicht mehr auf dem Boden aufgesetzt!	*Knochenbruch, Knochenriß*	Tierarzt: Verschraubung (Osteosynthese)! Nottötung!
	Anlaufen der Beine	*Stauungen* (Ödeme), entstehen durch Ruhe, Haarwechsel, Kreislauf	Bewegung, Stützbandage mit Wattepolsterung im Ruhezustand
	dicke Anschwellung einer Gliedmaße	*Einschuß* (Phlegmone) nach Infektion einer oft unbedeutend erscheinenden Wunde	Tierarzt

Bereich	Erscheinungsbild	Ursache	Behandlung
Hauterkrankungen	Haarausfall, Pickel, Abszesse, Entzündungen	*Hautausschläge, Haarwurzelabszesse, Pilzbefall, Räude*	Tierarzt
Allgemein	Wunden am Kopf, am Körper und an den Gliedmaßen	*Verletzungen, Scheuerungen*	Desinfektion, Puder, Salben. Bei allen größeren Wunden: Tierarzt. Verhinderung von Narbenbildung durch Nähen!
Rücken- und Kruppenmuskulatur	schwankender Gang mit steifer Hinterhand, Schweißausbruch, Zittern am ganzen Körper, dunkler Harn, harte Kruppenmuskulatur	*Kreuzverschlag* = Nierenverschlag; Milchsäureüberschuß bei schlechter Durchblutung des Muskelgewebes besonders nach Stehtagen	Eindecken! Unterstellen! Sofort Tierarzt!
Total	steife Bewegungen, starrer Blick, Lähmung der Freß- und Schluckmuskulatur, »sägebockähnliche Haltung«, vollkommene Steifheit und Verhärtung der Muskeln	*Wundstarrkrampf* (Tetanusinfektion): Bakterien sind im Boden, bes. auf Pferdeweiden und im Mist und treten durch oft kleinste Verletzungen in den Körper ein	Vorbeugung: Schutzimpfung unbedingt zu empfehlen! Sofort Tierarzt! Oft tödlich!
	gestörtes Allgemeinbefinden, Müdigkeit, taumelnder Gang, Futteraufnahme wird verweigert, einseitige Muskelverkrampfung, Pferd dreht sich gekrümmt im Kreis und bricht zusammen	*Ansteckende Gehirn-Rückenmark-Entzündung* – »Bornasche Krankheit« – Virusinfektion, anmeldepflichtige Pferdeseuche!	Schutzimpfung! Sofort Tierarzt! Meist tödlicher Verlauf!

Hufverband mit Leder- oder Gummiüberschuh bzw. mit einem leicht selbst anzulegenden Hufverband aus Sackleinen dient zum Schutz des verletzten Hufes.

Kronen- und Ballentritte

Sie entstehen, wenn sich Pferde bei unkorrektem Bewegungsablauf selbst treten, im Tempo überzogen werden oder beim Transportieren bzw. Verladen das Gleichgewicht verlieren. Bei leichteren Verletzungen desinfizieren und mit Heilsalbe, Verbandsspray oder Aluspray verschließen.

Windriß, Hornspalten

Während der Windriß nur eine oberflächliche Fissur in der Hornschicht darstellt, die von selbst wieder verschwindet – Huffett, Holzteer–, so handelt es sich bei Hornspalten um tiefgehende Risse im Aufbau des Hufhornes. Um ein Weiterreißen zu verhindern, wird der Schmied einen entsprechenden Querschnitt am Beginn der Hornspalte schneiden. Ein guter Beschlag mit eventuell zusätzlichen Aufzügen sorgt für Festigung.

Lose Wand oder hohle Wand

Dabei hat sich die oberste Hornschicht abgelöst, Nageln ist zwecklos, der Schmied wird das abgelöste Horn vorsichtig entfernen. Es gilt zu warten, bis die Hufwand von oben wieder nachgewachsen ist. Auf rauhem Geläuf ist entsprechende Schonung zu beachten.

Strahlfäule, Hufkrebs

Strahlfäule ist immer ein Zeichen der Vernachlässigung bei der Hufpflege und weist gleichzeitig auf zu nasse und ungeeignete Einstreu in der Boxe bzw. im Laufstall hin. Nicht selten ist die Folge von vernachlässigten Hufen mit chronischer Strahlfäule ein entstehender Hufkrebs. Vor der Behandlung sind die Ursachen zu beseitigen. Ordnungsgemäße Hufpflege, vor allem Reinigen der Strahlfurchen, Ausschneiden bis zum gesunden Hufhorn, eventuell Einlage von schwefelhaltigen Salben, Austrocknen mit Superoxid, Behandlung mit Holzteer bei leichterem Befall. In fortgeschrittenem Zustand können nur der Hufschmied und Tierarzt helfen.

Hufrehe, Rehe

Der Tierarzt nennt sie »diffuse Huflederhautentzündung«. Sie kann mehrere Ursachen haben. Man spricht von Belastungsrehe – Überforderung auf zu hartem Boden, ungeeigneter Hufbeschlag –, einer Fütterungsrehe, wenn bei Überfütterung Giftstoffe entstehen, bzw. von der Geburtsrehe, wenn nach der Geburt die Nachgeburt nicht rechtzeitig oder nicht vollkommen abgegangen ist. Auch hier sind giftige Stoffwechselprodukte die Ursache für die Erkrankung. Der Tierarzt faßt beide letzteren Ursachen zur sogenannten »toxischen Rehe« zusammen. Zur Erkennung einer Hufrehe ist der Bewegungsablauf exakt zu beobachten: Pferde mit Reheerkrankung versuchen beim Traben auf der Ferse zu landen, um den Schmerz zu verringern. Im fortgeschrittenen Stadium werden die Hinterbeine stark unter den Körper gesetzt, um die Vordergliedmaßen bzw. die Zehen und Sohlen zu entlasten. Nach Abheilung bzw. nach Abschluß eines Reheschubes bilden sich deutlich erkennbare Hufringe in dem sonst glatt nachwachsenden Hufhorn.

Hufrollenentzündung

Man kann sie als Degenerationskrankheit bezeichnen. Die Anlage dazu wird unter Umständen im Erbgut weitergegeben. Durch Röntgendiagnose kann man die Anlage eventuell bei jungen Pferden entdecken. Eine zusätzliche Ursache ist eine nur kurze tägliche Nutzung – eine Stunde Reiten – im Vergleich zu den 23 Stunden, die das Pferd ansonsten im Stall steht. Erosionen im Knochenbereich, arthrotische Veränderungen und Schäden am Sehnenapparat um das Strahlbein verursachen Entzündungen, die Schmerzen und Lahmheit bringen. Gefährdet sind vor allem Pferde mit engem Huf – Durchblutung – und mit abnorm verändertem Winkel von Huf-, Kron- und Fesselgelenk. Die Krankheit ist nur allmählich zu erkennen. Häufig wird sie dadurch verschleiert, daß das Pferd an beiden Vorderbeinen eine Entzündung hat und dadurch zwar vorsichtig tritt, aber nicht einseitig lahmt. Eine Heilung für die Hufrollenentzündung gibt es nicht. Man kann lediglich den Schmerz durch den sogenannten Nervenschnitt beseitigen, d. h. für eine nichtvorhersagbare Zeit, meist 1–2 Jahre, das Pferd wieder »vorübergehend« dienstbrauchbar machen.

Spat

Bei Pferden besonders mit steilen Gelenken im Hindergliedmaßenbereich entstehen durch die ständigen Stöße Knochenauftreibungen im Bereich der kleinen Tarsalgelenke (Sprunggelenk). Überbelastung und falscher Hufbeschlag, aber auch Drehbewegung und fehlerhafte Stellung begünstigen diese Veränderung. Häufig davon befallen werden Traberpferde durch ihre Arbeit auf der harten Bahn. Diese Knochenauftreibungen fühlen sich an der sogenannten »Spatleiste« hart und kantig an. Sie verursachen beim Bewegen der Gliedmaßen Entzündungen im gesamten Gelenksbereich. Zur Diagnose gehört die Beugeprobe und das anschließend sofortige scharfe Anmustern: Eine starke Lahmheit zeigt sich! Zur Behandlung wurden spatbefallene Pferde gebrannt, d. h. der Tierarzt hat im betroffenen Gelenksbereich Punkt- oder Strichfeuer angewendet. Durch eine verstärkte Durchblutung versuchte man, einen Heilerfolg zu erzielen. Spatoperationen, d. h. operative Entfernung der Spatauftreibungen, werden jetzt fast ausschließlich durchgeführt. Die Heilungsvoraussage ist nicht sicher.

Piephacke

Sie wird durch eine Schleimbeutelentzündung auf der Hinterseite des Sprunggelenkes verur-

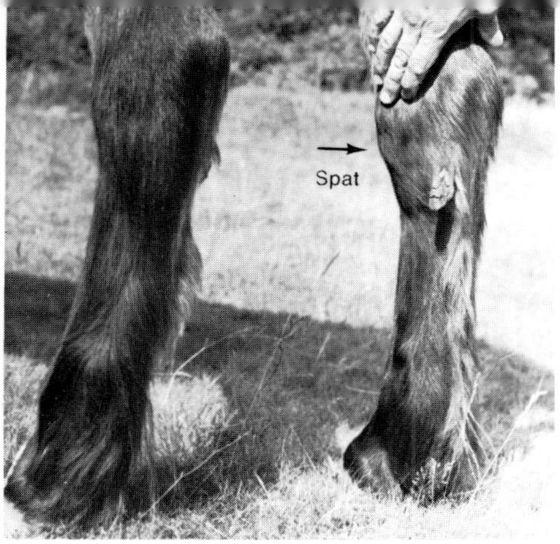

1

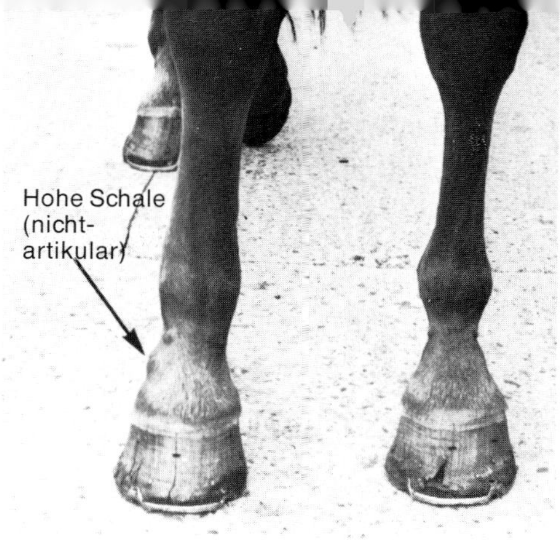

2

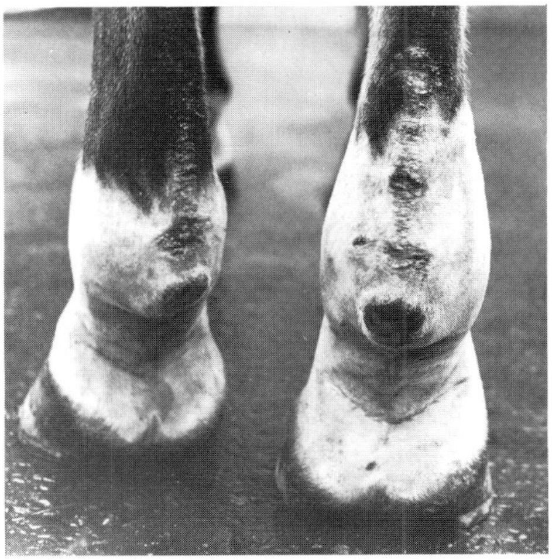

3

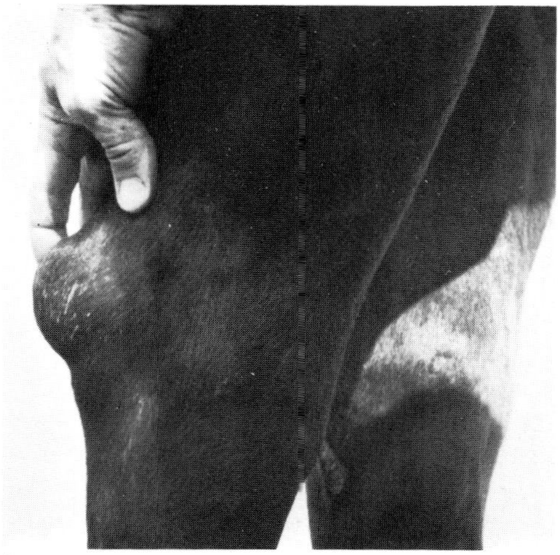

4

sacht und entsteht durch Quetschung oder Schlag gegen eine Wand. Die Piephacke ist ein Schönheitsfehler, der den Bewegungsablauf nicht behindert.

Stollbeule

Sie liegt am Ellbogenhöcker und entsteht durch eine Quetschung des dortigen Schleimbeutels. Grund: zu lange Hufeisen oder auch in den Eisen befindliche Stollen. Behandlung mit durchblutungsfördernden Salben, bei chronischem Auftreten durch Operation.

Hasenhacke

Das Gegenteil zur Piephacke ist die Hasenhacke oder »verletzte Linie«. Sie führt zur Lahmheit. Hier ist die Auftreibung bzw. Veränderung deutlich unterhalb des Sprunggelenkes auf der Rückseite der Hintergliedmaßen. Eine Entzündung der Knochenhaut verursachte in deren Folge Auftreibungen. Der Bewegungsablauf wird durch die darübergleitenden Sehnen, die Schmerzen hervorrufen, behindert.

1 **Spat:** Eine Knochenauftreibung am Sprunggelenk führt zur Lahmheit im Gelenk- und Sehnenbereich.
2 **Schale:** Auftreibungen drücken im Bereich des Krongelenkes und des oberen Hufrandes.
3 **Mauke:** Entzündung durch unsaubere Haltung, Pflege.
4 **Piephacke:** Gelenkshaube durch mechanische Einwirkung auf das Sprunggelenk (ohne Einfluß auf Bewegung).

Hahnentritt

Meist wird ein Hinterfuß durch einen Nervenreiz zuckend bewegt. Besonders in der Schrittbewegung ist dies erkennbar. Es ist nicht immer feststellbar, ob diese eigenartige Bewegung Schmerz verursacht oder unbewußt erfolgt. Eine Leistungsbeeinflussung muß nicht unbedingt gegeben sein.

Mauke, Raspe

Meist ein Zeichen ungenügender Pflege; bei verschmutzten und nassen Gliedmaßen schorfige und eitrige Entzündung in der Fesselbeuge. Man bezeichnet diese Erscheinung, die mit Reinlichkeit, trockener Aufstallung und antibiotischer Salbe leicht abzuheilen ist, als Mauke. Tritt die gleiche Entzündung in der Sprunggelenksbeuge auf, spricht man von Raspe.

Kugelschnapper, Verrenkung der Kniescheibe

Wie die Bezeichnung schon sagt, ist eine schnappende Bewegung im Knie- bzw. Hüftgelenk sichtbar. Die Erkrankung kann akut oder chronisch sein. Wenn sie nicht rasch von selbst abklingt, ist zu ihrer Diagnose und Heilung unbedingt der Tierarzt erforderlich.

Knochenbrüche

Knochenbrüche können im gesamten Gliedmaßenbereich vorkommen. Neben Schienbein-, Wadenbein-, Röhrbein- und Fesselbeinbrüchen u. a. sind oft die kleineren Knochen wie Gleichbein, Griffelbein, Erbsenbein davon betroffen. Bei fast allen Frakturen tritt das Pferd nicht auf die betroffene Gliedmaße auf. Die Heilungsaussichten sind unterschiedlich. Mit neuen Behandlungsmethoden aus dem Bereich der Osteosynthese, der Zusammenschraubung und Fixierung der Bruchteile, ist eine Heilung jedoch nicht aussichtslos. Die Behandlung kann selbstverständlich nur der Tierarzt bzw. die Klinik durchführen. Die zur Fixierung eingebrachten Schrauben verbleiben im Regelfalle im Pferdekörper.

Sehnenentzündungen

Der komplizierte Sehnenapparat, vor allem der Beugesehnen auf der Rückseite der Vorderbeine, ist häufig Entzündungen oder Zerreißungen ausgesetzt. Von der leichten Verdickung bis zum Niederbruch der Vordergliedmaßen – Fesselkopf auf dem Boden – ist eine große Variationsbreite gegeben. Die Verdickung, besonders der oberflächlichen Beugesehne, läuft im Fachjargon unter verschiedenen Bezeichnungen: z. B. Sehnenbogen, Wade, Banane. Neben der oberflächlichen und tiefen Beugesehne ist sehr häufig auch der Fesselträger von diesen Erkrankungen betroffen. Solange die Entzündung warm und schmerzhaft ist, wird bei der Behandlung gekühlt. Wenn die Temperatur im Entzündungsbereich abgeklungen ist, wird man bei anhaltender Lahmheit mit wärmenden Salben versuchen, die Durchblutung zu erhöhen. Der gesamte Krankheitsverlauf gehört vom Tierarzt überwacht. Er wird mit Blistern – einer »heißen« Einreibung – versuchen, den Heilungsfortgang zu beschleunigen. Zeit für das Abheilen ist immer notwendig!
Es ist zweckmäßig, ein an Sehnenentzündung erkranktes Pferd wenigstens 3–6 Monate aus dem Sport zu nehmen und vollkommen ausheilen zu lassen. (Nach sechs Wochen Ruhe Weidegang.)

Gallen

»Wer da scheuet Spat und Gall', hat nie ein gutes Pferd im Stall.« Wenn der Spat eine ernsthafte Angelegenheit ist, so sind Gallen, solange sie weich bleiben und den Bewegungsablauf nicht behindern, lediglich ein Schönheitsfehler. Gallen treten sowohl im Gelenk wie in den Sehnenscheiden auf. Bei einer Gelenksgalle, die im Sprunggelenk sowohl außen wie innen tastbar ist, spricht man von der sogenannten Kreuzgalle. Auch sie ist ohne besondere Bedeutung. Sehnenscheidengallen treten oberhalb der Fesselköpfe auf, bei Dressurpferden an den Hinterbeinen, bei Springpferden nicht selten an den Vorderbeinen zusätzlich. Kühlung tut in jedem Fall gut. Bewegung und Bandagieren hilft häufig, wenn Gallen bei jungen Pferden entstehen. Punktieren oder schärfere Einreibungen sind in keinem Fall zweckmäßig und erfolgbringend.

Phlegmone

Während es sich bei den übrigen Erkrankungen meist um Verletzungen oder Überlastungserscheinungen handelt, ist die Phlegmone, auch Einschuß genannt, eine Anschwellung des gesamten Haut- und Bindegewebes, die durch Infektion einer Wunde entstanden ist. Die dick geschwollene Gliedmaße muß nicht nur örtlich behandelt werden, mit einem Antibiotikum wird die Infektion bekämpft.

Infektionskrankheiten und ihre Folgen

Husten

Das Geräusch des hustenden Pferdes erschreckt jeden Pferdebesitzer. Egal, ob im Stall oder bei der Arbeit, es sollte uns immer veranlassen, aufzupassen und der Ursache nachzugehen. Es kann sein, daß ein Pferd beim Fressen etwas in die »falsche Kehle« bekommt oder beim Beginn der Arbeit angestautes Sekret in den Luftwegen durch Husten ausstößt, ohne daß ein echter Grund für Besorgnis besteht. Aber oft sind es die Anzeichen eines beginnenden Hustens. Gerade bei Pferden, die häufig unterwegs sind auf Fremdplätzen oder in Turnierunterkünften, ist die Gefahr einer Infektion besonders groß und trotz aller Impfvorsorge schwer in den Griff zu bekommen.

Hoppegartener Husten oder Pferdeinfluenza, so bezeichnet ihn der Tierarzt. Ursache dafür ist ein Virus, der die Schleimhaut der gesamten Luftwege entzündet. Die Pferde zeigen dabei einen klaren bis trüben Nasenausfluß und haben meist hohes Fieber zwischen 39 ° und 41 °. Der betroffene Lymphknoten im Kehlgang ist angeschwollen. Nach einer Woche beginnen die Pferde, mit quälendem dumpfen Ton zu husten, und das dauert etwa zwei bis drei Wochen an. Beim ersten Erkennen eines infektiösen Hustens ist die Arbeit vollkommen einzustellen. Frische Luft fördert die Heilung. Optimal wären bei schönem und trockenem Wetter Paddocks, in welche die Pferde wenigstens für Stunden verbracht werden sollten. Bei einem gutartigen Verlauf klingt der Husten von selbst nach drei Wochen aus. Eine längere Schonung und Ruhezeit von mindestens ein bis zu vier Wochen sollte unbedingt angehängt werden, um Rückschläge zu verhindern. Schlimmste Folgen wie eine Lungenentzündung – Bronchopneumonie – oder chronische Bronchitis bzw. Dämpfigkeit kann man so vermeiden.

Lungenentzündung

Sie kann besonders bei Fohlen aus dem infektiösen Husten resultieren. Nicht selten hat sie aber auch andere Ursachen. Sie ist wie beim Menschen sehr gefährlich und kann mit dem Tode enden. Eine Heilung ist heute mit – relativ hohen Gaben – Antibiotika möglich.

Chronische Bronchitis

Sie ist die häufigste Folge, wenn Pferde bei Husten nicht rechtzeitig oder nicht lange genug geschont wurden. Meist fangen die Pferde nach dem ersten Abklingen des Hustens, wenn sie zu rasch wieder in den Dienst genommen werden, erneut damit an und das sowohl bei Belastung als auch bei anderen Ursachen, wie z. B. Heustaub oder wenn sie plötzlich in kalte oder feuchte Luft gelangen. An Tagen mit heißem Wetter und niederer Luftfeuchtigkeit denkt man häufig, zu einem Abklingen der Krankheit gekommen zu sein. Im nächsten Herbst oder Winter flackert das Ganze erneut wieder auf. Unbrauchbarkeit für den Leistungssport, Leistungsminderung und nach langem, schleppendem Verlauf oft absolute Reitunbrauchbarkeit sind die Folge.

Dämpfigkeit

Auch die Dämpfigkeit oder der »Dampf« beim Pferd resultiert häufig aus einer verschleppten Bronchitis, die mit einem Husten begann. Sie faßt als Sammelbegriff alle Erkrankungen im Lungen- und Herzbereich zusammen, die eine starke Beeinflussung der Leistungsfähigkeit bewirken und nicht heilbar sind.
Dämpfigkeit gehört zu den Gewährsmängeln aus der kaiserlichen Verordnung.

Lungendampf, Lungenemphysem. Das Lungenemphysem ist die häufigste Form der

Dämpfigkeit. Die einzelnen Lungenbläschen – Alveolen – platzen dabei und vergrößern die Lunge. Die Elastizität der Lungenflügel geht zurück, ebenso das Fassungsvermögen, obwohl sich die Substanz Lunge dabei ausdehnt. Durch die fehlende Elastizität ist es dem Pferd nicht mehr möglich, beim Luft- bzw. Gasaustausch die Lungenflügel zu entleeren. Sie werden deshalb mit der Bauchatmung stark zusammengepreßt. Hierdurch entsteht hinter den bzw. unterhalb der falschen Rippen die sogenannte Dampfrinne. Lungendampf ist beim Pferd unheilbar. Erkrankte Pferde können allein aus tierschützerischen Gründen nicht mehr zum Reiten verwendet werden. Beim Herzdampf handelt es sich in den meisten Fällen um Ödeme oder Herzmuskelschäden.

Druse

Die Druse ist hochinfektiös und zählt zu den bekannten und gefürchteten Infektionskrankheiten in einem Pferdezuchtstall. Dort befällt sie in erster Linie den Nachwuchs. Entwicklung, Wachstum und weitere Widerstandskraft werden durch eine Druseinfektion bei jungen Pferden beeinträchtigt. Verursacher ist ein Bakterium aus der Streptokokkengruppe. Auch hier zeigt sich zuerst hohes Fieber und in der Folge treten starke Schwellungen im Kehlgang auf. Die immer dicker werdenden Lymphknoten dort brechen in der Regel auf und entleeren riesige Schübe mit Eiter nach außen. Nicht selten wird vom Lymphknoten im Kehlgang eine Infektion in den Luftsack verschleppt, so daß auch dieser noch mit einer eitrigen Infektion befallen wird.

Zur Vermeidung weiterer Infektionen sollten Pferdestall, Transportfahrzeuge, Putzgeräte, Futtereimer, aber auch das Personal einschließlich dessen Kleidung nicht mit gesunden Pferden in Berührung kommen. Die Behandlung der Druse ist absolut Sache des Tierarztes, der meist auch Quarantäne der betroffenen Pferde anordnet. Heiße Umschläge in der Halsgegend und erwärmende Salben bzw. Zugsalben bringen oft guten Erfolg, wenn man die Abszesse zum Reifen und Aufbrechen bringen möchte. Ansonsten muß das Skalpell in Aktion treten. Daß erkrankte Pferde absoluter Ruhe bedürfen, ist selbstverständlich.

Wundstarrkrampf oder Tetanus

Eine Infektionskrankheit mit fast sicherer Todesfolge ist Wundstarrkrampf oder »Tetanus«. Erreger ist der sogenannte Tetanusbazillus, ein Bakterium, das vor allem im Boden, aber auch im Pferdemist vorkommt und dort sehr lange überdauern kann. Es gibt Gegenden, in denen besonders häufig Tetanuserreger vorhanden sind und in denen die Infektionsgefahr entsprechend groß ist. Generell muß gegen diese Krankheit geimpft werden, wenn man vergleicht, wie gering der Aufwand bei der Impfung im Verhältnis zum großen Schaden bei dieser Krankheit ist.

Die ersten Anzeichen für die Tetanusinfektion sind ein besonders steifer Gang und ein Vorfallen der Nickhaut des Auges, wenn das Pferd den Kopf hebt. Anschließend erfaßt eine Lähmung die Kaumuskulatur, allmählich die gesamte Muskulatur des Körpers. Charakteristisch ist auch die sogenannte Sägebockstellung. Der den Körper erfassende Krampf geht so weit, daß die Pferde schließlich zu Boden fallen und sich nicht mehr rühren können.

Borna'sche Krankheit, ansteckende Gehirnrückenmarksentzündung

»Borna« endet ebenfalls meist mit dem Tode und ist gefürchtet. In den letzten Jahren konnte ein starker Rückgang verzeichnet werden. Der Name kommt von Borna, einem Ort in Sachsen, in dem im letzten Jahrhundert diese Seuche besonders stark auftrat und entdeckt wurde. Der Erreger ist ein Virus, der sich in Maul und Nase, aber auch im Harn aufhält. Nach einer langen Inkubationszeit von etwa vier Wochen treten die ersten Anzeichen auf. Sie weisen meist nicht auf eine besondere Krankheit hin, sondern zeigen Störung des Allgemeinbefindens, der Verdauung, Mattheit bei der Arbeit, Freßunlust und Fieber. In der Folge treten Krämpfe auf, die den Kau- und Schluckbereich umfassen und vor allem eine einseitige Lähmung des Halses verursachen. In Ausnahmefällen kommt es zum sogenannten »Drehwurm«, d. h. die Pferde drehen sich ständig in der Boxe im Kreis. Die totale Lähmung setzt nach 8 bis 14 Tagen ein und führt in den meisten Fällen zum Tod. Die früher übliche Schutzimpfung hat sich als nicht sinnvoll und erfolgreich bewiesen.

Tollwut

Die Tollwut ist in erster Linie eine Krankheit der Fleischfresser, besonders der fleischfressenden Wildtiere. Hauptüberträger ist der Fuchs. Die Bekämpfung hat in den letzten Jahren dank verschiedener »Schluckimpfungen« hervorragende Fortschritte gemacht. Die durch ein Virus übertragene Krankheit erfaßt Gehirn und Rükkenmark und verläuft fast ausschließlich tödlich. Die Infektion erfolgt durch den infizierten Speichel über eine Haut- oder Fleischwunde. Die Inkubationszeit hängt davon ab, wie weit entfernt vom Gehirn die Eindringstelle der Viren ist. Gefährdet sind in erster Linie Weidepferde. Die ersten Anzeichen sind starkes Ausfließen von Speichel aus dem Maul. Es folgen Fieber und eigenartiges Verhalten. In Ausnahmefällen tritt auch die rasende Wut auf, d. h. die Pferde werden aggressiv gegen Artgenossen und gegen den Menschen. Gegen diese schreckliche Krankheit ist der beste Schutz wieder eine Impfung, die in stark befallenen Gebieten dringend zu empfehlen ist. Bei der Tollwut, die in der Regel eine lange Inkubationszeit besitzt, ist es auch möglich, nach dem Kontakt mit tollwutkranken Tieren noch einen aktiven Impfschutz aufzubauen. Auf Weiden tot aufgefundene Füchse sind zur Untersuchung einzusenden.

Rotz, Malleus

Der Rotz gehört zu den Gewährsmängeln in der kaiserlichen Verordnung und ist gleichzeitig eine anzeigepflichtige Seuche. Jeder Reitschüler und Reitabzeichenanwärter lernt den Namen der meist für Mensch und Pferd tödlichen Krankheit. Dabei ist sie seit 1917 in Deutschland nicht mehr aufgetreten. Die Infektion führt zu hohem Fieber, blutig-schleimigem Nasenausfluß und nach wenigen Wochen zum Tode. Nicht selten geht die Infektion aber auch in eine chronische Form über, die Knoten und Geschwüre in drei Bereichen hervorruft, nach denen entsprechend in Nasenrotz, Hautrotz und Lungenrotz unterschieden wird. Das letzte Auftreten von Rotzerkrankungen in Europa war im Jahre 1977 in der Türkei.

Fohlenlähme

In jedem Zuchtstall ist die immer wieder auftretende Fohlenlähme gefürchtet. Es handelt sich um Infektionen, die unmittelbar in den ersten Tagen nach der Geburt auftreten, die sogenannte Frühlähme, oder erst im Verlauf der folgenden Tage und Wochen in Form der Spätlähme. Der befallene Bereich sind meist Gelenke und Nieren. Oft fallen dabei starke Durchfälle auf. Erste Anzeichen sind hohes Fieber und Freßunlust. Das wichtigste ist bei dieser Krankheit die Vorbeugung durch Hygiene. Die Abfohlbox gehört vor dem Besatz mit der Stute vor der Geburt peinlichst gereinigt und desinfiziert. Der Tierarzt verwendet in der Therapie Antibiotika und empfiehlt, die Stuten in einem befallenen Stall im fünften und sechsten Monat vorbeugend gegen Fohlenlähme zu impfen.

Afrikanische Pferdepest

Diese Viruskrankheit von Einhufern ist auch unter dem Namen Pferdesterbe oder African Horse Sickness (AHS) bekannt.
Das Krankheitsbild zeigt hohes Fieber, ausgedehnte Blutungen, Ödeme und Blutergüsse. Die früher südlich der Sahara verbreitete Krankheit drängte über Ägypten nach Osten bis Indien und im Nordwesten nach Algerien, Tunesien und Marokko.
1966 erstmals Infektion in Spanien. Die Zebras in Afrika sind selbst immun, treten aber als Überträger auf. Die Inkubationszeit ist kürzer als 30 Tage. Übertragung meist durch stechende Insekten.
Vier Verlaufsformen treten bei der afrikanischen Pferdepest auf:

1. Pulmonale oder pneumonische Form,
2. Cardiale Form,
3. Pulmocardiale Mischform,
4. Horse Sickness Fieber.

Die Diagnose ist immer durch eine serologische Untersuchung zu bestätigen. In der Bundesrepublik Deutschland besteht Einfuhrsperre für Einhufer aus Ländern, in denen Pferdepest herrscht. Die Krankheit ist anzeigepflichtig.

Infektiöse Anämie

(siehe Anämie)

Krankheiten im inneren Bereich

Der Kreuzverschlag, Nierenverschlag oder Schwarze Harnwinde

Es handelt sich um eine Stoffwechselstörung – übersteigerte Milchsäurebildung bei schlechter Durchblutung –. Sie äußert sich in einer teilweisen Lähmung der Rücken- und Kruppenmuskulatur. Früher war der Kreuzverschlag häufig, als Arbeitspferde täglich viele Stunden im Einsatz waren und plötzlich an Feiertagen keine Bewegung erhielten. Man taufte diese Krankheit deshalb auch Feiertagskrankheit. Bei der darauffolgenden ersten Belastung kam es dann zum Zittern, der abgesetzte Harn war dunkel gefärbt bis schwarz. Die Pferde begannen zu schwitzen und heftig zu atmen. Pferde sofort ruhigstellen und eindecken. Die alten erfahrenen Pferdeknechte wußten sich auch mit einem Aderlaß zu helfen. Heute wird man den Tierarzt hinzuziehen. Abschließend ist festzustellen, daß diese Krankheit in erster Linie bei den Kaltblütern und schweren Arbeitspferden vorkam. Warmblüter und Vollblüter sind davon wenig betroffen.

Anämie

Dabei kann es sich sowohl um eine Infektion wie auch um eine Folgekrankheit von anderen schweren Krankheiten handeln. Bei Anämie werden die roten Blutkörperchen weniger und es tritt eine akute Blutarmut ein. Die »ansteckende Anämie« ist meist tödlich. Bei der durch andere Krankheiten verursachten Anämie tritt eine Besserung ein, sobald die primäre Krankheit abgeheilt ist.
Die infektiöse Anämie gehört zu den staatlich bekämpften Tierseuchen. Da sie nahezu ohne äußerlich erkennbare Krankheitserscheinungen abläuft, ist sie klinisch schwer zu diagnostizieren und breitet sich möglicherweise unbemerkt aus. Um diese Gefahr für Vollblutzucht und Rennen zu verringern, muß für alle Vollblutrennpferde, die erstmals in einem Rennstall eingestallt werden, der sogenannte Coggins-Test durchgeführt werden. Nur Pferde, die einen negativen Test aufweisen, dürfen in den Stallungen aller Vollblutzucht- und -sportbetriebe aufgenommen werden. (Vorschriften s. Rennordnung.)

Blutfleckenkrankheit

Sie geht häufig anderen Krankheiten voraus und man nimmt an, daß Stoffwechselprodukte von krankheitserregenden Bakterien die Ursache sind. Ähnlich wie bei allergischen Veränderungen treten Schwellungen im Nüstern- und Maulbereich, an den Beinen und am Bauch auf. Gleichzeitig sind die Schleimhäute stark entzündet und bluten nicht selten. Auch hier kann nur der Tierarzt helfen, wenngleich Verlaufsformen von selbsttätigem Abklingen bis zur Todesfolge bekannt sind. Um die Pferde bei Kraft zu halten, wird man ihnen Nahrung als Trank oder als Mash verabreichen.

Herzklappenfehler, Herzrhythmusstörungen, Herzschwäche

Das Pferd ist, was Herzerkrankungen anbelangt, verhältnismäßig widerstandsfähig. Dennoch kommt es hin und wieder vor, daß Anzeichen auf eine Erkrankung des Herzens schließen lassen. Abgeschlagenheit, Schweißausbruch bei leichten Arbeiten usw. zeigen Erkrankungen in diesem Bereich an. Oft sind es die Folgen von schweren Infektionskrankheiten. Eine sichere Diagnose und Therapie kann nur der Tierarzt aufstellen.

Erkrankungen im Magen- und Darmbereich

Kolik

Diese Krankheitsbezeichnung ist ein Sammelbegriff für alles, was Schmerzen im Bereich des Pferdebauches verursacht. Der Krankheitsherd kann im Magen, im Darm, in der Niere, aber auch im Geschlechtsapparat von Hengst oder Stute zu finden sein. Die häufigsten Koliken haben ihre Ursache jedoch im Magen-Darm-Bereich. Die Anzeichen sind: Unruhe, Schweißausbruch, Treten mit den Hinterbeinen nach dem Leib, Wenden des Kopfes zum Leib. Das Pferd beißt oft in den Bauch oder in die Flanken, starker Schweiß bricht aus, es legt sich oft und steht auf und versucht immer wieder, Kot auszupressen und Harn abzusetzen. Bei schlimmen, akuten Koliken gebärden sich die Pferde

teilweise rasend, werfen sich auf den Boden, schlagen mit den Beinen um sich und stoßen dabei schmerzbedingtes Stöhnen aus. Es gibt kolikgefährdete Pferde, bei denen man weiß, wie man sich verhalten muß. Wichtig: Man muß die Mahlzeiten von drei auf vier, fünf oder sogar sechs kleine Portionen aufteilen, jede Futterumstellung vermeiden und ständige Kontrolle ausüben. Bei Pferden, die sonst nie Koliken bekommen, ist eine plötzliche akute Kolik häufig eine ernste Angelegenheit. Meist wird man versuchen, ein Hinlegen zu vermeiden, das Pferd eindecken und eventuell im Schritt führen; so kann man Gas- oder Futterstau im Darm in Bewegung bringen und das Misten fördern. Ursachen für die Kolik können Krampf sein, eine Lähmung im Darm, eine Verstopfung (verdorbenes oder quellendes Futter), aber auch eine Überlastung des Magens durch zu große Futtermengen (Futterkiste verschließen). Durch das Hinwerfen und Wälzen kann es zu Darmverschlingungen oder Zerreißungen kommen, die, wenn sie nicht rechtzeitig erkannt und operiert werden, in wenigen Stunden zum Tode führen. Bei übermäßigem Wurmbefall zeichnen sich oft kolikartige Anfälle ab.
Vorbeugen gegen all diese Koliken kann man mit der strengen Auswahl von Futter: In keinem Fall dürfen verdorbene, gesäuerte, verschimmelte oder giftige Futtermittel in den Pferdebarren kommen. Bei akuter und starker Kolik ist ein guter Pferdetierarzt immer recht am Platz.

Darmentzündungen und Durchfälle

Wie beim Menschen kann auch beim Pferd ein Darmkatarrh auftreten. Ein extremer Durchfall greift die Schleimhäute an, führt zu wässerigem Kot und schwächt die Pferde sehr stark. Verdorbene Futtermittel sind wiederum häufig die Ursache, auch Übersensibilität besonders bei Turnierpferden fördert eine derartige Darmreaktion. Leinsamentrank ist ein hervorragendes Hausmittel, Tierkohle und durchfallstoppende Mittel sind angebracht. Als Grundfutter eignet sich in dieser Zeit bestens gutabgelagertes Wiesenheu vom ersten Schnitt. Vor Therapie Ursache beseitigen! Achtung: Auch Giftpflanzen, Mäusekadaver oder Katzenkot im Futter können die Ursache sein.

Erkrankungen im Geschlechtsbereich

Verletzungen

Beim Deckbetrieb sind Verletzungen im Bereich der Scheide wie im Penisbereich des Hengstes in erster Linie antibakteriell zu behandeln. Die Gefahr von Infektionen ist hier besonders groß. Rein mechanische Verletzungen heilen im Schleimhautbereich rasch ab.
Gefährlich sind die sogenannten Deckseuchen:

Beschälseuche

Bei den Stuten tritt gelblich-schleimiger eitriger Ausfluß auf. Außerdem sind kleine Knoten und eitrige Geschwüre im äußeren Schambereich zu sehen. Kleine narbenartige Knoten bleiben nach Abheilen zurück. Sofern der Tierarzt nicht rechtzeitig eine Heilung herbeiführt, ist die Gefahr eines frühen Verwerfens in den ersten Monaten groß.

Bläschenausschlag

Man kann bei vielen Stuten, die einmal befallen waren, weiße bzw. pigmentfreie Flecken an der Scham und im Scheidenbereich erkennen. Frühzeitig kann man die Beschälseuchen an einem Scheidenkatarrh feststellen und dieser sollte nicht leichtfertig übergangen werden. Wie bei der Druse erwähnt, gibt es eine sogenannte Deckdruse, die mit schwerem Krankheitsbild verläuft, sehr ansteckend ist und eine massive Entzündung mit eitrigen Abszessen im Scheidenbereich aufweist.

Parasiten

Bei den parasitären Erkrankungen handelt es sich um zwei Arten:
a) die Ektoparasiten, b) die Endoparasiten.

Ektoparasiten

Räude. Befallen werden Körper, Kopf und Schweifbereich oder die Beine. Drei Erreger, sogenannte Räudemilben, sind beim Pferd bekannt. Es handelt sich um mikroskopisch kleine Milben, die sich in die Haut bohren und einen starken Juckreiz verursachen. Blutkrusten, schmierige Eiterbeläge und empfindliche Hautbereiche machen die Pferde sehr unruhig und beeinflussen das Allgemeinbefinden stark. Eine breite Palette von guten und wirksamen Medikamenten lassen die Räude heute erfolgreich bekämpfen.

Läuse, Haarlinge, Zecken. Absolute Stallhygiene ist die beste Vorbeugemaßnahme. Lediglich die Zecken, die auf Weidepferde von Büschen herunterfallen, hat man auch mit gründlicher Hygiene nicht im Griff. Sofern man der letzteren ansichtig wird, muß man sie vorsichtig aus der Haut herausdrehen, so daß der Kopf mitabgelöst wird.

Ekzem. Die Mauke ist das bei Pferden am häufigsten auftretende Ekzem, das seine Ursache in feuchter Einstreu und schlechter Pflege hat. Befallen wird die Fesselbeuge, die nach anfänglicher Entzündung dicke Krusten bildet, die immer wieder aufreißen und schmerzhaft für das Pferd sind. Eine ständige Infektionsgefahr an diesen Stellen ist gegeben. Wichtig ist: das Trockenhalten der Beine, eine saubere und trockene Einstreu, bei Weidepferden Erhalt des Kötenbehangs, an dem Wasser und Schmutz ablaufen kann. Bei langer andauernder chronischer Mauke ist der Einsatz des Tierarztes angesagt, der mit antibiotischen und cortisonhaltigen Salben die Krankheit bekämpft.
Die Raspe. Sie liegt höher als die Mauke und befällt in erster Linie die Sprunggelenkbeuge. Besonders bei Kaltblutpferden (mit lymphatischer Neigung) war sie sehr häufig. Warmblüter und Vollblüter, der in dem Bereich wenig Bindegewebe aufweist, sind selten davon befallen.

Pilzerkrankung. Der Weg von Ekzemen zur Pilzerkrankung ist häufig nicht weit, da Pilze fast allgegenwärtig sind und besonders geschwächte Hautstellen leicht befallen können. Eine der häufigsten Pilzerkrankungen beim Pferd ist die sogenannte Glatzflechte oder die Ringflechte, die kreisförmige oder ringförmige Kahlstellen verursachen. Die große Gefahr bei diesen Krankheiten, die mit heutigen Medikamenten gut bekämpfbar sind, ist die leichte Übertragbarkeit von Pferd zu Pferd. Das erfolgt über Putzzeug, Ausrüstungs- und Geschirrteile sowie Pferdedecken. Für befallene Pferde absolut getrenntes Material verwenden!

Endoparasiten

Die Gefahr der Verwurmung ist heutzutage größer geworden, da viele Betriebe nur Pferde halten. Die Weideflächen werden infolgedessen nur einseitig genutzt, und die Parasiten entwikkeln trotz oder gerade wegen wiederkehrender Bekämpfung eine enorme Härte und Widerstandskraft. Für die Durchführung der Wurmbekämpfung soll ein konstant beibehaltener Jahreszeitplan eingehalten werden. In jedem Fall muß vor der Bekämpfung, aber auch bei entsprechendem Grund eine Kotuntersuchung durchgeführt werden. Nur so erhält man Aufschluß darüber, ob und vor allem welche Wurmarten vorhanden sind und womit die Behandlung einzuleiten ist.
Hauptsächlich sechs Wurmarten sind es, die es dem Pferd schwermachen:

Spulwürmer (Askariden). Sie sind rund, weiß, etwa 15–25 cm lang und kommen am häufigsten vor. Besonders stark befallen sind die Fohlen; zwei von drei Fohlen haben im ersten Lebensjahr Spulwürmer. Wenn sie vermehrt auftreten und nicht bekämpft werden, setzen sie dem Nachwuchs stark zu. Dicke Bäuche, verscheuerte Schweifrüben, mattes, glanzloses Fell sind die äußeren Anzeichen dafür, daß es höchste Zeit ist, wieder gegen sie vorzugehen. Neben einwandfreien und inzwischen ungefährlichen Arzneimitteln kann eine konstante »Vorbeugung« mit Möhren oder Karotten – bei Fohlen im zweiten Halbjahr täglich 1–3 kg – erfolgreich angewendet werden. Bei starker Verwurmung ist diese Maßnahme jedoch kein Bekämpfungsmittel!

Blutwürmer – Palisadenwürmer (Strongyliden). Die Palisaden- oder Blutwürmer gehören zu den großen Strongyliden. Diese sind zwischen 1–4 cm groß. Sie bohren sich durch den Darm in die Blutgefäße und verursachen durch Verstopfen derselben nicht selten schlimme Schäden. In erster Linie sind Jungpferde gefährdet. Nach Befall wird das Haar struppig, die Pferde nehmen an der Umwelt nicht teil und sind körperlich stark geschwächt. Bei akuter Infektionslage ist eine regelmäßige Entwurmung, die bereits beim Fohlen mit 1 Monat beginnt, die einzige Möglichkeit, um sich der Palisadenwürmer zu erwehren. Feststellbar sind sie nur durch eine mikroskopische Untersuchung des Mistes.

Zwergfadenwürmer (Strongyloiden). Sie sind gefährlich, wenn sie in Mengen auftreten und wiederum besonders für Jungtiere. Der Zwergfadenwurm ist wenige Millimeter lang und spricht auf alle Wurmmittel gut an.

Pfriemenschwänze (Oxyuren). Ihr Auftreten kann in erster Linie durch die eingetrockneten Wurmeier festgestellt werden, die zu Tausenden um den After festgeklebt sind. Allerdings sind sie so klein, daß sie mit dem bloßen Auge nicht als solche erkannt werden können. Sie verursachen starken Juckreiz am After, so daß sich die Pferde ständig scheuern. Schwäche und Gewichtsabnahme treten auf, wenn ein massiver Befall vorliegt.

Magendasseln – Magenfliegenlarven (Gastrophilus-Larven). Sie werden auch als Magenbremsen bezeichnet und sind eine spezielle Erscheinung in den Sommermonaten, wenn große Fliegenschwärme unsere Weidepferde umringen. Die Weibchen legen dabei im Flug ihre Eier auf Brust, Hals und Vordergliedmaßen ab. Von dort werden sie von den Pferden mit Maul und Zunge aufgenommen. Die ausschlüpfenden Larven dringen durch Haut und Schleimhaut in den gesamten Körper und wandern in die Magenschleimhaut. Während dieser Wanderung rufen sie Schluckbeschwerden, aber auch Entzündungen und Geschwüre vom Maul bis zum Darm hervor. Viele Pferde bekommen dabei starke Durchfälle und magern ab. Zur Feststellung muß wieder der Kot untersucht werden, der die Larven, die ca. 2 cm lang und knapp 1 cm breit sind, enthält. Eine obligatorische Behandlung muß gegen Ende bzw. nach Beendigung der Weidezeit erfolgen.

Bandwürmer (Tänien). Im Gegensatz zu den sonst vorkommenden Arten ist der Pferdebandwurm lediglich 2–8 cm lang und etwa 0,8–1 cm breit. Die Infektion erfolgt auf der Weide und ist regional unterschiedlich intensiv. Besonders feuchte Niederungsweiden sind gefährdet. Bei erfolgtem Befall sind strenge Hygienemaßnahmen im Stall, monatliche Boxenreinigung, Mistabtragen auf den Koppeln und längere Weidepause notwendig, um bei gleichzeitiger medikamentöser Wurmbehandlung den Parasiten in den Griff zu bekommen. Der Bandwurm hat etwa das Aussehen eines Kürbiskernes und ist im Mist kaum zu übersehen. Einer übertriebenen vorbeugenden Behandlung, wie sie teilweise auf Anwendungsempfehlungen der Pharmaindustrie abgedruckt ist, sei keinesfalls das Wort gesprochen.

Die Gewährsmängel

Bereits die kaiserliche Verordnung von 1899 hat zum Schutze des Pferdekäufers bestimmte Krankheiten zu den »Hauptmängeln« zusammengefaßt, die einen Pferdekauf ungültig machen. Ein erworbenes Pferd, das innerhalb der sogenannten Gewährsfristen eine dieser Krankheiten zweifelsfrei erkennen läßt, gibt dem Käufer die Möglichkeit, den Kauf zu wandeln: Das Pferd geht an den Verkäufer, das Geld nebst entstandenen Kosten an den Käufer zurück. Folgende Zeiträume (Fristen) stehen dem Käufer dabei zur Verfügung: Mit der Übernahme des Pferdes durch den Käufer beginnt die sogenannte Gewährsfrist zu laufen; sie beträgt 14 Tage. Ihr schließen sich 2 Tage Anzeigefrist an. Sofern der Verkäufer darauf nicht reagiert, hat der Käufer 6 Wochen Klagefrist zum Erheben einer Klage beim nächsten Amtsgericht zur Verfügung. Die Anzeige eines Gewährsmangels beim Verkäufer muß mittels Einschreiben mit Rückschein erfolgen. Der Verkäufer haftet für die Rückgabe des Kaufbetrages, für die entstandenen Kosten durch Transport, Aufstallung sowie Fütterung. Folgende sechs Krankheiten, die als schwerwiegend und unheilbar gelten, zählen zu den Hauptmängeln:

Dummkoller

Der Dummkoller ist eine Gehirnkrankheit, die nicht durch Infektion verursacht ist. Vermehrtes

Gehirnwasser, Geschwülste oder toxische Stoffwechselprodukte können die Ursache sein. Das Pferd wirkt geistesgestört, hält plötzlich unter dem Fressen inne und läßt das Freßgut zwischen den Zähnen, steckt beim Saufen das Maul soweit in das Wasser, daß dieses auch in die Nüstern läuft. Als Test kann man ein Vorderbein über das andere gekreuzt aufstellen; das Pferd wird in diesem Zustand mit gekreuzten Beinen stehenbleiben. Der Krankheitsverlauf ist unterschiedlich lang, führt aber in der Regel zum Tode. Vor allem bei Tumoren oder auch bei der Gehirnwassersucht bestehen keine Heilungsaussichten.

Periodische Augenentzündung oder Mondblindheit

Der Krankheitsherd sitzt in der Regenbogenhaut. Ursache ist häufig eine Infektion, aber auch allergische Wirkung auf Leptospiren bzw. deren Stoffwechselprodukte werden dafür verantwortlich gemacht. Zu erkennen ist die Mondblindheit daran, daß das Auge starken Ausfluß zeigt, das Augenlid häufig geschlossen wird und das Pferd sehr lichtempfindlich ist. Bei näherem Hinsehen entdeckt man eine Trübung der Hornhaut des Auges. Nach anfänglichem Abklingen wiederholt sich die Entzündung meist im Turnus von 14 Tagen bis zu 4 Wochen. In Verbindung mit den Wechselzeiten des Mondes erhielt diese Krankheit auch die Bezeichnung Mondblindheit. Bei allen Augenverletzungen und -entzündungen muß unbedingt der Tierarzt gerufen werden. Bei raschem Eingreifen bestehen durchaus Heilaussichten. Ansonsten kann die Krankheit auf das zweite Auge übergreifen und zur vollkommenen Erblindung führen.

Koppen

Das Koppen ist eigentlich eine Untugend, die allerdings, wenn ein Pferd ständig koppt, zu gesundheitlichen Schäden führt: Der mit Luft angefüllte Magen kann nicht mehr ausreichend Futter aufnehmen. Pferde, die Luft abschlukken, sind gelegentlich für Koliken anfällig.
Die häufigste Art des Koppens ist das Aufsetzen oder Krippensetzen. Dabei erfaßt das Pferd mit den Schneidezähnen den Krippenrand oder eine sonstige meist waagrechte Kante und schluckt unter schnalzendem Laut die Luft ab. Den Krippensetzer erkennt man an den vorne schräg abgeschliffenen Schneidezähnen. Da man bei diesen Pferden gern alle waagrechten Aufsetzmöglichkeiten entfernt oder verbaut, lernen sie sehr häufig das Luftkoppen. Hiergegen gibt es kein Hilfsmittel mehr. Manche Pferde setzen aber auch auf dem Unterarm oder dem Karpalgelenk auf, um bei ihrer Untugend zu bleiben. Der Koppriemen ist selten ausreichend wirksam. Kopperoperationen bringen oft, aber nicht immer den gewünschten Erfolg.

Kehlkopfpfeifen

Ein Pferd ist »Kehlkopfpfeifer« oder hat in der Fachsprache »einen Ton«, wenn es ein deutlich hörbares Geräusch beim Einatmen, besonders bei starker Belastung, beim Galoppieren, im Parcours oder unter starker Erregung, verursacht. Gelegentlich tritt das Kehlkopfpfeifen erst nach einer Druse oder starkem Husten auf, so daß bei ausgereiften und bereits in der Arbeit eingesetzten Pferden dieser Hauptmangel plötzlich auftritt. Kehlkopfpfeifen ist durch eine Operation reparabel, wobei, wie häufig bei derartigen Eingriffen, keine sichere Prognose gegeben werden kann.

Dämpfigkeit

Sie wurde bereits auf Seite 99f. abgehandelt. Als chronischer und unheilbarer Schaden an Lunge oder Herz zählt sie zu den Hauptmängeln. Der Einsatz eines erworbenen Pferdes ist dadurch verhindert. Nach einer Luft- bzw. Klimaveränderung ist der Dampf vorübergehend oft nicht erkennbar – dämpfige Pferde wurden früher gern mit Erfolg auf die Hochalm verbracht –, deshalb muß der Käufer über eine gewisse Frist hinweg geschützt werden.

Rotz

Auch diese schlimme Infektionskrankheit wurde bereits abgehandelt (s. Seite 101). Sie spielt wie erwähnt seit Jahrzehnten in der Bundesrepublik keine Rolle mehr.

Haftung auch ohne Vertrag. Der Verkäufer eines Pferdes haftet automatisch für diese sechs Hauptmängel, auch wenn darüber weder gesprochen wurde noch in einem Vertrag etwas erwähnt ist. Werden sie dem Käufer absichtlich verschwiegen bzw. wird er betrügerisch darüber hinweggetäuscht, so ist gesetzlich eine Verjährung erst nach 30 Jahren gegeben. Ohne Haftung bleibt ein »Verkauf ohne Garantie«.

Gesundheitsvorsorge und Impfschutz

Sauberkeit im Stall ist eine der wesentlichen Gesundheitsvorsorgemaßnahmen, die wenig kostet und viel bewirkt. Dies gilt im Rennstall, Reitstall und ganz besonders im Zuchtstall. Viel frische Luft und vor allem reichlich Licht sind der Feind des Schmutzes, der Bakterien, Pilze und aller übrigen Krankheitserreger. Zweimal im Jahr sollten wenigstens alle Boxen vollkommen freigemacht und desinfiziert bzw. mit Dampfstrahler gereinigt werden. Vor dem Verbringen einer hochtragenden Stute zum Abfohlen in eine Boxe ist es für die »Abfohlboxe« absolute Pflicht. Einmal im Jahr gehört der ganze Stall hell gestrichen.
Pferde sollten bei ganzjähriger Stallhaltung ein- bis zweimal entwurmt werden. Bei Weidepferden ist ein Entwurmen unbedingt vor dem ersten Weideaustrieb und nach der abgeschlossenen Weidesaison notwendige Maßnahme. Die heutigen Breitbandwurmmittel, die hinsichtlich ihrer Verträglichkeit wesentlich günstiger sind als die alten Mittel früher, erleichtern diese Entscheidung. Pferde, die eine Infektionskrankheit erfolgreich überstanden haben, bauen in ihrem Körper mit Antikörpern Immunität, d. h. Unempfindlichkeit auf. Diese Immunität kann man bei anderen Krankheiten über eine Impfung erreichen.

Empfehlung für einen Impfplan:
(siehe Seite 114)

Passive Impfung

Sie wird angewandt, wenn rascher Impfschutz notwendig ist. Bei dieser passiven Immunisierung werden Antikörper, die in einem anderen Tier aufgebaut wurden, dem gefährdeten oder kranken Tier übertragen. Diese Art der Impfung bringt sofortigen Impfschutz, der allerdings nicht lange anhält (Immunserum).

Aktive Impfung

Mit sogenannten Vaccinen wird eine aktive Immunisierung herbeigeführt. Dem Körper werden dabei abgeschwächte Viren bzw. Bakterien eingespritzt, so daß der Körper selbst die Abwehrstoffe aufbaut. Bei Aktivimpfungen müssen häufig zur Grundimmunisierung ein bis zwei Wiederholungen durchgeführt werden, um den Impfschutz weiter zu erhalten. Meist werden die Wiederholungsimpfungen zwischen 10 Monaten und 2 Jahren fällig.
Eine »Standardgrundimmunisierung« unserer Pferde wird gegen Tetanus und Pferdeinfluenza durchgeführt. Bei den übrigen Schutzimpfungen ist die Gefahr einer Infektion bzw. die Seuchenlage abzuklären und entsprechend zu verfahren. Bei Bedarf sind für alle üblichen Schutzimpfungen Präparate von den pharmazeutischen Tiermedikamentherstellern erhältlich. In Ausnahmefällen, z. B. bei einem stallspezifischen Erreger von Fohlenlähme oder ähnlichen Erkrankungen, kann es erforderlich sein, daß man einen stallspezifischen Impfstoff herstellen lassen muß. Dies lohnt sich allerdings nur für große Bestände, denn es ist mit hohen Kosten verbunden.

Erste Hilfe – Stallapotheke

In jeden Pferdestall gehören zwei ordentliche Stallapotheken: eine für die Pferde, die andere für den Menschen. Unser Augenmerk soll an dieser Stelle der Pferdeapotheke gehören. Der Inhalt:

- Thermometer (Quecksilber; heute wird sehr häufig auch das sehr praktische Digitalthermometer eingesetzt, das die Temperatur rascher und sicherer feststellen läßt)
- 1 Verbandsschere
- 2 Pinzetten: 1 × groß und stumpf, 1 × klein und spitz
- 1 Hufmesser
- Zange (für Hufnägel und Eisen)
- 1 Maulkorb und 1 Halskrause
- eine größere Anzahl von Mullbinden
- elastische Bandagen

Empfehlung für einen Impfplan:

Vaccine/Indikation	Grundimmunisierung	Wiederholungsimpfungen*
Resequin® F konz. ad us. vet. »Pferde-Husten« auch Herpesvirus!	ab 4. Lebensmonat; 3 Impfungen: 1. und 2. Impfung im Abstand von 8–10 Wochen. 3. 7 Monate nach der 2. Impfung	im Abstand von 9–10 Monaten; bei besonderen Terminplanungen, z. B. Rennsaison, im Abstand von 6–10 Monaten möglich
zu erwartende Wirkung gegen Virusabort	mit Beginn der Verwendung als Zuchtstute muß die o. g. Grundimmunisierung abgeschlossen sein	wie gegen »Pferde-Husten«, auf jeden Fall muß eine Impfung im 4. bis 6. Monat jeder Trächtigkeit erfolgen
Tetanus-Vaccine Behringwerke ad us. vet. Tetanus	ab 4. Lebensmonat; 3 Impfungen: 1. und 2. Impfung im Abstand von 4–8 Wochen. 3. 12 Monate nach der 2. Impfung	in Abständen von ca. 24 Monaten
Prevacun® F ad us. vet. Pferde-Influenza	ab 4. Lebensmonat; 3 Impfungen: 1. und 2. Impfung im Abstand von 4–6 Wochen. 3. 6 Monate nach der 2. Impfung	in Abständen von 6 bis maximal 9 Monaten
Prevacun® FT ad us. vet. Pferde-Influenza und Tetanus	ab 4. Lebensmonat; 3 Impfungen: 1. und 2. Impfung im Abstand von 4–6 Wochen. 3. Impfung gegen Pferdeinfluenza mit Prevacun F 6 Monate nach der 2. Impfung mit Prevacun FT	gegen Pferde-Influenza in Abständen von 6 bis maximal 9 Monaten; gegen Tetanus in Abständen von ca. 24 Monaten. Dies bedeutet in praxi: 1. Wiederholungsimpfung mit Prevacun FT (ist gleichzeitig 3. Impfung der Grundimmunisierung gegen Tetanus). 2. und 3. Wiederholungsimpfung mit Prevacun F. 4. Wiederholungsimpfung mit Prevacun FT etc.
Prevaccinol® ad us. vet. Rhinopneumonitis	ab 3. Lebensmonat; 2 Impfungen im Abstand von 3–4 Monaten	in Abständen von 9 Monaten
Virusabort	Stuten werden in jeder Trächtigkeit zweimal geimpft: im 3./4. sowie im 7./8. Trächtigkeitsmonat	
Madivak® flüssig ad us. vet. Tollwut	ab 7. Lebenswoche; 1 Impfung (ca. 3 Wochen vor Weideauftrieb)	in Abständen von 12 Monaten (ca. 3 Wochen vor Weideauftrieb)

* Als Wiederholungsimpfungen sind nur solche Impfungen zu bezeichnen, die termingerecht nach vollständig durchgeführter Grundimmunisierung erfolgen.
(Pferdevaccinen gem. Empfehlung der Behringwerke AG)

- Polstermaterial, das aus Watte, die zwischen Gaze eingebettet ist, besteht (z. B. Equimoll)
- Tesaband
- saubere Plastikbeutel
- 1 Huf- oder Lederüberschuh oder wenigstens ein paar Sackleinentücher mit einem Maß von 140 × 140 cm
- Klebeverband (Huf, Gliedmaßen)

An **Medikamenten** ist in der Stallapotheke bereitzustellen (diese müssen allerdings immer wieder überprüft und evtl. erneuert werden):

- Jodtinktur
- Antibiotika-Spray (üblich ist das Blauspray, besser zum Wundverschließen ist allerdings Aluminiumspray)
- Rivanol-Pulver zum Herstellen von Angußverbänden – kühlende wie desinfizierende Wirkung
- Tabletten zum Herstellen von Burow'scher Mischung für Kühlverbände
- Lebertransalbe oder Mirfulansalbe, auch als Salbenspray erhältlich, zur Behandlung von Schürfwunden oder von Wunden im absoluten Gelenkbereich; denn hier darf nicht mit trocknenden Desinfektionssprays behandelt werden, da durch die Bewegung die Wunde sonst ständig wieder aufgerissen wird
- Enelbinsalbe, Kampfersalbe oder auch Ichthyolsalbe zur Förderung der Durchblutung und zum Wärmen bei kalten, stumpfen Verletzungen
- Novaderma-Salbe, Kupfersulfat, Wasserstoffperoxid zur Behandlung von Strahlfäule
- Holzteer – zweckmäßig bei Hufverletzungen, aber auch im anderen Bereich, sowohl zur Desinfektion wie zum Wundverschluß
- Sprühverbände sind praktisch, wenn Pferde während des Einsatzes versorgt werden müssen und die Wunde vor weiterem Verschmutzen bewahrt werden soll.

Die korrekte Ausstattung der 1.-Hilfe-Apotheke für den Menschen ist gem. DIN 13169 geregelt.

Zur **Behandlung von inneren Erkrankungen** haben sich folgende Mittel in der Hausapotheke bewährt:

- medizinische Kohle als Tabletten oder Pulver
- Leinsamen, sowohl innerlich, aber auch für Leinsamenverbände im Hufbereich (Leinsamen heilt bei Magen- und Darmentzündungen, regt gleichzeitig die Verdauung an und ist zum Kräftigen ein hochwertiges Futtermittel)
- Wurmmittel; zur Wiederholung der Wurmbekämpfung wird man die entsprechenden Mittel – unbedingt vom Tierarzt ausgesucht – in der Stallapotheke bereitstellen.

Daß in mancher dunklen Ecke des Apothekenschrankes noch andere Präparate zu finden sind, ist bekannt. In vielen Fällen stehen sie auf der Liste der verbotenen Dopingmittel, und ihr Einsatz kann entsprechend schwere Folgen für den im Pferdesport Aktiven nach sich ziehen.
Zur aktiven Ersten Hilfe einige Worte. Bei allen Unpäßlichkeiten wird man zuerst die Puls-, Atem- und Temperaturwerte feststellen:
Puls = 28 bis 44 Schläge in der Minute,
Atemzüge = 10 bis 16 in der Minute,
Temperatur = 37,5 ° bis 38,2 °.

Verbände

Bei kleinen Verletzungen kann, wie erwähnt, eine Desinfektion vorgenommen werden und zwar mit Sprays an Teilen, die nicht stark bewegt werden, mit Salben hingegen an stark bewegten Gelenken oder Muskeln. Bei blutenden und größeren Verletzungen ist bis zum Eintreffen des Tierarztes ein Schutzverband, bei starker Blutung eventuell ein Druckverband anzulegen, der in der Lage ist, die Blutung zu beruhigen bzw. zu stillen. Alle Risse am Körper, die die Oberhaut vollkommen durchtrennt haben, sind der rascheren Heilung wegen vom Tierarzt zu nähen, um spätere Narbenbildung zu verhindern. Dabei ist wichtig, daß die Wundränder vorher mit nichts behandelt werden dürfen, sondern unberührt und ohne Verschmutzung zu halten sind. Zum Anlegen von Kühlverbänden oder Wundverbänden am Karpalgelenk oder Sprunggelenkshöcker wird man einen »Stützverband« anlegen. Bei diesem sind folgende Punkte zu beachten: Alle Verbandsteile sind stark zu polstern und zwar so, daß die Polsterung immer über die Ränder des Verbandes herausschaut. Die Stütze darf nie so hoch reichen, daß der darüberliegende Hauptverband nicht selbständig gut unter und über dem Gelenk fixiert werden kann. Druckempfindliche Stellen, wie z. B. das Erbsenbein oder auch der Sprunggelenkshöcker, dürfen nie unter Druck kommen. Sie werden beim Bandagieren ausgespart und nur mit Polstermaterial und Gaze abgedeckt. Die erste Wickelung mit jeder Bandage ist die sogenannte Umschlagtour zum Fixieren des Verbandanfanges. Ein gleichmäßiges Anlegen der Bandage, z. B. Kornährenverband, ergibt eine besonders gute Haltbarkeit und Festigung. Gewickelt wird immer vom Gliedmaßenende zum Herzen. Die vorletzte und letzte Wickelung liegt immer wieder etwas tiefer als der übrige Teil des Verbandes, so daß die Enden bzw. Bänder gut durch Umschlag überdeckt werden können. Dem Verband, besonders auch bei einem Hufverband mit Sackleinen, wird man nach dem Anlegen mit Tesaband, das spiralförmig bzw. überkreuzt daraufgeklebt wird, einen stabilen Halt verleihen.

Bandagendruck. Die Haut an den Gliedmaßen liegt beim Pferd fast unmittelbar auf dem Knochen auf und ist deshalb sehr druckempfindlich. Man sei mit der Polsterung nie sparsam. Drückt der Verband und quetscht die Haut auf den Knochen, so entstehen abgestorbene Hautteile, sogenannte Nekrosen, die im harmlosen Fall später weiße Narbenflecke ergeben, im schlimmsten Fall jedoch bis zu einer Blutvergiftung und Sepsis führen können. Grundsätzlich ist die Versorgung kleiner Wunden Sache eines Pferdefachmanns, die Versorgung großer Verletzungen und Behandlung ernster Krankheiten die Angelegenheit des Tierarztes. Man verwende nie Medikamente, über deren Wirkung man nicht Bescheid weiß, und man sei vor allem vorsichtig mit der Hilfeleistung an fremden Pferden. Denn eine gutgemeinte Hilfe kann sich zu einem kostspieligen Haftpflichtanspruch auswachsen.

Gekonntes Anlegen von Verbänden gehört zum notwendigen Handwerkszeug für den Pferdewirt.

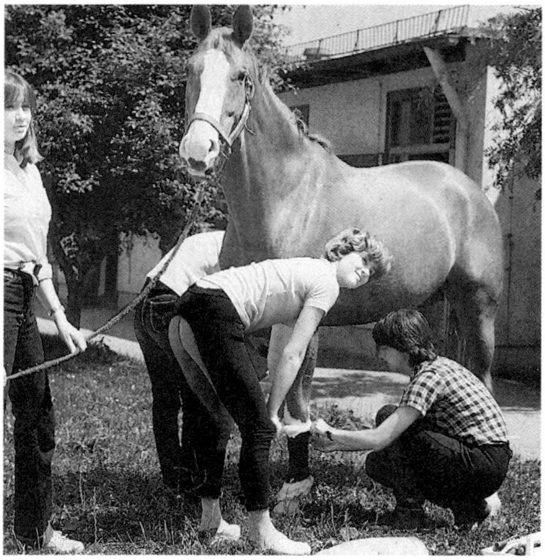

Betriebslehre, Betriebsorganisation

Betriebsorganisation

Wichtige Begriffe der Betriebswirtschaftslehre

Die erfolgreiche Bewirtschaftung eines Betriebes setzt drei klare Schritte voraus:

1. die Betriebsplanung,
2. die praktische Bewirtschaftung,
3. die Ermittlung und Überprüfung des Betriebserfolges.

Vor Beginn der Planung muß man sich mit den vorhandenen Gegebenheiten vertraut machen, die Möglichkeiten abwägen und eine konkrete Kalkulation (Voranschlag) aufstellen.

Produktionsfaktoren. Während in der allgemeinen Landwirtschaft Boden, Arbeit und Kapital als die drei Hauptfaktoren gelten, so wird in den meisten Fällen, außer beim Pferdezuchtbetrieb, an die Stelle des Bodens eine Reit- oder Trainieranlage mit entsprechender Anbindung an Trainingsmöglichkeiten für den Reit- oder Rennsport treten. Während für den Zuchtbetrieb die klimatischen und die Bodenverhältnisse weitgehend ausschlaggebend sind, ist für den Sportbetrieb – Reiten oder Rennsport – die äußere Verkehrslage von höchster Wichtigkeit. Die Nähe zum Pferdebesitzer, Reiter oder den Rennsportfreunden ist ebenso ausschlaggebend wie Verkehrsverbindungen, Straßenverhältnisse und Parkmöglichkeiten.

Arbeitskraft. Die Arbeitskraft ist das nächstwichtigste Betriebsmittel, wobei neben der reinen Arbeitsleistung vor allem auch die Fähigkeiten des Betriebsleiters (Pferdewirtschaftsmeister), der alle drei Punkte Planung, Bewirtschaftung und Organisation und Erfolgsmittlung beherrschen muß, an erster Stelle stehen. Der Betriebsführer, der sowohl als Arbeitskraft als auch als Unternehmer tätig ist, beeinflußt den Betriebserfolg in einem Höchstmaß.
Für die höherqualifizierten Arbeiten sind Fachkräfte (Pferdewirt), für einfache Arbeiten Hilfskräfte erforderlich.

Management. Der Begriff des Managements ist in die Betriebswirtschaftslehre eingegangen und als wichtiger Faktor erkannt worden. Wir alle haben die Möglichkeit, Vergleiche sowohl in Zucht- wie auch in Sport- und Rennsportbetrieben anzustellen, bei denen unter gleichen Ausgangsverhältnissen begonnen wurde und schließlich der eine Betrieb zum florierenden Unternehmen aufstieg, während der ursprünglich gleichgestellte Konkurrent am Existenzminimum arbeitet bzw. wegen des ständig fehlenden Betriebserfolges aufgeben muß. Der Betriebsleiter erkennt und entscheidet, welches Ziel vorrangig ist und in welchem Umfang seine Verwirklichung durchgesetzt werden kann. Daneben plant er weitere Möglichkeiten, die zusätzlich den Erfolg vermehren »können«. Er durchblickt, was unrealistisch ist und deshalb aufgegeben werden muß.
Im folgenden sind drei wichtige Punkte aufgelistet, die im Pferdebereich in betriebswirtschaftlicher Hinsicht eingeordnet werden müssen:

1. Im Zuchtbetrieb der Verkauf von eigenen Produkten: Jungpferde, ausgewachsene Pferde, Sportpferde; Pensions- oder Pensionsweidehaltung.
2. Im Reitbetrieb das Angebot an Reitstunden, Beritt von Fremdpferden, Aufstallung von Pensionspferden, Ausbildung von Pferd/Reiter, Kursangebot, Reitsportveranstaltungen.
3. Im Rennstall die Übernahme von Rennpferden zur Haltung, zum Training und zum Wettkampf, wobei der Erfolg in diesem für die Ausdehnung oder den Rückgang des »Geschäftes« von großer Bedeutung ist; Haltung und Training von eigenen Pferden.

Arbeitsdisposition. Die nächstwichtige Aufgabe ist die Arbeitsdisposition für einfache wie auch gehobene Arbeiten der Reitlehrer, Bereiter, Berufsfahrer, Jockeys. Der Einsatz qualifizierter Leute zeitigt erneut einen hohen Einfluß auf den Betriebserfolg. Ein bedeutender Punkt ist die Beschaffung von hochwertigen und dennoch preisgünstigen Betriebsmitteln, zu denen sowohl die Futtermittel und die Einstreu als auch andere notwendige Bedarfsgüter zählen.

Erfolgskontrolle. Den entscheidenden Aufschluß über den Betriebserfolg gibt die Erfolgskontrolle. Dazu sind erforderlich:

- die Feststellung, was beim Start des Betriebes vorhanden war;
- die laufende Aufzeichnung aller wirtschaftlichen Vorgänge im Betrieb (Buchführung);
- die Feststellung, wie sich nach einem bestimmten Zeitraum (z. B. Jahresabschluß bzw. Gesamtbilanzierung) die Situation eines Betriebes zum Positiven oder zum Negativen verändert hat.

Nach außen hin läßt sich der Erfolg des Betriebes in zwei Begriffe fassen:

1. Ist der Betrieb immer zahlungsfähig, d. h. ist seine Liquidität gesichert?
2. Kann dieser Zustand trotz wirtschaftlicher Schwankungen erhalten werden? Wir sprechen dann von der Stabilität des Betriebes.

Betriebsfläche. Die Bedeutung der Betriebsfläche steht für den Pferdezucht- und -haltungsbetrieb an erster Stelle. Kriterium bleibt, ob es sich um Eigentumsflächen oder zugepachtete Flächen handelt. Für den Pferdebetrieb können nur landwirtschaftliche Nutzflächen (LN) angerechnet werden. Aufgeteilt wird in Ackerflächen, Dauergrünland und Flächen mit Wechselnutzung. Entscheidend dafür sind die Bodenart, der Zustand des Bodens und sein geologischer Ursprung. Entscheidend für die Einrichtung von Ackerland oder Grünland ist auch die Höhe des Grundwasserspiegels unter der Oberfläche. Als Faustzahl kann man davon ausgehen, daß die Einrichtung von Dauergrünlandflächen einen Grundwasserspiegel voraussetzt, der tiefer als 1 m unter der Oberfläche liegt. Die Oberflächengestaltung – flach, hügelig, bergig – beeinflußt zusätzlich die Qualität von Weideflächen. Neben Boden und Größe der Weiden ist es die Oberfläche, die zum Galoppieren einlädt und damit zur gesunden Entwicklung der Tiere beiträgt. Für den Aufwuchs auf dem Grünland sind zusätzlich die Vegetationszeit wie die Niederschlagsmenge von Bedeutung. Während die Vegetationszeit (Wachstumszeit im Freien) innerhalb der Bundesrepublik von fast 11 Monaten im Westen und Südwesten bis zu 8,5 bis 9 Monaten beispielsweise in Mittelgebirgslagen oder im Alpenvorland variiert, so streuen die Jahresniederschlagsmengen von 450 mm bis nahezu 1100 mm ebenfalls über die ganze Bundesrepublik.

Weidezeit, nachwachsende Futtermengen und das Wachstum und Wohlbefinden der Pferde, besonders der Jungpferde, aber selbst der im Leistungssport eingesetzten Pferde, gehen oft ohne Beachtung dennoch Hand in Hand. Die für die Pferdehaltung benötigten Flächen sind trotz Faustzahlen unterschiedlich. Als betriebswirtschaftliche Grundnormen, von der aus variiert werden kann, gilt folgendes:
Weidefläche für ein Großpferd (Pferde-GVE = 500 kg) = 0,33 ha;
Gründlandfläche für die Gewinnung des erforderlichen Rauhfutters für eine Pferde-GVE = 0,33–0,45 ha;
Anbaufläche für Hafer je Pferde-GVE = 0,5–0,6 ha;
Anbaufläche für Gerste je Pferde-GVE = ca. 0,5 ha;
Anbaufläche für Körnermais je Pferde-GVE = 0,33–0,4 ha.

Maschinenbesatz. Für die Grünlandbewirtschaftung sind als Grundausstattung erforderlich: Traktoren je nach Bewirtschaftungsfläche (je 10 ha ca. 75 PS). Mähwerk, Kreiselmäher, Ladewagen, Düngerstreuer, Walzen, Eggen, Striegel, Wasserfässer.
Für den Pferdebetrieb: Transportanhänger, Pferdetransporter, Führmaschine, Traktor mit Planierschild und hydraulischer Egge, Kehrmaschine, Förderbänder, Stapler. Eine durchdachte Maschinenausstattung ist ein Faktor, der das teuerste Betriebsmittel, die menschliche Arbeitskraft, rationell einzusetzen ermöglicht. Trotzdem muß auch vor einer Übermechanisierung gewarnt werden, weil sie oft zu einer Überschuldung führt. Der Einsatz des landwirtschaftlichen Maschinenrings ist oft betriebswirtschaftlich gesehen die bessere Lösung.

Flächen bzw. Raumbedarf für Sport- und Rennpferdeanlagen. Hier ist es schwer, mit konkreten Flächen aufzuwarten; lediglich für Stall- und Gebäudebedarf kann man Grundmaße angeben. Für die Errichtung von Pferdeställen sind für Boxengrundfläche, Stallgangfläche und Nebenräume – wie z. B. Futterkammer, Sattelkammer, Geschirrkammer, Wagenremise evtl. Heu- und Strohlager – je Pferd ca. 15–25 qm – einzuplanen. Mit der größer werdenden Pferdezahl verringert sich der relative

Ordnung in der Sattelkammer ist nicht Selbstzweck sondern Mittel zu einem flüssigen Arbeitsablauf und Voraussetzung für eine Ausbildungsstätte.

Anteil an Nebenflächen. Zusätzliche Einrichtungen, die meist in neuzeitlich eingerichteten Betrieben dazukommen, wie z. B. Waschplätze, Solarien und dergleichen, schaffen dafür aber einen Ausgleich, der die rationale Arbeitsweise unterstützt.
Für den Reitbetrieb – als Norm ist der für die Ausbildung anerkennungsfähige Betrieb angesetzt – kommen folgende Flächen hinzu:
- Eine gedeckte Reitbahn 20 × 40 m bzw. 20 × 60 m, zuzüglich 20 × 10 m Tribünenfläche, ergeben 800–1600 qm.
- Ein Allwetteraußenplatz für die Dressurarbeit erfordert etwa die gleiche Fläche, nämlich 800–1200 qm.
- Ein Springplatz – Rasen oder Sand – mit den Mindestmaßen von 40 × 70 m summiert sich zu einer Springplatzfläche von 2800–4000 qm. Bei größeren Ausmaßen

(etwa ab 3500 qm) kann man auf dem Springplatz feste Hindernisse wie z. B. Pulvermanns Grab, Billard, Wassergräben, Wall und dergleichen errichten.

- Sofern auf der Anlage Turniere veranstaltet werden sollen, sind ein bis zwei Abreiteplätze mit Mindestflächen für die Dressur von 30 × 60 m, für Springen von 40 × 70 m einzuplanen. Angegliederte Flächen für die Zuschauer, eventuell für Tribünen und eine verkehrsgünstige Lage zueinander, die es möglich macht, verschiedene Prüfungen ohne gegenseitige Störung gleichzeitig abzuwickeln, sind vorzusehen.

Rennstall. Der Bedarf für Boxen, Stallgasse und Nebenräume wie auch für die Dungstätte entspricht den obigen Zahlen. Bedauerlicherweise muß man beobachten, daß die Haltung von Trabern häufig in sehr kleinen, ja zu kleinen Boxen erfolgt. Für die Galopper- wie auch die Traberpferde stellt sich die Erfordernis einer flächenmäßig sehr aufwendigen Trainier- bzw. Rennbahn. Nur in Ausnahmefällen werden sie von einem Einzelbesitzer angelegt, bereitgestellt und gepflegt. Für die anerkannten Ausbildungsstätten in den beiden Schwerpunkten ist deshalb Voraussetzung, daß die Ställe in unmittelbarer räumlicher Anbindung an eine offizielle Trainings- und Rennbahn stehen.

Dunglagerung. Für die Dunglagerung ist bei Strohmist pro Pferd 1–2 qm Grundfläche einzuplanen. Nur bei entsprechend hoher Lagerung und ausreichender Lagerzeit kann eine Verrottung und dadurch brauchbare Nutzbarkeit erreicht werden.

Arbeitskräftebesatz. Daß die Arbeitskraft zu den wesentlichen Betriebsfaktoren zählt, wurde oben erwähnt. Da heutzutage bei uns die Arbeitskraft das teuerste Betriebsmittel ist, muß man anstreben, einen optimalen Besatz zu erreichen. Optimal heißt, die Arbeitskräfte während einer vertraglich entsprechenden und üblichen Arbeitszeit voll auszulasten. Fehlerhaft ist es:

- Mit zu vielen Arbeitskräften, selbst wenn sie kostengünstig – weil möglicherweise nicht qualifiziert – einen Überbesatz und damit Fehlzeiten in Kauf zu nehmen.
- Gute Arbeitskräfte über die gebührende Arbeitszeit hinaus zu fordern.
- Mit zu geringem Arbeitskräftebesatz den Erfordernissen der Bewirtschaftung nicht nachzukommen.

Die Erfahrung sagt:

- Gute Leute bestens bezahlt sind immer preiswert,
- schlechte Arbeitskräfte kosten selbst bei knapper Entlöhnung immer noch zu viel Geld (Schäden, Verwirtschaften).

Für den einzelnen Betrieb läßt sich der Bedarf an Arbeitskräften nach den folgenden Leistungsnormen ermitteln:

AK im Reitbetrieb. Eine Arbeitskraft kann ca. 12–18 Pferde misten, putzen, füttern;

- eine Fachkraft – Pferdewirt, Reiten – kann ca. 6–8 Pferde täglich bereiten und pflegen;
- eine Arbeitskraft – Meister – ist in der Lage, einen Betrieb mit ca. 30–75 Pferden (gemischt: Pensions- und Schulpferde) zu leiten und wirtschaftlich zu führen.

Die Betriebsgröße einschließlich der Anzahl der Pferde variiert gerade für den Betriebsleiter sehr, da sie vom Anfall der Unterrichtsstunden, der Qualität und Anzahl der Mitarbeiter, den technischen Einrichtungen und der Qualität einer für die Verwaltung erforderlichen Kraft abhängt. Bei einem intensiven Dienstleistungsbetrieb ab ca. 50 Pferden ist die Mitarbeit einer qualifizierten Arbeitskraft (0,5–1,0 AK) in der Verwaltung erforderlich. Die Anzahl der Arbeitsstunden hängt dabei von der Anzahl der Schulpferde, der Unterrichtsstunden, der günstigen Futterbelieferung und v. a. m. ab.

AK im Rennstall. Im Galopprennstall, aber auch im Trabrennstall werden auf eine Arbeitskraft zur Pferdepflege ca. 3–12 Pferde gerechnet. Auf einen Berufsrennreiter – Jockey bzw. Berufsfahrer – kommen für Training und Wettkampf zusammen ca. 8–15 Pferde in Ansatz. Auf den Trainer selbst – Pferdewirtschaftsmeister, Teilbereich Galopprenntraining bzw. Trabrenntraining – kommt mit der Verwaltung der Gebäude kaum zusätzliche Belastung zu, da diese Betriebe häufig in Pachtställen der Rennvereine untergebracht sind. Sein Augenmerk kann sich deshalb optimal auf den Einsatz in Training und Rennen der von ihm betreuten und trainierten Pferde richten. So unterschiedlich der Bereich eines anderen Managers ist, so ist es auch hier: Rennställe mit einem Lot von 10 im Training stehenden Pferden bis zu einer Kapazität von 80 Rennpferden und darüber sind möglich. Können, Erfolg und Ansehen des Trainers – Betriebsleiters – sind ausschlaggebend für die Betriebskapazität, d.h. für die Anzahl der ins Training gegebenen Pferde und damit für den wirtschaftlichen Gesamterfolg.

Kosten der Arbeitskräfte. Die Kosten bzw. Stundenentlöhnungen für Hilfskräfte, Arbeitskräfte, Fachkräfte und Betriebsleiter können in etwa aus den Tarifen abgeleitet werden. Es bestehen zwar geringe Unterschiede zwischen den einzelnen Bundesländern bzw. den Vorschlägen beispielsweise des Deutschen Reiter- und Fahrerverbandes, aber sie sind so gering, daß man etwa folgende Zahlen* ansetzen kann:

- Hilfsarbeitskraft je Arbeitsstunde ca. 15 bis 20 DM (abhängig von der Stundenzahl bzw. dem monatlichen Verdienst von Aushilfskräften)
- Auszubildende Pferdewirte zwischen dem ersten und dritten Ausbildungsjahr 700 bis 1100 DM
- Pferdewirt in allen vier Schwerpunkten ca. 2300–2600 DM
- Pferdewirt in selbständiger Tätigkeit 2400 bis 2800 DM
- Pferdewirtschaftsmeister 2700–3000 DM
- Pferdewirtschaftsmeister in selbständiger Tätigkeit 3500–4500 DM

Nicht in Tarifen festhaltbar sind Umsätze und Gewinne von Pferdewirtschaftsmeistern, die gleichzeitig als Betriebseigentümer, Pächter und Manager der Gesetzmäßigkeit des allgemeinen Managements unterworfen sind: Wenn beispielsweise ein Spitzenausbilder im Reitsport Pferde wie Reiter des olympischen Leistungsniveaus aussucht und ausbildet; wenn die Unterrichtstätigkeit vom eigenen Betrieb bis zu anderen Kontinenten reicht; wenn ein Spitzentrainer, der aufgrund seiner Erfolge zwischen 60 und 150 Pferde in seiner Trainingsobhut hat und er mit diesen klassische und internationale Rennen bestreitet und darin erfolgreich ist.

* angelehnt an Tarif für Land- und Forstwirtschaft 1993/94 (brutto)

Betriebsgüter

Zu den Gütern des Betriebes zählen: Boden, Gebäude, der Wert der Tiere, Maschinen und Geräte, Futtervorräte und Vorräte an anderen Produkten, die für die Bewirtschaftung erforderlich sind. Sie werden im sogenannten Umlaufvermögen ausgedrückt.

Kosten wichtiger Güter des Betriebes: Festkosten und variable Kosten. Da für den Betriebserfolg ja nicht der Umsatz ausschlaggebend ist, sondern der Reingewinn, der sich – einfach ausgedrückt – dadurch ergibt, daß man von den Einnahmen die Ausgaben abzieht, sind die Kosten für wichtige Aufwendungen und Güter, die man zur Bewirtschaftung benötigt, ausschlaggebend. Zu den sogenannten Kapitalkosten kommen die Kosten für die Arbeitskräfte, die oben bereits erwähnt sind. Zu den festen Kosten bei der Pferdehaltung gehören insbesondere die Kapitalverzinsung für Boden und Gebäude, eine eventuelle Zins- und Tilgungsrate sowie die Abschreibung, die sich nach der Bauweise und dem Materialeinsatz bei der Errichtung der Anlage orientiert. Wird man bei der Kapitalverzinsung mit Werten von 3–6% rechnen können, so muß bei der Rückzahlung von Fremdkapital mit einem Zins von 4–8% und einer Tilgung von meist 5–20% gerechnet werden.
Die Abschreibung der Gebäude hängt von der Bauart ab. Geht man davon aus, daß ein solides Mauerwerk eine Lebenserwartung von 50 Jahren hat, so wird hier mit einem Abschreibungssatz von 2,0% gearbeitet, während vielleicht eine einfache Holzbauweise für Außenboxen nur eine Lebensdauer von 15–20 Jahren erwarten läßt und daher mit rund 7 bzw. 5% abzuschreiben ist.

Pferdevermögen. Kein Posten der hier aufgeführten Güter ist so schwer anzugeben wie der Wert der Pferde. Er ist jedoch für die Ermittlung des Betriebserfolges (Rennsport) nur in wenigen Fällen relevant, da fast immer das Pferdematerial nicht im Eigentum des Betriebsführers steht. Gerade bei den teuren und kostbaren Pferden ist ein privater Eigentümer vorhanden. Für den Zuchtbetrieb seien im folgenden einige ungefähre Werte erwähnt:

Die Kosten für ein Warmblutfohlen vom Deckgeld bis zum Aufziehen und Anreiten bis ca. 3–4 Jahre betragen ca. 8000 bis 12 000 DM. Das ist auch der Rahmen, in dem der Reitbetrieb seine Schulpferde ankaufen und aufstallen wird. Hier der Durchschnittspreis in der Bundesrepublik der letzten 5 Jahre für:

Warmblut:	
♂-Fohlen	5 000
♀-Fohlen	5 500
Stuten	13 500
Zuchthengste	40 000
Reitpferde	17 000
Kaltblut:	
♂-Fohlen	1 800
♀-Fohlen	2 500
Stuten	10 000
Zuchthengste	15 000
Arbeitspferde	7 000
Haflinger:	
♂-Fohlen	1 500
♀-Fohlen	2 000
Stuten	8 000
Zuchthengste	25 000
Arbeitspferde	6 000

Für Spitzensportpferde im Dressur- und Springsport, für Derbysieger und Gewinner großer Preise auf dem Geläuf der Trabrennbahn wie im Turf werden Preise gezahlt, die in einer normalen Kalkulation keinen Platz haben. Liebhaberei, Angebot und Nachfrage regeln, wie ein altes Sprichwort sagt, der Preis.

Eigenkapital, Fremdkapital. Im Zusammenhang mit den Kosten sei ein kurzer Blick auf die Begriffe Eigenkapital, Fremdkapital und Kapitaldienst geworfen. Zum Begriff Eigenkapital bedarf es keiner Erläuterung. Es stellt das vom Betriebsführer bereitstellbare, verfügbare Barvermögen dar. Ein hoher Eigenkapitalanteil ist in allen Wirtschaftssituationen, besonders bei kritischer Entwicklung, ein hohes Risikopolster. Das Fremdkapital kann als Grundschuld, Hypothek – bei vorhandenen Grund- und Gebäudewerten – oder als Kredit aufgenommen werden.

Die sogenannte Kapitaldienstgrenze ist die äußerst mögliche Belastung eines Betriebes, die er maximal für Zins und Tilgung aufbringen kann. Das heißt mit anderen Worten, die Inanspruchnahme von Fremdkapital für eine Erweiterung, Ergänzung oder zusätzliche Investition ist nur dann vertretbar und rentabel, wenn die Mehreinnahmen, die durch diese Investition oder Neueinrichtung erzielt werden, höher sind als die entstehenden Ausgaben für Zins und Tilgung einschließlich der Mehrausgaben für die erweiterte Bewirtschaftung.

Absatzveranstaltungen wie z. B. Reitpferdeauktionen sind ein Schaufenster für jedes Zuchtgebiet und gleichzeitig ein gewisser Preisindikator für die folgende Zeit.

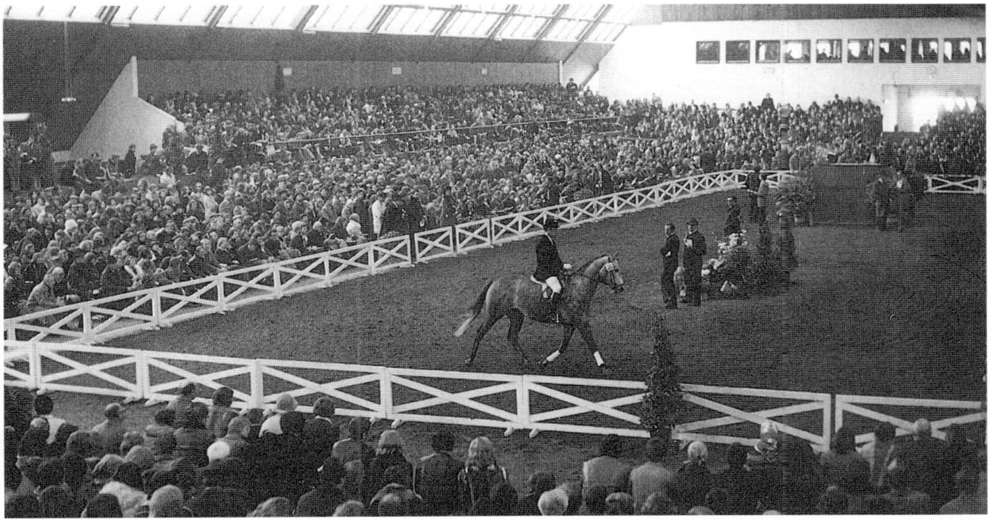

Rechtsgrundlagen im Bereich Berufsbildung, Pferdezucht und -haltung sowie Pferdesport

Berufsausbildung, Berufsfortbildung

Jeder Jugendliche, dem das Pferd und eine Tätigkeit mit dem Pferd so wesentlich sind, daß er sie zum »Beruf« machen möchte, findet die gesetzlichen Bestimmungen dafür in zwei bundesweit geltenden Rechtsgrundlagen:
Die Basis für jede geregelte Berufsausbildung ist das Berufsbildungsgesetz. Dieses Gesetz hat für alle anerkannten Ausbildungsberufe im gesamten Bereich der Bundesrepublik Gültigkeit und trat am 14. August 1969 in Kraft. Es gilt für den Pferdewirt, der zu den landwirtschaftlichen Berufen zählt, in gleichem Maße wie für alle handwerklichen und kaufmännischen Berufe. Bei den letzteren werden zusätzliche Regelungen durch die Industrie- und Handelskammern bzw. Handwerkskammern erlassen.
Im Berufsbildungsgesetz, kurz BBiG genannt, finden unter anderem nachstehende Regelungen ihren Niederschlag:

- der Ausbildungsvertrag (Pflichten und Rechte von Ausbildenden, Ausbildern und Auszubildenden),
- die Voraussetzungen des Betriebes
- die Voraussetzungen des Ausbildenden bzw. Ausbilders bezüglich der persönlichen und fachlichen Eignung
- die Zulassung zur Prüfung
- die Regelung und Überwachung der Berufsausbildung.

Im Anschluß ist darin die Weiterbildung, die Zulassung und Durchführung der Meisterprüfung rechtlich geregelt.

Verordnung über die Berufsausbildung zum Pferdewirt

Während das Berufsbildungsgesetz die Basis für jede Ausbildung darstellt, so ist die spezielle Ausbildung des Pferdewirts mit seinen vier Schwerpunkten in der »Verordnung über die Berufsausbildung zum Pferdewirt vom 1. 11. 75 (BGBl. I S. 2719), geändert durch Verordnung vom 20. 7. 79 (BGBl. I S. 1145)«, geregelt. Wesentliche Punkte darin sind:

- das Ausbildungsberufsbild
- der Rahmenplan, der in zeitlich gegliederter detaillierter Form enthalten ist
- die Prüfungsanforderungen und Prüfungsfächer für die Zwischen- und Abschlußprüfungen.

Verordnung
über die Berufsausbildung zum Pferdewirt
Vom 1. November 1975 (BGBl I S. 2719) geändert durch Verordnung vom 20. 7. 1979 (BGBl I S. 1145)

Auf Grund des § 25 Abs. 1 des Berufsbildungsgesetzes vom 14. August 1969 (Bundesgesetzbl. I S. 1112), zuletzt geändert durch § 11 des Strafrechtsreform-Ergänzungsgesetzes vom 28. August 1975 (Bundesgesetzbl. I S. 2289), wird im Einvernehmen mit dem Bundesminister für Bildung und Wissenschaft verordnet:

§ 1
Staatliche Anerkennung des Ausbildungsberufes

Der Ausbildungsberuf Pferdewirt wird staatlich anerkannt.

§ 2
Ausbildungsdauer

Die Ausbildung dauert drei Jahre. Sie dauert zwei Jahre, wenn der Auszubildende

1. eine Abschlußprüfung in einem anderen Ausbildungsberuf bestanden hat oder
2.* den erfolgreichen Besuch der zehnten Klasse einer weiterführenden Schule oder einen gleichwertigen Bildungsabschluß nachweist.

* Mit Änderungs-VO vom 20. 7. 1979 wurde die Nr. 2 zum 1. 8. 1983 aufgehoben.

§ 3
Ausbildungsberufsbild

Gegenstand der Berufsausbildung sind mindestens die folgenden Fertigkeiten und Kenntnisse:

1. Versorgen, Pflegen, Führen und Transportieren von Pferden,
2. Körperbau, Lebensvorgänge und Verhalten der Pferde,
3. Tiergesundheit und Tierhygiene,
4. Bewegen und Arbeiten von Pferden,
5. Fortpflanzung, Züchtung, Vererbung und Rassenkunde,
6. Futtermittel, ihre Gewinnung, Beschaffung und Verwendung,
7. Formen der Pferdehaltung sowie bauliche und technische Einrichtungen,
8. Einsetzen, Pflegen und Instandhalten von Maschinen, Geräten, Ausrüstung und Zubehör,
9. Kenntnisse der betrieblichen Zusammenhänge in der Ausbildungsstätte,
10. Kenntnisse der einschlägigen Rechtskunde,
11. Kenntnisse der Wirtschafts- und Sozialkunde,
12. Arbeitsschutz und Unfallverhütung,
13. Umweltschutz.

§ 4
Ausbildungsrahmenplan

Die Fertigkeiten und Kenntnisse nach § 3 sollen unter Berücksichtigung der vier Schwerpunkte Pferdezucht und -haltung, Reiten, Rennreiten sowie Trabrennfahren nach der in der Anlage enthaltenen Anleitung zur sachlichen und zeitlichen Gliederung der Berufsausbildung (Ausbildungsrahmenplan) vermittelt werden. Eine vom Ausbildungsrahmenplan abweichende sachliche und zeitliche Gliederung des Ausbildungsinhaltes ist insbesondere zulässig, soweit eine berufsfeldbezogene Grundbildung vorausgegangen ist oder betriebspraktische Besonderheiten die Abweichung erfordern.

§ 5
Berufsausbildung außerhalb der Ausbildungsstätte

Soweit die erforderlichen Fertigkeiten und Kenntnisse nicht in vollem Umfang in der Ausbildungsstätte vermittelt werden können, wird die zusätzlich zu vermittelnde Berufsausbildung in geeigneten Einrichtungen außerhalb der Ausbildungsstätte durchgeführt.

§ 6
Ausbildungsplan

Der Ausbildende hat unter Zugrundelegung des Ausbildungsrahmenplanes für den Auszubildenden einen Ausbildungsplan zu erstellen.

§ 7
Führung des Berichtsheftes

Der Auszubildende hat ein Berichtsheft in Form eines Ausbildungsnachweises zu führen. Ihm ist Gelegenheit zu geben, das Berichtsheft während der Ausbildungszeit zu führen. Der Ausbildende hat das Berichtsheft regelmäßig durchzusehen.

§ 8
Zwischenprüfung

(1) Es ist eine Zwischenprüfung durchzuführen. Sie soll nach dem ersten Ausbildungsjahr stattfinden.

(2) Die Zwischenprüfung erstreckt sich auf die in der Anlage zu § 4 für das erste Ausbildungsjahr aufgeführten Fertigkeiten und Kenntnisse sowie auf den im Berufsschulunterricht entsprechend den Rahmenlehrplänen zu vermittelnden Lehrstoff, soweit dieser für die Berufsausbildung wesentlich ist. Die nach der Anlage zu § 4 während der gesamten Ausbildungsdauer zu vermittelnden Fertigkeiten und Kenntnisse sind nur insoweit Gegenstand der Zwischenprüfung, als sie mit den für das erste Ausbildungsjahr aufgeführten Fertigkeiten und Kenntnissen zusammenhängen.

(3) Zum Nachweis der Fertigkeiten soll der Prüfling in insgesamt bis zu zwei Stunden zwei Arbeitsproben durchführen. Für die Auswahl der Arbeitsproben kommen insbesondere folgende Gebiete in Betracht:

1. Füttern, Tränken, Pflegen, Führen und Vorstellen von Pferden,
2. Feststellen der Merkmale des gesunden Tieres,
3. Bewegen von Pferden, Reiten und Fahren,
4. Reinigen und Pflegen sowie Anlegen und Anpassen von Zaum, Sattel, Geschirr und Zubehör.

(4) Der Prüfling soll Kenntnisse insbesondere aus folgenden Gebieten nachweisen:

1. Kenntnisse des Körperbaues und der Funktionen der Körperteile,
2. Krankheitsanzeichen und Pferdekrankheiten,
3. Grundlagen der Fütterungslehre,
4. Aufstallungsformen und Raumbedarf,
5. Arbeitsschutz, Unfallverhütung.

§ 9
Abschlußprüfung

(1) Die Abschlußprüfung erstreckt sich auf die in der Anlage zu § 4 aufgeführten Fertigkeiten und Kenntnisse sowie auf den im Berufsschulunterricht vermittelten Lehrstoff, soweit dieser für die Berufsausbildung wesentlich ist. In der Prüfung sind jeweils die im letzten Ausbildungsjahr in dem gewählten Schwerpunkt zu vermittelnden Fertigkeiten und Kenntnisse besonders zu berücksichtigen.

(2) Zum Nachweis der Fertigkeiten soll der Prüfling in insgesamt bis zu vier Stunden drei Arbeitsproben durchführen. Für die Auswahl der Arbeitsproben kommen insbesondere folgende Gebiete in Betracht:

1. Füttern, Tränken und Pflegen von Pferden,
2. Beurteilen und Beschreiben von Pferden,
3. Behandeln von Wunden, Anlegen von Verbänden, Hilfe beim Hufbeschlag,
4. Arbeiten und Bewegen von Pferden,
5. Pflegen und Ausbessern von Ausrüstung und Zubehör,
6. Arbeitsschutz und Unfallverhütung.

(3) Zum Nachweis der Kenntnisse soll der Prüfling schriftlich und mündlich geprüft werden. Die Prüfung soll sich insbesondere auf folgende Gebiete erstrecken:

1. Pferdekrankheiten und ihre Bekämpfung,
2. Ausbildungs- und Trainingsmethoden,
3. Fortpflanzung, Züchtung, Vererbung und Rassen,
4. Fütterungslehre, Futtergewinnung und -verwendung,
5. Stallformen, Stallklima, Haltungsformen,
6. Betriebsorganisation, Betriebsfläche, Arbeitskräfte, Güter des Betriebes, Kosten wichtiger Güter des Betriebes,
7. Fachrechnen,
8. Rechtsfragen im Bereich Pferdezucht und -haltung sowie Pferdesport,
9. Wirtschafts- und Sozialkunde,
10. Umweltbelastungen und Umweltschutz.

(4) Im schriftlichen Teil der Prüfung soll der Prüfling drei Klausurarbeiten anfertigen. Die Dauer soll insgesamt bis zu drei Stunden betragen.

(5) Die mündliche Prüfung soll für jeden Prüfling insgesamt nicht länger als zwanzig Minuten dauern. Dieser Teil der Prüfung soll sich insbesondere auf die Prüfungsgebiete erstrecken, die nicht schriftlich geprüft wurden.

(6) Soweit die Prüfung mit Hilfe programmierter Fragebogen (programmierte Prüfung) durchgeführt wird, kann von der in Absatz 4 genannten Prüfungsdauer abgewichen und auf die mündliche Prüfung ganz oder teilweise verzichtet werden.

(7) Für die Ermittlung des Gesamtergebnisses haben die Fertigkeits- und die Kenntnisprüfung gleiches Gewicht.

§ 10
Aufhebung von Vorschriften

Die bisher im Verwaltungsverfahren festgelegten Berufsbilder, Berufsbildungspläne und Prüfungsanforderungen für die Lehrberufe, Anlernberufe und vergleichbar geregelten Ausbildungsberufe, die in dieser Rechtsverordnung geregelt sind, insbesondere für die Ausbildungsberufe Berufsfahrer im Trabrennsport, Berufsreiter und -fahrer sowie Jockey sind nicht mehr anzuwenden.

§ 11
Übergangsregelung

(1) Für die Berufsausbildungsverhältnisse, die bei Inkrafttreten dieser Verordnung ein Jahr oder länger bestehen, sind die bisherigen Vorschriften weiter anzuwenden, es sei denn, die Vertragspartner vereinbaren die Anwendung der Vorschriften dieser Verordnung.

(2) Für Berufsausbildungsverhältnisse, die bei Inkrafttreten dieser Verordnung noch nicht ein Jahr bestehen, kann die zuständige Stelle zur Vermeidung unbilliger Härten genehmigen, daß die bisherigen Vorschriften weiter angewendet werden.

§ 12
Berlin-Klausel

Diese Verordnung gilt nach § 14 des Dritten Überleitungsgesetzes vom 4. Januar 1952 (Bundesgesetzblatt I S. 1) in Verbindung mit § 112 des Berufsbildungsgesetzes auch im Land Berlin.

§ 13
Inkrafttreten

Diese Verordnung tritt am Tage nach der Verkündung in Kraft.

Bonn, den 1. November 1975

Der Bundesminister
für Ernährung, Landwirtschaft und Forsten
J. Ertl

Ausbildungsrahmenplan für die Berufsausbildung zum Pferdewirt

I. Gesamte Ausbildungsdauer

Lfd. Nr.	Teil des Ausbildungsberufsbildes	zu vermittelnde Fertigkeiten und Kenntnisse
1	2	3
1	Arbeitsschutz und Unfallverhütung (§ 3 Nr. 12)	a) Kenntnisse der Arbeitsschutzvorschriften in Gesetzen und Verordnungen b) Kenntnisse der Vorschriften der Träger der gesetzlichen Unfallversicherung, insbesondere der Unfallverhütungsvorschriften, Richtlinien und Merkblätter c) Verhalten bei Unfällen, Erste Hilfe d) Umgehen mit Reinigungs- und Desinfektionsmitteln e) Führen von Maschinen und Geräten sowie Reiten und Fahren im Straßenverkehr
2	Umweltschutz (§ 3 Nr. 13)	a) Vermeiden von Luftverschmutzungen, Geruchs- und Lärmbelästigung b) Reinhalten von Grund- und Oberflächenwasser c) Kenntnisse der Abfallbeseitigung und Abfallverwertung d) Kenntnisse der Umwelteinflüsse im Hinblick auf die Erzeugung gesundheitlich einwandfreier Futtermittel e) Kenntnisse der Landschaftspflege

II. Erstes Ausbildungshalbjahr:

1	Versorgen, Pflegen, Führen und Transportieren von Pferden (§ 3 Nr. 1)	Füttern, Tränken, Reinigen, Führen und andere tägliche Versorgungsarbeiten
2	Körperbau, Lebensvorgänge und Verhalten der Pferde (§ 3 Nr. 2)	a) Kenntnisse des Körperbaues, der Organe und ihrer Funktionen b) Identifizieren nach Farbe und Abzeichen, Bestimmen des Alters
3	Tiergesundheit und Tierhygiene (§ 3 Nr. 3)	a) Kenntnisse der Tiergesundheit b) Prüfen von Körpertemperatur und Pulszahl
4	Bewegen und Arbeiten von Pferden (§ 3 Nr. 4)	a) Zäumen, Satteln, Anschirren, Anspannen b) Reiten und Fahren
5	Fortpflanzung, Züchtung, Vererbung und Rassenkunde (§ 3 Nr. 5)	Kenntnisse der Geschlechts- und Zuchtreife
6	Futtermittel, ihre Gewinnung, Beschaffung und Verwendung (§ 3 Nr. 6)	a) Kenntnisse der Futtermittel, der Grundnährstoffe, der Mineralstoffe und der Wirkstoffe b) Kenntnisse des Futterbaues, der Futterverwertung und der Weidepflege
7	Formen der Pferdehaltung sowie bauliche und technische Einrichtungen (§ 3 Nr. 7)	Kenntnisse der Stalleinrichtungen

Lfd. Nr.	Teil des Ausbildungsberufsbildes	zu vermittelnde Fertigkeiten und Kenntnisse
1	2	3
8	Einsetzen, Pflegen und Instandhalten von Maschinen, Geräten, Ausrüstung und Zubehör (§ 3 Nr. 8)	a) Reinigen und Pflegen von Ausrüstung und Zubehör b) Anlegen und Anpassen von Zaum, Sattel und Geschirr
9	Kenntnisse der einschlägigen Rechtskunde (§ 3 Nr. 10)	Kenntnisse der gesetzlichen Bestimmungen über den Tierschutz
10	Kenntnisse der Wirtschafts- und Sozialkunde (§ 3 Nr. 11)	Kenntnisse der Bestimmungen des Berufsbildungsgesetzes in bezug auf Ausbildungsvertrag, Ausbildungsverhältnis und Fortbildungsmöglichkeiten

III. Zweites Ausbildungshalbjahr:

1	Versorgen, Pflegen, Führen und Transportieren von Pferden (§ 3 Nr. 1)	a) Füttern, Tränken, Reinigen, Führen und andere tägliche Versorgungsarbeiten b) Frisieren und Bandagieren
2	Körberbau, Lebensvorgänge und Verhalten der Pferde (§ 3 Nr. 2)	Kenntnisse des Verhaltens und der Lebensweise des Pferdes sowie seine Ansprüche an die Umwelt
3	Tiergesundheit und Tierhygiene (§ 3 Nr. 3)	a) Kenntnisse der wichtigsten Krankheiten des Pferdes unter besonderer Berücksichtigung der anzeigepflichtigen Seuchen b) Reinigen, Desinfizieren und Bekämpfen von Ungeziefer
4	Bewegen und Arbeiten von Pferden (§ 3 Nr. 4)	a) Zäumen, Satteln, Anschirren, Anpassen b) Reiten und Fahren
5	Fortpflanzung, Züchtung, Vererbung und Rassenkunde (§ 3 Nr. 5)	a) Kenntnisse der Trächtigkeit und der Abfohlung b) Kenntnisse der züchterischen Grundbegriffe und der Vererbungsregeln
6	Futtermittel, ihre Gewinnung, Beschaffung und Verwendung (§ 3 Nr. 6)	a) Werben, Konservieren und Lagern von Futtermitteln b) Auf- und Zubereiten von Futtermitteln c) Bekämpfen von Schadorganismen
7	Formen der Pferdehaltung sowie bauliche und technische Einrichtungen (§ 3 Nr. 7)	Kenntnisse der Aufstallungsformen und des Raumbedarfs
8	Einsetzen, Pflegen und Instandhalten von Maschinen, Geräten, Ausrüstung und Zubehör (§ 3 Nr. 8)	a) Lesen und Anwenden von Betriebsanleitungen und Wartungsvorschriften b) Einsetzen, Warten und Pflegen von Maschinen und Geräten
9	Kenntnisse der betrieblichen Zusammenhänge in der Ausbildungsstätte (§ 3 Nr. 9)	Kenntnisse der Betriebsflächen und der Betriebsgebäude, ihrer Lage, Zuordnung und Nutzung
10	Kenntnisse der einschlägigen Rechtskunde (§ 3 Nr. 10)	Kenntnisse der gesetzlichen Bestimmungen über die Tierhalterhaftung
11	Kenntnisse der Wirtschafts- und Sozialkunde (§ 3 Nr. 11)	a) Kenntnisse der Bestimmungen des Berufsbildungsgesetzes in bezug auf Ausbildungsvertrag, Ausbildungsverhältnis und Fortbildungsmöglichkeiten b) Kenntnisse der schulischen Aus- und Fortbildung in der Landwirtschaft, insbesondere in der Pferdehaltung

IV. Drittes Ausbildungshalbjahr:

1	Versorgen, Pflegen, Führen und Transportieren von Pferden (§ 3 Nr. 1)	a) Versorgen des Pferdes nach der Arbeit b) Vorbereiten von Pferden für die Teilnahme an Leistungsprüfungen und anderer Veranstaltungen
2	Körperbau, Lebensvorgänge und Verhalten der Pferde (§ 3 Nr. 2)	Beurteilen von Pferden auf Grund ihres Körperbaues und ihrer Verhaltensweise

Lfd. Nr.	Teil des Ausbildungsberufsbildes	zu vermittelnde Fertigkeiten und Kenntnisse
1	2	3
3	Tiergesundheit und Tierhygiene (§ 3 Nr. 3)	a) Beachten der Hygiene und der Vorbeugemaßnahmen bei Aufzucht und Haltung b) Erkennen von Krankheitsanzeichen und Versorgen des Pferdes bis zum Eintreffen des Tierarztes
4	Bewegen und Arbeiten von Pferden (§ 3 Nr. 4)	a) Bewegen an der Longe b) Reiten und Fahren
5	Fortpflanzung, Züchtung, Vererbung und Rassenkunde (§ 3 Nr. 5)	a) Kenntnisse der wichtigsten Pferderassen b) Kenntnisse der Zuchtziele c) Kenntnisse der Entwicklung der Pferdezucht und der Zuchtgebiete
6	Futtermittel, ihre Gewinnung, Beschaffung und Verwendung (§ 3 Nr. 6)	a) Füttern der Pferde bei den verschiedenen Haltungsformen b) Berechnen, Wiegen und Schätzen von Futtermengen
7	Formen der Pferdehaltung sowie bauliche und technische Einrichtungen (§ 3 Nr. 7)	a) Kenntnisse des Stallklimas, insbesondere der Luftfeuchtigkeit, der Luftumwälzung und des Luftbedarfs b) Einrichten der Sattel- oder Geschirrkammer
8	Einsetzen, Pflegen und Instandhalten von Maschinen, Geräten, Ausrüstung und Zubehör (§ 3 Nr. 8)	a) Einsetzen, Warten und Pflegen von Maschinen und Geräten b) Ausbessern, Instandhalten von Ausrüstung und Zubehör c) Aufbewahren und Verpacken von Ausrüstung und Zubehör
8	Kenntnisse der betrieblichen Zusammenhänge in der Ausbildungsstätte (§ 3 Nr. 9)	a) Kenntnisse der Struktur der Ausbildungsstätte, der inneren und äußeren Verkehrslage b) Besatz an Arbeitskräften c) Besatz an Tieren und Maschinen
10	Kenntnisse der einschlägigen Rechtskunde (§ 3 Nr. 10)	a) Kenntnisse der gesetzlichen Bestimmungen über den Tierkauf, die Tierzucht, die Tierseuchenbekämpfung einschließlich der Tierkörperbeseitigung b) Kenntnisse der gesetzlichen Bestimmungen über den Verkehr mit Futtermitteln
11	Kenntnis der Wirtschafts- und Sozialkunde (§ 3 Nr. 11)	Kenntnisse der Behörden, Organisationen und sonstigen Einrichtungen für die Landwirtschaft

V. Viertes Ausbildungshalbjahr:

1	Versorgen, Pflegen, Führen und Transportieren von Pferden (§ 3 Nr. 1)	a) Vorbereiten von Ausrüstung und Zubehör für den Transport von Pferden b) Vorbereiten des Transportmittels c) Vorbereiten der Pferde für den Transport, Verladen, Begleiten und Versorgen
2	Körperbau, Lebensvorgänge und Verhalten der Pferde (§ 3 Nr. 2)	a) Beurteilen des Bewegungsablaufes b) Beurteilen der Leistungsmerkmale
3	Tiergesundheit und Tierhygiene (§ 3 Nr. 3)	a) Einrichten der Stallapotheke b) Behandeln von Wunden und Anlegen von Verbänden c) Kenntnisse der Hufschäden und -krankheiten d) Pflegen der Hufe und Helfen beim Beschlagen
4	Bewegen und Arbeiten von Pferden (§ 3 Nr. 4)	a) Bewegen an der Longe b) Reiten und Fahren
5	Fortpflanzung, Züchtung, Vererbung und Rassenkunde (§ 3 Nr. 5)	Kenntnisse der verschiedenen Zuchtleistungsprüfungen

Lfd. Nr.	Teil des Ausbildungsberufsbildes	zu vermittelnde Fertigkeiten und Kenntnisse
1	2	3
6	Futtermittel, ihre Gewinnung, Beschaffung und Verwendung (§ 3 Nr. 6)	a) Kenntnisse der den jeweiligen physiologischen Anforderungen entsprechenden Fütterung b) Bestimmen und Beurteilen von wirtschaftseigenen und zugekauften Futtermitteln c) Zusammenstellen von Futterrationen
7	Formen der Pferdehaltung sowie bauliche und technische Einrichtungen (§ 3 Nr. 7)	a) Kenntnisse der Stall-, Weide- und Freilandhaltung, insbesondere des Flächenbedarfs und der Koppelgröße b) Kenntnisse der Mechanisierungsmöglichkeiten
8	Einsetzen, Pflegen und Instandhalten von Maschinen, Geräten, Ausrüstung und Zubehör (§ 3 Nr. 8)	a) Einsetzen, Warten und Pflegen von Maschinen und Geräten b) Ausbessern, Instandhalten von Ausrüstung und Zubehör
9	Kenntnisse der betrieblichen Zusammenhänge in der Ausbildungsstätte (§ 3 Nr. 9)	Leistungen und Kosten im Betrieb
10	Kenntnisse der einschlägigen Rechtskunde (§ 3 Nr. 10)	Kenntnisse der allgemeinen Vorschriften und Regelungen für den Pferdesport
11	Kenntnisse der Wirtschafts- und Sozialkunde (§ 3 Nr. 11)	Kenntnisse der Behörden, Organisationen und sonstigen Einrichtungen für die Landwirtschaft

VI. Fünftes Ausbildungshalbjahr

A. in Ausbildungsstätten mit dem Schwerpunkt Pferdezucht und -haltung:

1	Versorgen, Pflegen, Führen und Transportieren von Pferden (§ 3 Nr. 1)	a) Füttern, Tränken, Reinigen, andere tägliche Versorgungsarbeiten und Transportieren b) Kenntnisse der Ernährung von Deckhengsten, Zuchtstuten, Fohlen und Jährlingen
2	Fortpflanzung, Züchtung, Vererbung und Rassenkunde (§ 3 Nr. 5)	a) Kenntnisse der Leistungsmerkmale und der Zuchtverfahren b) Vorbereiten der Bedeckung unter besonderer Berücksichtigung von Sicherheitsvorkehrungen
3	Kenntnisse der einschlägigen Rechtskunde (§ 3 Nr. 10)	Kenntnisse der rechtlichen Bestimmungen über Pferdezucht und -haltung

B. in Ausbildungsstätten mit dem Schwerpunkt Reiten:

1	Versorgen, Pflegen, Führen und Transportieren von Pferden (§ 3 Nr. 1)	a) Füttern, Tränken, Reinigen und andere tägliche Versorgungsarbeiten, insbesondere Versorgen der Reitpferde vor und nach dem Training b) Kenntnisse der Ausrüstung und des Zubehörs für das Reitpferd c) Transportieren
2	Bewegen und Arbeiten von Pferden (§ 3 Nr. 4)	a) Reiten und Springen entsprechend dem Schwierigkeitsgrad der Klasse A (Anfänger-Anforderungen) der allgemein anerkannten Regeln für die Leistungsprüfung von Pferden, insbesondere Dressurreiten, Springen, Reiten im Gelände und Jagdreiten b) Longieren und Voltigieren c) Ausbilden junger Pferde d) Kenntnisse der Ausbildungs- und Trainingsmethoden
3	Kenntnisse der einschlägigen Rechtskunde (§ 3 Nr. 10)	Kenntnisse der Organisation des Turniersports und der rechtlichen Grundlagen

Lfd. Nr.	Teil des Ausbildungsberufsbildes	zu vermittelnde Fertigkeiten und Kenntnisse
1	2	3

C. in Ausbildungsstätten mit dem Schwerpunkt Rennreiten:

1	Versorgen, Pflegen, Führen und Transportieren von Pferden (§ 3 Nr. 1)	a) Füttern, Tränken, Reinigen und andere tägliche Versorgungsarbeiten, insbesondere Versorgen der Galopprennpferde vor und nach dem Training c) Transportieren
2	Bewegen und Arbeiten von Pferden (§ 3 Nr. 4)	a) Reiten von Galopprennpferden in Ausbildung und Training, tägliches Trainieren und Üben der Renntechnik b) Kenntnisse der Ausbildungs- und Trainingsmethoden
3	Kenntnisse der einschlägigen Rechtskunde (§ 3 Nr. 10)	Kenntnisse der Organisation des Galopprennsports und der rechtlichen Grundlagen, insbesondere der Rennordnung

D. in Ausbildungsstätten mit dem Schwerpunkt Trabrennfahren:

1	Versorgen, Pflegen, Führen und Transportieren von Pferden (§ 3 Nr. 1)	a) Füttern, Tränken, Reinigen und andere tägliche Versorgungsarbeiten, insbesondere Versorgen der Trabrennpferde vor und nach dem Training b) Kenntnisse der Ausrüstung und des Zubehörs für das Trabrennfahren, insbesondere der Zäumung, Anspannung, Schutz- und Balancehilfsmittel c) Transportieren
2	Bewegen und Arbeiten von Pferden (§ 3 Nr. 4)	a) Ausbilden und Trainieren von Trabrennpferden. Einfahren von Trabrennpferden, tägliches Trainieren und Üben der Renntechnik b) Kenntnisse der Ausbildungs- und Trainingsmethoden
3	Kenntnisse der einschlägigen Rechtskunde (§ 3 Nr. 10)	Kenntnisse der Organisation des Trabrennsports und der rechtlichen Grundlagen, insbesondere der Trabrennordnung

VII. Sechstes Ausbildungshalbjahr

A. in Ausbildungsstätten mit dem Schwerpunkt Pferdezucht und -haltung:

1	Versorgen, Pflegen, Führen und Transportieren von Pferden (§ 3 Nr. 1)	a) Versorgen und Pflegen der Fohlen unter besonderer Berücksichtigung der Gewöhnung des Fohlens an den Menschen, der Bewegung des Fohlens sowie der speziellen Hufpflege b) Fütterung des Saugfohlens bis zum Absetzen
2	Fortpflanzung, Züchtung, Vererbung und Rassenkunde (§ 3 Nr. 5)	a) Kenntnisse der Trächtigkeit und der Abfohlung b) Versorgen der Mutterstute nach dem Abfohlen
3	Kenntnisse der einschlägigen Rechtskunde (§ 3 Nr. 10)	Kenntnisse der rechtlichen Bestimmungen über Pferdezucht und -haltung

B. in Ausbildungsstätten mit dem Schwerpunkt Reiten:

1	Versorgen, Pflegen, Führen und Transportieren von Pferden (§ 3 Nr. 1)	a) Füttern, Tränken, Reinigen und andere tägliche Versorgungsarbeiten, insbesondere Versorgen der Reitpferde vor und nach dem Turniereinsatz b) Zusammensetzen und Verpassen von Sattel und Zaumzeug sowie Bandagieren
2	Bewegen und Arbeiten von Pferden (§ 3 Nr. 4)	a) Reiten und Springen entsprechend dem Schwierigkeitsgrad der Klasse L (leichte Anforderungen) der allgemein anerkannten Regeln für die Leistungsprüfung von Pferden, insbesondere Dressurreiten, Springen, Reiten im Gelände und Jagdreiten, Teilnahme an Turnieren b) Ausbilden von Pferden bis zur Klasse L c) Korrigieren von Dressurpferden und Springpferden d) Kenntnisse der Ausbildungs- und Trainingsmethoden
3	Kenntnisse der einschlägigen Rechtskunde (§ 3 Nr. 10)	Kenntnisse der Organisation des Turniersports und der rechtlichen Grundlagen

Lfd. Nr.	Teil des Ausbildungsberufsbildes	zu vermittelnde Fertigkeiten und Kenntnisse
1	2	3

C. in Ausbildungsstätten mit dem Schwerpunkt Rennreiten:

1	Versorgen, Pflegen, Führen und Transportieren von Pferden (§ 3 Nr. 1)	a) Füttern, Tränken, Reinigen und andere tägliche Versorgungsarbeiten, insbesondere Versorgen der Galopprennpferde vor und nach dem Rennen b) Zusammensetzen und Verpassen von Sattel und Zaumzeug sowie Bandagieren
2	Bewegen und Arbeiten von Pferden (§ 3 Nr. 4)	a) Reiten von Galopprennpferden in Ausbildung und Training, insbesondere Anreiten von Jährlingen, tägliches Trainieren und Üben der Renntechnik b) Reiten von Galopprennpferden im Rennen und Beachten der Vorschriften über die Rennausrüstung, das Auswiegen vor und nach dem Rennen, das Verhalten im Führring, beim Aufgalopp, vor dem Start und während des Rennens c) Kenntnisse der Ausbildungs- und Trainingsmethoden
3	Kenntnisse der einschlägigen Rechtskunde (§ 3 Nr. 10)	Kenntnisse der Organisation des Galopprennsports und der rechtlichen Grundlagen, insbesondere der Rennordnung

D. in Ausbildungsstätten mit dem Schwerpunkt Trabrennfahren:

1	Versorgen, Pflegen, Führen und Transportieren von Pferden (§ 3 Nr. 1)	a) Füttern, Tränken, Reinigen und andere tägliche Versorgungsarbeiten, insbesondere Versorgen der Trabrennpferde vor und nach dem Rennen b) Zusammensetzen der Ausrüstung und Anspannen
2	Bewegen und Arbeiten von Pferden (§ 3 Nr. 4)	a) Ausbilden und Trainieren von Trabrennpferden, Einfahren von Trabrennpferden, tägliches Trainieren und Üben der Renntechnik b) Fahren von Trabrennpferden im Rennen, insbesondere Warmfahren vor dem Rennen, Verhalten am Start, Zeitmessen und Verhalten im Rennen c) Kenntnisse der Ausbildungs- und Trainingsmethoden
3	Kenntnisse der einschlägigen Rechtskunde (§ 3 Nr. 10)	Kenntnisse der Organisation des Trabrennsports und der rechtlichen Grundlagen, insbesondere der Trabrennordnung

Pferdewirtschaftsmeister

Das Ziel des vorwärtsstrebenden Pferdewirtes wird es sein, den Beruf nicht nur mit der Gehilfenprüfung abzuschließen, sondern nach einer dreijährigen hauptberuflichen Tätigkeit im Rahmen der beruflichen Fortbildung eine Meisterprüfung abzulegen. Zum Aufgabenbereich des Meisters gehört in der Regel neben dem fachlichen Können und Wissen auch die Fähigkeit, einen Betrieb zu führen und schließlich den weiteren Berufsnachwuchs auszubilden. Die Anforderungen bei den Meisterprüfungen sind hoch. Der Umfang des geforderten Könnens und Wissens spiegelt sich in der Tatsache, daß vier unterschiedliche Prüfungsteile zu bestehen sind:

1. die Fachpraxis,
2. die Fachtheorie,
3. ein wirtschaftlicher und rechtlicher Prüfungsteil,
4. ein berufs- und arbeitspädagogischer Prüfungsteil.

Die Prüfungsanforderungen in den einzelnen Teilen und Fächern sind in dieser Verordnung sehr detailliert angegeben.

Prüfungsbestimmungen

Die exakte Prüfungsabwicklung ist in der »Verordnung über die Durchführung von Abschlußprüfungen, von Meisterprüfungen sowie den Grundsätzen für die Durchführung von Zwischenprüfungen« gesichert. Diese Prüfungsdurchführungsverordnungen bzw. -bestimmungen unterstehen dem Länderrecht. Sie stimmen im großen Rahmen überein, weisen aber dennoch kleine Unterschiede auf, die in der Wirkung oft von Bedeutung sind.

Verordnung über die Anforderungen in der Meisterprüfung für den Beruf Pferdewirt und über die Anerkennung von Prüfungen zum Nachweis der fachlichen Eignung für die Berufsausbildung zum Pferdewirt

Vom 4. Februar 1980 (BGBl I S. 131)
geändert durch Verordnung vom 22. 3. 1985
(BGBl I S. 595)

Auf Grund des §81 Abs. 4 und des §80 Abs. 2 des Berufsbildungsgesetzes vom 14. August 1969 (BGBl. I S. 1112), die durch Artikel 53 Nr. 2 des Gesetzes vom 18. März 1975 (BGBl. I S. 705) geändert worden sind, und unter Berücksichtigung des §28 des Ausbildungsplatzförderungsgesetzes vom 7. September 1976 (BGBl. I S. 2658) wird im Einvernehmen mit dem Bundesminister für Bildung und Wissenschaft verordnet:

§1
Ziel der Meisterprüfung und Bezeichnung des Abschlusses

(1) Durch die Meisterprüfung ist festzustellen, ob der Prüfungsteilnehmer die notwendigen Fertigkeiten und Kenntnisse hat, einen Betrieb der in Absatz 2 genannten Teilbereiche der Pferdehaltung selbständig zu führen, die dort vorkommenden Arbeiten meisterhaft auszuführen und Auszubildende ordnungsgemäß auszubilden.

(2) Die erfolgreich abgelegte Meisterprüfung führt zum Abschluß Pferdewirtschaftsmeister – Teilbereich Pferdezucht und -haltung, Reitausbildung, Galopprenntraining oder Trabrenntraining.

§2
Gliederung der Meisterprüfung

(1) Die Meisterprüfung umfaßt
1. einen praktischen Teil,
2. einen fachtheoretischen Teil,
3. einen wirtschaftlichen und rechtlichen Teil,
4. einen berufs- und arbeitspädagogischen Teil.

(2) Die Meisterprüfung ist nach Maßgabe der Absätze 3 und 4 sowie der §§3 bis 6 im praktischen Teil in Form eines Arbeitseinsatzes, in den in Absatz 1 Nr. 2 bis 4 genannten Teilen schriftlich und mündlich, außerdem im fachtheoretischen Teil in Form einer Meisterprüfungsarbeit und im berufs- und arbeitspädagogischen Teil in Form einer praktischen Unterweisung durchzuführen.

(3) In der mündlichen Prüfung soll der Prüfungsteilnehmer in einem Prüfungsgespräch nachweisen, daß er in der Lage ist, bestimmte berufstypische Situationen zu erkennen, ihre Ursachen zu klären und sachgerechte Lösungsvorschläge zu machen. Der Prüfungsausschuß kann den Prüfungsteilnehmer von der mündlichen Prüfung in dem Prüfungsteil befreien, in dem er eine sehr gute schriftliche Leistung erbracht hat. §6 Abs. 4 Satz 2 bleibt unberührt.

(4) Wird die schriftliche Prüfung programmiert durchgeführt, so kann ihre Dauer vom Prüfungsausschuß gekürzt werden.

(5) Prüfungsteilnehmer, die die Meisterprüfung in einem anderen Beruf bestanden haben, können auf Antrag durch den Prüfungsausschuß von Prüfungsteilen oder Prüfungsfächern befreit werden, wenn die anderweitig abgelegte Prüfung den Anforderungen dieser Verordnung insoweit entspricht.

§3
Prüfungsanforderungen im praktischen Teil

(1) In der praktischen Prüfung ist ein Arbeitseinsatz durchzuführen.

(2) Der Arbeitseinsatz soll nicht länger als vier Stunden dauern. Er umfaßt Planung und Durchführung von Arbeiten im Betrieb in einem der nachstehenden Teilbereiche:
Pferdezucht und -haltung,
Reitausbildung,
Galopprenntraining oder
Trabrenntraining.
Der Prüfungsteilnehmer kann den Teilbereich wählen. Er soll die Planung der Arbeiten, soweit dieses von der Art der jeweiligen Arbeit her möglich ist, vorher schriftlich niederlegen.

(3) Im Arbeitseinsatz soll der Prüfungsteilnehmer in dem jeweiligen Teilbereich Fertigkeiten in folgenden Prüfungsfächern nachweisen:
1. Im Teilbereich Pferdezucht und -haltung:
   a) Stallarbeiten (Halten, Pflegen und Füttern), Arbeiten im Gestüt,
   b) Vorstellen und Identifizieren von Pferden,
   c) Mustern und Beurteilen von Pferden,
   d) Beurteilen, Berechnen und Schätzen von Futtermitteln,
   e) Frisieren und Bandagieren von Pferden.
2. Im Teilbereich Reitausbildung:
   a) Dressurreiten auf Trense,
   b) Dressurreiten Klasse M auf Kandare,
   c) Springreiten Klasse M, Geländereiten,
   d) Longieren und Arbeiten an der Hand,
   e) Praktische Unterrichtserteilung,
   f) Beurteilen, Berechnen und Schätzen von Futtermitteln, Füttern.
3. Im Teilbereich Galopprenntraining:
   a) Vorbereiten des Pferdes für Training und Rennen,
   b) Versorgen des Pferdes nach Training und Rennen,
   c) Unterweisen, Anleiten und Berichtigen der Reiter in Training und Rennen,
   d) Beurteilen, Berechnen und Schätzen von Futtermitteln, Füttern,
   e) Frisieren und Bandagieren von Pferden.
4. Im Teilbereich Trabrenntraining:
   a) Vorbereiten des Trabers für Training und Rennen,
   b) Versorgen des Trabers nach Training und Rennen,
   c) Unterweisen und Anleiten der Fahrer in Training und Rennen,
   d) Beurteilen, Berechnen und Schätzen von Futtermitteln, Füttern,
   e) Beurteilung, Spezialhufbeschlag und Beschirrung des Trabers.

§4
Prüfungsanforderungen im fachtheoretischen Teil

(1) Die Prüfung im fachtheoretischen Teil erstreckt sich in dem gemäß §3 Abs. 2 gewählten Teilbereich auf folgende Prüfungsfächer:
1. Im Teilbereich Pferdezucht und -haltung:
   a) Pferdezucht,

b) Futter und Fütterung,
c) Pferdekunde,
d) Tiergesundheit und -hygiene,
e) Haltung, Technik, Arbeitswirtschaft.
2. Im Teilbereich Reitausbildung:
a) Reitlehre,
b) Unterrichtserteilung, Sportlehre,
c) Haltung, Fütterung und Züchtung,
d) Tiergesundheit und -hygiene.
3. In den Teilbereichen Galopprenntraining und Trabrenntraining:
a) Training und Trainingsmethoden,
b) Rennen,
c) Haltung, Fütterung und Züchtung,
d) Tiergesundheit und -hygiene.

(2) Die Meisterprüfungsarbeit soll als schriftliche Hausarbeit erteilt werden. Für ihre Anfertigung wird ein Zeitraum von zwölf Wochen zur Verfügung gestellt. Bei der Aufgabenstellung sollen Vorschläge des Prüfungsteilnehmers berücksichtigt werden. Es sind Aufgaben zu stellen, die zu der Tätigkeit des Prüfungsteilnehmers in der Pferdehaltung in bezug stehen.

(3) In den einzelnen Prüfungsfächern können geprüft werden:
1. Prüfungsfach Pferdezucht
a) Vererbung,
b) Bedeckung, Trächtigkeit und Abfohlung,
c) Aufzucht und Vermarktung,
d) Zuchtziele, Zuchtverfahren,
e) Leistungsprüfungen bei Hengsten und Stuten, Eintragungsbestimmungen der Zuchtverbände.
2. Prüfungsfach Futter und Fütterung
a) Futtermittel und deren Beurteilung,
b) Futterbau, Weidewirtschaft,
c) Futterplanung, Futterrationen,
d) Fütterungstechnik.
3. Prüfungsfach Pferdekunde
a) Körperbau des Pferdes und seine Beurteilung,
b) Organe und ihre Funktionen,
c) Verhaltensweisen und Umweltansprüche,
d) Altersbestimmung und Identifizierung,
e) Pferderassen.
4. Prüfungsfach Tiergesundheit und -hygiene
a) Infektiöse und parasitäre Krankheiten,
b) Fütterungsbedingte Krankheiten, sportspezifische Schäden, Hauptmängel,
c) Gesundheitsvorsorge, Seuchenabwehr,
d) Erste Hilfe,
e) Hufpflege und Beschlag.
5. Prüfungsfach Haltung, Technik, Arbeitswirtschaft
a) Haltungsformen,
b) Stallbau, bauliche Anlagen,
c) Technische Einrichtungen, Maschinen, Geräte,
d) Arbeitsverfahren, Arbeitsbedarf,
e) Arbeitsschutz, Unfallverhütung.
6. Prüfungsfach Haltung, Fütterung und Züchtung
a) Haltungsformen, Arbeitswirtschaft,
b) Arbeitsschutz, Unfallverhütung,
c) Futtermittel, Futterrationen, Fütterungstechnik,
d) Vererbung, Zuchtverfahren, Aufzucht,
e) Zuchtziele, Exterieurbeurteilung.
7. Prüfungsfach Reitlehre
a) Ausbildung von Reiter und Pferd in allen Disziplinen bis zur Klasse S,
b) Aufbau von Parcours, Geländeritten und Reitjagden,
c) Longieren, Arbeit an der Hand, Freispringen, Fahren.
8. Prüfungsfach Unterrichtserteilung, Sportlehre
a) Grundsituation der Unterrichtserteilung,
b) Organisations- und Unterweisungsformen,
c) Kriterien der Unterrichtserteilung in der Reitbahn,
d) Allgemeine Sportlehre gemäß den Rahmenrichtlinien des Deutschen Sportbundes für die Trainer-A-Lizenz,
e) Voltigieren.
9. Prüfungsfach Training und Trainingsmethoden
a) Ausbildung,
b) Konditions- und Leistungstraining,
c) Arbeit in den verschiedenen Gangarten,
d) Behandlung des Pferdes vor und nach der Trainingsarbeit,
e) Behandlung des Pferdes vor und nach dem Rennen.
10. Prüfungsfach Rennen
a) Arten der Rennen und Gewichtserlaubnisse,
b) Durchführung der Rennen,
c) Ausschreibungen und Nennungen,
d) Sonstige Bestimmungen des Pferderennsports.

(4) Die schriftliche Prüfung soll nicht länger als vier Stunden, die mündliche Prüfung soll für den einzelnen Prüfungsteilnehmer nicht länger als 45 Minuten dauern.

§ 5

Prüfungsanforderungen im wirtschaftlichen und rechtlichen Teil

(1) Die Prüfung im wirtschaftlichen und rechtlichen Teil erstreckt sich auf folgende Prüfungsfächer:
1. Wirtschaftslehre,
2. Rechnungswesen,
3. Rechts- und Sozialwesen.

(2) In den einzelnen Prüfungsfächern können geprüft werden:
1. Prüfungsfach Wirtschaftslehre
a) Betriebs- und Arbeitsorganisation,
b) Betriebsanalyse und Betriebsplanung,
c) Investitionen und Finanzierungsfragen,
d) Markt und Absatz, insbesondere Vermarktungseinrichtungen,
e) Grundkenntnisse der Volkswirtschaft und der Wirtschaftspolitik.
2. Prüfungsfach Rechnungswesen
a) Kostenrechnung,
b) Buchführung und Bilanz,
c) Betriebserfolg,
d) Lohnberechnung,
e) Geld- und Kreditwesen.
3. Prüfungsfach Rechts- und Sozialwesen
a) Für den Bereich der Pferdezucht und -haltung sowie des Pferdesports wesentliche Rechtsvorschriften, insbesondere über Tierzucht, Tierhalterhaftung, Tierschutz, Tierseuchenbekämpfung einschließlich Tierkörperbeseitigung, Umweltschutz, Rennwettrecht sowie einschlägige Bestimmungen der jeweiligen Fachorganisationen, ferner besonders wichtige Schuldverhältnisse wie Kauf, Pacht und Rechtsvorschrift aus dem Nachbarrecht und dem Erbrecht.
b) Aufbau und Aufgaben der für die Pferdezucht und -haltung sowie den Pferdesport wichtigen Behörden und Organisationen.
c) Arbeitsrecht, soweit es nicht nach § 6 Abs. 2 Nr. 4 geprüft wird, insbesondere Arbeitsvertrags- und Tarifvertragsrecht, Betriebsverfassungsrecht, Arbeitszeit- und Urlaubsrecht, Arbeitsschutz- und Arbeitsgerichtsverfahrensrecht.
d) Versicherungswesen:
aa) Sozialversicherung: Kranken-, Renten-, Arbeitslosen- und Unfallversicherung, Altershilfe für Landwirte,
bb) Privatversicherung: Lebens-, Sach-, Kranken-, Unfall- und Haftpflichtversicherung, Pferdelebensversicherung.

e) Steuerwesen:
  aa) Steuerarten: Grundsteuer, Umsatzsteuer, Einkommensteuer einschließlich Lohnsteuer, Vermögensteuer, Gewerbesteuer, Erbschaftsteuer, Zollvorschriften.
  bb) Steuerverfahren: Steuertermine, Steuerpflichten, insbesondere Steuererklärung, Steuerstundung und Steuererlaß, Rechtsmittel.

(3) Die schriftliche Prüfung soll nicht länger als vier Stunden, die mündliche Prüfung für den einzelnen Prüfungsteilnehmer nicht länger als 45 Minuten dauern.

§ 6

Prüfungsanforderungen im berufs- und arbeitspädagogischen Teil

(1) Die Prüfung im berufs- und arbeitspädagogischen Teil erstreckt sich auf folgende Prüfungsfächer:
1. Grundfragen der Berufsbildung,
2. Planung und Durchführung der Ausbildung,
3. Der Jugendliche in der Ausbildung,
4. Rechtsgrundlagen der Berufsbildung.

(2) In den einzelnen Prüfungsfächern können geprüft werden:
1. Prüfungsfach Grundfragen der Berufsbildung
   a) Aufgaben und Ziele der Berufsbildung im Bildungssystem, individueller und gesellschaftlicher Anspruch auf Chancengleichheit, Mobilität und Aufstieg, individuelle und soziale Bedeutung von Arbeitskraft und Arbeitsleistung, Zusammenhänge zwischen Berufsbildung und Arbeitsmarkt,
   b) Betriebe, überbetriebliche Einrichtungen und berufliche Schulen als Ausbildungsstätten im System der beruflichen Bildung,
   c) Aufgabe, Stellung und Verantwortung des Ausbildenden und des Ausbilders.
2. Prüfungsfach Planung und Durchführung der Ausbildung
   a) Ausbildungsinhalte, Ausbildungsberufsbild, Ausbildungsrahmenplan, Prüfungsanforderungen,
   b) Didaktische Aufbereitung der Ausbildungsinhalte:
      aa) Festlegen von Lernzielen, Gliederung der Ausbildung,
      bb) Festlegen der lehrgangs- und produktionsgebundenen Ausbildungsabschnitte, Auswahl der betrieblichen und überbetrieblichen Ausbildungsplätze, Erstellen des betrieblichen Ausbildungsplans,
   c) Zusammenarbeit mit der Berufsschule, der Berufsberatung und dem Ausbildungsberater,
   d) Lehrverfahren und Lernprozesse in der Ausbildung:
      aa) Lehrformen, insbesondere Unterweisen und Üben am Ausbildungs- und Arbeitsplatz, Lehrgespräch, Demonstration von Ausbildungsvorgängen,
      bb) Ausbildungsmittel,
      cc) Lern- und Führungshilfen,
      dd) Beurteilen und Bewerten.
3. Prüfungsfach Der Jugendliche in der Ausbildung
   a) Notwendigkeit und Bedeutung einer jugendgemäßen Berufsausbildung,
   b) Leistungsprofil, Fähigkeiten und Eignung,
   c) typische Entwicklungserscheinungen und Verhaltensweisen im Jugendalter, Motivation und Verhalten, gruppenpsychologische Verhaltensweisen,
   d) betriebliche und außerbetriebliche Umwelteinflüsse, soziales und politisches Verhalten Jugendlicher,
   e) Verhalten bei besonderen Erziehungsschwierigkeiten des Jugendlichen,
   f) gesundheitliche Betreuung des Jugendlichen einschließlich der Vorbeugung gegen Berufskrankheiten, Beachtung der Leistungskurve, Unfallverhütung.
4. Prüfungsfach Rechtsgrundlagen der Berufsbildung
   a) Die wesentlichen Bestimmungen des Grundgesetztes, der jeweiligen Landesverfassung und des Berufsbildungsgesetzes,
   b) die wesentlichen Bestimmungen des Arbeits- und Sozialrechts sowie des Arbeitsschutz- und Jugendschutzrechts, insbesondere des Arbeitsvertragsrechts, des Betriebsverfassungsrechts, des Tarifvertragsrechts, des Arbeitsförderungs- und Ausbildungsförderungsrechts, des Jugendarbeitsschutzrechts und des Unfallschutzrechts,
   c) die rechtlichen Beziehungen zwischen dem Ausbildenden, dem Ausbilder und dem Auszubildenden.

(3) Die schriftliche Prüfung soll in der Regel insgesamt fünf Stunden dauern und aus je einer unter Aufsicht anzufertigenden Arbeit aus den in Absatz 2 Nr. 2 bis 4 aufgeführten Prüfungsfächern bestehen.

(4) Die mündliche Prüfung soll die in Absatz 2 Nr. 1 bis 4 genannten Prüfungsfächer umfassen und je Prüfungsteilnehmer in der Regel eine halbe Stunde dauern. Außerdem soll vom Prüfungsteilnehmer eine praktische Unterweisung von Auszubildenden durchgeführt werden, die auch im praktischen Teil der Prüfung erfolgen kann. Wird der Prüfungsteilnehmer nach § 2 Abs. 3 von der mündlichen Prüfung im berufs- und arbeitspädagogischen Teil befreit, so ist die praktische Unterweisung nach Satz 2 durchzuführen.

(5) Von der Prüfung kann auf Antrag durch den Prüfungsausschuß freigestellt werden, wer nachweist, daß er vor einer zuständigen Stelle oder einer öffentlichen oder staatlich anerkannten Bildungseinrichtung eine Prüfung abgelegt hat, die den Prüfungsanforderungen der Absätze 1 bis 4 entspricht.

§ 7

Bestehen der Meisterprüfung

(1) Die vier Prüfungsteile sind gesondert zu bewerten. Für jeden Prüfungsteil ist das arithmetische Mittel aus den Bewertungen für die einzelnen Prüfungsfächer zu bilden; dabei ist im fachtheoretischen Teil die Bewertung für die Meisterprüfungsarbeit sowie im berufs- und arbeitspädagogischen Teil die Bewertung für die praktische Unterweisung einzubeziehen. Sind in einem Prüfungsfach schriftliche und mündliche Prüfungsleistungen erbracht worden, so ist aus den Bewertungen für diese Leistungen das arithmetische Mittel zu bilden; schriftliche und mündliche Prüfungsleistungen haben das gleiche Gewicht. Das Ergebnis der Bewertungen ist in den Prüfungsteilen, den Prüfungsfächern, der Meisterprüfungsarbeit und der praktischen Unterweisung in Noten auszuweisen.

(2) Die Prüfung ist bestanden, wenn der Prüfungsteilnehmer in jedem Prüfungsteil mindestens die Note »ausreichend« erzielt hat; dies gilt nicht, wenn mindestens ein Prüfungsfach, die Meisterprüfungsarbeit oder die praktische Unterweisung mit »ungenügend« oder mehr als einer der vorgenannten Prüfungsbestandteile mit »mangelhaft« benotet worden ist.

§ 8

Wiederholung der Meisterprüfung

(1) Eine Meisterprüfung, die nicht bestanden ist, kann zweimal wiederholt werden.

(2) In der Wiederholungsprüfung ist der Prüfungsteilnehmer auf Antrag von der Prüfung in einzelnen Prüfungsteilen und -fächern zu befreien, wenn seine Leistungen darin in einer vorangegangenen Prüfung mindestens mit der Note »ausreichend« bewertet worden sind, und er sich innerhalb von zwei Jahren, gerechnet vom Tage der Beendigung der nichtbestandenen Prüfung an, zur Wiederholungsprüfung anmeldet.

§ 9

Übergangsvorschrift

(1) Bei Inkrafttreten dieser Verordnung laufende Prüfungsverfahren werden nach den bisherigen Vorschriften zu Ende geführt.

(2) Die bis zum Inkrafttreten dieser Verordnung vor den jeweiligen

Trägerverbänden des Pferdereit- und Pferderennsports sowie der Vollblutzucht nach den allgemein anerkannten Regeln
1. des Reitsports abgelegten Prüfungen zum Berufsreitlehrer (FN),
2. des Galopprenn- und Trabrennsports abgelegten Prüfungen zum Trainer,
3. der Vollblutzucht abgelegten Prüfungen zum Gestütsmeister

werden zum Nachweis der für die fachliche Eignung erforderlichen beruflichen Fertigkeiten und Kenntnisse als Prüfungen im Sinne des § 80 Abs. 1 Nr. 3 des Berufsbildungsgesetztes für den Ausbildungsberuf Pferdewirt anerkannt.

§ 10

Berlin-Klausel

Diese Verordnung gilt nach § 14 des Dritten Überleitungsgesetzes in Verbindung mit § 112 des Berufsbildungsgesetzes auch im Land Berlin.

§ 11

Inkrafttreten

Diese Verordnung tritt am Tage nach der Verkündung in Kraft.

Bonn, den 4. Februar 1980

Der Bundesminister
für Ernährung, Landwirtschaft und Forsten
J. Ertl

Eignung der Ausbildungsstätte. Durch Bundesverordnung ist wiederum geregelt, welche Voraussetzungen an einer Ausbildungsstätte für die Berufsausbildung zum Pferdewirt gesichert sein müssen. Diese Verordnung ist seit 1980 in Kraft und weist erfreulicherweise in einzelnen Punkten klare Normen und Vorstellungen auf.

Verordnung über die Eignung der Ausbildungsstätte für die Berufsausbildung zum Pferdewirt

Vom 4. Februar 1980 (BGBl. I S. 136)

Auf Grund des § 82 Abs. 2 des Berufsbildungsgesetzes vom 14. August 1969 (BGBl. I S. 1112), der durch Artikel 53 Nr. 2 des Gesetzes vom 18. März 1975 (BGBl. I S. 705) geändert worden ist, und unter Berücksichtigung des § 28 des Ausbildungsplatzförderungsgesetzes vom 7. September 1976 (BGBl. I S. 2658) wird im Einvernehmen mit dem Bundesminister für Bildung und Wissenschaft verordnet:

§ 1

Mindestanforderungen an die Einrichtung und den Bewirtschaftungszustand

(1) Die Ausbildungsstätte muß ein Betrieb der Pferdehaltung (Betrieb für Pferdezucht und -haltung, Reiten, Rennreiten oder Trabrennfahren) sein, der nach seiner Einrichtung und seinem Bewirtschaftungszustand die Voraussetzung dafür bietet, daß dem Auszubildenden die in der Verordnung über die Berufsausbildung zum Pferdewirt vom 1. November 1975 (BGBl. I S. 2719) geforderten Fertigkeiten und Kenntnisse vermittelt werden können. Eine stetige Anleitung muß gewährleistet sein.

(2) Ausbildende haben einen Abdruck der Verordnung über die Berufsausbildung zum Pferdewirt und die Prüfungsordnung an geeigneter Stelle im Betrieb zur Einsicht auszulegen oder auszuhändigen.

(3) Die Ausbildungsstätte muß Gewähr dafür bieten, daß die Vorschriften des Jugendarbeitsschutzgesetzes, die Unfallverhütungsvorschriften und sonstige Vorschriften zum Schutze des Auszubildenden eingehalten werden können.

(4) Ein Betrieb ist als Ausbildungsstätte ungeeignet, wenn über das Vermögen des Inhabers ein Konkurs- oder ein Vergleichsverfahren eröffnet ist.

§ 2

Mindestanforderungen an den Pferdebestand sowie an die Gebäude und baulichen Anlagen

In den Ausbildungsstätten für die einzelnen Schwerpunkte des Berufs Pferdewirt müssen folgende Anforderungen an den Pferdebestand sowie an die Gebäude und baulichen Anlagen erfüllt sein:

1. In Ausbildungsstätten mit dem Schwerpunkt Pferdezucht und -haltung:
   Bestand von mindestens fünf in ein Zuchtbuch eingetragenen Zuchtstuten mit Nachwuchs oder ein Gesamtbestand von mindestens 15 Pferden, wovon mindestens drei in ein Zuchtbuch eingetragene Zuchtstuten sein müssen. In Vollblutzuchtbetrieben ist außerdem die Haltung eines Deckhengstes erforderlich.
2. In Ausbildungsstätten mit dem Schwerpunkt Reiten:
   a) Bestand von mindestens acht Pferden, wovon mindestens drei in Dressur und Springen den Anforderungen des Schwierigkeitsgrades der Klasse L der allgemein anerkannten Regeln des Reitsports entsprechen und für die Ausbildung zur Verfügung stehen müssen,
   b) gedeckte Reitbahn sowie außenliegender Dressurplatz (Mindestmaße jeweils 20 × 40 m) und ein Springplatz,
   c) Ausbildungsmöglichkeiten im Geländereiten.
3. In Ausbildungsstätten mit dem Schwerpunkt Rennreiten oder dem Schwerpunkt Trabrennfahren:
   a) Bestand von mindestens zehn Pferden im Training,
   b) räumliche Anbindung an eine Galopp- bzw. Trabrennbahn oder eine geeignete Trainierbahn, so daß ein geordnetes Training möglich ist.

§ 3

Ausnahmeregelung

Eine Ausbildungsstätte, die den Anforderungen dieser Verordnung nicht in vollem Umfang entspricht, kann für die Ausbildung befristet anerkannt werden, wenn dies nach den regionalen Strukturverhältnissen notwendig ist und sichergestellt ist, daß eine erforderliche Ausbildungsmaßnahme außerhalb der Ausbildungsstätte durchgeführt werden kann.

§ 4

Berlin-Klausel

Diese Verordnung gilt nach § 14 des Dritten Überleitungsgesetzes in Verbindung mit § 112 des Berufsbildungsgesetzes auch im Land Berlin.

§ 5

Inkrafttreten

Diese Verordnung tritt am Tage nach der Verkündung in Kraft.

Bonn, den 4. Februar 1980

Der Bundesminister
für Ernährung, Landwirtschaft und Forsten
J. Ertl

Tierhaltung, Tierschutz, Tierzucht

Tierschutzgesetz

Jeder, der beim Ausüben seines Berufes mit lebenden Tieren zu tun hat, muß in wichtigen Grundzügen das Tierschutzgesetz kennen. Vor dem Gesetz ist das Pferd von der Sache zum Mitgeschöpf erhoben worden. Zum Erreichen eines wirtschaftlichen Erfolges oder eines sportlichen Zweckes darf es nicht mißhandelt werden.
Wichtig bei der Anwendung dieses Gesetzes ist ein Standpunkt, der aus der Vernunft entspringt. Alle echten Tierquälereien sind zu verurteilen. Das darf jedoch nicht dazu führen, daß bei jeder Peitschenhilfe hysterische Zuschauerstimmen das Geschehen bestimmen. Die Erziehung und Ausbildung des Pferdes basiert auf dem Gedächtnis, nämlich auf der Erinnerung an Lohn und Strafe.
Im rechten Maß, zur rechten Zeit, mit den richtigen Mitteln wird der erfahrene und beherrschte Ausbilder die Grenze von der Strafe zur Quälerei bestimmt nicht überschreiten.
Die wichtigsten Teile des Tierschutzgesetzes sind:

- die Regelung der Tierhaltung
- Bestimmungen über das Töten von Tieren
- deren Verwendung für Versuchszwecke
- Tierhandel
- Schaustellergewerbe
- namentlich auch der Reit- u. Fahrbetrieb.

Der Gesetzestext in seiner Fassung vom 17. 02. 1993 ist auf Seite 218 ff. wiedergegeben.

Tierzuchtgesetz

Tierzucht und damit auch Pferdezucht sind ein wirtschaftlicher Betriebszweig, der am Bruttosozialprodukt beteiligt ist. Jeder Züchter, der planvoll auf Leistung züchtet, die Gesetzmäßigkeit der Vererbung einkalkuliert und seine Jungtiere nach besten physiologischen Erkenntnissen aufzieht, bedarf aus eigenem Interesse keiner Reglementierung. Für alle übrigen setzt das Gesetz jedoch die Norm auf, daß die Qualität der Landeszucht stets verbessert werden muß und dazu nur Zuchttiere Verwendung finden können, die über dem Durchschnitt der Landeszucht liegen. Ein bisher wichtiger Schritt zu dieser Verbesserung waren die Körungen. Im Rahmen der Angleichung an europäische Verhältnisse sind sie aus dem Gesetzesbereich in die Bestimmungen der Züchtervereinigungen übergegangen. Gesetzliche Kriterien für die Zuchtverbesserung sind besonders die Eigenleistung, Nachkommensleistung und beim Warmblutpferd die Turnierleistungen geworden. Eine der wesentlichen Voraussetzungen für die Zuchtverbesserung ist die Zuchtbuchführung; diese lag ohnehin bereits in den Händen der Zuchtverbände. Klar geregelt sind im Tierzuchtgesetz die Erlaubnis zur Besamung und die Bestimmungen für Besamungsstationen. Die Pflicht des Staates für eine entsprechende Vatertierhaltung oder die Möglichkeit zur Besamung ist enthalten.
Der Gesetzestext in seiner Fassung vom 22. 03. 1994 ist im Anhang auf Seite 227 ff. zu finden.

Tierkörperbeseitigung

Das Tierkörperbeseitigungsgesetz, das seit dem Jahre 1975 in Kraft ist, gilt für Tierkörper, Tierkörperteile und für tierische Produkte, wie z. B. Milch, Fleisch und Eier. Nicht zutreffend ist dieses Gesetz für radioaktiv verunreinigte Tierkörper und -teile, für die Sonderregelungen und Gesetze bestehen. Die Grundtendenz dieses Gesetzes ist die unschädliche Beseitigung, wobei keine Nachteile für Mensch, Tier, Gewässer, Boden und Umwelt entstehen dürfen. Die Aufgabe dieser Beseitigung übernehmen die sogenannten Tierkörperbeseitigungsanstalten – früher Abdeckereien –, die alle Groß- und Kleintiere unschädlich entsorgen. In Ausnahmefällen sind davon einzelne Kleintiere ausgenommen, die auf geeigneten eigenen Grundstücken wenigstens 50 cm tief vergraben werden können. Die Anmeldung zur Beseitigung muß verpflichtend der Besitzer unverzüglich vornehmen. Die Abholung bei Großtieren besorgt die Tierkörperbeseitigungsanstalt. Bei Kleintieren besteht eine eventuelle Ablieferungspflicht durch den Besitzer. Bis zur Abholung ist der Besitzer verpflichtet, den Tierkörper unzerlegt aufzubewahren. Ca. 70% der festen Bestandteile des Tierkörpers werden zu Tiermehl, etwa 30% zu Tierfett verarbeitet. Weitere anfallende Bestandteile, wie z. B. Borsten, Federn, Häute, Haare,

Hörner, Knochen, werden an verarbeitende Betriebe geleitet (Gelatine, Leim, Tierfutterkonserven, pharmazeutische Produkte).

Tierseuchengesetz (v. 22. 02. 91, BGBl. I S. 461)

Die als anmeldepflichtig bzw. anzeigepflichtig geltenden Viehseuchen haben alle ein akutes Krankheitsbild. Im Regelfall wird der Tierarzt hinzugezogen und leitet Maßnahmen zur Verhütung bzw. weiteren Verbreitung der Seuchen in die Wege. Dennoch muß jeder, der berufsmäßig mit der Haltung von Pferden und deren Umgang zu tun hat, wissen, welche Erkrankungen zu den anmelde- bzw. anzeigepflichtigen Seuchen zählen, um durch entsprechende Sofortmaßnahmen großen Schaden und weitere Ausdehnung zu verhindern. Im Gesetzestext sind die für die Pferde relevanten Seuchen und die entsprechenden Bestimmungen für die Anzeige zusammengefaßt.

Anzeigepflichtige Seuchen beim Pferd (anzeigepflichtig ist der Besitzer oder Betreuer)

Milzbrand	Räude der Einhufer
Rauschbrand	Afrikanische Pferdepest
Rotz	Ansteckende Blutarmut
Beschälseuche der Pferde	Tollwut

Meldepflichtige Krankheiten beim Pferd

Ansteckende Gehirn-Rückenmarkentzündung der Einhufer (Bornasche Krankheit)	Ansteckende Metritis (CEM)
	Leptospirose
	Toxoplasmose

Reiten und Fahren im öffentlichen Straßenverkehr

Das Pferd und selbstverständlich das Gespann werden im Gesetz den Fahrzeugen zugeordnet. Alle Verkehrszeichen, die für Fahrzeuge gelten, gelten für den Reiter und das Gespann. Dementsprechend ist oberstes Gebot für Reiter oder Fahrer (wie für jeden anderen Verkehrsteilnehmer), sich so zu verhalten, daß kein anderer »gefährdet, geschädigt oder mehr als den Umständen entsprechend behindert oder belästigt wird« (§ 1 StVO). Das bedeutet auf öffentlichen Wegen und Straßen: Bewegung auf der rechten Straßenseite rechts, Vorfahrten beachten, Zeichen beim Abbiegen geben, das Tempo des Gespannes oder des Pferdes so einrichten, daß alles unter vollkommener Kontrolle ist.
Voraussetzungen sind: Absolut verkehrssichere Pferde, technisch einwandfreie Wagen – Bremsen, Deichsel, Räder, Drehkranz –, überprüftes und zuverlässiges Geschirr bzw. Ausrüstung des Pferdes. Gespanne haben großen Abstand zu anderen vorausfahrenden Gespannen oder anderen Fahrzeugen zu halten. Für den Kutschwagen gelten folgende Beleuchtungsvorschriften: mindestens eine weiße Leuchte nach vorne, maximal 1,50 m über dem Boden, maximal 40 cm innerhalb der Außenbegrenzung des Fahrzeuges bzw. Gespannes, mindestens eine rote Leuchte nach hinten (bei gleichen Abständen auf der Rückseite des Wagens sind mindestens zwei Rückstrahler vorgeschrieben, die nicht über 90 cm über der Fahrbahn sein dürfen, Außenabstand 40 cm wie oben). Nach der StVO gelten für den Reiter zwei besondere Verkehrszeichen:

1. Gebotsschild für den Reitweg, weißer Reiter auf blauem Kreis
2. Verbotsschild für Reiter und Pferd, schwarzer Reiter auf weißem Grund mit rotem Rand.

Alle übrigen Gebots- und Verbotsschilder für Fahrzeuge oder Einbahnschilder gelten analog.

Nur bis zu 4 Pferde dürfen gekoppelt geführt werden. Ein Reiter darf maximal 2 Handpferde mitführen – wer schon mit Handpferden geritten ist, weiß, daß dies bereits lebensgefährlich ist, und ein kritischer Gutachter wird bei mehr als einem Handpferd die Sicherheit nicht mehr gewährleistet finden. Im Verband gehende Reiter einer Abteilung dürfen keinen längeren Zug als 25 m bilden, das sind ca. 5 Pferde bei einem Abstand von 2,5 m hintereinander. Zwischen den einzelnen Verbänden muß ein Abstand von 25 m eingehalten werden. Im Gegensatz zum Treiben von Vieh ist das Treiben von Pferden auf öffentlichen Straßen und Wegen verboten.

Eine immer wieder gesehene Übertretung ist das Führen von Pferden von Fahrzeugen aus (Radfahrer mit Pferd am Zügel!). Bei Einbruch der Dunkelheit wie bei allgemein schlechter Sicht besteht für den Reiter eine Beleuchtungspflicht. Dieser Pflicht kann Genüge geleistet werden mit einer Lampe, die der erste bzw. letzte Reiter auf der linken Seite trägt oder mit einer »Stiefelleuchte«, die nach vorne weißes und nach hinten rotes Licht abstrahlt. Zusätzliche Leuchtgamaschen, die auftreffendes Licht reflektieren, erhöhen die Sicherheit.

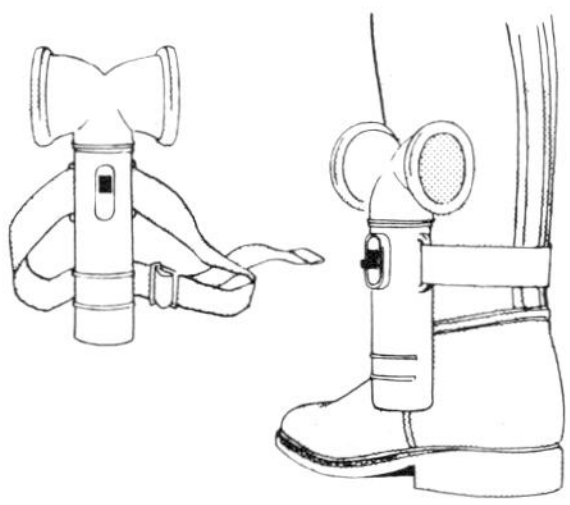

Sicherheitslampe für den Stiefelschaft

Vordere Leuchte: gelb
Rückwärtige Leuchte: rot

Reiten in freier Natur

Gesetzlich wird das Reiten und Fahren in Feld und Wald bundeseinheitlich durch das Bundeswaldgesetz vom 2. Mai 1975 (BGBl. I S. 1037) und das Gesetz über Naturschutz und Landschaftspflege – Bundesnaturschutzgesetz – vom 23. Dezember 1976 (BGBl. I S. 3573) geregelt. Neben dieser Bundesregelung, die als Rahmen gilt, haben die Länder teilweise detaillierte Verordnungen hinzugefügt. Man ist den Reitern teilweise dahin entgegengekommen, daß man spezielle Reitwege mit geeignetem Boden als »Nur-Reitwege« ausgeschildert hat. Andernorts müssen Reitpferde und Gespanne mit Nummern versehen werden, wenn sie außerhalb der befriedeten Anlage bewegt werden, um so die Identität von Reiter und Fahrer zu sichern. Grundsätzlich gilt, daß im Außenbereich nur auf öffentlichen Wegen geritten bzw. gefahren werden darf. Abseits der Wege, in Wiesen, Feldern, besonders auch im Wald, besteht für den Reiter kein Betretungsrecht. Dies gilt insbesondere für nicht als Wege befestigte Waldschneisen, Öd- und Unlandflächen oder gar für Jungwald oder Wildeinstände. Das Fehlverhalten und die Rüpelhaftigkeit einzelner Reiter wird bedauerlicherweise der gesamten Zunft angelastet, die so beim Land- und Forstwirt in Mißkredit gerät. Daß der Jäger, der die Natur genauso nutzt wie der Reiter (und im Gegensatz zu diesem die Nutzung sogar bezahlt), es nicht schätzt, wenn im Zeitraum einer Stunde vor bzw. einer Stunde nach Sonnenuntergang seine Aktivitäten vom Reiter gestört werden (Bundesnaturschutzgesetzt, Recht auf Naturgenuß und Erholung Art. 21, Benutzung von Wegen Art. 23, 24, 25), ist verständlich.

Die Benutzung von nichtöffentlichen Wegen

Sie ziehen den Reiter an, da sie sich meist in freier Natur befinden. Auf diesen Wegen ist der Verkehr mit Kraftfahrzeugen verboten. Bundeswald- und Bundesnaturschutzgesetz ermöglichen zum Zwecke der Erholung das Wandern,

Für Freizeitreiter gilt, daß nur öffentliche Wege oder besonders ausgewiesene Reitwege in Feld und Wald benützt werden dürfen.

das Reiten und das Radfahren, soweit keine entsprechenden Verbotsschilder aufgestellt sind und der Besitzer es gestattet. In vielen Länderregelungen ist diese Nutzung allerdings speziell für den Reiter eingeschränkt.
Allgemein gültige Verhaltensregelungen, die kein Gesetz, aber der gute Anstand und Ton vorschreibt, sind:
- daß man Fußgänger, Radfahrer und andere Erholungssuchende nicht im vollen Galopp passiert
- daß man Kinder und Mütter mit Kinderwagen nicht daherpreschend erschreckt
- daß man Rastende nicht mit einem Sprung über den Picknickkorb überrascht
- daß man Ruhezeiten und Ruheplätze des Wildes beachtet
- daß man gemäß BGB-Tierhalter- und Tierhüterhaftung für alle verursachten Schäden aufkommt.

Tierhalterhaftung

Das BGB regelt in § 833 wie folgt: »Wird durch ein Tier ein Mensch getötet oder der Körper oder die Gesundheit verletzt oder eine Sache beschädigt, so ist derjenige, welcher das Tier hält, verpflichtet, dem Verletzten den daraus entstehenden Schaden zu ersetzen ...«

Futtermittelgesetz

Es befaßt sich verständlicherweise überwiegend mit der Fütterung von Tieren, die selbst oder deren Produkte unmittelbar für den menschlichen Genuß vorgesehen sind. Die aktuelle Neufassung der Futtermittelvervordnung v. 11. 11. 92 (BGBl. I Nr. 53 v. 21. 11. 92) beinhaltet den derzeitigen Stand:
Die Bereiche
- Einzelfuttermittel
- Zusatzstoffe
- Schadstoffe

sind darin EG-einheitlich erfaßt. Zwei wichtige Punkte betreffen den Pferdehalter:
1. Das Gesetz schützt den Tierhalter vor Täuschung und Irreführung beim Kauf von Futtermitteln.
2. Es sichert Gesundheit und Leistungsfähigkeit der Tiere.

Bei Futtermitteln bzw. Mischfuttermitteln sind folgende Angaben zur gesetzlichen Vorschrift geworden:
- Bezeichnung,
- Inhaltsstoffe,
- Zusatzstoffe,
- Hersteller oder Händler,
- Monat und Jahr der Herstellung,
- Hinweise für den sachgerechten Einsatz.

Besondere Vorschriften und Empfehlungen für Pferdemischfutter*

Fohlen	Fohlenstarter	Rohprotein min. 15% Rohfaser max. 10% Ca:P etwa 2:1
Pferde	Ergänzungsfutter für Pferde	Rohprotein min. 10% Ca:P etwa 2:1 Aufbauend auf die Grundfutterration sollten Pferde bei leichter Arbeit 2 kg je Tag bei mittlerer Arbeit 4 kg je Tag bei schwerer Arbeit 6 kg je Tag Kraftfutterbeifütterung bekommen
	Mineralfutter für Pferde	Calcium min. 12% Phosphor zwischen 4 und 8% Eisen min. 500 mg Mineralfutter soll täglich bis 200 g verfüttert werden.

* Die besonderen Vorschriften bzw. Empfehlungen beziehen sich bei allen Tierarten in der Regel auf die für Mischfutter nach Normtyp festgesetzten Gehaltswerte

Viehhandelsgesetz

Die Viehgewährschaft ist im Rahmen des bürgerlichen Gesetzbuches (BGB) geregelt. Darin wird zwischen einer gesetzlichen und einer vertraglichen Haftung unterschieden. Die gesetzliche Haftung umfaßt beim Pferd die Hauptmängel und die festen Gewährsfristen. Eine vertragliche Haftung kann nur dann in Anspruch genommen werden, wenn eine entsprechende Vereinbarung getroffen wurde. Sie bezieht sich in der Regel auf die sogenannten Nebenmängel und auf Eigenschaften, die beim Handel zugesichert wurden. Auch sogenannte verborgene Mängel können in einem Vertrag angesprochen sein, und der Verkäufer haftet für eine Frist von 6 Wochen, wenn kein längerer Zeitraum vereinbart wurde – bei Vorsatz und betrügerischer Absicht sogar 30 Jahre. Eine Anfechtung erfolgt immer entsprechend den Artikeln des bürgerlichen Gesetzbuches. Bei den in der Zucht und im Sport oft wertvollen Pferden ist heute in der Regel ein offizieller Kaufvertrag üblich. Ein Teil dieses Vertrages ist meist ein ärztliches Gutachten – Ankaufsuntersuchung – einschließlich Röntgenaufnahmen. Aber auch heute gilt im Pferdehandel noch der Handschlag als vertragliche Vereinbarung über einen Pferdekauf.

Sozialgesetze, Personal- und Arbeitsrecht

Grundsätzlich muß jeder Beschäftigte wissen, daß er bei der Einstellung an einer neuen Arbeitsstelle verpflichtend zwei Unterlagen vorzulegen hat:

1. eine Steuerkarte
2. den Sozialversicherungsnachweis.

Bei der Berechnung des Lohnes bzw. der Ausbildungsvergütung des Beschäftigten wird vom sogenannten Bruttolohn die Lohnsteuer einbehalten. Der vom Arbeitnehmer zu entrichtende Sozialversicherungsanteil wird beim Arbeitgeber in gleicher Höhe fällig und an den Sozialversicherer abgeführt. Bei der Berechnung der Lohnkosten ist dieser Anteil zum Bruttogehalt des Beschäftigten hinzuzuzählen. Außerdem entrichtet der Arbeitgeber für den Betrieb den Beitrag an die Berufsgenossenschaft, die eine Unfallversicherung für alle Beschäftigten des Betriebes bietet. Die Pferdebetriebe sind der Landwirtschaftlichen Berufsgenossenschaft, der Verwaltungsberufsgenossenschaft oder der Genossenschaft der Fahrzeughalter zugegliedert. Der an den Sozialversicherer abzuführende Betrag = Sozialversicherung setzt sich zusammen aus Kranken-, Renten- und Arbeitslosenversicherung. Die jeweiligen Beträge sind zu finden in:

1. Lohnsteuertabelle
2. Tabelle für Sozialversicherungsbeiträge.

Sofern der Arbeitgeber – bei den meisten Ausbildungsbetrieben ist dies üblich – zusätzlich Unterkunft und Verpflegung gewährt, so ist auch dieser Betrag vom Bruttolohn abzuziehen und seine Höhe in der Sozialversicherungsbeitragstabelle unter der Rubrik »Sachbezüge in der Sozialversicherung« zu finden.

Arbeitsgericht

Alle Probleme zwischen Arbeitgeber und Arbeitnehmer, die aus dem Beschäftigungsverhältnis herrühren, werden, soweit der Rechtsweg beschritten wird, vor den Arbeitsgerichten geklärt. Das Arbeitsrecht, die Bestimmungen der Berufsausbildung und die tarifrechtlichen Vereinbarungen sind aufeinander abgestimmt.

Tarifrecht

Vereinbarungen bezüglich der Höhe der Vergütung, der Dauer der Arbeitszeit, der Länge des Urlaubs sowie Sonderrechte und Sondervergütungen werden im sogenannten Tarifrecht geregelt. Die Tarife sind Verhandlungsergebnisse der Vertreter der Arbeitgeber- und Arbeitnehmerseite. Diese beschließen einen sogenannten Rahmentarif, der alles Grundsätzliche regelt – die einzelnen Punkte eignen sich hervorragend für den Abschluß eines Arbeitsvertrages –, und einen Gehaltstarif, der in der Regel jährlich gekündigt wird und neue Tarifverhandlungen voraussetzt.
Wichtige Punkte des Tarifvertrages sind:
- Anstellung
- Einstufung in entsprechende Gehaltsklassen
- Arbeitszeit

– Urlaub
– Kündigung

Klare Arbeitsverträge sind die Grundlage von geordneten Arbeitsverhältnissen.

Vereinsrecht

Dieses Recht kommt im Bereich Zucht für die Zuchtgenossenschaften, im Bereich des Reitsportes für die Reitvereine, die sowohl als Unternehmer in Reitanlagen auftreten, wie als Veranstalter von Pferdeleistungsschauen wirken, in Frage. Auch bei den Rennsportveranstaltungen der Traber und Galopper treten als Ausschreiber und Veranstalter der Rennen eingetragene Vereine auf.

Erfordernisse für die Gründung eines Vereins

1. Gründung in einer Versammlung mit mindestens 7 volljährigen Mitgliedern
2. Errichtung einer Satzung
    1. Name und Sitz des Vereins
    2. Zugehörigkeit zu LSB und Regionalverband Reiten
    3. Zweck des Vereins – Sport, Jugendförderung, Naturschutz
    4. Gemeinnützigkeitsstreben
    5. offene Mitgliedschaft
    6. Aufnahmeverfahren der Mitglieder
    7. Erlöschen der Mitgliedschaft
    8. Rechte und Pflichten der Mitglieder
    9. Beiträge – wer bestimmt die Höhe
    10. Organe des Vereins
        Mitgliederversammlung
        Ausschuß (Beirat)
        Vorstand
        BGB – Vertretung
    11. Rechnungslegung und Revision
    12. Anerkenntnis LPO, APO, Hinweis Tierschutzgesetz
        Strafmöglichkeit des Vereins
    13. Satzungsänderungen
    14. Auflösung des Vereins
3. Eintragung der Satzung beim zuständigen Registergericht über einen Notar
4. Finanzamt – Beantragung der Gemeinnützigkeit
5. Aufnahme in den Landessportbund o. ä.
6. Aufnahme in den Reiterverband o. ä.

Rechtliche Grundlagen für den Arbeitsschutz und die Unfallverhütung

Beim Umgang mit dem Pferd ist die Zahl der Unfälle bedauerlicherweise sehr hoch. Viele neu hinzukommende Personen, die mit Tieren generell und mit den Pferden im besonderen nie Umgang hatten, sind ein erhöhter Unfallrisikofaktor. Der härter werdende Wettkampf in den einzelnen Reit- und Fahrsportdisziplinen ist zudem Ursache steigender Unfallzahlen. Selbst bei der Verrichtung einfacher Arbeiten passieren täglich in den Pferdeställen, Reit- und Trainieranlagen genügend Unfälle. Alle Beteiligten müssen der Sicherheit vermehrte Aufmerksamkeit schenken! Die Berufsgenossenschaften sind die Institution, deren Aufgabe die Unfallverhütung ist.

Die wesentlichen Grundsätze sind in den »Allgemeinen Unfallverhütungsvorschriften« zusammengefaßt. Folgende Schwerpunkte sollen helfen, das Unfallrisiko zu verringern und die Arbeitskraft der Beschäftigten zu erhalten:

– Schutzkleidung
– Schutzausrüstung
– Unterweisung und Aufklärung der Beschäftigten
– Überwachung der Anlagen durch technische Aufsichtspersonen
– Vermeidung von Alkoholgenuß am Arbeitsplatz
– Sicherheitskennzeichnungen
– Schutz der Beschäftigten vor Lärm, Hitze, Staub, Gasen und Strahlung

Für Pferdebetriebe kommen die nachfolgenden Bereiche in Frage.

Stall: Boden rutschfest, Stallgasse breit genug, Türen und Tore breit genug, keine in die Stallgasse ragenden Einrichtungen und Geräte, Absicherung von Glasfenstern, gesicherte Leitungen und Schalter (gemäß VDE), Sicherheitseinrichtungen an Treppen, Leitern und Abwurfluken auf den Heuböden, Sicherung von Spiegeln in den Reithallen. Für die Außenanlagen gilt: Einfriedung der Gesamtanlage bzw. der Springplätze mit geeigneten Stangen.

Bei Umgang mit den Pferden gilt: Pferde ansprechen, Berührung immer von vorne nach hinten, Führen von Pferden nur mit geeigneten

Trensen oder Halfter mit Führzügel bzw. Seil, Steigergebiß. Beim Anhängen vermeiden, daß das Pferd in die Anhängevorrichtung steigen kann, lösbare Knoten anbringen oder mit Panikhaken befestigen; beim Bandagieren bzw. Verbinden immer von der Seite her arbeiten, nie von vorne oder von hinten.
Die Unfallverhütungsvorschriften schreiben bei allen Pflegearbeiten und beim Hufschmied Sicherheitsschuhe mit eingearbeiteten Stahlkappen vor. Beim Reiten, insbesondere beim Springen und im Gelände, ist eine splittersichere Reitkappe (DIN 33951) vorgeschrieben. Für Brillenträger gilt es, eine Sportbrille oder Brille mit Befestigungsmöglichkeit zu verwenden. Bei der Ausrüstung gelten folgende Punkte als besonders sicherheitsgefährdend: Zaumzeug und Zügel, Sattelstrupfen und Sattelgurt, Sattelbaum, Bügelriemen und Bügel, Fahrleinen, Aufhalteriemen oder Ketten sowie Zugstränge. Laufende Sicherheitsüberprüfungen und entsprechende Pflege müssen für absolute Sicherheit sorgen. Zum Ausreiten wie zur Jagd dürfen nur Personen beteiligt werden, die von ihrer reiterlichen Ausbildung her unter normalen Umständen in der Lage sind, ihr Pferd sicher zu beherrschen. Die Kennzeichnung von Pferden in der Gruppe, die zum Auskeilen neigen, ist eine rote Schleife an der Schweifwurzel; sie signalisiert dem Dahinterreitenden, daß das Pferd des Vordermannes von hinten keine Bedrängung verträgt. Besondere Gründe zur Unfallverhinderung liegen auch beim Transportieren von Pferden vor. Tempo, soweit nicht anders geregelt, im Ort 50 km/h, Landstraße 80 km/h, Autobahn 80 km/h gem. StVO. Sicherheit des Fahrzeuges, Eignung und Erfahrung des Fahrers, entsprechende Verladung und Ausrüstung des zu transportierenden Pferdes sind eine Voraussetzung.
Genauso gelten allgemeine Unfallverhütungsvorschriften für den Bereich der Feuerverhütung, der Verhütung von Wasserschäden bzw. der Verhütung von Stromschäden. Jede Ausbildungsstätte und jeder ordnungsgemäß geführte Pferdebetrieb wird im Falle eines Falles mit entsprechendem Verbandszeug für seine Bediensteten ausgestattet sein. Die Berufsgenossenschaften schreiben für den Pferdebetrieb einen Sanitätskasten gemäß EF DIN 13169 (groß) vor.

Umweltschutz

Umweltschutz und Umweltbelastung

Unter diesem Themenbereich finden wir viele aktuelle Probleme. Sie sind nicht an einzelne Berufszweige gebunden, sondern beschäftigen alle, die gesamte Menschheit. Das Ansteigen der Weltbevölkerung, die immer dichter werdende Besiedelung, die Industrialisierung, der hohe Lebensstandard und der damit ständig wachsende Bedarf an Energie haben lebensbedrohliche Kriterien geschaffen, an die vor einigen Jahrzehnten noch niemand gedacht hat.

Ökosysteme. Der Erhalt der Ökosysteme in ihrem natürlichen Gleichgewicht hängt von einer ungestörten Beziehung von Pflanzen und Tieren ab. Diese wiederum unterliegen dem Einfluß der chemisch-physikalischen Standortfaktoren, wie Klima, Wasser und Boden. In den Ökosystemen liegen die einzelnen Biotope, d. h. Lebensräume, für bestimmte Pflanzen- und Tiergemeinschaften. Je gesünder ein Ökosystem, desto belastbarer ist es, was die Umwelteinflüsse angeht. Bereits angeschlagen, wird es jedoch rasch aus seinem biologischen Gleichgewicht geworfen und fällt dem nächsten massiven Angriff zum Opfer.

Emission und Immision. Diesen Schlagworten begegnen wir laufend im Zusammenhang mit vielen Umweltproblemen. Emission ist der Ausstoß aller die Umwelt schädigenden Wirkstoffe. Sie können flüssig, gasförmig oder fest sein; aber auch Lärm, Störlicht, Wärme, biologische und chemische oder Strahlenemissionen gehören erwähnt.

Immission. Unter der Immission versteht man die Einwirkung all dieser Schadstoffe und physikalischen Störfaktoren auf die Luft, auf den Boden, auf das Wasser, auf Pflanze, Tier und Mensch.

Umweltpolitik. Der Schutz der Umwelt ist eine Aufgabe der Politik, aber auch des einzelnen. Folgende Bereiche seien angesprochen:

Erhaltung der Ökosysteme. Der Schutz der Pflanzen- und Tierwelt im allgemeinen und der Schutz spezieller Arten – Naturschutzgesetz – gehört zu diesem Bereich. Mit ihm soll nicht nur für uns, sondern auch für unsere Nachkommen neben der Existenzgrundlage der Naturgenuß und die Erholung sichergestellt sein.

Gewässerschutz. Der lebensnotwendige Stoff Wasser bedarf eines besonderen Schutzes. In diesem Bereich spielen die Waschmittel (Tenside/Phosphate) wie die Düngemittel aus der Landwirtschaft (Phosphate/Nitrate) als wesentliche Störfaktoren mit. Entsprechender Schutz und weiterführende Forschung haben die Aufgabe, für die Zukunft zu sorgen. Extensivere Wirtschaftsweise ist ein Schritt.

Bodenschutz. Die Beeinträchtigung durch Schadstoffe, der Erhalt der Bodenertragsfähigkeit, die Verhinderung von Erosion durch Wasser, Wind und Störung des Grundwasserstandes sind in diesem Bereich die Hauptaufgaben. Aus der Landwirtschaft wirken hier störend: versickernde Jauche, Überdüngung, nicht vorschriftsmäßig entsorgte Mineralöle, Spritzmittel und Chemikalien jedweder Art (enge Verbindung zum Grundwasser).

Umwelthygiene. Problemschwerpunkte sind die Schwermetalle, besonders das Blei aus dem Kraftverkehrsausstoß, die Fluorchlorkohlenwasserstoffe (FCKW) mit verheerender und noch nicht absehbarer Wirkung für die Zukunft. Entsprechendes Handeln der Regierungen aller Länder und Kontinente, aber auch eines jeden einzelnen, ist dringend angezeigt. Parasiten, Mikroorganismen, Krankheitserreger kommen hinzu. Die Gefahren von Genmanipulationen im Bereich der Züchtung von Pflanzen und Tieren dürfen hierbei nicht übersehen werden.

Luftreinhaltung. Zum Begriff der Luftreinhaltung wurden bereits einige Verursacher als Störfaktoren angesprochen; das sind der Straßenverkehr, die Energieerzeugung, Industrie und Gewerbe, Hausbrand, Landwirtschaft.
Ein besonderes Problem stellen die Fluorchlorkohlenwasserstoff-Gase (FCKW) aus den Treibgasbehältnissen dar, die als wesentlicher Verursacher des Ozonloches am Südpol gelten. Die ultraviolette Strahlung der Sonne kann dadurch ungefiltert auf die Erdoberfläche gelangen.

Lärmschutz. Hier gilt die Bekämpfung nicht nur dem Luftverkehrs- und dem Straßenverkehrslärm. Die Freizeitaktivitäten wie Reitsport, Fahrsport und Rennsport sind für die nächsten Anwohner nicht unbedingt immer erwünscht, sondern werden oft als bedeutender Störfaktor betrachtet.

Abfallwirtschaft. Für die Kommunen der Orte und besonders der Großstädte ist die Beseitigung des Mülls ein kostenaufwendiges und schwer lösbares Problem. Mit der Sondermüllabtrennung, mit spezieller Verwertung von Autowracks, Altreifen, Glas, Metall usw. beginnen erste Fortschritte (Recycling).

Strahlenschutz. Seit dem Unfall in Tschernobyl wird dem Strahlenschutz und der Lagerung bzw. Wiederaufbereitung von Kernmaterial in der Öffentlichkeit ein besonderes Augenmerk gewidmet. Kernkraftwerke, Forschungsreaktoren und Röntgenstrahlen gehören zu diesem Komplex. Selbst die Überwachung der natürlichen Umweltradioaktivität muß in diesen Bereich einbezogen werden.

Für den Pferdebetrieb seien nochmals einige wichtige Punkte zusammengestellt:
- Keine Jauche in Boden, Abwasser oder fließende bzw. stehende Gewässer ableiten;
- keine Chemikalien, Desinfektionsmittel auf gleiche Weise »entsorgen«;
- beim Warten der Maschinen die verbrauchten Öl- und Schmiermittel zu den offiziellen Altölverwertungsstellen bringen;
- Planung von Dungstätten, Kompostanlagen und ähnlichem so vorsehen, daß die unmittelbare Nachbarschaft durch Gerüche und Fliegen nicht belästigt wird;
- Anlage von Reitplätzen, Parkplätzen bei Reitschulen derart von Wohnbereichen abschirmen, daß die oft in die Nacht reichende Nutzung dieser Plätze nicht eine erhöhte Lärmbelästigung der Anlieger nach sich zieht.

Es ist im Kleinen wie im Großen Aufgabe von uns allen, die Werte der Natur zu erhalten.

Naturschutz

Zu unserer Umwelt gehören Pflanzen und Tiere. Unter ihnen gibt es inzwischen sehr viele, die selten geworden und vom Aussterben bedroht sind. Sie zu bewahren ist unsere Aufgabe.

Die bekanntesten Tiere und Pflanzen, die vom Aussterben bedroht und deshalb geschützt sind

Tiere:
- Alle Singvögel (mit einzelnen Ausnahmen)
- Alle Tag- und Nachtgreife (ganzjährig geschützt lt. Jagdgesetz)
- Fledermäuse
- Igel
- Garten-, Baum- und Siebenschläfer, Haselmaus, Spitzmäuse
- Eidechsen und Blindschleiche
- Molche und Salamander
- Kröten, Unken, Laubfrosch
- Segelfalter, Apollofalter
- Hirschkäfer, Alpenbock
- Rote Waldameise

Pflanzen:
- Farne, Hirschzunge
- Türkenbundlilie
- Feuerlilie, Blaue Schwertlilie
- Schachbrettblume
- Alle einheimischen Orchideen, z. B. Frauenschuh, Knabenkraut, Waldvögelein, Ragwurzarten, Kohlröserl
- Pfingstnelke
- Seerose
- Küchenschelle, Alpenanemone
- Seidelbast
- Fingerhut
- Edelweiß, Enzian, Alpenrosen, Aurikel

Fachrechnen

Anforderungen: Sie sind in allen Schwerpunkten gleich. Individuell zugeschnitten auf die einzelnen Schwerpunkte werden besonders Geschwindigkeits- und Distanzberechnungen für die praktische Anwendung im Trainings-, Wettkampf- und Rennbereich. Allgemeine Rechenbücher stehen den Auszubildenden an den Fachberufsschulen bzw. Blockschulen für Pferdewirte zur Verfügung.

Formelsammlung

Bei den praxisbezogenen Rechnungen kommen besonders die nachstehenden Formeln und Umrechnungsfaktoren in Anwendung:

Flächen (Fläche = A):

Quadrat: $A = s^2$ $\quad U = 4 \times s$

Rechteck: $A = l \times b$ $\quad U = 2l + 2b$

Parallelogramm: $A = l \times h$ $\quad U = 2a + 2b$

$U = s + s + s + s$

Trapez: $A = \frac{g_1 + g_2}{2} \times h$

Kreis: $A = r^2 \times 3{,}14$ oder $\frac{d^2}{4} \times 3{,}14$

$U = d \times 3{,}14$

Kreisring: $A = A_1 - A_2$

oder $(r_1^2 - r_2^2) \times 3{,}14$

Dreieck: $A = \frac{g \times h}{2}$ $\quad U = s + s + s$

Umrechnungsfaktor für Flächen:
Faktor 100

1 ha – 100 a – 10 000 m^2

1 m^2 – 100 dm^2 – 10 000 cm^2 – 1 000 000 mm^2

1 Tgw – 3407 m^2 $\quad$ 1 ha – 2,94 Tgw

Raum (Volumen = V):

Würfel: $V = s^3$

Quader: $V = l \times b \times h$

Zylinder: $V = r^2 \times 3{,}14 \times h$

Kegel: $V = \frac{A \times h}{3}$

Pyramide: $V = \frac{A \times h}{3}$

(Dreieck- bis Sechseckpyram.)

Pyramiden- u. Kegelstumpf: $V = \frac{A_1 + A_2}{2} \times h$

Umrechnung Raummaße: Faktor 1000

1 m³ – 1000 dm³ – 1 Mio cm³ – 1 Mrd mm³

1 dm³ – 1 l 1 cm³ – 1 ml 1 hl – 100 l

1 t – 1000 kg 1 dt – 100 kg 1 m³ – 10 hl

Elektrizität:

Leitung = Spannung · Stromstärke

$P = U \cdot I$

Energie = Leistung · Zeit

$W = P \cdot t$

$$\text{Widerstand} = \frac{\text{Spannung}}{\text{Stromstärke}}$$

$$R = \frac{U}{I}$$

Ladung = Stromstärke · Zeit

$Q = I \cdot t$

Beispiele aus Prüfungsaufgaben

1.

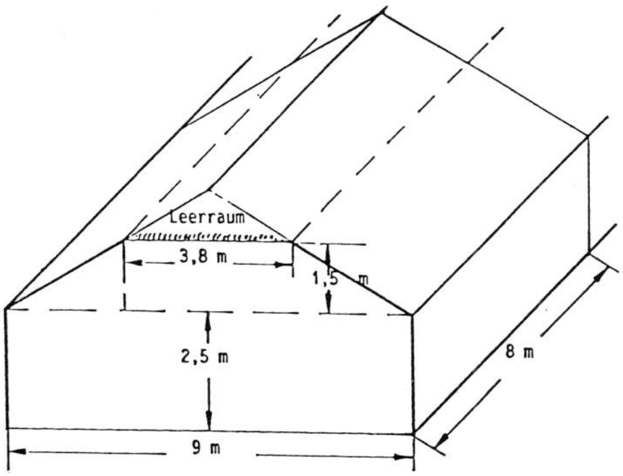

Der hier skizzierte Teil eines Stalldachraums dient der Heulagerung. Die Preßheuballen haben folgende Durchschnittsmaße:
L = 80 cm, B = 50 cm, H = 35 cm, 1 Ballen wiegt 12,4 kg

a) Wieviel Ballen können rechnerisch gelagert werden? (Ballenzahl auf Zehner runden.)

2. Sie kaufen Baumaterialien zur Instandsetzung Ihrer Stallgebäude. Die Materialien kosten 6476,34 DM. In dieser Summe ist die derzeit handelsübliche Mehrwertsteuer von 14% und ein Barzahlungsrabatt (Skonto) von 3% enthalten.
   a) Wieviel DM beträgt die MWST.-Summe, die Sie in Ihrer Buchführung gesondert ausweisen?
   b) Wieviel DM beträgt der Barzahlungsrabatt? Rechnungen auf 3 Stellen berechnen!

3. Hafer wird mit einem Futterwagen verteilt. Der Aufsatz des Futterwagens hat folgende Ausmaße:
   L = 1,80 m
   B = 1,25 m
   H = 0,60 m
   a) Wieviel Hafer ist in dem eben gefüllten Kasten, wenn das hl-Gewicht 47 kg beträgt. (Quetschhafer!)
   b) Jedes Pferd erhält zweimal täglich einen Eimer = 4,8 l von diesem Quetschhafer. Wie hoch ist die Tagesration?
   c) Für wie viele Tage reicht der Vorrat im Wagen, wenn 17 Pferde zu versorgen sind?

4. Zur Weidepflege wird in einem Betrieb eine Wiesenwalze aus Eisen, die innen hohl ist, verwendet. Das notwendige Walzengewicht beträgt je 1 m Walzenbreite 12 dt (dz).

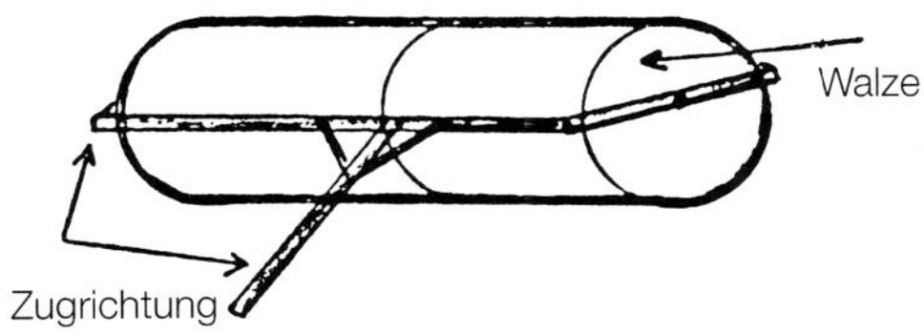

Die Walze hat folgende Maße:
Außendurchmesser: 126,5 cm
Breite: außen 2 m
Wandstärke (Eisen): 1,5 m (Seiten und Mantel der Walze)
Gewicht der Zugeinrichtung: 270 kg
Spez. Gewicht von Eisen = 7,86 = 1 dm³ ≙ 7,86 kg

   a) Wie schwer ist die leere Walze einschließlich Zugeinrichtung?
   b) Wieviel Liter Wasser muß in die Walze eingefüllt werden, um den für die Weidepflege notwendigen Bodendruck zu erzeugen?

5. Für die Anlage einer Trabrennbahn mit einer Bahnbreite von 30 m soll die Bahnfläche berechnet werden. Die Pläne zeigen folgende Angaben:
   L = 350 m
   r 1 = 79,6 m
   r 2 = 109,6 m

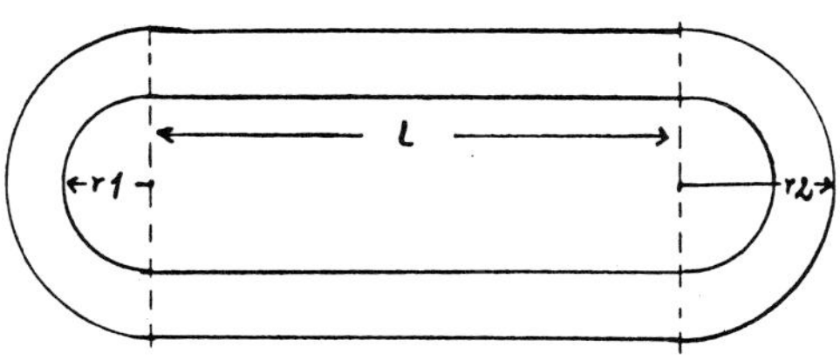

Berechnen Sie die Bahnfläche und die Innenfläche!
Rechnungen auf 2 Stellen berechnen!

6. Durch Abnahme von mehr als 3000 Strohballen ermäßigt sich der Preis von 12,00 DM/dt auf 10,80 DM/dt (ohne MWSt). 3 Trainer beschließen gemeinsam, 4500 Strohballen zu beziehen und sie entsprechend der Pferdebestandszahlen zu verteilen.
A betreut 35, B 24 und C 16 Pferde.
   a) Wieviel Ballen erhalten die einzelnen Betriebe?
   b) Berechnen Sie die Kostenersparnis für jeden Betrieb unter Einbeziehung von 7% MWSt.
   Durchschnittsgewicht der Ballen: 9,8 kg.
   c) Errechnen Sie den Lagerraumbedarf für die einzelnen Betriebe. Ein Ballen umfaßt 0,15 m³.

7. Überprüfe,
   a) ob die Futterration den Bedarf des Pferdes deckt;
   b) ob das Ca/P-Verhältnis im Bereich 1:1 bis 3:1 liegt:
   c) welchen Preis die Futterration für 1 Pferd im Monat (30,5 Tage) hat!

Angaben:

Futtermittel	Menge Tag	Energie MJ/kg	Protein g/kg	Ca g/kg	P g/kg	Preis DM/dt
Heu	5	7,2	50	5,0	2,5	33
Hafer	3	11,5	87	1,0	3,2	60
Mais	1,5	13,6	68	0,3	2,8	56
Möhren	3	1,5	10	0,5	0,4	28

Berechnung:

Heu					
Hafer					
Mais					
Möhren					
Summe					
Bedarf	88	440-	26	16	
a) Abweichung					

b) Das Ca/P-Verhältnis beträgt:
c) Preis der Ration pro Monat:

8. Ein Pferdewirt hat mit seinem Arbeitgeber einen Stundenlohn von 14,25 DM bei 40 Wochenstunden vereinbart.
   a) Berechne den monatlichen Bruttolohn.
   b) Wie hoch ist der zu versteuernde Lohn, wenn der Arbeitgeber- u. Arbeitnehmeranteil für
   die Krankenversicherung 12,9%
   die Rentenversicherung 18,7%
   und Arbeitslosenversicherung 4,3%
   ausmacht.
   c) Der Nettolohn ergibt sich dann nach Abzug der Lohnsteuer (24%) und der Kirchensteuer (8% aus der Lohnsteuer berechnet).

9. In einem Rundsilo (siehe Skizze) ist Hafer eingelagert. Hafer hat ein Raumgewicht von 455 kg/m³. Wieviel dt Hafer sind in dem Silo enthalten, wenn die oberen 1,5 m des Behälters nicht gefüllt sind?

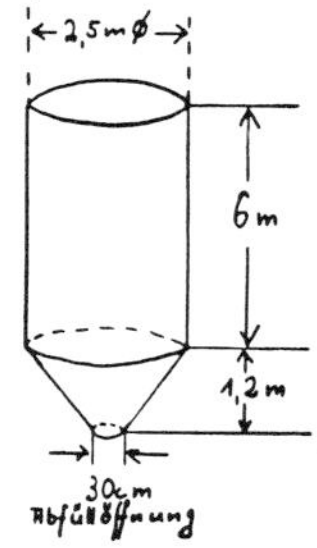

10.

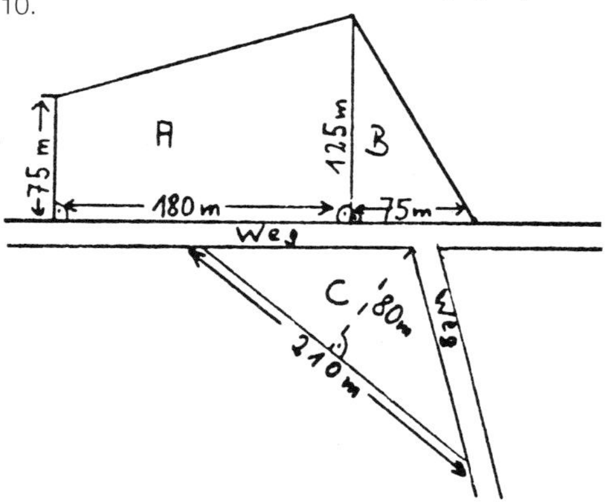

Ein Betrieb möchte zu den Flächen A und B (siehe Skizze oben) das Grundstück C vom Nachbarbetrieb dazu pachten.
   a) Um wieviel m² würde sich die Gesamtfläche damit vergrößern?
   b) Wieviel Prozent macht dies aus?

Wirtschafts- und Sozialkunde

Wirtschaftskunde

Unter dem Gesichtswinkel der Gegenwart hat das Pferd zusätzlich Bedeutung erhalten. Neben dem fiskalischen Wert der Zuchtpferde und Jungpferde, die im Rahmen des Gesamtvermögens der Landwirtschaft zum Volksvermögen zählen, kommen aktuelle Bereiche:

- Gestaltung und Erhaltung der Umwelt (Extensivnutzung),
- Entlastung bestimmter Produktionszweige im EG-Marktbereich (Milchüberproduktion),
- Einsatz des Pferdes im Therapie- und Rehabilitationsbereich körperlich und geistig Behinderter (Hippotherapie).

In Zahlen können für diese Bereiche keine Angaben gemacht werden. Ihre Werte für den Menschen der Gegenwart, besonders für den einzelnen Betroffenen, sind aber unbestritten unermeßlich.

Pferdebestand der Welt

Land/Kontinent	1961–65	1974	1982	1989/90	1992
Afrika	3 532 000	3 550 000	3 666 000	4 732 000	4 642 000
Nordamerika	11 335 000	17 291 000	19 576 000	14 105 000	14 333 000
Südamerika	16 062 000	17 314 000	13 038 000	13 899 000	14 889 000
Asien	15 729 000	13 973 000	17 292 000	17 086 000	16 457 000
Europa	10 595 000	6 503 000	5 253 000	4 253 000	4 245 000
Ozeanien/Australien	690 000	583 000	649 000	496 000	477 000
UdSSR	8 960 000	6 848 000	5 570 000	5 890 000	5 800 000
Welt	66 903 000	66 062 000	65 044 000	60 461 000	60 843 000

Maultierbestand der Welt

Land/Kontinent	1961–65	1974	1982	1989/90	1992
Afrika	1 910 000	2 082 000	2 125 000	1 339 000	1 377 000
Nordamerika	2 227 000	3 184 000	3 548 000	3 658 000	3 683 000
Südamerika	5 546 000	5 830 000	2 974 000	3 281 000	3 401 000
Asien	2 299 000	2 264 000	5 082 000	6 062 000	6 180 000
Europa	1 833 000	847 000	533 000	383 000	351 000
Ozeanien/Australien	–	–	–	–	–
UdSSR	4 000	3 000	–	1 000	1F
Welt	13 819 000	14 210 000	14 262 000	14 724 000	14 973 000

Eselbestand der Welt

Land/Kontinent	1961–65	1974	1982	1989/90	1992
Afrika	10 707 000	10 933 000	11 950 000	12 763 000	13 240 000
Nordamerika	3 441 000	3 764 000	3 649 000	3 658 000	3 683 000
Südamerika	4 398 000	5 298 000	4 202 000	3 901 000	4 045 000
Asien	19 983 000	20 069 000	18 235 000	21 521 000	21 989 000
Europa	2 437 000	1 586 000	1 221 000	1 048 000	1 004 000
Ozeanien/Australien	5 000	5 000	5 000	9 000	10 000
UdSSR	761 000	525 000	400 000	300 000	300 000
Welt	41 732 000	42 180 000	39 662 000	43 200 000	44 270 000

Quelle: Statistisches Bundesamt (FAO)

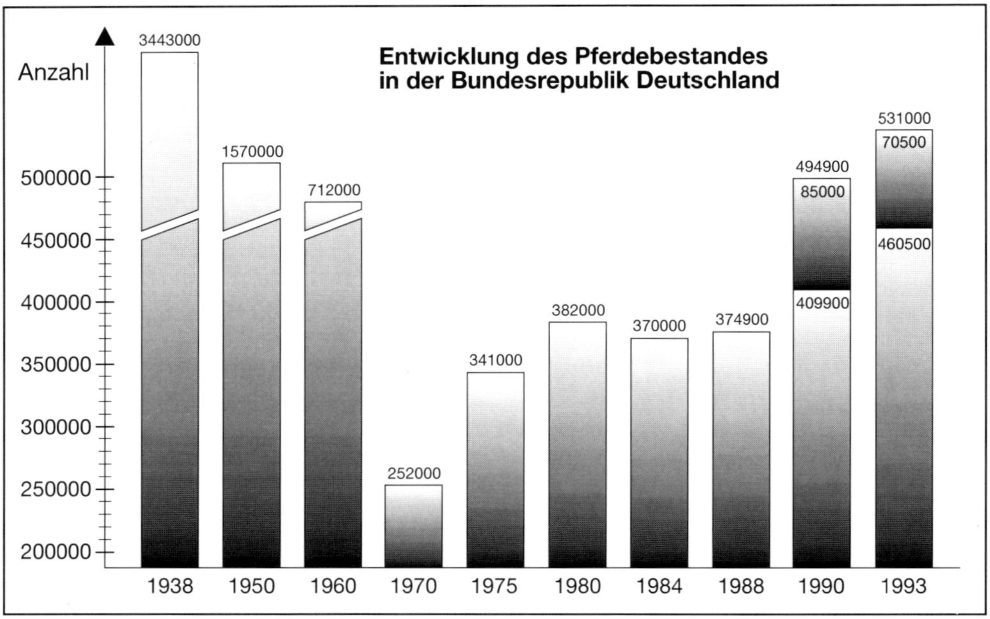

Quelle: Statistisches Bundesamt (Jahrbuch 1993)

*) einschließlich der 5 neuen Bundesländer

Eingetragene Zuchtstuten in der Bundesrepublik Deutschland, aufgeteilt nach Rassen (1993/94)

Warmblut	80 903
Kaltblut	4 005
Ponys	36 300
Spezialpferde	2 013
Englisches Vollblut (Galopper)	3 145
Traber	3 588
insgesamt eingetragene Zuchtstuten:	129 954

Stutenbedeckungen in der Bundesrepublik Deutschland, aufgeteilt nach Rassen (1993/94)

Warmblut (-Zuchtbuch)		68 289
davon Warmblut	42 478	
Vollblut	4 595	
Araber	2 964	
Kaltblut		3 121
Ponys		28 035
Spezialpferde		1 561
Englisches Vollblut (Galopper)		2 125
Traber		3 583
insgesamt gedeckte Stuten:		106 714

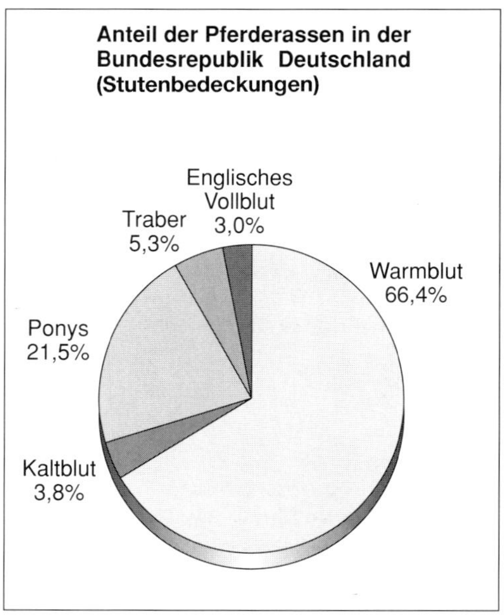

Quelle: Abt. Zucht - Deutsche Reiterliche Vereinigung e.V., HVT, Direktorium f. Vollblutzucht und Rennen

Sozialkunde

Für den Unterricht in Sozialkunde stehen an allen Teilzeit- und Blockschulen für Pferdewirte spezielle Lehrbücher zur Verfügung. Es ist an dieser Stelle deshalb nur eine begrenzte Zahl von Prüfungsfragen vorgestellt die den Lehrplänen entspricht und über die Art der Fragenstellung informieren soll.

1. Wahlen sind im demokratischen Staat unerläßlich!
   a) Nennen Sie die 5 Wahlgrundsätze!
   b) Nennen Sie 4 durch die Bürger zu wählende Parlamente!
   c) Welche Bedeutung kommt bei Wahlen der sogenannten Zweitstimme zu?
   d) Wie bezeichnet man das in unserem Staate geltende Wahlsystem?
2. Politische Parteien haben eine wichtige Funktion im Staate!
   a) Nennen Sie die zur Zeit im Bundestag vertretenen Parteien!
3. Wer wählt den Bundeskanzler?
   - Bundesversammlung
   - Bürger
   - Bundesrat
   - Bundestag

   Nach Art. 67 Grundgesetz besteht die Möglichkeit, daß der Bundestag mit der Mehrheit seiner Mitglieder dem Bundeskanzler das Vertrauen entzieht und einen Nachfolger wählt. Man spricht vom sogenannten ______________________
4. Demokratische Wahlen ermöglichen den Bürgern die Mitwirkung bei politischen Entscheidungsprozessen.
   a) Nennen Sie die 5 Wahlgrundsätze einer demokratischen Wahl!
   b) Nach welchem Wahlsystem wird der deutsche Bundestag gewählt?
   c) Wie viele Abgeordnete werden direkt (1. Stimme) in den deutschen Bundestag gewählt?
   - 496
   - 248
   - 518
   - 204
5. Nenne 3 Bundesorgane, die bei der Gesetzgebung des Bundes mitwirken.
6. Eine Grundgesetzänderung bedarf einer
   - Zustimmung des Bundestages
   - Zustimmung des Bundeskanzlers
   - Mehrheit des Bundesrates
   - Zweidrittelmehrheit des Bundesrates
   - Zweidrittelmehrheit des Bundesrates u. Bundestages
7. Welche Gemeindeorgane wählt der Bürger?
8. Mit welchem Alter tritt die »beschränkte Geschäftsfähigkeit« ein?
   - mit Vollendung des 14. Lebensjahres
   - mit Vollendung des 6. Lebensjahres
   - von Geburt an
   - mit Vollendung des 7. Lebensjahres
9. Die Rechtsordnung im Staat ist für den Bürger von großer Bedeutung.
   a) Welches Gericht befaßt sich mit Diebstählen am Arbeitsplatz?
      - Zivilgericht
      - Verfassungsgericht
      - Strafgericht
      - Arbeitsgericht
   b) Wer vertritt den Staat bei einer Verhandlung vor dem Strafgericht?
      - Richter
      - Schöffe
      - Rechtsanwalt
      - Staatsanwalt
   c) Mit welchem Alter kann man vor einem Gericht vereidigt werden?
      - mit 14 Jahren
      - mit 18 Jahren
      - mit 16 Jahren
      - mit 21 Jahren
10. In unserem Staat haben die Gerichte verschiedene Aufgabenbereiche. Welches Gericht ist jeweils zuständig?
    a) Klage wegen Ablehnung einer Baugenehmigung
    b) Fristlose Kündigung eines Ausbildungsvertrages
    c) Widerspruch gegen den Steuerbescheid
    d) Trunkenheit am Steuer
11. Nennen Sie die 5 wichtigsten Ziele der staatlichen Wirtschaftspolitik!
12. Die Bundesregierung hat verschiedene Möglichkeiten, die wirtschaftliche Entwicklung im Staate zu steuern. Nennen Sie 3 Möglichkeiten und erläutern Sie jede durch ein Beispiel!
13. Der wirtschaftliche Wettbewerb steht in unserem Lande unter dem Schutz des Staates!
    a) Nennen Sie 3 Vorteile bzw. günstige Auswirkungen des Wettbewerbs!
    b) Welches Amt wacht über Gefährdungen des Wettbewerbs und wo ist sein Sitz?
14. Nennen Sie 10 Grundrechte, die im Grundgesetz verankert sind.
15. Welche europäischen Staaten sind derzeit Mitglied in der Europäischen Gemeinschaft?

Besonderes Fachwissen: Schwerpunkt Reiten, Zucht und Haltung

Geschichte und Entwicklung der Reitkunst

Die erste Nutzung des Pferdes durch den Menschen war wohl, daß er es als Jagdbeute erlegte und als Nahrung verzehrte. Bei reichlichen Fängen wurden einige Pferde dabei sicher in den Fallgruben gefüttert, und erst bei Bedarf der »entsprechenden Nutzung« zugeführt. Das ist der logischste Weg der Domestikation unserer Hauspferde. Daß dabei Kontakt zwischen Pferd und Mensch über den Pferderücken stattfand, wird angenommen. Dieser Kontakt kann als die erste Nutzung der »Beute« als Reitpferd betrachtet werden, denn am Beginn stand sicher die Nutzung als Tragtier und zum Fortbewegen von Schleppen, die aus Stangen und Ästen gefertigt waren. Als Zeitpunkt dieser Domestikation und Nutzung sieht man das fünfte bis vierte Jahrtausend vor Christus an. Funde von Plaketten und Prägestempeln aus diesem Zeitraum belegen die Tatsache, daß Pferde sowohl zum Ziehen wie zum Tragen eingesetzt wurden. Ein weiterer Bildnachweis aus dem Reich der Sumerer aus dem dritten Jahrtausend vor Christus zeigt eindeutig einen Reiter auf einem pferdeartigen Wesen. Es ist allerdings nicht klar erkennbar, ob es sich um ein Pferd oder um einen Esel bzw. um eine entsprechende Kreuzung handelt. Höhlenzeichnungen aus Spanien, den Pyrenäen wie auch aus Nordafrika mit weiteren Reiterdarstellungen zeigen die Verbreitung in diesen Bereichen an. Klare Bilder von Reitern sind in Reliefs aus dem Grab Haremhabs in Ägypten gefunden worden – 1400 Jahre v. Chr. –, wobei ein ungewöhnlicher Sitz des Reiters eine Reitweise erkennen läßt, die erst viel später zur Zeit Xenophons geändert wurde.

Eine der bedeutendsten Erscheinungen in der Geschichte der Reitkunst ist der griechische Feldherr und Schriftsteller Xenophon, der um 430 bis um 356 v. Chr. lebte. Xenophon übernahm die Reiterei in Athen in einem ziemlich verwahrlosten Zustand und brachte sie in eine Blütezeit. Er beschäftigte sich vor allem mit den heftigen Pferden und ihrer Bändigung, wobei er in der Regel nicht mit Gewalt auf sie einwirkte. Er war übrigens immer der Meinung, daß diese heftigeren und schwierigeren Pferde im Endeffekt die besten und für alles nutzbaren Pferde waren. Er verweist auf einen Reitlehrer, jenen Simon von Athen, der selbst Schriften verfaßt hat, die jedoch nicht überliefert wurden. Die eigene Erfahrung Xenophons resultiert aus seinem Rückmarsch von Babylon durch Kleinasien bis zum Schwarzen Meer. Diesen Weg und seine Erfahrungen dabei hat er in dem Buch »Anabasis« niedergelegt. Die beiden Reitlehren, die er uns überlieferte, sind »Peri Hippikes« – Über die Reitkunst – und »Der Reiteroberst«, die beide im Jahre 369 v. Chr. entstanden.

Etwa im dritten Jahrhundert nach Christus erfanden die Hunnen, ein Reitervolk, das ursprünglich aus der mongolischen Steppe kam, die Steigbügel, und damit war das Pferd, das nun als »Kriegsgerät« benutzt werden konnte, wesentlich in seiner Bedeutung gewachsen. Um aus dem Sattel oder vom Pferderücken mit Speer und Lanze kämpfen zu können, war es wichtig, daß die Beine festen Halt fanden.

Epona, die Göttin des Pferdes, stammt aus dieser Zeit. Sie wurde u. a. von den Hunnen hoch verehrt. Aus dem frühen Mittelalter blieb keine Literatur über die Kunst des Reitens übrig. Erst im 16. Jahrhundert wurden die Buchdrukker überflutet von einem Riesenangebot an entsprechender Literatur. Dabei holten die Autoren immer wieder bis zu den Erkenntnissen Xenophons aus, der bereits erkannt hatte, wie ein Pferd sowohl als Kriegsroß wie auch als Paradepferd am besten auszubilden und einzusetzen sei. Courbetten, Pirouetten und Kapriolen wurden damals den Pferden angelernt, um im Nahkampf mit feindlichen Fußkämpfern die Möglichkeit zu haben, mit der »Waffe Pferd« zu siegen.

Federigo Grisone aus Neapel legte als erster feste Regeln der Dressur und des modernen Querfeldeinreitens – des Campagne-Reitens – nieder. Seine Erfahrungen wandte er in der eigenen Reitschule an, welche die Reitkultur der »Höfischen« aus Italien, Frankreich, Deutschland und Spanien anzog. Er wußte bereits, wie wichtig es war, beim jungen Pferd ein »gutes Maul« zu erhalten und daß dies letztlich viel erfolgreicher sei, als den Pferden später scharfe Gebisse anzulegen.

Ein Zeitgenosse und in gewisser Hinsicht auch Nachahmer von Grisone war u. a. der Herzog von Newcastle, der aber teilweise mit sehr drastischen Methoden die Ausbildung des Pferdes vollzog und propagierte.

Antoine de Pluvinel de la Baume (1555–1620), ursprünglich Soldat und Diplomat, hat seine große Bedeutung im später ausgeübten Beruf des Reitlehrers erfahren. 1623, also erst nach

Guérinière (stehend mit Schüler zu Pferd) gilt als der Begründer des modernen Reitsitzes.

(Archiv G. Kapitzke [2])

Die Lektionen der »Schule über der Erde« wurden den Pferden zwischen den Pilaren beigebracht. Ihr Erfinder Pluvinel (stehend mit gezogenem Hut) erläutert Ludwig XIII. die Hilfen für die Levade.

seinem Tod, erschien sein bedeutendes Werk über die Reitkunst mit dem Titel »Manege des Königs«. Er ist Verfechter der gewaltlosen Ausbildung des Pferdes, zu der man allerdings viel Wissen und Erfahrung benötigt. Damit steht Pluvinel im Gegensatz zu vielen seiner Zeitgenossen, die sich oft zu gewaltsamen Maßnahmen – von Igelfellen bis zu der Anwendung von Feuer – hinreißen ließen. Er ist der Erfinder der Pilaren, der Pfosten, zwischen denen die Dressurübungen über der Erde gelehrt wurden.
François Robichon de la Guérinière war Oberstallmeister König Ludwigs XV. und lebte von 1688 bis 1751. Er entwickelte die Reitweise von Pluvinel und des Herzogs von Newcastle weiter und gilt als der Begründer des modernen Reitsitzes. Der bisher gültige Spaltsitz mit dem geraden Oberschenkel wurde von ihm abgelehnt. Er setzte den Reiter auf die beiden Gesäßknochen und auf den Spalt unterhalb des Schambeins. Seine Erkenntnisse und sein System sind die Grundlage für die Dressurreiterei der Gegenwart. Aus seiner Lehre kam die Lektion »Schulterherein«. Als Arbeitsausrüstung diente ihm die Kandare, die er fast ausnahmslos bei seinen Pferden, die erst mit sieben Jahren in Arbeit genommen wurden, anwendete. Sein bahnbrechendes Werk »L'École de Cavalerie« – Schule der Reiterei – wurde 1733 veröffentlicht. Die Spanische Hofreitschule in Wien verwendet seine Arbeiten auch heute noch als Grundlage für ihre Ausbildung.
Johann Elias Riedinger, geboren 1698 in Ulm, verstorben 1767 in Augsburg, muß hier ebenfalls erwähnt werden. Seine Verdienste liegen nicht im Bereich des Reitlehrers und Ausbilders. Er war Maler und Kupferstecher und hat besonders die germanische und deutsche Reitweise im Bild festgehalten. Neben zahlreichen Jagd- und Tierszenen ist eines seiner bedeutendsten Werke die »Große Reitschule«, in der alle Lektionen detailgenau und mit umfangreichen Bildunterschriften versehen dargestellt sind.

Die deutsche Reitlehre in der Weiterentwicklung

Für die Weiterentwicklung der Guérinière'schen Methoden hat sich besonders Max Ritter von Weyrother verdient gemacht wie auch seine Schüler und Nachfolger Seidler, Seeger und

Johann Elias Ridinger: Der Augsburger verfaßte Texte und fertigte Kupferstiche über die »Schul- und Campagne Pferde« (1760), die als bedeutendstes deutsches reiterliches Zeugnis des Mittelalters gelten. (Archiv M. Gold)

Oeynhausen. Sie waren in der Lage, Leuten wie Plinzner, Filis oder auch den Franzosen Baucher, die vielfach zirzensisch arbeiteten, den Pferden den Vorwärtsdrang nahmen und sie im Halse stark verwarfen, entgegenzuwirken. Filis beispielsweise ging in seinen verdrehten Kunststücken so weit, seine Pferde auf drei Beinen galoppieren zu lassen oder im Rückwärtsgalopp vorzustellen. Ein Nachfolger im Sinne Guérinières ist auch Gustav Steinbrecht. Sein Meisterwerk über die Reitkunst mit dem Titel »Gymnasium des Pferdes«, erschienen 1885, gilt auch heute noch als das Brevier des Dressurreiters und der Reitausbildung im allgemeinen.
Traditionsreiche Namen, die in Beziehung zur klassischen Reitkunst stehen:

Achenbach, Benno von
– 1861–1936, Fahrlehrer – siehe Fahrsport
Bürkner, Felix
– 1883–1957, einer der besten Dressurreiter Deutschlands, er führte die deutsche Schulquadrille ein

Heidebreck, Hans von
- 1866–1935, Schüler Plinzners, Dressurausbilder am kaiserlichen Marstall, Hauptanteil an der Abfassung der Heeresreitvorschrift von 1912 – HDV 12

Langen, Carl Friedrich Freiherr von
- 1887–1934, bedeutende Reiterpersönlichkeit nach dem 1. Weltkrieg; Vielseitigkeitsreiter, tödlich verunglückt bei der Military in Döberiz

Lörke, Otto
- 1879–1957, königlich-preußischer Sattelmeister in Potsdam, Dressurreiter und bedeutender Dressurausbilder

Podhajsky, Alois
- 1898–1973, Direktor der Spanischen Reitschule in Wien. Gewinner der Bronzemedaille bei den Olympischen Spielen in Berlin 1936, Kenner der Lipizzaner und ein hervorragender Ausbilder

Seunig, Waldemar
- geb. 1887 Strobelhof-Krain, gest. 1977 München; Theresianische Militärakademie, Ulanenoffizier, Olympiateilnehmer – Dressur; umfangreiche Reitliteratur – Von der Koppel bis zur Kapriole; Marginalien zu Pferd und Reiter; Im Sattel zähl ich keine Zeit

Stensbeck, Gustav
- 1865–1932, bedeutender Dressurausbilder zu Beginn des Jahrhunderts in Berlin, arbeitete teilweise mit seinem Bruder Oskar Maria Stensbeck zusammen

Thiedemann, Fritz
- geboren 1918, zusammen mit Hans Günter Winkler nach dem 2. Weltkrieg der bedeutendste Springreiter Deutschlands und auf allen Turnierplätzen der Welt bekannt

Wätjen, Richard L.
- 1891–1966, nach einer langjährigen Ausbildung an der Spanischen Hofreitschule zu Wien und Tätigkeit als Reitlehrer wirkte er als bedeutender Dressurausbilder bis zum 2. Weltkrieg

Xenophon
- 430–356 v. Chr., griechischer Feldherr, Verfasser pferdewissenschaftlicher, militärischer und geschichtlicher Werke. Seine beiden sich ergänzenden hippologischen Schriften sind: »Der Reiteroberst« (Hipparchikos) und »Über die Reitkunst« (Peri Hippikes), die auf eigener Erfahrung beruhen.

Reitlehre

Der Ausbildungsweg des Pferdes

Ein im Gebäude hervorstechendes und in seiner Abstammung erfolgversprechendes Pferd wird für seinen Einsatz im Reitsport erst durch entsprechende Ausbildung vollkommen. Der Zweck dieser Ausbildung ist es, durch systematische Gymnastizierung seinen Körper zur vollen Entfaltung zu bringen, so daß es all seine natürlichen Möglichkeiten ausnutzt und es sich gehorsam dem Willen seines Reiters unterordnet. Die Methodik und Didaktik der dressurmäßigen Arbeit beruht auf den als richtig erkannten Grundsätzen, die uns die Geschichte und die Entwicklung der Reiterei lehren. Gustav Steinbrecht hat diese Erkenntnisse in seinem klassischen Standardwerk »Das Gymnasium des Pferdes« erneuert. Er faßt in seinem bekannten Lehrsatz die Reitkunst und ihre Problemlösung folgendermaßen zusammen: »Reite dein Pferd vorwärts und richte es gerade.«

Wir verstehen unter Dressur keine Art von Auswendiglernen, das wir unserem Pferd aufzwingen. Vielmehr ist es Gymnastizieren und Sensibilisieren des Pferdekörpers, so daß es ohne Probleme die gewünschten Lektionen vom Ablauf der körperlichen Möglichkeiten her ausführen kann. In Verbindung mit seinem Gedächtnis und veranlaßt durch die Reize, die wir mittels der Hilfengebung auslösen, reagiert es und führt unsere Aufträge aus.

Gliedert man diese Ausbildungsarbeit in große zeitliche Abschnitte, kommt man zu drei sich teilweise überschneidenden Ausbildungsphasen:

1. Erziehung und Gewöhnung – die sogenannte Vertrauensperiode
2. Die Entwicklung der Schubkraft – die der Grundausbildung folgende Schwungphase
3. Entwicklung der Tragkraft – die zur Vollendung führende Versammlungsphase

Sachlich läßt sich die dressurmäßige Ausbildung entsprechend der sogenannten Ausbildungsskala gliedern. Die einzelnen Kriterien dabei bauen sich aufeinander auf und ziehen sich durch die Ausbildung wie eine Leitlinie. Die Vollendung der einzelnen Kriterien steht in engem

Zusammenhang mit dem Vorhergegangenen. Es gibt kein in der Versammlung wirklich vollendetes Pferd, bei dem nicht die vorhergehenden Kriterien abgeschlossen sind. Die einzelnen Kriterien in der Ausbildungsskala sind in der richtigen Reihenfolge:

1. Takt	4. Schwung
2. Losgelassenheit	5. Geraderichten
3. Anlehnung	6. Versammlung

Im übrigen genügt es nicht, die einzelnen Kriterien zu erreichen. Sie müssen durch stetige Arbeit erhalten bleiben und verfeinert werden. Das einmal vollendete Pferd bleibt auf dieser Stufe nicht auf Lebenszeit, die ständige Weiterarbeit muß folgen. – Im folgenden nun die Ausbildungsskala in ihrem Aufbau:

Der Takt

Takt ist das absolute Gleichmaß der Bewegungen in den drei Grundgangarten. (Be Pferden mit mehr Gangarten muß der Takt natürlich auch in den übrigen – Paß, Tölt usw. – erhalten sein.) Geht ein Pferd unrein, d. h. es verliert den taktmäßigen Ablauf seiner Bewegungen, dann entspricht es nicht mehr den Anforderungen des reell gerittenen Pferdes. In einer Dressurprüfung kann es niemals eine Bewertung erhalten, die für eine Placierung ausreicht. Zum Takt der einzelnen Gangarten ist folgendes zu bemerken:

Der Schritt. Schritt ist eine schreitende Bewegung im Viertakt mit 8 Phasen. Das Pferd hat dabei immer mit dem Boden Kontakt und löst sich nie davon zur sogenannten »Schwebephase« wie bei den Gangarten Trab oder Galopp. Das Schreiten soll stets ruhig, gelassen, in jedem Fall fleißig und raumgreifend sein. Das Erreichen oder Übertreten der Hintergliedmaßen über die Trittsiegel der Vorderbeine hinaus ist zwar mitentscheidend, aber nicht ausschlaggebend. Hierzu spielt die Länge der Mittelhand eine Rolle. Ein kurzes Pferd wird leicht mit seinen Hintergliemaßen die Trittsiegel der Vorderbeine überholen, wogegen ein im Mittelstück sehr langes Pferd bei gleichem Schreiten und Raumgriff vielleicht nur knapp in die Hufabdrücke der Vorderbeine hineintritt. Die Fußfolge des Schrittes ist gleichseitig, aber nicht gleichzeitig. Bei allen Bewegungsabläufen beginnt eines der Hinterbeine. Die Fußfolge im Schritt ist beispielsweise: hinten links, vorne links, hinten rechts, vorne rechts. Fehlerhaft ist der paßartige Schritt, d. h. die gleichseitige und nahezu oder absolut gleichzeitige Fußfolge. Sie erweckt den Eindruck eines sich schwankend bewegenden Pferdes. Der Fehler entsteht nicht selten durch zu frühes Aufnehmen junger Pferde im Schritt, durch Verkürzen des Mittelschrittempos, aber auch durch körperbedingte Eigenschaften. In der Mittelhand kurze Pferde, die zu raumgreifendem Schritt neigen, sind dabei gefährdet. Sie heben die gleichseitige Vordergliedmaße zu früh vom Boden ab, um zu verhindern, daß die auffußende gleichseitige Hintergliedmaße in die Eisen bzw. in den Ballen greift. Der gefühlvolle Reiter wird das Problem rechtzeitig spüren und entsprechende Maßnahmen ergreifen. Zur Korrektur ist in jedem Fall folgendes zweckmäßig: die freie Vorwärtsbewegung durch eine möglichst leichte Anlehnung zu erhalten, viel mit dem Pferd im Gelände bergauf, bergab und viele Wendungen (durch den Wald) zu reiten. Auch Bodenrickarbeit kann förderlich sein.

Der Trab. Der Trab ist eine schwunghafte Bewegung im Zweitakt mit 4 Phasen. Schwunghaft heißt, daß im Bewegungsablauf eine Phase des freien Schwebens abläuft. Die Fußfolge ist diagonal gleichzeitig mit einer jeweils folgenden Schwebephase. Z. B.: hinten links und vorne rechts gleichzeitig, Schwebephase, hinten rechts und vorne links gleichzeitig, Schwebephase. Der Trab ist die Gangart, die am besten gefördert werden kann. Der Raumgriff hängt zwar von der Schräge der Schulter ab und diese naturbedingte Voraussetzung ist nicht veränderbar. Der Winkel der Schulterschräge zum Boden wird sich jedoch dadurch verändern, daß das Pferd im Laufe seiner Ausbildung mit der Hinterhand tiefer kommt – Hankenbeugung, relative Aufrichtung – und dadurch der Winkel der Schulterblattgräte nach vorne verbessert wird. Die Verbesserung des Trabes hängt außerdem von der korrekten Anlehnung und der Intensivierung der Versammlung ab.

Fehler im Trabe sind: Taktverlust durch Überziehen des Tempos, ungleiches Abfußen durch Lahmheit oder Taktstörung aufgrund von Un-

Die Fußfolge

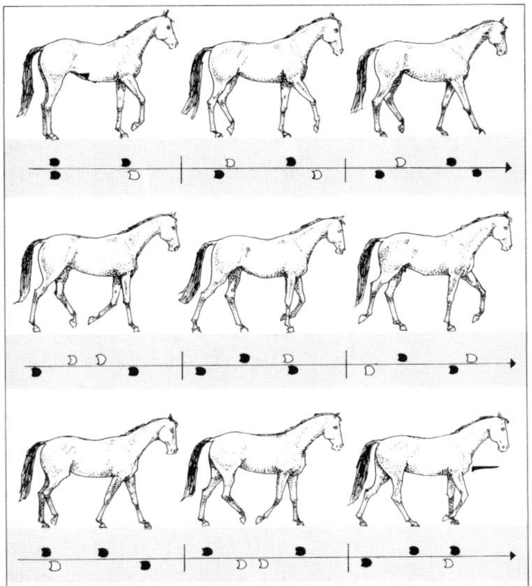
Schritt im Viertakt

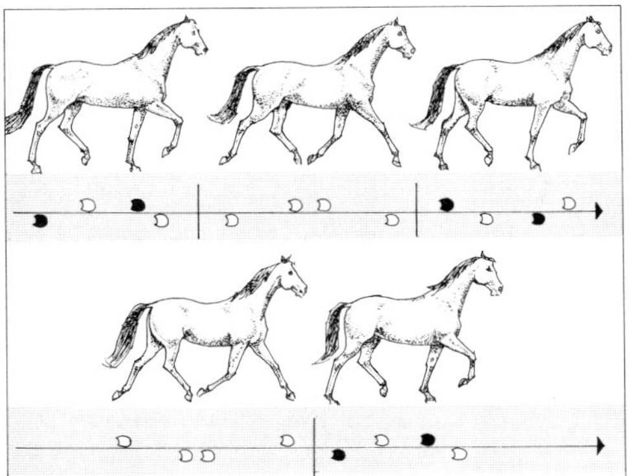
Trab im Zweitakt

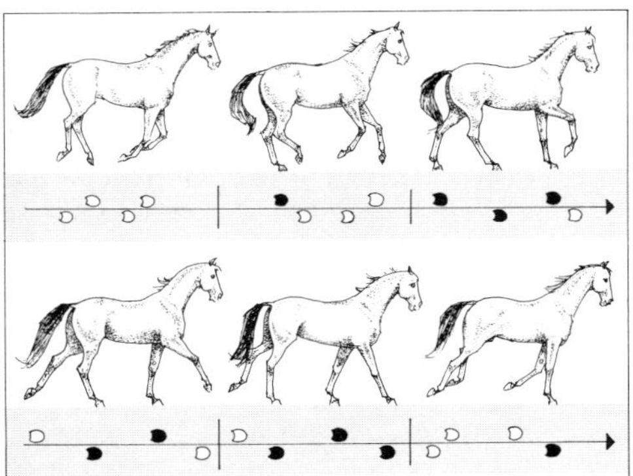
Galopp im Dreitakt

ebenheiten des Bodens. Reiterlich läßt sich der erste Fehler durch ein dem Ausbildungsstand des Pferdes angepaßtes Tempo, durch verbesserte Anlehnung und Engagement der Hinterhand korrigieren. Bei den weiteren Fehlern sind die Ursachen zu beseitigen.

Der Galopp. Galopp ist eine schwunghafte Bewegung im Dreitakt mit 6 Phasen. Er setzt sich aus aneinandergereihten Sprüngen zusammen, denen jeweils die Schwebephase folgt. Dadurch entsteht der akustisch vernehmbare Rhythmus. Die Fußfolge ist dabei (z. B. im Rechtsgalopp): hinten links, hinten rechts und vorne links gleichzeitig, vorne rechts, Schwebephase. Allgemein ausgedrückt: außen hinten, innen hinten und außen vorne gleichzeitig, vorne innen, Schwebephase.
Fehler beim Galopp ist in erster Linie der Vierschlag, der dadurch entsteht, daß man ein Pferd zur Verkürzung des Galoppes veranlaßt, das von der Entwicklung der Tragkraft der Hinterhand dazu noch nicht in der Lage ist. Die Versammlung ist dabei mit der Hand erzwungen. Die Störung wirkt sich auf die Zweibeinstützphase aus, die zerbrochen wird und das Auffußen erfolgt nacheinander statt gleichzeitig. Ein gefährdeter Punkt ist im Außengalopp eine jede Ecke; bei deren Durchreiten kommen viele Pferde vorübergehend zum Vierschlag. Korrektur: vermehrtes Vorwärtsreiten, vor erneutem Verkürzen Entwicklung der Tragkraft und Engagement der Hinterhand, vor den Ecken deutliche Stellung, vermehrtes Anspannen des Kreuzes, starkes Treiben mit dem inneren Schenkel (auf der Außenseite der Bahn) und sehr deutliches Verwahren des äußeren Schenkels (Innenseite der Bahn), um dem Pferd bei der Ausführung dieser Lektion Unterstützung zu bieten.

Die Losgelassenheit

Losgelassenheit ist die Voraussetzung für die absolute Harmonie zwischen dem Reiter und seinem Pferd. Nur beim losgelassenen Pferd sind die Bewegungsabläufe spielerisch, wobei der Betrachter den Eindruck hat, daß alles beim Reiter wie beim Pferd mühelos abläuft. Das Bewegungszentrum des Pferdes liegt in dessen Rückmuskulatur. Die beiden langen Rückenmuskeln beiderseits der Dornfortsätze der Wirbelsäule bilden die tragende Brücke zwischen Vorhand und Hinterhand. Bei dem »über den Rücken gehenden« Pferd spricht man vom »Rückengänger«. Beim Pferd, das in diesem Bereich fest ist und lediglich zum Ablauf der Bewegungen die Beine benutzt, spricht man vom »Schenkelgänger«. Durch die Losgelassenheit des Pferdes wird verhindert, daß Muskeln angespannt werden, die für den Bewegungsablauf nach vorne nicht erforderlich sind. Spannt sich das Pferd dagegen an, verbraucht es Energie, die nicht nutzbar wird, und fordert vom Reiter Kräfte, die nicht der Erfüllung des reiterlichen Zweckes dienen.

Um Losgelassenheit zu erreichen, wird die tägliche Arbeit mit dem Pferde mit lösenden Lektionen begonnen. Vor dem Übergang zur eigentlichen Arbeit wird die Losgelassenheit überprüft. Dazu dient die Lektion »Zügel-aus-der-Hand-kauen-Lassen«, die entsprechend dem Ausbildungsstand des Pferdes im Schritt, Trab oder Galopp ausgeführt werden kann. Das Pferd nimmt sich dabei den Zügel Stück für Stück aus der Hand des Reiters, dehnt den Hals nach vorwärts-abwärts und verändert dabei weder Raumgriff noch Takt.

Das losgelassene Pferd erkennen wir daran, daß es taktmäßig tritt, daß es den Rücken hergibt, so daß der Reiter zum Sitzen und Treiben kommt, daß es den Hals nach vorwärts – abwärts an die Hand des Reiters herandehnt und den Schweif natürlich und ohne jede Spannung pendelnd trägt. Auch der ruhige, sichere und gestreckte Sitz des Reiters gibt Aufschluß über die Losgelassenheit seines Pferdes. Die Dauer der lösenden Arbeit hängt individuell vom Pferd, vor allem aber auch von seinem Ausbildungsstand ab. Bei jungen Pferden kann die gesamte Zeit der täglichen Arbeit nur aus lösenden Lektionen bestehen. Bei Pferden mit sehr empfindlichem oder schwachem Rücken kann die Lösungsphase durch Arbeit an der Longe unterstützt werden.

Die Anlehnung

Die korrekte Anlehnung ist eine weiche, aber stete Verbindung zwischen der Hand des Reiters und dem Pferdemaul. Sie soll an beiden Zügeln gleich sein und den Gegenpol für die treibenden Hilfen des Reiters bilden. Ohne korrekte Anlehnung würde sich ein Teil der eingesetzten treibenden Hilfen nach vorne verlieren. Das erwünschte Kräftefeld zwischen der Hinterhand und dem tätigen Pferdemaul käme nicht zustande. Fehler bei der Anlehnung sind: eine zu starre oder harte Verbindung, ebenso wie ein springender Zügel, d. h. eine immer wieder unterbrochene Verbindung zwischen Reiterhand und Pferdemaul. Fehlerhafte Arten der Anlehnung sind gegeben, wenn das Pferd gegen den Zügel, über dem Zügel, hinter dem Zügel und auf dem Zügel geht. Eine angepaßte Korrektur muß einsetzen. Immer ist vermehrtes Treiben mit beteiligt. Gleichzeitiges Durchhalten, Nachgeben bzw. Herantreiben an ein festes Zügelmaß ergänzen die Arbeit. Sobald das Pferd seinen Hals rund macht und willig an das Gebiß herantritt, ist durch »weiche Hand« dem Pferd zu verdeutlichen, daß es in dieser Haltung keinerlei »unannehmbare« Hilfen mehr erhält. So wird es gerne darin verharren.

Die sichere und konstante Anlehnung ist die absolute Voraussetzung zum Erreichen der nächsten Kriterien in der Ausbildungsskala.

Der Schwung

Schwung ist die Entwicklung der Schubkraft und des Ganges. Der Schwung steht in Zusammenhang mit dem schwingenden Rücken des Pferdes, der frei zwischen der Schulter und dem Becken aufgehängt ist. Die im Verlauf der Ausbildung stärker einwirkenden treibenden Hilfen des Reiters veranlassen das Pferd, mit seinen Hinterbeinen weiter vorzutreten und energischer abzufußen. Die Tätigkeit der Hinterhand wird immer mehr aktiviert. Das verstärkte Abdrücken bedingt in absoluter Verbindung auch eine verbesserte Streckung der Vordergliedmaßen. Das schwungvoll gehende Pferd erfährt in seiner Bewegung eine Erweiterung des Raumgriffes (Bodengewinn). Trotzdem muß maßvoll vorgegangen werden. Ohne die entsprechende Senkung der Hinterhand – Versammlung – ist häufig ein Überziehen des Tempos und damit ein Verschleiß in den Vorderbeinen die Folge. Es besteht die Gefahr, daß besonders veranlagte Pferde ihren Sehnenapparat überbeanspruchen und auf die Vorhand kommen. Bei Materialprüfungen ist dieser Fehler recht oft zu erkennen.

Das Geraderichten

Die unterschiedliche »Spurbreite« des Pferdes im Schulter- bzw. Hüftbereich bedingt möglicherweise die natürliche Schiefe. Vielleicht ist es auch die einseitige Lage im Mutterleib.
Ein exaktes Geraderichten ist erst möglich, wenn das Pferd die seitwärts treibenden Hilfen annimmt, so daß die Vorhand auf die Hinterhand eingestellt werden kann. Das Geraderichten ist nicht nur auf der geraden Linie erforderlich. Auch auf der gebogenen Linie geht das korrekt gerittene Pferd geradeaus. Die Hinterhand folgt der Vorhand, Stellung und Biegung stimmen mit der zu reitenden Hufschlaglinie überein. Bei der Arbeit wird das Geraderichten im Anfangsstadium mit der Lektion »Dem-inneren-Schenkel-Weichen« ermöglicht.
In der Weiterentwicklung der Ausbildung und der Gymnastizierung dient die Lektion »Schulterherein«. Ein Pferd kann erst korrekt geradegerichtet werden, wenn es alle Seitengänge wenigstens im Trabe beherrscht.

Die Versammlung

Unter Versammlung verstehen wir die Entwicklung der tragenden Kraft der Hinterhand. Dabei sind absolutes und korrektes Zusammenwirken aller Hilfen Voraussetzung, da sich sonst das Pferd in seinen Hanken – den Gelenken der Hintergliedmaßen vom Knie bis zum Krongelenk – nicht beugt. Durch diese Beugung der Gelenke wird die Kruppe des Pferdes gesenkt, die Vorhand erscheint höher. Die erwünschte relative Aufrichtung entsteht. Das Gegenteil wäre die mit der Hand erzwungene absolute Aufrichtung, die nur den Kopf- und Halsbereich des Pferdes erfaßt. Sie ist grob fehlerhaft. Das versammelte Pferd in relativer Aufrichtung erscheint in seinen Bewegungen verändert und idealisiert. Seine Schritte, Tritte und Sprünge werden kürzer, dabei fleißiger, energischer und erhabener. Das Pferd vermittelt bei allen versammelten Gängen, und selbst beim Halten, den Eindruck, daß es bergauf geht. Die Schubkraft, die aus dem Motor der Hinterhand kommt, darf dabei nicht verlorengehen. In Verbindung mit der Tragkraft wird sie nicht nur nach vorwärts, sondern auch nach aufwärts ausgenutzt.
Lektionen, die die Hinterbeine vermehrt in Tätigkeit versetzen, verbessern die Versammlung und beugen die Gelenke der Hintergliedmaßen. Der Antritt aus dem Stand zu allen Gangarten, der exakte kurze Übergang von Gangarten und Tempi kann erst beim versammelten Pferd vollzogen werden.
Das über die einzelnen Kriterien der Ausbildungsskala geförderte Pferd formt sich neu unter dem Reiter, bewegt sich ideal im Gleichgewicht mit federnden Bewegungen und vermittelt oft den Eindruck eines völlig anderen Pferdes, wenn man sich an seine Silhouette im Remontenstadium erinnert

Die Ausbildungsskala und das Springpferd

Auch ein Pferd, das für den Springsport vorgesehen ist, benötigt eine dressurmäßige Grundausbildung. Die Ausbildungsskala bringt für diese Disziplin gleichermaßen Vorteile.
Das taktmäßig galoppierende Pferd wird mit ruhigem, gleichmäßigem Atem und Galopprhythmus zwischen den Sprüngen die Ruhe und den Takt bewahren. Die Losgelassenheit im Rücken ist die Voraussetzung für ein freies Baskulieren über dem Sprung. Gleichzeitig kann der Reiter auf dem losgelassenen Pferd zum Treiben kommen und eigene und Pferdekräfte sparen. Ohne Anlehnung ist ein sicheres Steuern im Parcours nicht möglich, das Tempo muß reguliert werden können, und das Anreiten und der Absprung auf dem gewünschten Punkt muß dadurch sichergestellt sein. Die Schubkraft ist erforderlich, um sowohl energisch in die Höhe wie in die Weite abschnellen zu können und die optimale Flugbahn zu finden. Geraderichten. Beim nichtgeradegerichteten Springpferd wird ein Großteil der Energie, die für das Überwinden des Sprunges notwendig ist, von der Hinterhand her nicht die Vorhand erreichen, sondern neben dem Pferd verpuffen. Gleichzeitig ist die Gefahr gegeben, daß es sich der Vorwärtsbewegung entzieht. Daß Tragkraft, d. h. Versammlung vor schweren Steilsprüngen, besonders in Kombinationen, aber auch bei mächtigen Hoch-Weit-Sprüngen erforderlich ist, leuchtet jedem Beobachter ein. Dies ist einmal mehr der Beweis: Der Weg zum vollendeten Springpferd führt über die Dressur.

Bei all dieser Arbeit muß man die Gehfreude erhalten, Eintönigkeit vermeiden und Ermüdung durch Abwechslung verhindern. Während der dressurmäßigen Grundausbildungszeit sind Ausritte im Freien und im Gelände eine notwendige Hilfe bei der Ausbildung des jungen und bei der Fortbildung des fortgeschrittenen Pferdes.

Der Ausbildungsweg des Reiters

Nicht nur die Ausbildung des Pferdes bedarf einer logisch aufgebauten und systematischen Förderung. Der Reiter muß im gleichen Sinne einen folgerichtigen Weg durch seine Ausbildung zurücklegen, um in angemessener Zeit dem Ziel, nämlich der Beherrschung seines Pferdes, näherzukommen. Diese folgerichtige Ausbildung des Reiters setzt sich wie folgt fort:
1. der Sitz,
2. Hilfengebung,
3. das Reitergefühl,
4. die Einwirkung und Beherrschung.

Diese Ausbildungsschritte bauen sich nacheinander auf und stehen wieder in enger Verbindung zueinander.

Der Sitz

Die erste Ausbildungsstufe ist mühevoll und schwierig zu erreichen. Es ist der korrekte Sitz des Reiters. Man geht davon aus, daß bei durchschnittlicher Veranlagung und sportlicher Eignung, bei geeignetem Schulpferdematerial und sachgemäßer Unterrichtung dafür wenigstens 100 Reitstunden erforderlich sind. Es gilt der reiterliche Grundsatz: »Nur aus einem richtigen Sitz können korrekte Hilfen gegeben werden, nur richtig und bewußt eingesetzte Hilfen führen zur Erlangung des Gefühles und schließlich zur Einwirkung und Beherrschung des Pferdes.« Für die weitere Arbeit ist der korrekte Sitz kein äußerlicher Luxus, sondern eine dringende Notwendigkeit, ohne die es kein Weiterkommen gibt. Zum Sitz des Reiters gehören:
- die äußere Form,
- die Balance oder das Gleichgewicht,
- die Losgelassenheit und das Eingehen in die Bewegung des Pferdes.

Die äußere Form des Sitzes läßt sich wie folgt erklären: Das Gesäß des Reiters bildet die Basis mit dem sogenannten Sitzdreieck, das aus den beiden Gesäßknochen und dem Spalt des Reiters besteht. Die beiden Gesäßknochen sind im tiefsten Punkt des Sattels, der gleichzeitig der tiefste Punkt des Pferderückens sein muß, wenn jener richtig verpaßt ist. Aus dem Hüftgelenk reichen die Oberschenkel mit leicht nach innen gedrehtem Knie nach vorwärts-abwärts zu den Pauschen herunter. Aus dem dort flach anliegenden Knie geht der Unterschenkel nach abwärts-rückwärts, wobei die Wadenmuskeln zur Einwirkung mit ständig leichtem Kontakt am Pferdeleib anliegen. Die Spannung der Wadenmuskulatur erfolgt durch die angehobene Zehenspitze, die gleichzeitig bedingt, daß der Absatz der tiefste Punkt des Reiters wird. Vom Gesäß bzw. der Hüfte aufwärts richtet sich der Oberkörper senkrecht nach oben. Die Schulterblätter sind dabei zusammengenommen und der Kopf sitzt wiederum senkrecht darüber mit freiem Blick gerade nach vorne; das Kinn ist dabei leicht angezogen. Die Oberarme liegen locker am Oberkörper, die Ellbogen berühren leicht die Hüfte, ohne dabei angepreßt zu sein. Unterarm, Handrücken und Zügel bilden eine gerade Verbindungslinie zum Pferdemaul. Die Zügelfäuste sind aufgestellt, die kleinen Finger sind sich in der Zügelfaust am nächsten; der Daumen sitzt dachförmig darauf, um ein Durchgleiten der Zügel zu verhindern. Eine Senkrechte, gefällt durch den Kopf des Reiters, geht durch seine Schulter, die Hüfte und die Ferse. Ein Verlegen des Schwerpunktes im Oberkörper hinter die Senkrechte durch angespanntes Kreuz vermittelt dem Pferd eine verstärkt treibende Wirkung. Wird das Gewicht des Oberkörpers vor die Senkrechte verlegt, so erhalten wir eine leicht verwahrende Wirkung, die wir im dressurmäßigen Sitz beispielsweise beim Rückwärtsrichten einsetzen können, deren weitere Entlastung aber über den Entlastungssitz bis zum leichten Sitz führt. Sobald der Reiter die äußere Form des Sitzes beherrscht, wird man durch Reiten ohne Bügel veranlassen, die senkrechte Achse mit der des Pferdes nicht nur auf der Geraden, sondern auch in der Wendung in Einklang zu bringen. Viele gymnastische Sitzübungen haben zum Ziel, den Reiter in die Balance, in das Gleichgewicht zu bringen. Er

soll in keiner Situation den Bügel als Stütze zum Erhalt seines Sitzes und Gleichgewichtes benötigen.
Nur der im Gleichgewicht befindliche Reiter wird sich loslassen. Alle Verkrampfungen verschwinden aus dem Körper, der Sitz wird geschmeidig und die Harmonie zwischen Reiter und Pferd beginnt. Diese Losgelassenheit wirkt jeder Steifheit entgegen, Gelenke und Muskeln werden nicht mehr verkrampft. Auch hier dienen Lockerungsübungen ohne Zügel und ohne Bügel der Verbesserung. Mit dem Erreichen der Losgelassenheit ergibt sich von selbst, daß der Reiter geschmeidig in die Bewegungen des Pferdes rhythmisch eingeht. Zügelhand und Unterschenkel werden frei beweglich und einsetzbar für eine präzise Hilfengebung.

Die Hilfen

Sie gliedern sich in zwei Hauptgruppen, in die treibenden und in die verhaltenden Hilfen, wobei die Bedeutung der treibenden Hilfen weit über der Bedeutung der verhaltenden Hilfen stehen. Die treibenden Hilfen sind Gewichts- und Schenkelhilfen. Verhaltend bzw. verwahrend wirken Zügel und Schenkel.

Gewichtshilfen. Die Gewichtshilfen wirken beiderseits belastend, einseitig belastend oder entlastend.
Die beiderseitig belastende Gewichtshilfe überträgt den Anzug des Kreuzes über beide Gesäßknochen auf dem direkten und kurzen Weg auf die Muskulatur des Pferderückens; sie wirkt in jedem Fall vortreibend. Die einseitig belastende Gewichtshilfe bewirkt, daß das gerittene Pferd seinen Schwerpunkt mit dem verlagerten Schwerpunkt des Reiters wieder in Übereinstimmung zu bringen versucht. Es tritt dabei mit dem gleichseitigen Hinterfuß vermehrt unter den veränderten Schwerpunkt des Reiters. Damit leitet es eine Wendung im Gange ein, galoppiert an oder geht über Seitengänge eine Vorwärts-Seitwärts-Bewegung ein. Das junge oder noch wenig gerittene Pferd reagiert anders. Es weicht dem vermehrten einseitigen Druck des verlagerten Schwerpunktes aus, d. h. es geht zur entgegengesetzten Seite. Es reagiert mit Schenkelweichen oder auch einer Wendung auf der Vorhand.

Die entlastende Gewichtshilfe wird beim Rückwärtsrichten in unterschiedlicher Deutlichkeit eingesetzt. Entscheidend darüber ist die Rittigkeit bzw. das Gerittensein des jeweiligen Pferdes. Eine besondere Form der entlastenden Gewichtshilfe ist sowohl der Entlastungs- wie auch der leichte Sitz.

Die Schenkelhilfen. Der vortreibende Schenkel liegt so, daß der vordere Rand des Stiefelschaftes mit dem hinteren Rand des Sattelgurtes abschneidet; der vortreibende Schenkel ist immer aktiv.
Der verwahrende Schenkel liegt ca. eine Handbreit hinter dem vortreibenden Schenkel; er ist jedoch passiv.
Der seitwärts treibende Schenkel liegt in der Höhe des verwahrenden Schenkels, d. h. ebenfalls eine Handbreit hinter der normalen Lage am Gurt; er ist aktiv. Bei allen Schenkelhilfen liegen die Unterschenkel ruhig und umfassend am Pferdekörper. Auch die aktiven Schenkelhilfen kommen aus dem ruhig anliegenden Schenkel. Ein abgespreizter oder gar ein klopfender Schenkel ist in jedem Fall ein grober Fehler.

Die Zügelhilfen. Die nachgebende Zügelhilfe ist die wichtigste von allen. Sie ist mit allen anderen Zügelhilfen eng verknüpft bzw. folgt diesen nach dem jeweiligen Erreichen des erzielten Zweckes. Gleichzeitig wirken die übrigen Hilfen, besonders die vortreibenden Hilfen, zur Verdeutlichung unseres Befehles an das Pferd. Beim Zügel-aus-der-Hand-Kauen-lassen ermöglicht die nachgebende Zügelhilfe dem Pferd das langsame und stückweise Herausnehmen des Zügels aus der Faust des Reiters und das Dehnen des Halses nach vorwärts-abwärts. Die nachgebende Zügelhilfe kann aber auch als Korrektur, verbunden mit starkem Treiben, bei dem hinter dem Zügel gehenden Pferd eingesetzt werden. Sie wirkt so lange nachgebend, bis das passende Zügelmaß gefunden ist, an das mittels energisch vortreibender Hilfen das Pferd heranzuführen ist. Die annehmende Zügelhilfe wird zu den halben Paraden angewendet. Sie wird ohne Gewalt aus dem Handgelenk vermittelt; auch ihr folgt eine nachgebende Zügelhilfe in Verbindung mit weiteren treibenden Hilfen. Mit dem Wechsel von annehmenden und nachgebenden Hilfen versucht man, das gegen den Zügel gehende Pferd zu korrigieren. Die verwahrende Zügelhilfe führt zur Stellung des Pferdes, da sie dessen Außenseite begrenzt. Diese Stellung darf nie größer sein, als die Biegung im Körper sein kann. Die verwahrende oder begrenzende Zügelhilfe hat für den Hals des Pferdes die gleiche Bedeutung wie der verwahrende Schenkel für den Körper des Pferdes.

Die durchhaltende Zügelhilfe dient zur Korrektur bei Pferden, die über dem Zügel gehen. Mit absoluter Konsequenz muß sie den festen Gegenpol für die treibenden Hilfen des Reiters schaffen und das Pferd veranlassen, den Hals zu biegen und sich am Gebiß abzustoßen. Im Augenblick des Nachgebens wird man dem Pferd mit sofort einsetzender nachgebender Zügelhilfe verdeutlichen, daß diese Haltung erwünscht ist, und man ermöglicht ihm die Dehnung in die Tiefe. Besonders bei dieser Korrektur ist der Erfolg von stark vorwärtstreibenden Hilfen, die dominieren müssen, abhängig.

Nur wenn sich alle Hilfen zu einer Symphonie vereinigen und gemeinsam konzertieren, ist es möglich, dem Pferd eine harmonische und richtige Formung abzuverlangen. Nur so wird man schließlich das Gelingen aller Lektionen und Aufgaben erreichen.

Das Reitergefühl

Auf diesem Weg stellt sich das ideale Reitergefühl ein, das es möglich macht, individuell auf jedes einzelne Pferd einzugehen, schließlich zu einer präzisen Einwirkung entsprechend der gewünschten Lektion führt und in der Beherrschung des Pferdes gipfelt.

Schematisierte kleine Reitlehre der wichtigsten Lektionen

Lektion	Hilfengebung	Ausführung
Das Halten	Anspannen des Kreuzes, leichtes Verwahren beider Unterschenkel, mehrere halbe Paraden (= ganze Parade) am Zügel, die das Pferd zum Stehen veranlassen.	Das Pferd tritt an den Zügel heran, stellt die Hinterbeine auf gleicher Höhe unter den Pferdeleib, alle 4 Beine sind gleichmäßig belastet. Haltung und Kopfstellung sind ruhig.
Der Schritt	Gleichmäßige Belastung beider Gesäßknochen mit treibenden Unterschenkeln und leicht treibendem Kreuz.	Das Pferd schreitet im reinen Viertakt fleißig und raumgreifend vorwärts, bleibt gehorsam am Zügel, die treibenden Hilfen regeln die verschiedenen Schrittmaße, und zwar: Mittelschritt, starker Schritt, versammelter Schritt.
Das Rückwärtsrichten	Fast nicht erkennbares Entlasten des Kreuzes, verwahrende Unterschenkel, um Seitwärtstreten zu verhindern. Leichtes Rückwärtswirken mit der Zügelhand. In den Dressurklassen A und L wird in der Regel eine Pferdelänge Rückwärtsrichten gefordert, das sind 3½ Tritte; in den Dressurklassen M und S wird in den Aufgaben eine bestimmte Anzahl von Tritten beim Rückwärtsrichten gefordert.	Das Pferd tritt ruhig und gleichmäßig sowie willig im Zweitakt bei diagonaler Fußfolge zurück. Fehler: Übereilen, Zurückkriechen hinter dem Zügel, Schleifen der Beine, über oder gegen den Zügel.
Der Trab	Bei gleichmäßig treibenden Hilfen wird durch Verstärken der Kreuzanspannung und des treibenden Unterschenkels sowie durch Nachgeben mit der Zügelfaust der Trab im gewünschten Tempo erreicht.	Der Trab in verschiedenen Tempi, und zwar: Arbeitstrab, versammelter Trab, Mitteltrab und starker Trab. Tritte im Zweitakt mit gleichzeitigem diagonalen Auffußen und Schwebephase zwischen dem Wechsel der diagonalen Beinpaare.

Lektion	Hilfengebung	Ausführung
Der Galopp	Belasten des inneren Gesäßknochens durch Strecken der inneren Hüfte. Zurücknehmen des verwahrenden äußeren Schenkels, deutliche Stellung mit der inneren Zügelfaust, die um eine halbe Faustbreite höher genommen wird. Treiben mit dem inneren Schenkel am Gurt. Diese Hilfengebung wirkt erneut bei jedem Galoppsprung ein. Fehler: Knick in der inneren Hüfte.	Das Pferd galoppiert regelmäßig und schwungvoll in deutlich wahrnehmbarem Dreitakt, vorwärts–aufwärts. Entsprechend den treibenden Hilfen werden auch hier Arbeitsgalopp, versammelter Galopp, Mittelgalopp und starker Galopp unterschieden. Kriterium der Klasse L ist der Außengalopp. Er muß auf einem Hufschlag geritten werden; das Pferd ist dabei nach außen gestellt, die beim galoppierenden Pferd innere Hand, die sich auf der Außenseite der Bahn befindet, darf wiederum etwas steigen, um besonders in den Ecken die Stellung und das gleichmäßige Galoppieren zu erhalten.
Einfacher Galoppwechsel	Durch eine halbe Parade wird das Pferd vom Galopp zum Schritt durchpariert. Nach 2–3 deutlichen Schritten wird das Pferd im Hals umgestellt, der Reiter verlegt das Gewicht auf den entgegengesetzten Gesäßknochen und nimmt den neuen äußeren Unterschenkel verwahrend zurück. Durch verstärktes Treiben – innerer Schenkel am Gurt – wird das Pferd im Galopp auf der anderen Hand anspringen.	Pferd fällt vom Galopp direkt zum Schritt zurück, zeigt 2–3 deutliche Zwischenschritte und springt, ohne von der Geraden abgewichen oder mit der Hinterhand ausgefallen zu sein, im neuen Galopp ruhig und gleichmäßig an.
Wendung auf der Vorhand	Die Lektion wird am zweiten Hufschlag eingeleitet. Das Pferd wird entgegen der Bewegungsrichtung gestellt. Der äußere seitwärtstreibende Schenkel, der jetzt zum inneren wird, regt die Hinterbeine zum Treten um das innere Vorderbein an.	Bei dieser lösenden Lektion tritt das Pferd mit gleichmäßigen Tritten um das äußere Vorderbein und kommt wieder auf dem Hufschlag zu stehen. Die Zügelanlehnung ist dabei ruhig und gleichmäßig, das Pferd wird nach Erreichen des Hufschlages geradegestellt.
Wendung auf der Hinterhand	Das Pferd wird aus der höheren Gangart zum Halten durchpariert, wobei die untertretenden Beine wichtig sind. Einseitige Gewichtshilfe innen; innerer Schenkel treibt vorwärts, äußerer Schenkel seitwärts; äußerer Zügel begrenzt, innerer Zügel stellt und leitet die Wendung ein.	Das Pferd tritt nach vorne an und beschreibt mit tätiger, tretender Hinterhand um den inneren Hinterfuß einen sehr kleinen Halbkreis. Geringfügiges Vortreten ist kein Fehler, jegliches Zurücktreten jedoch ein starker Fehler.

Der Entlastungssitz und der leichte Sitz

Unter Entlastungssitz verstehen wir jede Form des Sitzes, bei der die belastenden, d. h. vorwärtstreibenden Gewichtshilfen nicht zum Einsatz kommen und der Reiter ohne Druck auf die beiden Gesäßknochen vorwärts reitet. Diese Art des Entlastungssitzes wird beim Anreiten junger Pferde angewandt. Sie kann auch notwendig sein bei Pferden, die besonders empfindlich am Rücken sind und sich beim Einsetzen sofort steif und fest machen. Gehen sie erst vorwärts und lösen sich entsprechend, so kann man allmählich zum leichten Einsitzen und schließ-

lich wieder zu den vorwärtstreibenden Gewichtshilfen gelangen.
Der Entlastungssitz wird vorübergehend beim dressurmäßigen Reiten mit langen Bügeln angewandt, beispielsweise vorübergehend bei der Hilfengebung, für das Rückwärtsrichten mit jungen Pferden oder bei der Wendung auf der Vorhand.
Sofern man über längere Zeit im Entlastungssitz, z. B. beim Anreiten junger Pferde, arbeitet, wird man die Bügel geringfügig um 1–2 Loch kürzen, um dem Reiter mehr Möglichkeit zu geben, mit elastischem Fußgelenk das eigene Gewicht abzustützen. Der Oberkörper ist dabei leicht nach vorne geneigt und begünstigt die Beibehaltung der entlastenden Gewichtshilfen. Das Gesäß bleibt im Sattel, lediglich der Druck über die Gesäßknochen fehlt. Die Last ist vermehrt auf Oberschenkel und Knie verlagert. Es wäre fehlerhaft, sich in den Bügel zu stellen.

Der leichte Sitz. Wenn es auch fließende Übergänge vom Entlastungssitz zum leichten Sitz gibt, so stellt dieser doch eine klare Form des Sitzes dar, die das Ideal
- im Parcours
- im Gelände
- auf der Jagd
- auf der Rennbahn

ist. Das Reitergewicht wirkt dabei nicht mehr über die Gesäßknochen auf den Pferderücken, sondern es kommt über Oberschenkel und Knie und auf indirektem Weg über Fußgelenk, Bügel und über die Bügelriemen, die den Sattelbaum vermehrt belasten. Die korrekte Beibehaltung des Sitzes, bei der das Gewicht und der Schwerpunkt weder zu weit vor- noch zu weit zurückgelegt werden darf, ist dringend erforderlich.
Über den obengenannten Weg kann nur so die treibende Wirkung indirekter Gewichtshilfe konstant erhalten bleiben. Charakteristisch am leichten Sitz ist ein Tieferlegen des Schwerpunktes, er kommt näher zum Pferde.

Die Merkmale des leichten Sitzes sind:
- ein tiefer Absatz
- ein tiefes Knie
- eine tiefe Mittelpositur sowohl von Oberkörper wie auch vom Gesäß
- tiefe Hände

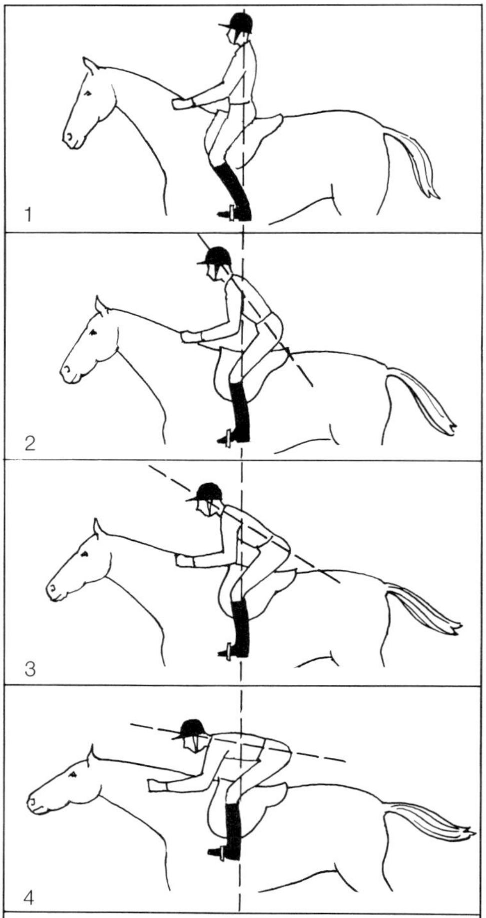

1 **Der korrekte Dressursitz**

Der leichte Sitz:

2 **Im Parcours** Das Gesäß bleibt in leichter Fühlung mit dem Sattel, jederzeit bereit, einzusitzen. Bügel kurz.

3 **Im Gelände** Das Gesäß ist gelöst vom Sattel. Je nach Tempo erfolgt eine Schwerpunktverlagerung nach vorne. Bei starker Tempodrosselung wird ein leichtes Einsitzen notwendig. Bügel kurz.

4 **Auf der Rennbahn** Die Oberkörperhaltung ist fast parallel zum Pferd. Der Schwerpunkt wird weiter nach vorne verlagert. Bügel sehr kurz.

2, 3, 4 Es gibt fließende Übergänge je nach Tempo und Rittigkeit.

– ein gleichmäßig verteiltes Gewicht vor und hinter dem Knie.

Die Bügel müssen dabei 4–5 Loch verkürzt werden, für die spezielle Bügellänge sind der Körperbau des Reiters und die Sattelart entscheidend. Das richtige Werkzeug für den leichten Sitz ist der Vielseitigkeits- oder der Springsattel. Der Fuß steht bis zum Absatz durchgetreten im Bügel, behält aber als wesentliches Merkmal seine absolute Elastizität im Fußgelenk. Der energisch nach unten gedrückte Absatz begünstigt die Spannung der Wadenmuskulatur, die bei diesem Sitz für das Treiben dringend erforderlich ist, und er begünstigt eine tiefe Knielage. Die feste Knielage ist beim leichten Sitz der fixe Punkt, von dem aus alles gesteuert und verändert wird. Das Gleichgewicht liegt immer über diesem Knie, d. h. was der Oberkörper nach vorne an Gewicht bringt, muß durch das Gesäß nach hinten ausgeglichen werden. Lediglich beim leichten Sitz auf der Rennbahn kann das Gewicht des Gesäßes erhöht werden, um das Aufpullen zu begünstigen. Ein deutliches Beispiel dafür bietet der Sitz des Rennreiters. Das Gesäß ist beim leichten Sitz keinesfalls im Sattel, es schwebt dicht darüber. Der Abstand zu ihm kann zwischen Parcoursreiten, Geländereiten und dem Reiten auf der Rennbahn durchaus variieren. Gerade im Parcours ist es empfehlenswert, dicht dran zu sein, um bei Bedarf mit treibender Einwirkung durch das Gesäß wieder Kontakt zum Pferd zu finden und die direkten treibenden Gewichtshilfen einsetzen zu können.

Der leichte Sitz fordert vom Reiter gute Koordination, Kondition und eine hohe Geschmeidigkeit im Hüftgelenk. Fehlerhaft ist es in jedem Fall, das Gewicht nach vorne zu verlagern und dabei das Gesäß zu hoch aus dem Sattel zu nehmen. Ursache dafür ist meist die Steifheit im Hüftgelenk und im Fußgelenk. Dieser »falsche Jagdsitz« ist das typische Zeichen des Anfängers.

Ein weiteres Kriterium ist die Reiterhand, die an unbedingt kurzem Zügel möglichst dicht am Hals bzw. dicht am Widerrist getragen wird. Sie gehört etwas seitwärts des Widerristes, so daß sie bei Bedarf mit der Bewegung des Pferdes am Halse entlang nach vorne gehen kann. Fehlerhaft ist eine aufgesetzte Hand oder die beim Anfänger oft beobachtete Brücke (Zügel). Dem leichten Sitz kommt nach wie vor eine große Bedeutung zu, wenngleich heute im Parcours oft andere Bilder zu sehen sind. Grund dafür sind viele Reiter, die ihn nicht beherrschen, denen Geschmeidigkeit und Gefühl fehlen oder oftmals Pferde, die nicht genug geritten sind. Ansonsten ist der leichte Sitz für Pferd und Reiter eine Erleichterung und für große und schwere Aufgaben im Parcours, im Gelände und auf der Rennbahn ein Erfolgsrezept.

Aufbau einer Reitstunde

Dem Pferdewirt – Schwerpunkt Reiten – ist als Aufgabenbereich die Unterrichtserteilung zusätzlich auferlegt. Er unterrichtet Jugendliche wie Erwachsene und leitet sie bereits bei der Ausübung ihres Sportes an. Das bedeutet, daß bei ihm Grundkenntnisse in Pädagogik, in Didaktik und Methodik, in der Unterweisung von Arbeitsvorgängen und in der Korrektur von Fehlern verlangt werden. Korrektheit, Selbstdisziplin und Kontaktfreude sind dabei Voraussetzung für den Unterrichtenden. Logik beim Aufbau des Unterrichtes muß dem Reitschüler das Erfassen des Gesamten erleichtern. Anfänglich ist es bisweilen erforderlich, bei schüchternen oder ängstlichen Reitkursteilnehmern die Scheu vor dem großen Pferd zu nehmen.

Der sinnvolle Aufbau und die planmäßige Vorarbeit sind für den Erfolg wesentlich. Es müssen entsprechend dem Ausbildungsstand geeignete Gruppen zusammengestellt werden. Für jeden einzelnen Reiter ist das passende Pferd auszusuchen. Für jedes Pferd ist die passende Zäumung anzuordnen. Jede Gruppe, jeder Einzelreiter braucht für seine Ausbildung ein Nahziel – das Ziel, das er in der nächsten Stunde erreichen soll – und ein Fernziel – eine Vorstellung, der er vielleicht nach einem oder zwei Jahren entspricht. Nur planvoll aufgebaut und abwechslungsreich organisiert wird eine Reitstunde ihren Sinn nicht verfehlen.

Die Mindestzeit dafür sind etwa 1 bis 1½ Stunden. Das Nahziel sind die nächsten, dem Schwierigkeitsgrad entsprechenden Lektionen, die für den einzelnen anstehen. Das Fernziel schließlich ist die sichere Beherrschung des Pferdes durch den Reiter im Gelände, auf dem Dressurviereck oder im Springparcours. Jedes standardisierte Schema muß den individuellen Ansprüchen und Anforderungen von Pferd und Reiter angepaßt werden.

Die Reitstunde wird in 3 Teile aufgegliedert:

- die Lösungsphase
- die Arbeitsphase
- die Beruhigungsphase.

Zum Beginn werden die Pferde nach korrekten Hinweisen auf Sattelung, Zäumung und eventuell Hilfszügel in die Reitbahn geführt; dabei sind die Trensenzügel vom Hals zu nehmen. Nach Überprüfung von Sattelung und Zäumung auf ihren korrekten Sitz und nach dem Aufsitzen beginnt die lösende Arbeit.

Lösungsphase

Die Lösungsphase zwischen 15 und 25 Minuten. Bei jungen Pferden macht sie das gesamte Pensum vor dem Beruhigen aus.

Nach dem Aufsitzen werden die Reiter am hingegebenen oder langen Zügel entsprechend dem Ausbildungsgrad auf den Hufschlag gehen und dort unter besonderer Beachtung des Taktes im fleißigen Mittelschritt die Muskulatur der Pferde »warmlaufen« lassen. Im folgenden wird gelöst mit Leichttraben, Galoppieren im leichten Sitz, häufigen Wendungen im Gange und auf der Vorhand, häufigem Wechsel zwischen Trab und Galopp, Springen über kleinere Hindernisse, Bodenrickarbeit im Trabe, Schenkelweichen, Viereck-verkleinern und -vergrößern. Sobald man das Gefühl hat, das Pferd ist in der Rückenmuskulatur gelöst, wird man die Losgelassenheit überprüfen: Lektion Zügel-aus-der-Hand-Kauen-lassen. Das gelöste Pferd wird sich dabei nach vorwärts-abwärts an die Hand des Reiters herandehnen und den Zügel Stück für Stück aus der Reiterhand herausnehmen. Sein Schritt, Trab oder Galopp wird dabei weder im Raumgriff noch im Tempo verändert sein.

Arbeitsphase

Nach der Feststellung, daß Lockerheit und Losgelassenheit erreicht sind, beginnt die Arbeitsphase. Jetzt werden zuerst bekannte Übungen wiederholt und anschließend neue Lektionen hinzugenommen. Der Schwierigkeitsgrad in der Arbeitsphase wird auf verschiedene Art gesteigert:

- gesteigerte Korrektheit des bisher Beherrschten,
- Aneinanderreihen der beherrschten Lektionen in immer dichterer Folge,
- Hinzufügen von schwereren Lektionen und Steigerung bis zur exakten Beherrschung.

Es ist sinnvoll, die Teilnehmer der Reitstunde einzeln herauszugreifen, die anderen Reiter dabei nicht aus dem Auge zu verlieren und mit dem einen Pferd die neuen Lektionen exakt zu

Die wichtigsten Kommandos beim Abteilungsreiten

- Abteilung --- Aufgesessen!, --- Abgesessen!
- Abteilung --- Marsch!
- Abteilung --- Halt!
- Abteilung im Arbeitstempo --- Trab!
- Abteilung im Arbeitstempo Galopp --- Marsch!
- Abteilung --- Mittelgalopp!
- Abteilung --- Mitteltrab!
- Im Arbeitstempo!
- Auf dem Zirkel --- geritten!
- Auf zwei Zirkeln --- geritten!
- Ganze Bahn!
- Halbe Bahn!
- Aus dem Zirkel --- wechseln!
- Durch den Zirkel --- wechseln!
- Durch die ganze Bahn --- wechseln!
- Durch die halbe Bahn --- wechseln!
- Durch die Länge der Bahn --- wechseln!
- Abteilung kehrt --- Marsch!
- Abteilung rechts (bzw. links) um --- Marsch!
- Abteilung auf der Vorhand (bzw. Hinterhand) kehrt --- Marsch!
- Abteilung eine Pferdelänge rückwärts richt Euch --- Marsch!
- Volte --- Marsch!
- Anfang aus der Ecke kehrt!
- Anfang rechts dreht, links marschiert auf --- Marsch!
- Anfang --- Halt!
- Anfang rechts dreht, ohne Zwischenräume links marschiert auf --- Marsch!
- Abteilung zu einem, rechts brecht ab --- Marsch!
- Anfang Schlangenlinie durch die Bahn, fünf Bogen!

üben. Die Korrekturen müssen unmittelbar nach der Ausführung klar und gut verständlich, nicht überlaut und verletzend sein. Wenn irgend möglich, sollte immer mit einem Erfolg bzw. Lob abgeschlossen werden. Nachdem alle Reiter ihr Pensum »gearbeitet« haben – die Anforderungen können dabei durchaus unterschiedlich sein –, kann man zur Überprüfung des Gesamteindruckes Abteilungen bilden lassen und eventuellen Zuschauern den Anblick einer geordneten Reitergruppe und ihren Ausbildungsstand demonstrieren. Dabei ist auf die richtige Kommandosprache zu achten.
Bei der Arbeit in der Abteilung ist auf exakte Abstände, in der Regel 2 Pferdelängen (sechs Schritt) zu achten. Ein routinierter Têtenreiter – Anfangsreiter – auf einem rittigen Pferd hilft Ordnung in die Abteilung zu bringen.

Beruhigungs- und Entspannungsphase

Nach einer Dauer der Arbeitsphase von 40–60 Minuten geht man zur Beruhigungs- und Entspannungsphase über. Dabei werden die Pferde am hingegebenen Zügel im Schritt ruhig vorwärtsbewegt, bis sich ihr Atemrhythmus auf das Normalmaß reduziert hat und sie etwas abgeschwitzt haben.
Bei vorhandener Möglichkeit und einer Reitergruppe, mit der dies durchführbar ist, empfiehlt es sich, die Lösungsphase außerhalb der gedeckten Reitbahn im Freien ausführen zu lassen. Die frische Luft wird den Pferden guttun und die Arbeitsfrische erhalten.

Abwechslung

Bodenrickarbeit und Springausbildung gehören als wichtiger Bestandteil ein- bis zweimal zum Wochenprogramm. Soweit es möglich ist, ist in der trockenen Jahreszeit hin und wieder eine Geländeausbildung einzugliedern. Voraussetzung: Die Reitanlage liegt nicht gerade mitten in der Stadt. Als wichtiger Merksatz gilt: Der Unterricht muß so interessant und kurzweilig wie nur irgend möglich gestaltet sein; wir wollen alle Reitschüler begeistern und an den Pferdesport binden und die jungen Reiter möglichst bis zur Wettkampfreife fördern. Auf ein wenigstens einmal während der Stunde gegebenes lobendes Wort für den einzelnen sei nochmals verwiesen. Ohne Erfolgserlebnis wird keiner dem Sport treu bleiben. Auf ein wichtiges, erzieherisches Mittel sei noch hingewiesen: Bei allen wirklichen Problemen, die ein Pferd bereitet, darf unter gar keinen Umständen auf das eigene Beispiel im Sattel verzichtet werden. In der Regel wird jeder Reiter beim Nichtgelingen einer Lektion oder gar, wenn es ihm nicht möglich ist, sein Pferd an die Hilfen zu stellen, die Schuld meist bei diesen suchen. Der gute Ausbilder wird ihn mit reiterlichem Können davon überzeugen, daß es, wie meist, nicht das Pferd, sondern der Reiter ist, der an dem Mißerfolg die Schuld trägt.

Anforderungen und Lektionen der Dressurprüfungen

Die Ausbildung des Dressurpferdes vollzieht sich in Schritten. Entsprechend dieser Abschnitte sind die Klassen eingeteilt, die den Ausbildungsstand und das Gerittensein des Pferdes von Klasse E bis S prüfen:
E = Eingangsklasse
A = Allgemeine Klasse
L = Leichte Klasse
M = Mittelschwere Klasse
S = Schwere Klasse

Dressurprüfungen Klasse E und A

Zäumung: Trense.
Voraussetzung: Die sichere Beherrschung der drei ersten Begriffe der Ausbildungsskala, für die Verstärkung der Gänge in der Klasse A ist die bereits beginnende Schwungentwicklung erforderlich.
Lektionen: Die drei Grundgangarten Schritt, Trab und Galopp, dazu Mitteltrab und Mittelgalopp, Wendungen im Gange, die Wendung auf der Vorhand, halbe und ganze Paraden, Viereck-verkleinern und -vergrößern, der einfache Galoppwechsel und Rückwärtsrichten (1 Pferdelänge = 3½ Tritte).

Dressurprüfung Klasse L

Zäumung: Trense oder Kandare.
Voraussetzung: Die Beherrschung aller sechs Begriffe der Ausbildungsskala, wobei bei der Versammlung der erste Grad genügt.

Lektionen: Die drei Grundgangarten Schritt, Trab, Galopp, dazu der versammelte Trab und der Mitteltrab, der versammelte Galopp und der Mittelgalopp, Wendungen im Gange, die Wendung auf der Hinterhand und Kurzkehrt, halbe und ganze Paraden, der einfache Galoppwechsel, das Rückwärtsrichten (1 Pferdelänge), die Volte im Galopp sowie der Außengalopp.

Dressurprüfung Klasse M

Zäumung: Kandare – bei Dressurpferdeprüfungen Klasse M auch Trense (vereinzelt werden sogar gezielt M-Dressurprüfungen auf Trense ausgeschrieben).
Voraussetzungen: Die sichere Beherrschung aller sechs Begriffe der Ausbildungsskala.
Lektionen: Versammelter Schritt, Mittelschritt, starker Schritt, versammelter Trab, Mitteltrab, starker Trab, versammelter Galopp, Mittelgalopp, starker Galopp, Wendungen im Gange, Wendung auf der Hinterhand und die Kurzkehrtwendung, halbe und ganze Paraden, der einfache Galoppwechsel, das Rückwärtsrichten in bestimmter Trittzahl (5 Tritte), der Außengalopp, die Seitengänge im versammelten Trabe (Schulterherein, Travers, Traversale), der fliegende Galoppwechsel (als einzelner Wechsel).

Dressurprüfung Klasse S

Zäumung: Kandare.
Voraussetzungen: Die absolute Beherrschung aller sechs Begriffe der Ausbildungsskala.
Lektionen: Versammelter Schritt, Mittelschritt, starker Schritt, versammelter Trab, Mitteltrab, starker Trab, versammelter Galopp, Mittelgalopp, starker Galopp, alle Wendungen im Gange, die Wendungen auf der Hinterhand, die Kurzkehrtwendung, alle halben und ganzen Paraden, das Rückwärtsrichten in bestimmter Trittzahl, die Schaukel, der einfache Galoppwechsel, der Außengalopp, die Seitengänge im versammelten Trabe und versammelten Galopp, Zickzack-Traversalen, fliegende Galoppwechsel zu mehreren Tempi bis zum Galoppwechsel von Sprung zu Sprung (Einerwechsel, A-tempo-Wechsel), halbe und ganze Pirouetten, die Piaffe und Passage mit den entsprechenden Übergängen. Alle Lektionen, die in den niedrigeren Klassen vorkommen, sollen in Klasse S besonders ausdrucksvoll und präzise geritten werden, da Schwungentfaltung, Durchlässigkeit, Präzision und Erhabenheit vom Grad des Gerittenseins und der Versammlung abhängen.

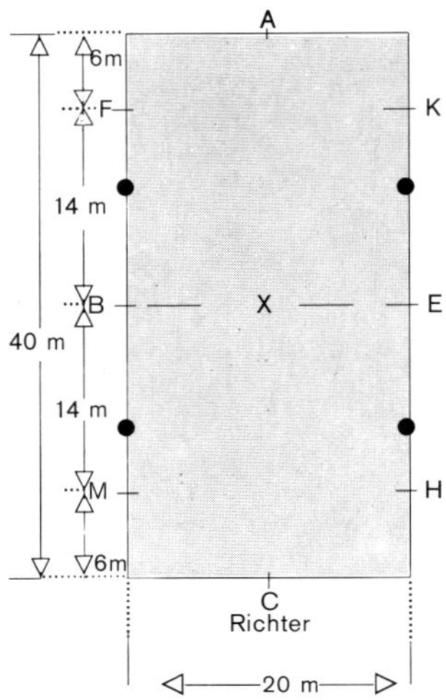

Viereck 20 × 40 m
mit Hufschlagfiguren

Das Viereck für *Dressurprüfungen* hat normalerweise eine Größe von 20 mal 40 m. Die internationalen Aufgaben der F.E.I. – Prix St. Georges – Intermédiaire I und II – Grand Prix, Grand Prix Spécial – sowie die Vielseitigkeitsprüfungen der Klassen L bis S werden auf einem Viereck von 20 mal 60 m geritten.

Die Aufgaben werden auf einem Dressurviereck 20 × 40 m vorgestellt, in der Klasse S sind auch einige Aufgaben für das Viereck 20 × 60 m bestimmt. Auf diesem großen Viereck werden auch alle internationalen Aufgaben, das sind: St. Georgs-Preis, Intermédiaire I, Intermédiaire II, Großer Dressurpreis, Großer Dressurpreis – Spezial, gefordert. Die internationalen Dressuraufgaben werden nicht wie beim üblichen getrennten Richten von drei Richtern, sondern von fünf Richtern bewertet. Die zwei zusätzlichen Richter sitzen an der Mitte der langen Seite, so daß die Beurteilung nicht nur von vorne, sondern auch von der Seite erfolgen kann. Im Gegensatz zu den übrigen Dressuraufgaben, die von der Nationalen Reiterlichen Vereinigung festgelegt werden (Aufgabenheft FN), bestimmt die Internationale Reiterliche Vereinigung im Reglement General (RG) – Fédération Équestre Internationale – die internationalen Aufgaben. Sie können jeweils zwei Jahre nach den Olympischen Spielen ergänzt bzw. geändert werden, so daß die Reiter genügend Zeit für die nächste Vorbereitung haben. Alle internationalen Aufgaben werden auswendig geritten, im Gegensatz dazu kann auf einem nationalen Turnier außer den FEI-Aufgaben nur eine Dressuraufgabe von den Teilnehmern auswendig verlangt werden.

Die Hufschlagfiguren

- Ganze Bahn – **CMBFAKEH** (rechte Hand)
- Halbe Bahn – **CMBXEH** (rechte Hand)
- Lange Seite – **MF** oder **KH** (rechte Hand)
- Kurze Seite – beiderseits **C** oder beiderseits **A**
- Mittellinie (Länge der Bahn) **CXA** oder **AXC**
- Wechsellinie, durch die ganze Bahn – **MXK** oder **FXH**
- Wechsellinie, durch die halbe Bahn – **ME** oder **FE** oder **KB** oder **HB**
- Mittelpunkt der Bahn – **X**
- Zirkel – er ist ein Kreis von 20 m Durchmesser. Die Zirkelpunkte, die der Reiter für die Dauer einer Pferdelänge berühren muß, liegen beim Reiten auf der rechten Hand bei **C,** auf der Mitte zwischen **C** und der Ecke nach **B** (10 m), bei **X** und auf der Mitte zwischen **E** und der Ecke vor **H** (10 m).
  Der zweite Zirkel liegt zwischen **A** und **X** sinngemäß.
- Aus dem Zirkel wechseln: nach Vollendung eines Zirkels durch den Punkt **X** auf den zweiten Zirkel.
- Durch den Zirkel wechseln: der Reiter wendet am Zirkelpunkt an der langen Seite in einem Kreisbogen von 10 m Durchmesser ab, durchreitet den Mittelpunkt des Zirkels und kehrt auf einem Kreisbogen von 10 m Durchmesser auf die Zirkellinie zurück (immer von der offenen Seite zur geschlossenen Seite).

Die Seitengänge und der fliegende Wechsel

So sehr die Seitengänge heute als Selbstzweck in der Dressur erscheinen, so haben sie letztlich in der Ausbildung den Zweck, sowohl den Gang wie auch die Haltung und Durchlässigkeit des Pferdes sowie seine Reaktion auf die Hilfen zu verbessern, die Längsbiegung zu vervollkommnen und besonders das absolute Geraderichten zu ermöglichen. Sie begünstigen die Schulterfreiheit, fördern die Bewegung im Gleichgewicht, lassen die Tritte im Trab erhabener, kadenzierter, aber in gleichem Maße schwungvoller erscheinen. Die Haltung und Aufrichtung wird natürlich, die Anlehnung leichter, da sich die Pferde vermehrt selbst tragen.
Bei den Verstärkungen, besonders im Mittel- und starken Trab, kann durch die verbesserte Versammlung und Aktivierung der Hinterhand sowohl der Schwung wie auch der Raumgriff deutlich vermehrt werden. Bei den Seitengängen geht das im ganzen Körper gebogene Pferd mit Vor- und Hinterhand auf zwei Hufschlägen vorwärts-seitwärts.
Die Stellung und die Biegung in Hals und Rumpf hängen vom Grad der möglichen Längsbiegung im Körper ab. Die Stellung im Hals darf nie stärker als die Längsbiegung im Körper sein. Das Maß der Abstellung erreicht dabei zwischen Vorhand und Hinterhand höchstens einen Schritt voneinander. Die Schubkraft wird hiermit logischerweise etwas eingeschränkt. Das kommt jedoch der Tragkraft zugute, da sie die Voraussetzung der Vorwärts-Seitwärts-Bewegung ist, sofern die sichere Anlehnung am Zügel wirksam bleibt. Merke: Alle Bewegungen bei den Seitengängen müssen taktmäßig fließend und ausdrucksvoll sein und die Vorwärtsbewegung muß dabei immer gegenüber der Seitwärtsbewegung vorherrschen. Die Arbeit der Seitengänge erfolgt überwiegend im versammelten Trab. Die Seitengänge im versammelten Galopp werden erst in der Dressurprüfung der Klasse S verlangt. Voraussetzung für den Beginn mit der Arbeit der Seitengänge sind absolute Durchlässigkeit, korrektes »Am-Zügel-Gehen« und natürliche Selbsthaltung im Schritt und im Trab.

Schulterherein

Das Pferd geht vorwärts über die äußere Schulter und ist um den inneren, dicht am Gurt liegenden Schenkel gebogen. Die Vorhand wird dabei so weit auf den zweiten Hufschlag hereingeführt, daß die äußere Schulter vor der inneren Hüfte in der Bewegungsrichtung steht. Die inneren Füße – vorne wie hinten – treten dabei vor und über die äußeren. Der innere, am bzw. knapp hinter dem Gurt liegende Schenkel biegt und regt zum Vorwärts- und Seitwärtstreten an. Der hinter dem Gurt liegende, verwahrende äußere Schenkel des Reiters aktiviert den

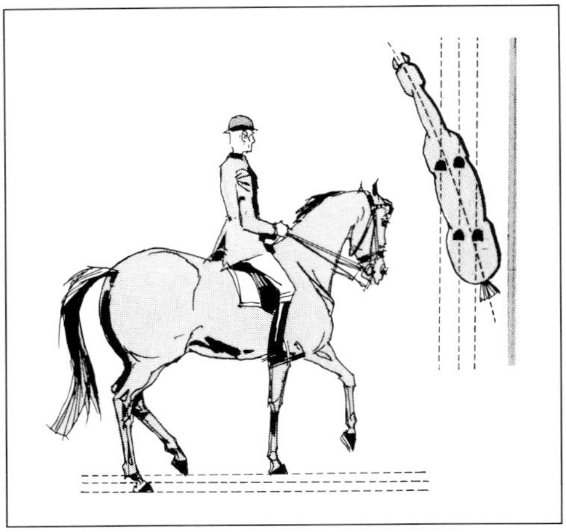

Schulterherein

gleichseitigen Hinterfuß zur Vorwärtsbewegung und hindert ihn am Ausfallen und Seitwärtstreten. Die einseitige Gewichtshilfe wird dabei auf der Innenseite gegeben. Der innere Zügel stellt, der äußere Zügel begrenzt. Beim Schulterherein tritt das Pferd entgegen der eigenen Stellung und Biegung, und das unterscheidet diese Lektion gegenüber allen anderen Seitengängen. Der Unterrichtende bzw. Korrigierende betrachtet das Pferd beim Schulterherein exakt von vorne, er sieht bei korrekter Ausführung drei Beine, und zwar das innere Vorderbein, das äußere Vorderbein und das äußere Hinterbein – das innere Hinterbein ist vom äußeren Vorderbein verdeckt.

Renvers

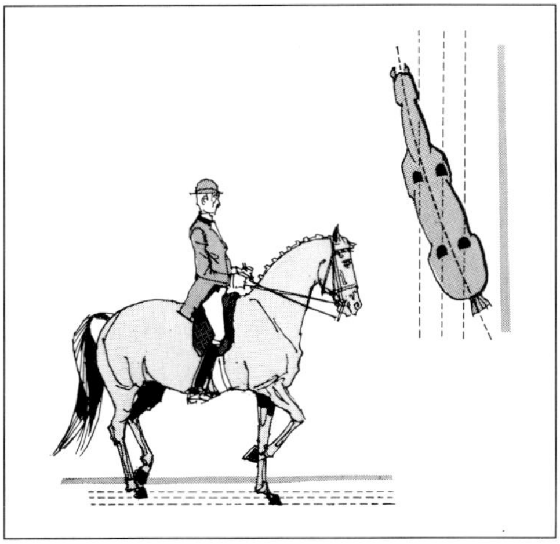

Travers

Das Pferd geht ebenfalls um den inneren, am Gurt liegenden Schenkel des Reiters gebogen. Die Hinterhand ist in die Bahn gestellt und zwar in dem Maße, daß die äußere Hüfte hinter der inneren Schulter ausgerichtet ist. Die beiden äußeren Füße treten vor die Innenfüße, das Pferd ist in die Bewegungsrichtung gestellt und gebogen. Die einseitige Gewichtshilfe wirkt innen, die innere Hand stellt, die äußere verwahrt. Von vorne betrachtet sieht man wiederum drei Beine: den äußeren Vorderfuß, den inneren Vorderfuß, den inneren Hinterfuß – der äußere Hinterfuß liegt hinter dem inneren Vorderfuß verdeckt.

Travers

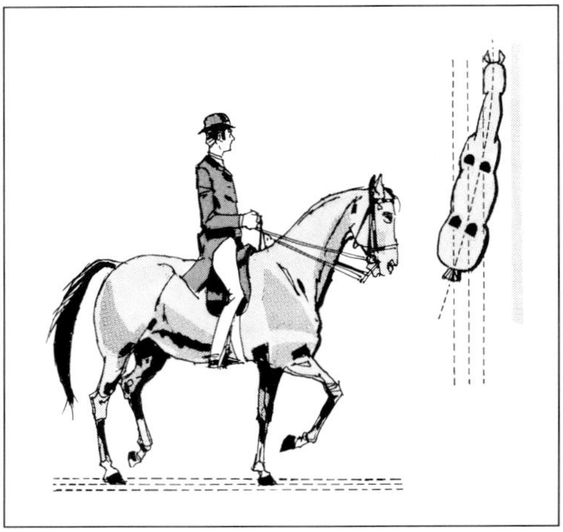

Renvers

Im Gegensatz zu den drei anderen Seitengängen wird der Renvers nur als Arbeitslektion und nicht in offiziellen Dressuraufgaben geritten. Renvers ist die Konterlektion von Travers, das Pferd geht dabei mit der Vorhand nahe am zweiten Hufschlag, die Hinterhand ist auf dem ersten Hufschlag. Das Pferd ist um den inneren Schenkel, der in der Bahn der äußere ist, gebogen, der jetzt äußere Schenkel des Reiters liegt verwahrend hinter dem Gurt. Die einseitig wirkende Gewichtshilfe wirkt auf die Innenseite des Pferdes, die auf der Außenseite des Hufschlages ist, das Pferd tritt mit den äußeren Beinen vor und über die inneren und ist in die Bewegungsrichtung gestellt und gebogen. Bei dieser Lektion ist ein besonders korrektes Einwirken sowohl mit dem inneren als auch mit dem äußeren Schenkel erforderlich, um ein Ausfallen der Hinterhand zu vermeiden (Anlehnung an Bande fehlt).

Traversale, Traversalverschiebung

Bei der Traversale soll das Pferd ungefähr parallel zu der Hufschlaglinie gehen, von der aus die Traversalverschiebung begann. Exakt muß die Vorhand etwas voraus gerichtet sein (Schulter vor Hüfte) – jedenfalls nach der nationalen Vorstellung und Reitweise. Das Pferd ist dabei um den inneren Schenkel des Reiters gebogen und in gleichem Maße gestellt und geht in die Bewegungsrichtung. Die Gewichtshilfe wird einseitig auf der inneren Seite der Biegung vermittelt. Der innere Zügel stellt, der äußere begrenzt bzw. verwahrt. Die Traversalen steigern sich entsprechend dem Schwierigkeitsgrad und der Klasse der Aufgaben. Es beginnt mit halben Traversalen und zwar von der langen Seite bis zur Mittellinie bzw. von der Mittellinie bis zur langen Seite. Dann folgen die doppelten halben Traversalen von der langen Seite bis zum Mittelpunkt und wieder zurück zur langen Seite bzw. von der Mittellinie zum HB-Punkt und wieder zurück. In der Steigerung kommen ganze Traversalen, doppelte ganze Traversalen – Viereck 20 × 60 – und Zickzack-Traversalen beiderseits der Mittellinie, wobei jeweils die Trittzahl bzw. Zahl der Sprünge nach beiden Seiten vorgeschrieben ist.

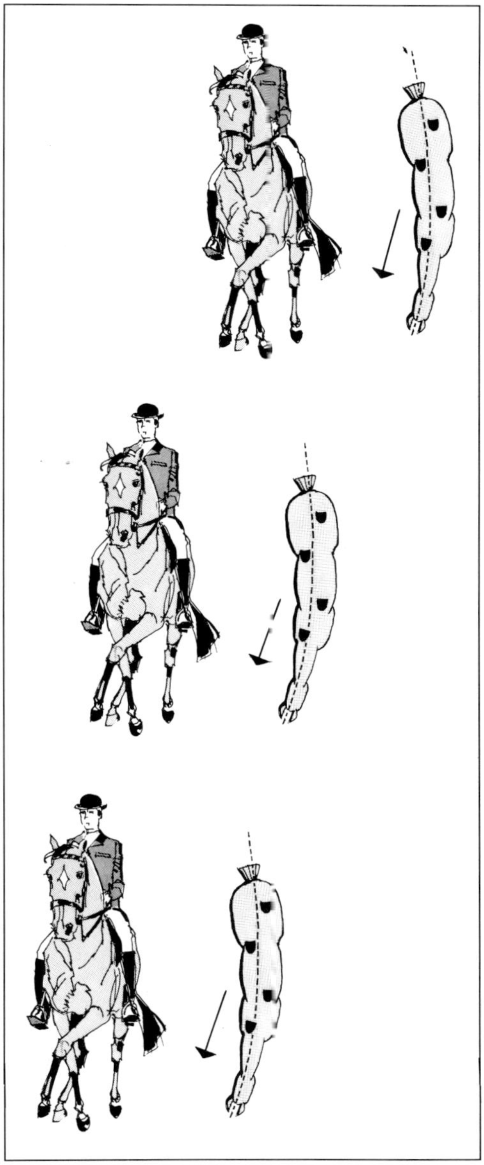

Traversale: Die Schulter geht immer etwas vor der Hüfte, die Stellung darf nie stärker sein als die Längsbiegung.

Fliegender Galoppwechsel

Voraussetzung für den Beginn mit der Arbeit des fliegenden Galoppwechsels ist das sichere Reagieren des Pferdes auf die Galopphilfen, sei es aus dem Stand, dem Schritt und auch dem Trab, so daß der Reiter exakt den Zeitpunkt der Aktivierung der Hinterbeine bestimmen kann. Der einzig richtige Zeitpunkt für die Hilfengebung zum Wechsel ist der kurze Augenblick der freien Schwebe während des vorwärts – aufwärts gerichteten Sprunges. Das Pferd muß dabei gerade gehen und weich und stetig am Zügel bleiben. Die letztlich entscheidende Reiterhilfe ist dabei das zu diesem Augenblick erfolgte Umlegen der Schenkel, ein Druck mit dem neuen inneren und die verwahrende Wirkung des äußeren Schenkels. Zu deutliches Umsitzen, d. h. eine Verlagerung der einseitigen

Gewichtshilfen nach der neuen Innenseite und überdeutliches Umstellen des Pferdes mit dem Zügel, bewirkt oft den Eindruck, daß der Reiter und nicht das Pferd fliegend wechseln soll. Geeignete Hufschlagfiguren für das Erlernen des fliegenden Wechsels sind: aus dem Zirkel wechseln mit fliegendem Wechsel bei X, durch den Zirkel wechseln mit fliegendem Wechsel im Mittelpunkt des Zirkels, aus der Ecke kehrt, durch die ganze oder halbe Bahn wechseln und schließlich Schlangenlinie durch die ganze Bahn mit jeweiligem fliegenden Wechsel beim Überschreiten der Mittellinie. Die Beherrschung des fliegenden Wechsels zeigt sich deutlich beim Wechseln durch die Länge der Bahn mit fliegendem Wechsel bei X.

Häufig vorkommende Fehler: Das Pferd springt nicht exakt mit dem inneren Hinter- und äußeren Vorderfuß gleichzeitig, es »springt nach«. Der innere Hinterfuß wird zu spät gewechselt. Das Pferd weicht seitwärts beim Wechsel aus. Das Pferd wirft die Kruppe hoch. Es stürmt nach Durchführung des Wechsels nach vorne weg und macht sich frei. Das Pferd stockt beim Wechsel, verliert den Bewegungsfluß und springt nicht vorwärts-aufwärts mit Raumgewinn.

Der fliegende Wechsel wird in der Klasse M als einzelner Sprungwechsel verlangt, in der Klasse S werden Serienwechsel gefordert, wobei vier, drei, zwei Galoppsprünge zwischen den Wechseln liegen oder von Sprung zu Sprung – à Tempo – der Galopp gewechselt werden muß. Die Zahl der Wechsel bei den Serienwechseln auf der Diagonale ist exakt vorgeschrieben.

Springreiten

Der leichte Sitz

Im Kapitel über die Ausbildung des Reiters – Sitz – wurde gesagt, daß der leichte Sitz die Voraussetzung für die Arbeit eines Springpferdes und auch bei dessen Einsatz im Wettkampf ist. Alle Abweichungen davon sind die Ausnahme und dürfen keinesfalls zur Regel erhoben werden. Über Form und Wirkung des leichten Sitzes sowie über die einzelnen Intensitätsstufen wurde ebenfalls informiert. Das Gesagte (s. Seite 152 ff.) trifft in vollem Umfang auch hier als wesentlicher Teil des Springreitens zu.

Springgymnastik

Nach der dressurmäßigen Grundausbildung beginnt für das Springpferd eine sinnvoll aufgebaute Springgymnastik. Umfangreiche Sachkunde und Erfahrung sind Voraussetzung, möchte man nicht Rückschläge oder gar das »Verreiten« eines Pferdes riskieren. Die Gymnastizierung erfolgt nie über »minderwertige Ersatzsprünge«. Von Anfang an geht es über turniermäßige Sprünge, die mit dem notwendigen Zubehör, wie z. B. Fängen und entsprechendem Unterbaumaterial, ausgestattet sein müssen. Vom turniermäßigen Reiten unterscheidet sich die Gymnastik allerdings wesentlich. Es geht nicht über hohe Abmessungen, sondern niedere Trainingssprünge, allerdings mit mannigfachen Variationen, unterschiedlichen Abständen und wechselnd aufgebauten Sprungfolgen. Ohne daß ein Pferd auf den Beinen überlastet werden darf, müssen alle Möglichkeiten, die im Ablauf eines wettkampfmäßigen Parcours auftreten, zum Kennenlernen abgespielt werden. Es darf im Wettbewerb nichts Neues oder gar vom Prinzip her Unbekanntes geben.

Mit der Springgymnastik müssen beim Pferd folgende Trainingseffekte erreicht werden:

1. Die geschmeidige Hergabe des Rückens – Basküle – und die Kräftigung der Rückenmuskulatur.
2. Die Entwicklung der Schnellkraft.
3. Die Schulung des Taxiervermögens – Routine.
4. Die Entwicklung und Vervollkommnung der Technik –Vorder- u. Hinterbeine.
5. Die Schulung und Steigerung des Reaktionsvermögens – Kombinationen.
6. Die Festigung des Selbstvertrauens und bei Bedarf dessen Wiedergewinnen.

Bei der systematischen Arbeit eines Springpferdes kann man auf keinen dieser Punkte verzichten. Sie sind neben der Ausbildungsskala des Springpferdes für den Erfolg im Wettkampf ausschlaggebend. Bei der Durchführung der springgymnastischen Übungen ist ein vielfältiger Aufbau notwendig, der gezielt nach dem jeweils gewünschten Wirkungsgrad ausgerichtet sein muß.

Zum Fördern der Basküle wird man freundliche und einladende Hindernisse in passenden Ent-

Korrekter Sitz

Falsch: Reiter nicht genügend vom Sattel gelöst, zu hohe Hände

Falsch: Der Reiter steht auf, Unterschenkel zu weit zurück

Falsch: Reiter löst sich nicht vom Sattel, bleibt hinter der Bewegung zurück, Unterschenkel falsch vorgestreckt – Pferd springt ohne Rücken

Rick

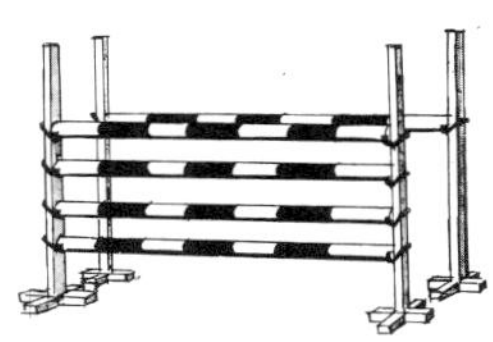

Oxer

Die wichtigsten Hindernisarten:
- Hochsprung
- Hochweitsprung
- Weitsprung

Mauer

Triplebar

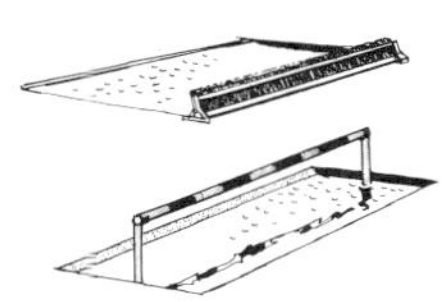

Wassergraben

fernungen aufbauen und mit gleichmäßigen Galoppsprüngen bei aufmerksamen Absprung- und Landephasen zu überwinden versuchen. Die Schnellkraft wird dadurch gefördert, daß man beispielsweise ca. 5 m nach einigen in Trabentfernung aufgestellten Bodenricks einen kleinen Steil- oder auch einen Hochweitsprung aus der Trabbewegung überwinden läßt. Das Pferd muß dabei mit gedehntem vorwärts – abwärts gerichteten Hals gehorsam, aber energisch abspringen und sich über dem Hindernis vertrauensvoll rund machen und strecken. Eine ähnliche Wirkung kann man durch eine Sprungfolge mit In-Outs erreichen – ca. 3,50 m –, wobei man das Pferd zwingt, unmittelbar nach dem Landen ohne Zwischengaloppsprung wieder energisch abzuheben.
Die Schulung des Taxiervermögens steigert man durch Weglassen der vorgelegten Stange oder Bürste und führt sie so weit, daß schließlich eine einzelne Hindernisstange sauber und ohne Kräftevergeudung exakt und rund überwunden wird. Zur Verbesserung des Reaktionsvermögens wird man die Abstände von Sprung zu Sprung variieren und ein Pferd durch enge Abstände zwingen, sich selbst »aufzunehmen«. Die Steigerung des Selbstvertrauens ist besonders durch die Überwindung von Hoch-Weit-Sprüngen – auch Carré-Oxern – möglich, wobei die Weitsprünge in ihren Abmessungen immer mehr verbreitert werden. Diese vielen Möglichkeiten sind für Pferd und Reiter bestens geeignet, sich für den Springsport zu vervollkommnen und Erfolge vorzubereiten. Wichtig ist es, zwischen den einzelnen Hindernissen auch gebogene Linien vorzusehen, da diese besonders die Wendigkeit, Geschmeidigkeit und Durchlässigkeit erhöhen. Bei schon sicheren Pferden wird es möglich, durch ein Verändern des Anreitwinkels die Abstände zum Absprung noch kurzfristig passend zu machen bzw. zu korrigieren. Bei der gesamten Arbeit ist es wichtig, die Leistungen nicht zu überziehen und das Vertrauen zu erhalten. Ein Springpferd, dessen Freude an der Arbeit verlorengegangen ist, wird im Wettkampf immer ein unsicherer Partner sein.
Mit der Springgymnastik des Pferdes wird auch der Sitz und die Einwirkung des Reiters geschult und die Routine gefördert. Die Hauptaugenmerke beim jungen Reiter sind auf die Geschmeidigkeit seines Hüftgelenkes, die ruhige und sichere Lage seines Unterschenkels und die stets in Verbindung mit dem Pferdemaul stehende, im Sprung nachgebende Reiterfaust zu richten. In absoluter Selbstdisziplin muß der Blick des Reiters dem Pferd vorausgehen und beim Überwinden des momentanen Sprunges den Weg und das nächste und übernächste Hindernis erfassen und wissen.

Springgymnastik-Beispiele

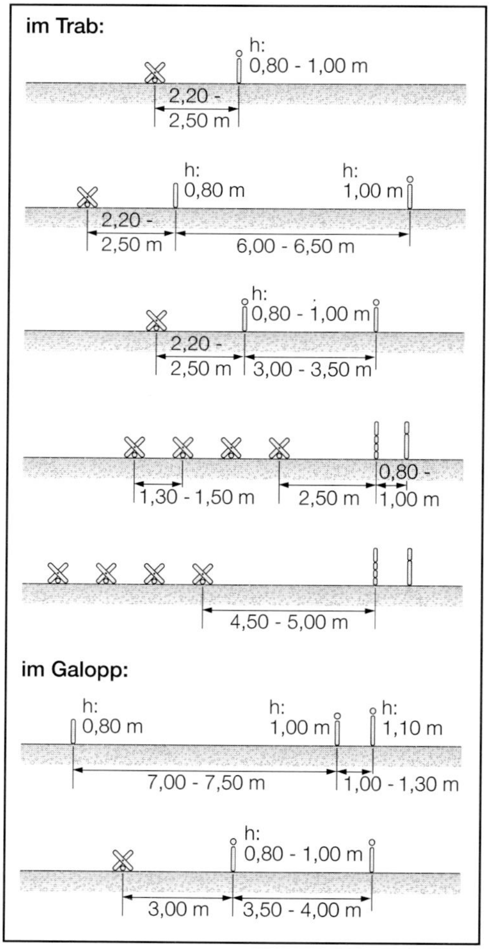

Die Anforderungen

Wenngleich der gute Parcoursbauer bei der Gestaltung seiner Hindernisbahnen viel Freiheit hat, so sind dennoch die Maße und die Anzahl der Sprünge entsprechend der einzelnen Klassen fest vorgegeben. Die auf Seite 164 folgende Übersicht für Parcours im Freien und in der Halle geben die nach der Leistungsprüfungsordnung vorgeschriebenen Normen an.

Arten der Springprüfungen:
1. Standardspringprüfungen,
2. Spezialspringprüfungen.

Zu den Spezialspringprüfungen zählen:
- Stilspringprüfungen
- Stafettenspringprüfungen
- Glücksspringprüfungen
- Punktespringprüfungen
- Kombinierte Springprüfungen
- Zwei-Pferde-Springprüfungen
- Mannschaftsspringprüfungen
- Wahlspringprüfungen
- Zweikampfspringprüfungen
- Mächtigkeitsspringprüfungen
- Barrierenspringprüfungen
- Rekordspringprüfungen

Die Bewertung

Für die Placierung ist die Leistung von Pferd und Reiter zwischen dem Start und dem Ziel ausschlaggebend. Die Bewertung erfolgt dabei nach Strafpunkten und der Zeit oder ausschließlich nach einer Zeitwertung (s. LPO). Hierbei werden alle Hindernisfehler in Strafsekunden umgewandelt und der Gesamtzeit hinzugefügt. Die Standardwertung ist ein gemisch-

Anforderungen bei Springprüfungen

	Kat. C		Kat. B		Kat. A	
1. Parcours in der Halle	**E**	**A**	**L**	**M–B**	**M–A**	**S**
Hinderniszahl	6–10	6–12	8–14	8–14	10–16	10–18
Kombinationen	1	2	2	2	frei	frei
zweifache, drei- und/ oder mehrfache Sprünge	–	–	1	1	frei	frei
2. Parcours im Freien						
Hinderniszahl	8–12	8–14	10–16	12–18	12–20	13–20
Kombinationen	1	2	2	2	frei	frei
zweifache, drei- und/ oder mehrfache Sprünge	–	–	1	1	frei	frei
3. Abmessungen in der Halle und im Freien						
Hochsprünge: Höhe in Metern	0,80–1,00	1,00–1,10	1,10–1,20	1,20–1,30	1,30–1,40	1,40–1,60
Hochweitsprünge: Höhe in Metern	0,80–1,00	1,00–1,10	1,10–1,20	1,20–1,30	1,30–1,40	1,40–1,50
Weite in Metern	1,00–1,30	1,20–1,40	1,30–1,50	1,40–1,60	1,40–1,80	1,50–2,00
Kombinationen: Abstand von Hindernis zu Hindernis in Metern	10–11		ca. 7–8 oder 10–11		beliebig	
Größte Wassergrabenweite in Metern	2,50	3,00	3,50	4,00	4,50	5,00

Abweichungen bis zu 5 cm in der Höhe und 10 cm in der Weite sind zulässig.

tes Richtverfahren, das nach Strafpunkten und Zeit gewertet wird. Bei dieser Standardwertung werden folgende Strafpunkte vergeben:
- Hindernisfehler: Abwurf: 4 Strafpunkte
- Erster Ungehorsam: 3 Strafpunkte
- Zweiter Ungehorsam: 6 Strafpunkte
- Sturz von Pferd und/oder Reiter: 8 Strafpunkte
- Dritter Ungehorsam, korrigiertes Verreiten: Ausschluß
- Zweiter Sturz von Pferd und/oder Reiter: Ausschluß
- Überschreiten der erlaubten Zeit: ¼ Strafpunkt je angebrochene Sekunde
- Überschreiten der Höchstzeit: Ausschluß.

Geschwindigkeiten und Zeiten. Für den Parcours im Freien gilt ein Standardtempo von 350 m (evtl. 375 m) je Minute. In der Halle sind nur 300 m (evtl. 350 m) je Minute als Standardtempo anzusetzen. Bei entsprechend schwierigen Bodenverhältnissen oder Umständen kann die amtierende Richtergruppe ein angemessen langsameres Tempo festsetzen. Aus der Parcourslänge und dem zu reitenden Tempo werden die Erlaubte Zeit (EZ) (früher Mindestzeit) (= Parcourslänge geteilt durch Tempo) und die Höchstzeit (HZ) ermittelt. Beim Überschreiten der EZ werden die oben genannten Strafpunkte für Zeitüberschreitung angelastet. Beim Überschreiten der Höchstzeit (= doppelte EZ) scheiden Pferd und Reiter aus. Eine Parcoursskizze schreibt den Weg von Pferd und Reiter vor. Im Parcours gibt es folgende Hindernistypen:

1. Hochsprünge: Mauer, Gatter, Rick;
2. Hochweitsprünge: Oxer, Triplebarre, Doppelrick, überbaute Gräben, Verdener Bank;
3. Auf- und Absprünge: Billard, Wall;
4. Weitsprünge: offener Wassergraben.

Beim offenen Wassergraben darf weder vor noch in der Mitte noch nach dem Hindernis ein erhöhter Hinternisteil aufgebaut sein. Die Weite des Grabens ist auf der Absprung- und der Landeseite am Rande des Wasserspiegels durch eine Bürste bzw. auf der Landeseite durch eine Holzlatte oder ein Gummi- oder sichtbares weißes Band zu begrenzen. Alle Hindernisse sind mit Flaggen zu begrenzen, wobei rechts rot und links weiß markiert ist. Die Glocke oder ein anderes, gut vernehmbares akustisches Zeichen regelt die Verbindung zwischen Teilnehmer und Richtergruppe bezüglich der Freigabe zum Start, zur Unterbrechung und Fortsetzung bzw. zum Ausschluß. Die Zeitmessung erfolgt beim Passieren der Startlinie und endet beim Überschreiten der Ziellinie (Lichtschranke). Zu den »Verweigerungen« einige Anmerkungen: Als Stehenbleiben gilt das Verharren vor dem Sprung und auch nur geringfügiges Rückwärtstreten. Das Pferd bricht aus, wenn es sich seitwärts dem Einfluß des Reiters entzieht und nicht springt. Ungehorsam ist ebenfalls ein Entziehen der Vorwärtsbewegung, wobei die Entscheidung als Fehler im Ermessen der Richter liegt. Ein Entziehen der Vorwärtsbewegung bzw. eine Widersetzlichkeit, die 60 Sekunden dauert, führt in allen Fällen zum Ausschluß. Korrigiertes Verreiten bzw. eine Volte sind angezeigt, wenn das Pferd einen Kreis zurücklegt und dabei seine Hufschlaglinie schneidet bzw. beim korrigierten Reiten es auch auf Umwegen zum Hindernis zurückgebracht wird, ohne die frühere Hufschlaglinie übertreten zu haben. Ein Verreiten ist anzurechnen, wenn das Wettkampfpaar Pferd/Reiter die vorgeschriebene Linie nicht einhält, die Hindernisse nicht in der vorgeschriebenen Reihenfolge überwindet, ein nicht zum Parcours gehörendes Hindernis springt oder ein Hindernis ausläßt. Bei offenen und geschlossenen Kombinationen – Mehrfachsprünge – gelten besondere Bestimmungen. Der Reiter muß den Parcours aus eigener Leistung und nicht durch fremde Hilfe überwinden.

Vielseitigkeit

Die Vielseitigkeitsreiterei ist die Krone des Reitsports. Diese Ansicht vertreten viele Kenner der Materie. Die Bezeichnungen und Arten der Ausschreibung variierten und variieren heute vom nationalen zum internationalen Bereich. Alte Bezeichnungen wie Stubbendorff-Prüfung, Military, Three-Day-Eventing weisen alle die Vielseitigkeitsreiterei aus. Die Prüfungsordnung sieht heute zwei Arten vor:

1. Vielseitigkeitsprüfungen (Kl. A bis S);
2. Große Vielseitigkeitsprüfungen (Kl. L bis S).

Beurteilt werden dabei die Leistungen von Pferd und Reiter in den drei Teilprüfungen Dressur, Gelände und Springen. Für die Dressur sind in den Vielseitigkeits- und Großen Vielseitigkeitsprüfungen die »Vielseitigkeitsaufgaben« gem. Aufgabenheft zur LPO zu verwenden. Sie werden alle auf dem Viereck 20 × 60 m geritten. Die großen Abmessungen des Vierecks sind in erster Linie darauf ausgerichtet, die freie Vorwärtsbewegung der an schnelles Tempo gewöhnten Vielseitigkeitspferde zu erhalten. Die Vielseitigkeitsdressur soll entsprechend Vorwärtstendenz zeigen.

Vielseitigkeit: Wassereinsprünge sind publikumswirksam; sie stellen Anforderungen an den Gehorsam des Pferdes, selten aber sind sie das Kriterium hinsichtlich der Schwierigkeit.

Geländeprüfung

Bei den einfachen Vielseitigkeitsprüfungen ist nur eine Querfeldeinstrecke mit Hindernissen vorgesehen. Bei der Großen Vielseitigkeitsprüfung teilt sich die Geländestrecke in folgende Teile auf:

a) Wegestrecke 1 (Phase A)
b) Rennbahnstrecke (Phase B)
c) Wegestrecke 2 (Phase C)
d) Querfeldeinstrecke mit Hindernissen (Phase D)

Vor dem Beginn der Prüfung, vor dem Start zur Querfeldeinstrecke und vor dem Springen findet jeweils eine Verfassungsprüfung statt.
Beim Prüfungsteil Springen wird auf große Linien Wert gelegt. Die Anforderungen in der Höhe sind um eine Klasse, bei der schweren Klasse sogar um zwei Klassen niedriger aufgebaut. Es soll die Frische der Pferde, ihre Durchlässigkeit und ihr sauberes Springen nach der schweren Belastung des Geländetages überprüft werden. Das Tempo ist für die Vielseitigkeits-Springprüfung auf 400 m je Minute hochgesetzt. Die Pferde müssen vorwärtsgeritten werden, was hinsichtlich der Springfehler nicht immer ohne Probleme ist. Die Anforderungen an die einzelnen Klassen sind aus der gegenüberstehenden Aufstellung zu ersehen.

Die Bewertung

Die Bewertung berücksichtigt die Zeitwertung sowie die Strafpunkte an den Hindernissen. Hindernisfehler werden nur innerhalb der Strafzone angerechnet. Die Strafzone umfaßt den Bereich 10 m vor, 10 m seitwärts und 20 m nach dem Hindernis.
Die Strafpunkte auf der Rennbahn und Querfeldeinstrecke:

- Technisches Verweigern 10 Strafpunkte = Betreten und Verlassen der Strafzone ohne das Hindernis anzureiten
- Erster Ungehorsam: 20 Strafpunkte
- Zweiter Ungehorsam am gleichen Hindernis: 40 Strafpunkte
- Dritter Ungehorsam am gleichen Hindernis: führt zum Ausschluß
- Fünfter Ungehorsam auf der gesamten Qu-Strecke: führt zum Ausschluß

Die Anforderungen bei Vielseitigkeitsprüfungen im Gelände:

	Teilnahmeberechtige Pferde	Dressur	Wegestrecke I	Rennbahn	Wegestrecke II	Querfeldeinstrecke Strecke, Hindernisse-Zahl u. -Maße, Tempo	Springen
Klasse A (Kat. B)	5j. u. ältere Pferde u. M/G-Ponys	VA 1/2	2200–3300 m Tempo 220 m/min	–	–	1500–3000 m, ca. 15 feste Hindernisse h: 90 cm, hw: 120 cm, w: 250 cm; Tempo: 500 m/min	Kl. A, Tempo 400 m/min
Klasse L (Kat. B)	5j. u. ältere Pferde	VL 1/2	2200–4400 m Tempo 220 m/min	–	–	2500–4000 m, ca. 20 feste Hindernisse h: 100 cm, hw: 150 cm, w: 300 cm; Tempo 570 m/min	*) Kl. A, Tempo 400 m/min
Klasse M (Kat. A)	6j. u. ältere Pferde u. G-Ponys Kat. A: 6j. u. ältere Pferde	VM 1	3300–5500 m Tempo 220 m/min	–	–	3000–5000 m, ca. 25 feste Hindernisse h: 110 cm, hw: 180 cm, w: 350 cm; Tempo 570 m/min	*) Kl. L, Tempo 400 m/min
Klasse S (Kat. A)	7j. u. ältere Pferde	GV 3	3300–5500 m Tempo 220 m/min	–	–	3500–6000 m, ca. 30 feste Hindernisse h: 120 cm, hw: 200 cm, w: 400 cm; Tempo 570 m/min	*) Kl. L, Tempo 400 m/min
Große Vielseitigkeit Klasse A (Kat. B)	5j. u. ältere Pferde u. M/G-Ponys	VA 1/2	2200–3300 m Tempo 220 m/min	1200–1500 m 4–5 Rennbahnhindernisse h: 90 cm Tempo 600 m/min	ca. 4400 m, **) Tempo 220m/min	2500–3500 m, ca. 15 feste Hindernisse h: 90 cm, hw: 120 cm, w: 250 cm; Tempo 500 m/min	*) Kl. A, Tempo 400 m/min
Große Vielseitigkeit Klasse L (Kat. A)	6j u. ältere Pferde	GV 1	3300–4400 m Tempo 220 m/min	1920–2240 m 6–8 Rennbahnhindernisse h: 100 cm Tempo 640 m/min	ca. 5500 m, **) Tempo 220 m/min	3500–5000 m, ca. 20 feste Hindernisse h: 100 cm, hw: 150 cm, w: 300 cm; Tempo 570 m/min	*) Kl. A, Tempo 400 m/min
Große Vielseitigkeit Klasse M (Kat. A)	6j u. ältere Pferde	GV 2	4400–6600 m Tempo 220 m/min	2310–2640 m 7–9 Rennbahnhindernisse h: 100 cm Tempo 660 m/min	ca. 6600 m, **) Tempo 220 m/min	4500–6000 m, ca. 30 feste Hindernisse h: 110 cm, hw: 180 cm, w: 350 cm; Tempo 570 m/min	*) Kl. L, Tempo 400 m/min
Große Vielseitigkeit Klasse S (Kat. A)	7j u. ältere Pferde (bes. Anf. gem. § 64 Ziff. 1.5.2 LPO)	GV 3	4400–6600 m Tempo 220 m/min	2760–3105 m 8–10 Rennbahnhindernisse h: 100 cm Tempo 690 m/min	7700–9900 m, **) Tempo 220 m/min	5500–6500 m, ca. 40 feste Hindernisse h: 120 cm, hw: 200 cm, w: 400 cm; Tempo 570 m/min	*) Kl. L, Tempo 400 m/min

*) Verfassungsprüfung bzw. **) Zwangspause und Verfassungprüfung (gem. § 67 LPO) sind durch Tierarzt, Richter/LK-Beauftragten abzunehmen

- Sturz von Pferd und/oder Reiter: 60 Strafpunkte (Sturz = Pferd berührt mit Schulter und Hüfte den Boden bzw. Reiter muß wieder aufsitzen)
- Zweiter Sturz auf der Rennbahnstrecke bzw. auf der Qu-Strecke: führen zum Ausschluß
- Ebenfalls zum Ausschluß führen: das Auslassen von Hindernissen, Pflichttoren oder Wendezeichen, das Springen bereits überwundener Hindernisse, das Springen in falscher Reihenfolge

Die Bewertung des Vielseitigkeits-Springens:

- Hindernisfehler – Abwurf: 5 Strafpunkte
- Erster Ungehorsam: 10 Strafpunkte
- Zweiter Ungehorsam: 20 Strafpunkte
- Sturz von Pferd und/oder Reiter: 30 Strafpunkte
- Zweiter Sturz von Pferd und/oder Reiter: Ausschluß

Auswahl, Ausbildung, Haltung und Training des Vielseitigkeitspferdes

Mitentscheidend für den Erfolg im Vielseitigkeitsreitsport ist die Auswahl geeigneter Pferde. Mittelgroße bis großlinige Warmblüter, Halbblüter oder Vollblüter haben sich darin am besten bewährt. Wichtig sind eine trockene und harte Konstitution, korrekt gestellte und belastbare Beine, Gesundheit hinsichtlich der Organe. Auch nervliche Belastbarkeit – Kopf und Magen – sind von Bedeutung. Es ist richtig, solche Pferde von klein an auf ihre Aufgaben vorzubereiten und aufzubauen.

Haltung und Fütterung. Voraussetzung ist schon beim Fohlen eine natürliche Haltungsweise mit viel Frischluft, eventuell Laufstall mit Auslauf, wobei großflächige Weiden zur Verfügung stehen sollten, die zum Galoppieren einladen. Bei der Fütterung, die im Fohlenalter ohnehin umfassend sein muß, ist besonders auf reichliche Mineralstoffversorgung zu achten. Knochenbau, Sehnen und Gelenke werden bei der Vielseitigkeitsreiterei besonders beansprucht und müssen von klein auf solide entwickelt und ausgestattet sein.

Beim ausgewachsenen, im Training oder Wettkampf befindlichen Vielseitigkeitspferd ist die natürliche Haltung mit gesunder Frischluft gleich wichtig.

Bei der Fütterung gilt es, einige Grundsätze zu beachten. Der hohe Energiebedarf muß bei der physiologisch erforderlichen Mindestmenge an Rauhfutter – strukturierter Rohfaser – als hochwertige Energieträger verabreicht werden. Wöchentlich zweimalige Fütterung von Mash ist für die Verdaulichkeit und für das Wohlbefinden des Magens zu empfehlen. Um die erforderlichen Mengen an Energie unterbringen zu können, kann es bei vielen Pferden notwendig sein, daß nicht 3 Futterzeiten, sondern 4–5 Futterzeiten angesetzt werden müssen. Kein Futter unmittelbar vor anstrengenden Trainings- oder Wettkampfstunden! 2–3 Stunden vorher sollte die letzte leichte Mahlzeit gereicht werden, die nicht belastend sein darf. Bei den Mahlzeiten am Vortag vor Prüfungen ist die Verabreichung von intensiven Energieträgern angesagt (Nudelparty bei Marathonläufern). Hohe Gaben von Traubenzucker dürfen in allen Fällen nur 1–2 Tage vor dem Wettkampf gegeben werden, da sie am Wettkampftag selbst ein Verkleben des Mauls und damit eine Behinderung für das Pferd nach sich ziehen würden. Dem hohen Mineralstoffverlust bei Prüfungen versucht man heute mit flüssigen Elektrolyten vorzubauen. Nachher ist für Nachersatz, und sei es nur durch Natriumchlorid, zu sorgen. Den Zellen muß die notwendige Fähigkeit für die Wasserbindung zurückgegeben werden.

Besondere Aufmerksamkeit muß der Hufpflege gewidmet werden. Bei sprödem Huf ist laufendes Fetten, vor allem von Hufsaum und -sohle angebracht. Solange die Arbeit noch nicht intensiv ist (Tempo), sorgen etwas längere Schenkel der Eisen für eine Schonung des Beugesehnenapparates. Beim Tempotraining und beim Wettkampf selbst sind die Schenkel etwas kürzer zu halten, um ein Greifen und Heruntertreten der Eisen zu verhindern.

Das »Auge des Reiters« ist für das Wohlbefinden seines Pferdes gerade in dieser Disziplin verantwortlich. Alle Veränderungen wie Freßunlust, Stumpfheit im Haarkleid oder Leistungsnachlaß müssen den Reiter sofort veranlassen, die Ursache zu suchen und entsprechende Abhilfe zu schaffen.

Als Mindestalter schreibt die Leistungsprüfungsordnung für die unteren Bereiche fünf Jahre, für die mittelschweren und schwere

Klasse sechs und sieben Jahre vor. Das setzt voraus, daß die Pferde bis zu diesem Zeitpunkt systematisch aufgebaut und trainiert wurden. Die Grundausbildung ist jedenfalls gleich und umfaßt zuerst die Grundlagen der Dressur. Gleichzeitiges Bewegen der Pferde im Gelände bringt unschätzbare Vorzüge (viertes Lebensjahr).

Erst im darauffolgenden Jahr soll man beginnen, die Pferde im Gelände zu galoppieren, anfangs möglichst hinter einem erfahrenen Führpferd. Mit einem methodisch aufgebauten Training speziell für Prüfungen beginnt man anschließend. In dieser Anfangsphase könnte ein Trainingsplan wie folgt aussehen:

Montag: 30 Minuten lösende Arbeit auf dem Viereck oder in der Halle, Springen einzelner Hindernisse, anschließend 90 Minuten im Gelände Schritt, Trab und ruhige Canterarbeit, dabei immer im natürlichen Gelände querfeldein, bergauf, bergab.

Dienstag: 30 Minuten lösende Arbeit, 15 Minuten Canter, dazwischen mehrere Schrittreprisen, anschließend im Gelände 15–20 Minuten Schritt am langen Zügel.

Mittwoch: wie Montag.

Donnerstag: Ca. 2 Stunden Geländearbeit im Schritt und im Trab, sowohl auf harten Wegen, auf Sandwegen wie auch querfeldein, Klettern im Schritt, bergauf und bergab. Überwinden von natürlichen und leichten Geländehindernissen, wie z. B. Baumstämmen, Wassergräben, Hecken, Abmessung nicht über 90 cm bzw. 1,80 m, anschließend ein ruhiger Kanter über 1,5 km, anschließend ½ Stunde Schritt und Trab auf Wegen, anschließend Schlußgalopp vom 300–500 m bis zu einem Tempo von 500 m in der Minute.

Freitag: wie Dienstag. Zusätzlich Dressuraufgabe.

Samstag: 30 Minuten lösende Arbeit, anschließend Überwinden von einzelnen Hindernissen und Hindernisfolgen, im Laufe des Trainingsplanes gesteigert bis zu einem Parcours der jeweiligen Klasse.

Sonntag: Ausritt im Schritt von 2–4 Stunden.

Dieser Trainingsplan reicht für eine Vielseitigkeitsprüfung der Klassen A–L aus. Die Steigerung erfolgt durch Verlängerung der Arbeitszeiten, durch Erhöhung der Hindernisse und der zu reitenden Tempi.

Die Arbeit von Pferden für Große Vielseitigkeitsprüfungen mit dem umfangreichen Geländeteil setzt voraus, daß für die langen Distanzen entsprechende Trainingsstrecken und -zeiten eingebaut werden. Das Training ist 8–12 Wochen vor der Prüfung zu beginnen und zu steigern, um den Höhepunkt möglichst zum Wettkampf zu erreichen. Nach der Leistungsprüfung muß langsam zurücktrainiert werden, da man die Pferde unmöglich während der gesamten Saison auf dem Höchststand ihrer Leistung halten kann. Die zumutbare Belastung bei kleinen Vielseitigkeitsprüfungen liegt bei etwa 4–7 Wettkämpfen im Jahr. Bei Großen Vielseitigkeitsprüfungen und sinnvoller Belastung eines gut veranlagten Pferdes sollte man nicht mehr als 3–4 Wettkämpfe im Laufe einer Saison verlangen.

Geländeprüfungen: Weitere Prüfungen im Gelände können ausgeschrieben werden: Distanzritte, Gruppen- und Einzelgeländeritte, letztere sind entsprechend der Leistungsprüfungsordnung von der Klasse E bis zur Klasse L möglich. Für Distanzritte ist das Reglement des Verbandes Deutscher Distanzreiter ausschlaggebend, das als Teil der LPO gilt.

Basis- und Aufbauprüfungen

Reitpferdeprüfungen und dazugehörige Championate sind die Basis des Turniersports. Hier kommen die Nachwuchspferde erstmals zum Wettbewerb und sollen dabei nicht nur Anlagen und Leistung zeigen, sondern sich auch an die Turnieratmosphäre gewöhnen. Zur Bewertung kommen wie bei der früheren Materialprüfung:

- Grundgangarten,
- Gebäude,
- Temperament,
- Gesamteindruck.

Eignungsprüfungen für Reitpferde und -ponys und Eignungsprüfungen für Fahrpferde und -ponys und Zuchtstutenprüfungen werden ebenfalls als Basisprüfungen durchgeführt

(Freispringen, bei Championaten: Mindestleistungen).
Bei den Dressurpferdeprüfungen, Springpferdeprüfungen (Standard und Spezial) wie auch bei den Geländepferde- und Jagdpferdeprüfungen sind die Anforderungen speziell auf die jeweilige Disziplin ausgerichtet. Somit bringen die Ergebnisse dieser Prüfungen zwei Vorteile:
- die Einarbeitung in diese Disziplin
- die Auswahlmöglichkeit der Jungpferde nach entsprechender Leistung.

Bei Zuchtstuten- und Hengstleistungsprüfungen ist die Mindestleistung in Schritt, Trab und Galopp ein wesentlicher Prüfungsbestandteil.

Die Arbeit an der Longe

Die Arbeit an der Longe wird mit verschiedenen Zielen angewandt. Die wichtigsten davon sind:
- Ein junges Pferd an Ausrüstung und Arbeit zu gewöhnen,
- Korrektur bei Pferden, die Schwierigkeiten in Takt, Losgelassenheit oder Gleichgewicht haben,
- Korrektur bei Hals- und Rückenproblemen,
- Schonung von Pferden in der Genesung,
- Entlastung des Reiters.

Die Ausrüstung

Trense mit Reithalfter, Sattel, darüber eventuell Longiergurt sind die Grundausrüstung. Sofern der Longiergurt allein eingesetzt wird (bei Pferden mit Scheuerung am Widerrist, Pilzinfektion in der Rückenlage oder ähnlichem), muß er besonders gut abgepolstert sein. Kappzaum, besonders bei jungen und heftigen Pferden, Longe, Mindestlänge 8,5 m, aus Baumwollgurt (sofern sie auch zur Handarbeit Verwendung findet, sind Lederstege zweckmäßig), vervollständigen die Longierausrüstung. Die Befestigung der Longe an Halfter oder Kappzaum erfolgt am besten über eine Lederstrippe mit Schnalle; unzweckmäßig ist ein Karabiner und ein Wirbel (die korrekt aufgenommene Longe wird sich spätestens bei der Galopparbeit verdrehen). Am Longenende beim Reiter befindet sich eine Handschlaufe. Die Longierpeitsche, die möglichst ausgewogen sein soll, um nicht zu ermüden, und mit Schlag so lang sein muß, daß das Pferd in der Sprunggelenksgegend bzw. an der Schulter erreicht werden kann.

Richtig verschnallter Hilfszügel

Longe steht richtig an

Falsch: Longe hängt durch

Ausbinder. Einfache Lederausbinder mit Gummiringen zur Dämpfung eines eventuellen Ruckes haben sich bewährt. Hervorragend sind auch der sogenannte Wiener-Zügel – zweiteilig – bzw. der Pohlmann-Zügel; er ist nach dem Teil, das in den Sattelgurt zwischen den Beinen verschnallt wird, gegabelt. Beim Wiener- wie beim Pohlmann-Zügel ist es dem Pferd während der Arbeit möglich, den Hals nach vorwärts-abwärts zu dehnen. Besonders bei jungen Pferden und bei Pferden mit Rückenproblemen ist das eine wesentliche Voraussetzung für wirkungsvolles und erfolgreiches Einsetzen der Longenarbeit. Zum Schutz der Fesselköpfe und Röhren ist wenigstens an den Vorderbeinen, bei jungen Pferden und solchen, die mit dem Gleichgewicht Probleme haben, an allen vier Beinen ein Schutz mit Gamaschen oder Bandagen anzulegen.

Der Longierplatz

In jedem Fall sollte dort, besonders für das junge Pferd, Ruhe herrschen. Eine abgeschlossene Longierhalle ist das Ideal, jedoch selten vorhanden. Wichtig ist ein elastischer, griffiger und nicht zu tiefer Boden. Beim ersten Anlongieren ist es zweckmäßig, dem Pferd eine Anlehnung auf der Außenseite des kreisförmigen Hufschlages zu bieten. Das kann mit Strohballen, aber auch mit Hindernisständern und Stangen bewerkstelligt werden. Das routinierte, an die Longenarbeit gewöhnte Pferd hingegen läßt sich an jedem Platz mit geeigneten Bodenverhältnissen ohne Schwierigkeiten longieren.

Die Technik des Longierens

Beim jungen Pferd beauftragt man bei der ersten Longenarbeit zweckmäßigerweise eine zweite Person, das Pferd auf dem Zirkel anfangs zu führen, bis es sich an den Hufschlag und an die Verbindung mit der Longe gewöhnt hat. In den ersten Tagen und Wochen ist das Einschnallen von Ausbindern nicht nur unzweckmäßig, sondern falsch. Das Pferd soll sich frei nach vorne bewegen können, wie bei der reiterlichen Arbeit. Jede Korrektur nach vorn ist richtig. Zu frühes Einschnallen der Ausbinder kann bewirken, daß das Pferd nach dem ersten Ruck im Maul rückwärts oder aufwärts geht.

Später gilt, daß die Ausbinder beim jüngeren Pferd von lang nach kurz, beim älteren und ausgebildeten Pferd von kurz nach lang verschnallt werden. Kurz heißt dabei, daß die Nase des Pferdes drei Fingerbreit vor oder knapp an der Senkrechten steht. Lang heißt: Mit dem Ausbinder ist eine leichte Verbindung zum Pferdemaul hergestellt, wie etwa »am langen Zügel«. Die Ausbinder werden dabei in der Höhe des Pferdemauls entweder im Sattelgurt oder im Longiergurt eingeschnallt. Die am Ausbinder befindlichen Karabiner sind direkt in die Trensenringe einzuhängen. Anders beim Wiener-Zügel bzw. beim Pohlmann-Zügel, die vom Sattelgurt zwischen den Vorderbeinen heraufführen und durch die Trensenringe ebenfalls etwa auf Höhe der Maulspalte zum Longiergurt bzw. zum Sattelgurt zurückverschnallt werden. Die Stellung des Pferdes bei der Longenarbeit wird einmal durch die Longe selbst herbeigeführt, zum andern durch Kürzerschnallen des Ausbinders auf der Innenseite bzw. Längerschnallen des Ausbinders auf der Außenseite. Um eine Wirkung zu erhalten, sind auf beiden Seiten je zwei Loch notwendig. Das ergibt eine Differenz zwischen innen und außen von vier Loch.

Das Pferd geht bei der Ausbildung an der einfachen Longe zwar auf der gebogenen Linie, ist aber selbst nur gestellt. Der zum Biegen erforderliche innere und äußere Schenkel des Reiters fehlt bedauerlicherweise.

Die tägliche Longenarbeit wird zweckmäßigerweise auf der linken Hand begonnen, da die Pferde gewöhnt sind, von dieser Seite geführt zu werden. Selbstverständlich liegt linksherum die Longe in der linken Hand und rechtsherum in der rechten Hand. Die andere Hand führt, um treiben zu können, die Longierpeitsche. Die deutet auf das Sprunggelenk des Pferdes; bei Bedarf, wenn das Pferd nach innen drängt, gibt sie an der Schulter den Hinweis nach außen.

Beim Beginn auf der jeweiligen Hand gibt es die Möglichkeit, entweder das Pferd durch Verlängern der Longe nach außen auf den Hufschlag zu leiten oder es auf dem Hufschlag stehend durch Rückwärtsgehen des Longierenden bereits in dieser Position zu halten. Beim Anhalten auf Kommando muß das Pferd auf dem Hufschlag stehenbleiben und darf nie in die Zirkelmitte kommen. Die Peitsche ist dafür verantwortlich.

Die Hilfen bei der Longenarbeit sind begrenzt auf Longe, Peitsche und die Stimme, deren Einsatz sehr wesentlich ist. Wichtig ist, die Kommandos kurz und klar zu halten. Vor allem Stimmlage und Tonfall – ermunternd oder beruhigend – haben einen großen Einfluß. Kommandos sind: Komm, Te-rab, Galopp marsch, Sche-ritt, haalt! Zur Beruhigung kann zusätzlich noch ein tiefes Ooo oder zur Ermunterung ein Zungenschnalzen angewendet werden.

Das Befestigen der Longe an der Trense. Was man meistens sieht, ist ein Befestigen der Longe am inneren Trensenring. Als Standardeinschnallung ist dies zu hart; die ideale Befestigung wäre ein Einschnallen mit Lederstrippe und Schnalle durch Trensenring und Kinnriemen gleichzeitig. Bei heftigeren Pferden kann man die Longe durch den inneren Trensenring am äußeren Trensenring befestigen oder die Longe durch den inneren Trensenring über das Genick zum äußeren Trensenring führen. Diese letzte Verschnallung ist bei besonders heftigen Pferden eventuell vorübergehend (aber nur vorübergehend!) anzuwenden. Sie wirkt sehr massiv, ähnlich einer Aufziehtrense. Eine feine, gefühlvolle Hand muß ausgleichend wirken.

Einschnallen der Longe: Die weichste Art der Longeneinschnallung erfaßt Trensenring *und* Kinnriemen.

Dauer der Longenarbeit. Je größer der Zirkel ist, desto geringer ist die Belastung des inneren Vorder- und Hinterbeines bei der Longierarbeit. Das ist auch der Grund für eine möglichst lange Longe von 8,5 m, so daß, wenn eine normale Halle sonst nicht benutzt wird, die volle Breite von 20 m als Durchmesser genutzt werden kann. Dennoch sollte die Zeit an der Longe nicht zu lang sein. 15–25 Minuten gelten als sinnvolles Zeitmaß. Nach 5–8 Minuten ist jeweils die Hand zu wechseln: einmal zur Entlastung, zum andern, um die gleichseitige Gymnastizierung sicherzustellen.

Bodenrick- und Springarbeit. Bei Takt- und Rückenproblemen ist die Arbeit an der Longe über Bodenricks wirksam. Über 4–6 Bodenricks oder Cavalettis, die sternförmig zum Zirkelzentrum aufgestellt sind, kann das Pferd variabel durch ein Verlegen des Mittelpunktes des Zirkels gearbeitet werden. Bei einem Schritt zu den Cavalettis müssen sich die Pferde vermehrt strecken, wogegen wenn man zurücktritt, ein entsprechendes Zurückkommen, Verkürzen oder »Versammeln« eingeleitet werden kann. Auch das Einspringen von jungen Pferden über ein Hindernis oder die ersten Springübungen für einen jungen Reiter können an der Longe absolviert werden. Dadurch, daß der Reiter keine Zügel benötigt und sich ganz auf den Sitz konzentrieren kann, kann hervorragend auf ein Eingehen in die Bewegung geachtet werden. Anfangs ist ein Halteriemen (Bügelriemen) um den Hals des Pferdes zweckmäßig, später können die Hände des Reiters sich frei neben dem Pferdehals nach vorne bewegen. Der innere Ständer des Hindernisses darf dabei nicht höher als die aufgelegte Stange sein (Teleskopständer).

Doppellonge. Eine verbesserte Einwirkung auf das Pferd ist mit der Doppellonge möglich. Hauptsächlich findet sie jedoch Anwendung bei Pferden, die für den Gespanndienst vorgesehen sind. Sie gewöhnen sich an die Berührung an den Hinterbeinen, was einer späteren Strangkitzligkeit vorbeugt. Gleichzeitig erhalten sie die Hilfen durch die Leinen für die Wendungen angelernt. Bei der Doppellonge werden Innen- wie Außenlonge durch nicht zu niedrig am Gurt angebrachte kräftige Ringe von 7–10 cm Durchmesser geführt und rahmen das Pferd ein. Durch den Kontakt der Außenlonge und die Peitsche auf der Innenseite, sofern sie an der Schulter angedeutet wird, läßt sich eine geringfügige Biegung erreichen. Die beiden Longenenden führen zweckmäßig überwiegend in eine Hand, wobei mit der anderen Hand die Peitsche bedient wird. Dies setzt Routine und Übung voraus, gehört aber bei den Fahrern zur täglichen Arbeit.

So sinnvoll gute Longierarbeit für die Ausbildung von Pferd und Reiter sind, so unsinnig ist das, was man häufig als »Longieren« sieht. Pferde laufen, falsch ausgebunden oder nicht ausgebunden, mit unpassender Ausrüstung und unfachmännisch geführt im Kreis, werden dabei heftig und verletzen sich nicht selten. Auch fachgemäße Longearbeit ist nur ein zusätzliches Mittel bei der Ausbildung des Reitpferdes. Die Hauptarbeit muß unter dem Reiter erfolgen.

Voltigieren

Voltigieren ist für Kinder Spiel und Spaß und gleichzeitig Wettkampfsport. Voltigier-Übungen gab es im alten Rom, im Mittelalter, gibt es im Zirkus und auf den Turnierplätzen. Die Kinder und Jugendlichen werden frühzeitig an das Pferd herangeführt, Tierliebe erwacht, der Körper wird gymnastisch geschult, Selbstbewußtsein und Körperbeherrschung werden erlernt. Auch das Einfügen in eine sportliche Gemeinschaft wird erprobt. Häufig ist die hier erlernte Wendigkeit und Geschicklichkeit die Basis für ein späteres reiterliches Talent.

Kür: Hebefiguren zählen zu den punkteergiebigsten, aber auch schwierigsten Lektionen bei der Kür.

Wettkampfmäßig gibt es das Gruppenvoltigieren, das Einzelvoltigieren und das Doppelvoltigieren.

Die Voltigiergruppe besteht aus 8 Kindern und einem Reservekind. Das Alter ist bei Gruppen höchstens 18 Jahre, beim Einzelvoltigieren mindestens 16 Jahre. Anders ist es bei den Gruppen, die nicht wettkampfmäßig üben und starten. Hier sind häufig Kinder bereits ab dem sechsten und siebten Lebensjahr mit von der Partie. Beim Voltigieren geht das Pferd an der Longe auf der linken Hand auf dem Zirkel um den Voltigierlehrer, der es mit Stimme und Voltigierpeitsche bzw. mit Paraden an der Longe im gleichmäßigen, ruhigen und runden Galopp hält.

Der Voltigierwettkampf gliedert sich in zwei Teile (ebenso die Einzelwettbewerbe):

1. die Pflichtübungen,
2. die Kürübungen.

Beide werden jeweils mit den Noten 0 bis 10 bewertet, wobei 10 die Höchstnote ist. Diese Bewertung erfolgt wie in allen übrigen reiterlichen Wettbewerben nach freiem Ermessen. Zur Errechnung der Placierung wird bei der **Pflicht** jede der sechs Pflichtaufgaben bei jedem der 8 Kinder bewertet, so daß insgesamt 48 Wertnoten aus der Pflicht zusammenkommen. Diese werden addiert und durch 8 geteilt (drei Dezimalstellen); so ergibt sich die Notensumme Pflicht der Gruppe.

Für die **Kür** werden drei Noten vergeben: für Schwierigkeit und Gestaltung. Hinzu kommt eine Note für den Gesamteindruck der Gruppe, bei der das Gesamtbild, der Auftritt und Aufmarsch, das Verhalten der Gruppe, die Kleidung, aber auch der Voltigierlehrer und das Pferd miteinbezogen werden.

Die Bewertung wird in den A- und B-Gruppen 2:1:2, in den C- und D-Gruppen 1:2:2 errechnet. Die so ermittelten Noten für Pflicht, Kür und Gesamteindruck werden wiederum addiert und durch die Zahl 12 geteilt. So ergibt sich die Gesamtnote für die Voltigiergruppe, nach der die Placierung erfolgt.

Aufsprung zum Grundsitz

Fahne

Mühle

Schere

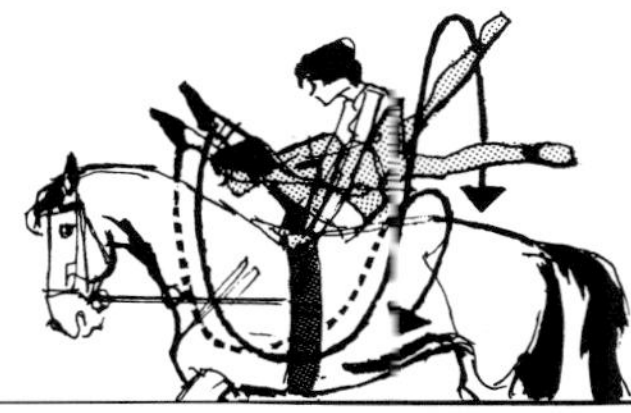

Stehen

Flanke

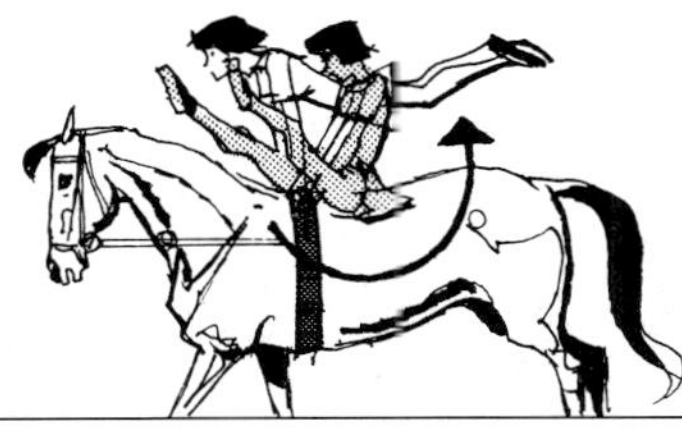

Neben der Benotung wird von den Richtern ein knappes Protokoll erstellt (FN-Richtlinien Band 3). Die Richtergruppe besteht bei getrenntem Richten aus 3, bei gemeinsamem Richten aus 2 Richtern. Im allgemeinen stehen für Pflicht und Kür 11,5–13,5 Minuten zur Verfügung. Zu den Grundübungen gehören der Anlauf, der Aufsprung, der Abgang und der Absprung. Im Pflichtprogramm werden folgende Übungen verlangt und bewertet:

1. Grundsitz
2. Fahne
3. Mühle
4. Schere
5. Stehen
6. Flanke

Die C- und D-Gruppen haben Erleichterungen bei den Übungen.

Der Grundsitz. Nachdem das Voltigierkind auf dem Pferderücken gelandet ist, umfassen die Beine, vollkommen im Gleichgewicht sitzend, locker das Pferd. Die Fußspitzen zeigen, bedingt durch die gelockerten Muskeln, nach unten. Eine natürliche Aufrichtung ohne Verkrampfung des Oberkörpers ermöglicht es, den Kopf gerade zu tragen und beide Arme in Seithalte auszustrecken. Der Grundsitz wird, wie alle anderen Übungen auch, 4 Galoppsprünge ausgehalten, ehe man zum Abgang kommt. Der Grundsitz unterscheidet sich vom reiterlichen Sitz durch die Entspannung aller Muskeln unterhalb der Hüften.

Die Fahne. Das Voltigierkind kniet mit dem linken Bein auf dem Pferderücken, so daß das Knie links, der Fuß rechts der Wirbelsäule liegen. Die rechte Hand greift in den Voltigiergurt, der linke Arm und das rechte Bein sind gerade nach vorne bzw. nach hinten gestreckt.

Die Mühle. Aus dem Grundsitz macht das Voltigierkind eine vollständige Drehung entgegen dem Uhrzeigersinn um die eigene Achse. Da jeweils ein Bein in einem Takt vorausgeführt und im nächsten Takt das zweite Bein nachgeholt wird, umfaßt die Übung 4 Takte.

Die Schere. Sie ist die schwierigste Übung bei der Pflicht. Aus dem Grundsitz werden beide Beine hochgeschwungen und über dem Pferderücken gekreuzt (linkes Knie oben), so daß beim Einsitzen und Landen das Kind anschließend nach hinten schaut. Es folgt das gleiche zurück zum Reitsitz. Die Drehrichtung ist dabei freigestellt.

Stehen. Aus dem Grundsitz richtet sich das Voltigierkind über das Knien in die Hockstellung und von da zum Stehen auf. Die Galoppsprünge müssen elastisch mit den Beinen ausgeglichen werden. Beim Stehen werden die Arme in Seithalte ausgestreckt.

Die Flanke. Aus dem Grundsitz schwingen die Beine des Kindes nach hinten sehr hoch, so daß es zu einem Innensitz kommt. Anschließend nach nochmaligem Hochschwingen wird energisch abgestoßen und die Landung weit neben dem Pferd außen eingeleitet. Wichtig bei der Pflicht sind exakte Streckung, Eleganz, Sicherheit und möglichst auch einheitliches Vortragen durch alle Kinder einer Gruppe.

Kürübungen. Bei den Kürübungen bieten sich mannigfache Möglichkeiten, einfache Gymnastik bis zur zirzensischen Leistung zu steigern. Immer neue Ideen werden von den einzelnen Gruppen hierfür entdeckt und ausgeführt. Kürübungen gibt es für ein, zwei und drei Kinder gleichzeitig. Als Beispiele seien erwähnt: der Kosakenhang, der Schneidersitz, das Stehen auf einem Bein, der Schulterstand, das Seilspringen, Knien und Stehen im Wechsel, doppelte Fahne, Fahne und Standwaage, Schultersitz und Übersprung, die Schubkarre oder der fliegende Engel. Noch viele andere Möglichkeiten vervollkommnen das Programm und machen es abwechslungsreich.
Für die nicht am Wettkampf teilnehmenden Kinder und Jugendlichen gibt es als Auszeichnung die Möglichkeit, das von der Deutschen Reiterlichen Vereinigung vergebene Voltigierabzeichen der Klassen IV, III und II zu erwerben. 10- bis 18jährige sind dazu berechtigt. Sie müssen für das Bronzeabzeichen alle Pflichtübungen mit einer Wertnote von 5,0 bzw. für das Abzeichen in Silber mit 7,0 absolvieren. Dazu kommt ein theoretischer Teil. Das Abzeichen in Gold kann nur verliehen werden für Einzelvoltigierer.

Ausrüstung – ihre Anwendung und Pflege

Sättel. Der wesentlichste Teil der Reitausrüstung ist der Sattel. Bei der intensiven Benutzung, der er ausgesetzt ist, muß Qualität dem Preis vorangestellt werden. Bestes Leder, hervorragender Unterbau und saubere, solide Verarbeitung sichern einen angenehmen Sitz und langjährige Nutzungsmöglichkeit. Der Sattel muß für Pferd und Reiter gleichermaßen passen. Für jede reiterliche Disziplin gibt es das geeignete Gerät:

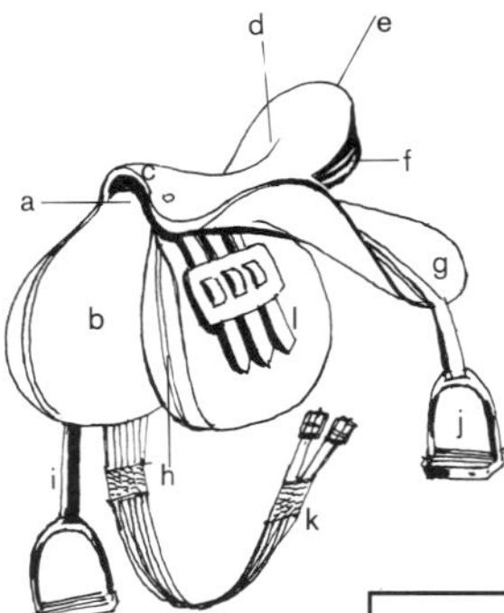

a Sattelkammer
b Schweißblatt
c Vorderzwiesel
d Sitzfläche
e Sattelkranz
f Sattelpolster
g Sattelblatt
h Pausche
i Steigbügelriemen
j Steigbügel
k Sattelgurt
l Strupfen

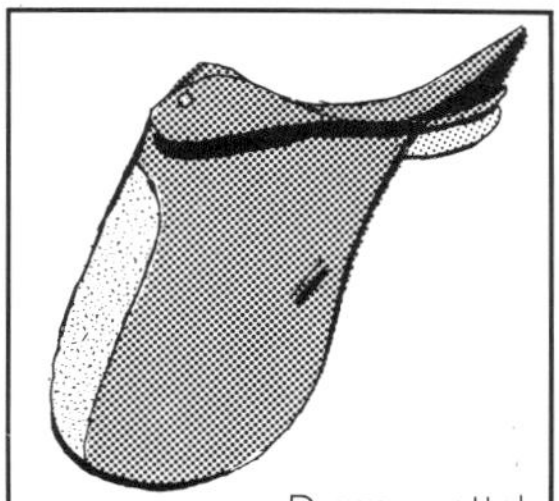

Dressursattel

Beim Pferd darf der Vorderzwiesel nicht auf dem Widerrist aufliegen, sondern der Zwischenraum muß drei bis vier Fingerbreit betragen. Die Trachten jedoch, die Polster unter beiden Seiten des Sattels, kommen auf die lange Rückenmuskulatur zu liegen. Für den Reiter müssen das Sattelkissen der Körpergröße, besonders der Größe des Gesäßes, und die Sattelblätter der Länge der Reiterbeine angemessen sein. Unterschiede bei den Sätteln gibt es hinsichtlich ihrer Verwendung in den einzelnen Disziplinen. Beim Dressursattel unterstützen lange Sattelblätter, wenig aufgepauscht, ein ganz am Pferd liegendes Knie und einen langen Unterschenkel, der besten Kontakt zum Pferd bietet. Beim Vielseitigkeitssattel, dem Modell, das am weitesten verbreitet ist, sind schon etwas vorgeschobene Pauschen vorhanden. Dieser Sattel, auch als Vielzwecksattel bezeichnet, bietet eine gute Knielage und auch ein tiefes Knie. Der Springsattel besitzt weit vorgezogene Pauschen, die stark unterpolstert sind. Sie erlauben einen kurzen Bügel und dienen der Unterstützung des hochgewölbten und entlasteten Pferderückens. Teilweise sind bei diesem Wadenpauschen ausgepolstert, die hinter dem hinteren Stiefelschaft des Reiters liegen müssen und ein Hochgleiten des Unterschenkels vermeiden sollen.

Das Innengerüst des Sattels, früher aus Holz und Stahl, besteht heute fast ausschließlich aus Kunststoff, Kunstharzen und Glasfiber. Diese Materialien sind dauerhaft, ermüdungsfrei, leicht und unzerbrechlich.

Die wichtigsten Sicherheitspunkte am Sattel sind: die Sattelfeder, an der die Bügelriemen befestigt sind, die Strippen, an denen der Sattelgurt eingeschnallt wird, sowie Bügelriemen und Bügel. Beim Bügelriemen ist aus Sicherheitsgründen beste Qualität gerade gut genug. Sofern die Feder hochgeklappt ist, muß sie sich sehr leicht öffnen lassen, um das Freigeben des Bügelriemens zu gewährleisten. Der wesentliche Sicherheitsposten in diesem Bereich ist allerdings ein sehr breiter und großer, schwerer Bügel, der bei einem Sturz absolut sicherstellt, daß der Stiefel aus ihm sofort herausgleitet. Dies tut er, wenn rechts und links der Sohle und über dem Rist genügend Spielraum vorhanden ist. Ein schwerer Bügel kann, wenn er vom Fuß geglitten ist, zudem wieder leicht aufgenommen werden. Gummieinlagen erhöhen die Haftung der Sohle, allerdings nur solange man in den Bügel tritt.

Der Sattelgurt hält den Sattel auf dem Pferderücken. Er muß intakt und belastbar sein und zählt, wie oben erwähnt, zu den Sicherheitsfaktoren. Richtig verpaßt liegt er eine Handbreit hinter dem Ellbogenhöcker des Pferdes. Ledersattelgurte benötigen wie Ledersatteldecken eine ständige, nahezu tägliche Pflege. Am weitesten verbreitet sind die Schnurgurte aus mehrfach zusammengewobenen bzw. geflochtenen Perlonschnüren. Sie besitzen eine gewisse Elastizität und haben trotzdem hohe Reißfestigkeit. Das Material ist leicht zu reinigen, ein Weißeinfärben, wie es früher bei den Eisenschnurgurten notwendig war, erübrigt sich.

Als Sattelunterlage hat sich Filz, an den empfindlichen Stellen mit Leder verstärkt, bewährt. Lederdecken sind gut, brauchen aber sehr viel Pflege. Leicht zu reinigen, aber nicht immer faltenfrei sind leichte, abgesteppte Leinensatteldecken. Letztere haben sich besonders wegen ihrer Hautfreundlichkeit bewährt. Das bei Scheuerungen und Drücken vielfach verwendete Lammfell aus Naturfaser- bzw. Kunstfaserfell schont die Haut, bringt allerdings den Nachteil, daß durch die Dicke der Auflage Gesäß- und Schenkelkontakt darunter leiden. Wir

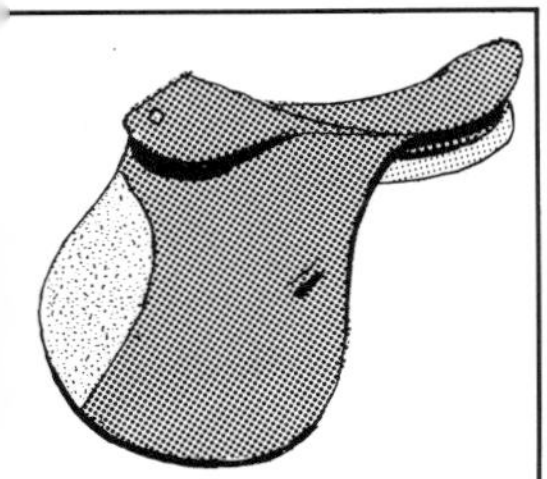
Vielseitigkeitssattel

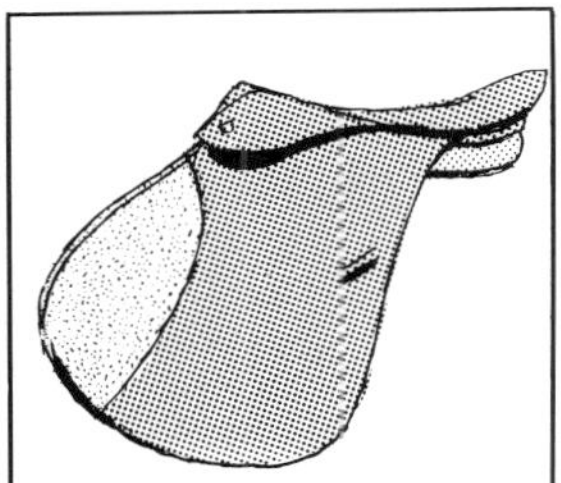
Springsattel

falsch richtig

Sitz der Sporen

Sporen gehören zur korrekten Ausrüstung des Reiters. Die Verwendung von zu scharfen Sporen ist unsportlich und kann zum Konflikt mit dem Tierschutzgesetz führen.

bevorzugen heute Naturfaser und sollten aus den gleichen Gründen den Pferden alle undurchlässigen und hitzeanstauenden Kunststoffmaterialien von der empfindlichen Haut in der Sattellage fernhalten.
Gelkissen oder Gel-Sattelpads sind groß in Mode. Sie können bei empfindlichen Pferderükken oder Druck bzw. Hautunebenheiten eine Hilfe sein. Auch der Reiter sitzt bequem, aber weit weg vom Pferd.

Trense und Halfter. Sie sind das Steuer am Pferd. Die Auswahl richtet sich nach dem Ausbildungsstand des Pferdes, der Disziplin, dem Können des Reiters und der Sensibilität des Pferdemauls. Dicke Trensengebisse (LPO = 14 mm) sind immer dünnen vorzuziehen, egal, ob bei jungen oder heftigen Pferden. Für die Grundausbildung von Pferd und Reiter haben sich das Hannoversche Reithalfter – deutsches Reithalfter – und das kombinierte Englische Reithalfter bestens bewährt. Für die Dressur ab Klasse L kommt die Kandarenzäumung in Frage, für Springprüfungen ab Klasse M ist nach der Leistungsprüfungsordnung eine gewisse Freizügigkeit bei der Zäumung gegeben.

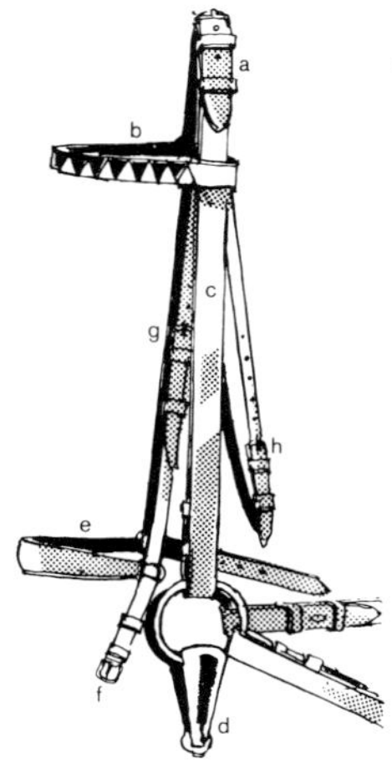

Trense mit hannoverschem Reithalfter

a Kopf-(Genick-)stück
b Stirnriemen
c Backenstücke
d Trensengebiß
e Nasenriemen
f Kinnriemen
g Reithalfter
h Kehlriemen
i Trensenzügel

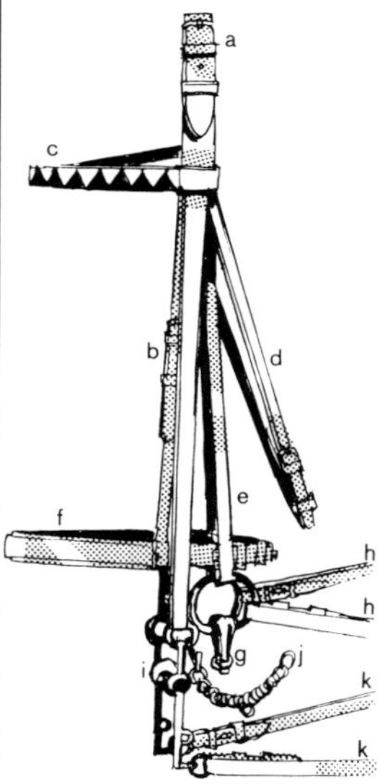

Kandare

a Genickstück
b Kandarenbackenstück
c Stirnriemen
d Kehlriemen
e Trensenbackenstück
f Nasenriemen
g Unterlegtrense
h Trensenzügel
i Kandarengebiß mit Haken für die Kinnkette
j Kinnkette
k Kandarenzügel

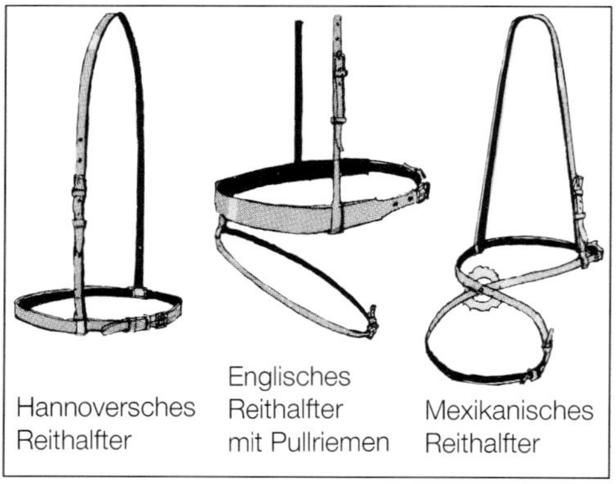

Hannoversches Reithalfter | Englisches Reithalfter mit Pullriemen | Mexikanisches Reithalfter

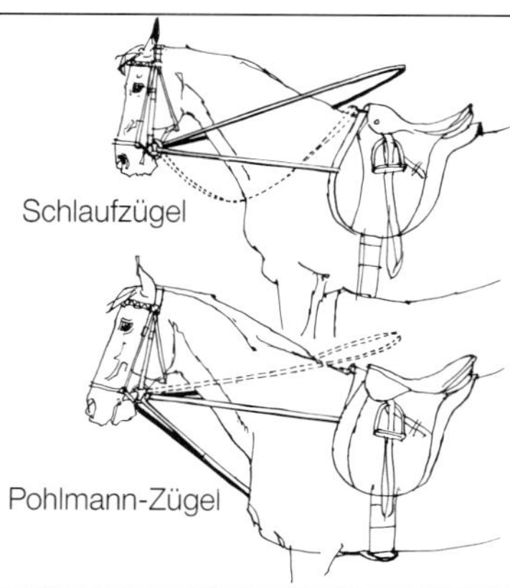

Hilfszügel. Bei heftigen Pferden, die sich gegen die Hand wehren und gerne über den Zügel gehen, ist sowohl im Gelände wie auch im Springparcours ein richtig verschnalltes Martin-

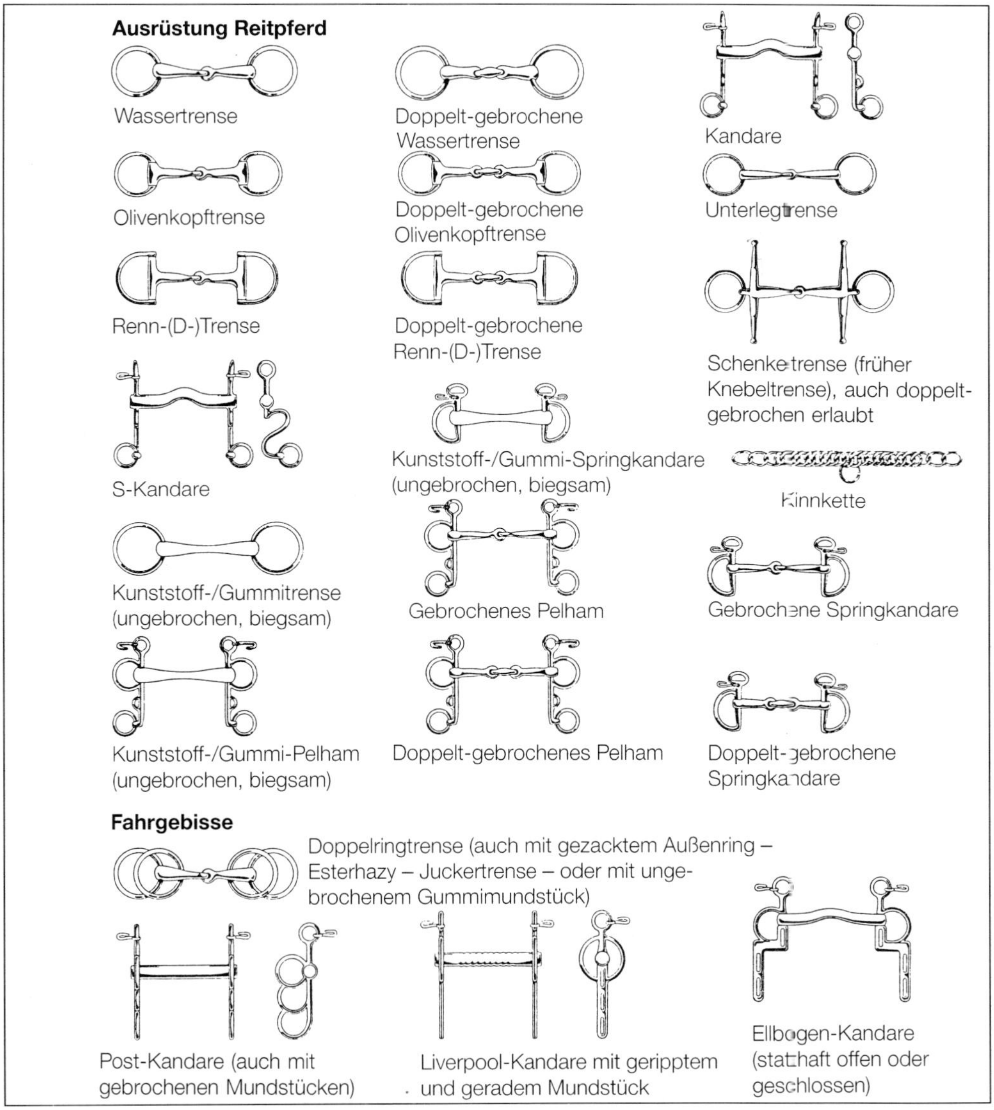

Gebisse gem. Leistungsprüfungs-Ordnung

Richtig und falsch verschnalltes Martingal

gal eine Hilfe. Bei Geländeritten mit viel Kletterstellen sichert ein Vorderzeug, das mit einem gleitenden Ringmartingal verbunden sein kann, gegen ein Verrutschen des Sattels.
Bei den Zügeln gibt es ein vielfältiges Angebot. Der einfache Lederzügel gleitet gerne. Er ist inzwischen fast verschwunden. Ein geflochtener oder beflochtener Lederzügel ist hier günstiger. Besonders weich und angenehm sind geflochtene Baumwollzügel, und griffig sind jene Zügel, die mit Gumminoppenstoff überzogen sind. Am weitesten verbreitet und sehr zweckmäßig ist der mit Lederstegen versehene Gurtenzügel. Diese Noppen oder Lederstege lassen sich entsprechend der Länge des Pferdehalses und der Handhabung des Reiters nach Wunsch anbringen, so daß immer ein korrektes und gleichbleibendes Zügelmaß gesichert ist.

Beinschutz. Bandagen dienen nicht nur der Schönheit. Ebenso wie Gamaschen schützen sie bei der Ausbildung von jungen Pferden, besonders, wenn diese noch nicht ganz im Gleichgewicht sind. Auch sind sie in der Weiterbildung nicht entbehrbar, wenn man mit den Seitengängen beginnt. Nicht zuletzt bedürfen die Pferdebeine beim Springen oder im Gelände eines Schutzpolsters. Auch ein Greifen der Hinterbeine in die Sehnen der Vorderbeine soll vermieden werden. Ein Unterstützen der Sehnen kann man durch querfixierte Bandagen nicht erreichen. Einen guten Schutz beispielsweise beim Freispringen bieten Wollbandagen, die allerdings doppelt so teuer sind wie die üblichen elastischen Bandagen.
Im Springsport werden vielfach Sehnenschoner angewandt, die zwar die Sehnen auf der Rückseite des Vorderbeines schonen, das Fesselgelenk und die Röhre jedoch freilassen, um beim Pferd das Gefühl für das Touchieren der Hindernisstangen nicht zu beeinträchtigen. Routiniers

Beinschutz

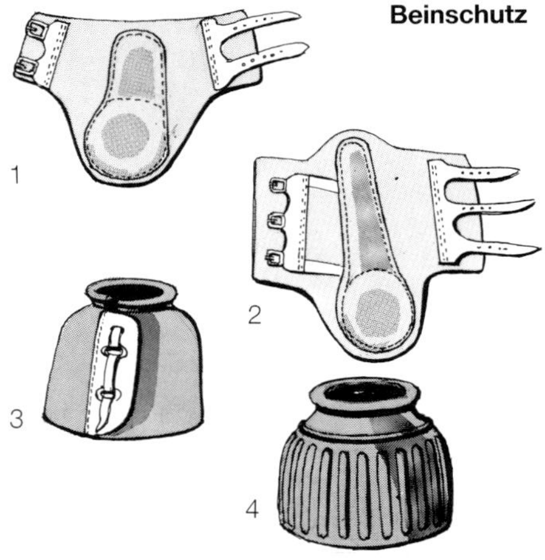

1 Ledergamasche mit Streichschutz (hinten)
2 Ledergamasche mit Streich- und Sehnenschutz (vorne)
3 Gummiglocke zum Schutz von Krone und Ballen zum Öffnen
4 Gummiglocke geschlossen zum Überziehen

Korrektes Anlegen der Bandagen für die Arbeit. Die Bandagenführung erfolgt zweckmäßigerweise von vorne-innen nach außen-hinten.

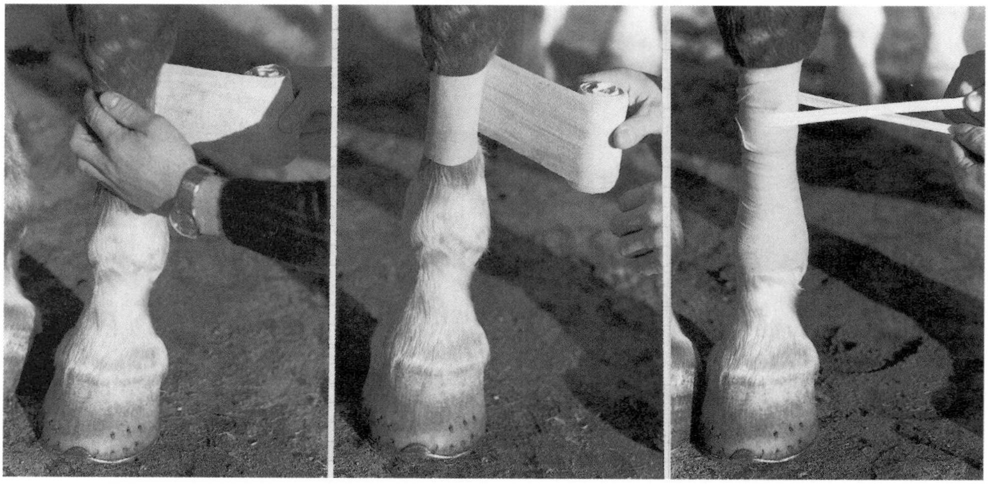

unter den Springpferden werden sonst nachlässig, wenn sie beim Anschlagen keinen Schmerz empfinden. Bei festen Geländesprüngen schützt man die Pferdebeine vor jeder Verletzung. Speziellen Schutz benötigen Pferde, die sich streichen. Es gibt Streichgamaschen aus Leder, die über den Fesselkopf auf der Innenseite herunterreichen.
Für den Transport werden extra stark wattierte Schutzgamaschen verwendet, die über die Sprung- und Karpalgelenke nach oben, unten über die Kronen zusätzlichen Schutz bieten. Zusätzlich legt man beim Transport Schweifschoner an, der ein Verscheuern der Schweifwurzel und einen Verlust der Schweifhaare an der Transporterrückwand verhindert.

Pferdedecke. Das Spektrum der Pferdedekken reicht von der Fliegenschutzdecke aus Netzgewebe bis zur doppelten Winterdecke, die eine wollene Innenseite und eine meist wasserabstoßende Leinenoberseite besitzt. Rechtzeitiges Eindecken der Pferde im Herbst verhindert das Wachsen des langen Winterhaares. Vor allem geschorene Pferde müssen beim Verbringen von und zur Arbeit sowie im Stall eingedeckt sein.

Pflegemittel. Die teure Anschaffung der Ausrüstung verlangt eine gewissenhafte und gründliche Pflege, um lange Nutzungsdauer zu sichern. Alle Lederteile, die von der Fleisch- wie von der Haarseite her gereinigt und gepflegt werden können, werden einmal im Monat mit flüssigem Parafin eingelassen und wöchentlich etwa zwei- bis dreimal mit Sattelseife gereinigt und gepflegt. Sattelkissen und alle doppelt verarbeiteten Lederteile werden mit Sattelseife behandelt. Unterschiedlich sind die Sattelseifen nicht nur hinsichtlich ihrer Konsistenz, sondern auch hinsichtlich ihrer Wirkungsweise. Die weiche Dosenseife pflegt und konserviert ohne Glanz, die feste Stangenseife hingegen mit viel Glyzerin gibt neben Pflege und Konservierung noch Glanz auf der Haarseite des Leders. Dementsprechend wird man sie anwenden. Metallteile wie Trensen, Kandaren, Bügel und Sporen werden mit Metallpflegepasten rein gehalten und poliert. Es gilt nach wie vor das Sprichwort: »Kandare, Sporen, Bügel sind des Reiters Spiegel.«

Anspannen und Fahren

Das Handwerkszeug für den Fahrsport umfaßt neben den allgemeinen Zusammenhängen um das Pferd folgende Kenntnis- und Fertigkeitsbereiche:

- Das sichere Führen eines Ein- und Zweispänners nach dem Achenbachschen Fahrsystem im Schritt und im Trab. Die Schonung der Kräfte der Pferde ist neben dem korrekten Fahren auf Straßen und Wegen das Hauptziel.
- Der Umgang und das Verschnallen der Achenbach-Leine. Ihre Vorzüge liegen in der gleichen Belastung von verschieden veranlagten Pferden, die unterschiedliches Temperament und ungleiche Körpereigenschaften haben.
- Kenntnis der üblichen Geschirre und Anspannungen, der gebräuchlichsten Kutsch- und Arbeitswagen wie auch deren Pflege.
- Die Kenntnis der Straßenverkehrsbestimmungen. Das Gespann muß auch im öffentlichen Verkehr vorschriftsmäßig geführt werden können.

Klassische Stadtanspannung oder Englische Anspannung mit Kummet und Postkandare.

Nach Benno von Achenbach (geboren 1861 in Düsseldorf, gestorben 1936 in Berlin), ist das heute wettkampfmäßig eingesetzte System benannt. Die Bezeichnung »Deutsches Fahrsystem« gilt dafür gleichbedeutend. Ziel dieser Deutschen Fahrweise ist die Sicherheit von Passagieren und Fracht und die Zweckmäßigkeit hinsichtlich der Bestausnutzung der Pferdekraft unter größtmöglichster Schonung der Pferde.
Drei Voraussetzungen für das Fahren nach dem Achenbachschen System sind erforderlich:

1. die Achenbach-Leine;
2. die Peitsche als treibende Hilfe;
3. die feste Bracke bzw. Sprengwaage.

Letztere ist die Basis für das Ausgleichen unterschiedlicher Kräfte und Temperamente bei den Pferden. Grundlage dieser Fahrweise ist die Beherrschung von Ein- und Zweispännern. Vier- und Mehrspännerfahren ist lediglich eine systematische Weiterentwicklung daraus. Die linke Hand ist leinenführend, die rechte Hand kann jederzeit freigemacht werden, um technische und Sicherheitsaufgaben zu übernehmen: Bremsen, Peitschengebrauch, Fahrrichtungszeichen, Verschnallen.
Die Einleitung von Wendungen erfolgt immer über das Nachgeben der äußeren Leine; das Tempo wird jeweils vor Beginn der Wendung verkürzt. Die Wendungen werden durch eine Drehung der sonst senkrecht gestellten Leinenfaust ausgeführt. Grundsätzlich gilt, daß Wendungen nach rechts und links unterschiedlich gefahren werden müssen. Ursache dafür ist der Sitz des Fahrers auf der rechten Seite des Bokkes und nicht über dem Mittelpunkt des Drehkranzes. Wesentlich ist, daß alle Veränderungen an der Leine nur durch Vorgreifen, Verkürzen bzw. Verlängern erfolgen dürfen. Ein Durchgleiten der Leinen verstößt gegen das korrekte System dieser Fahrweise. Es macht ein Beherrschen der Pferde unmöglich und ist bei der Teilnahme im öffentlichen Straßenverkehr gefährlich!
Anspannungsarten. Wir unterscheiden zwei Stilrichtungen:

– Englische Anspannung oder Stadtanspannung;
– Ungarische Anspannung oder Landanspannung.

Die **Englische Anspannung** oder klassische Stadtanspannung wurde in erster Linie bei allen Prunkfahrzeugen der Hofhaltung angewandt. Sie ist charakterisiert durch Kummetgeschirr, den ausgeprägten Kammdeckel und die meist aufwendige Ausstattung. Zu ihr gehören die Liverpoolkandare, die Ellbogenkandare sowie einige englische, bei uns selten verwendete Gebisse. Der mit schwarzem Rock oder grauem Anzug bekleidete Fahrer, mit Bowler oder Zylinder behütet, führt eine Bogenpeitsche. In die Kummetanspannung gehören kräftige, aber nicht schwere Pferde. Der typische deutsche Karossier war zu Zeiten, als die Zuchtziele der Verbände noch unterschiedlich waren, das Oldenburger Pferd.

Ungarische Anspannung. Typisch für die Ungarische oder Landanspannung ist das Brustblattgeschirr oder Sielengeschirr. Es ist verschnallbar und hat den Vorteil, für mehrere unterschiedlich große Pferde verpaßt werden zu können. Weist die Englische Anspannung oft kostbare Silberbeschläge auf, so erscheinen bei der Ungarischen Anspannung Verzierungen durch sogenannte Schalanken; das sind geflochtene Lederzöpfe auf der Brust und an den Seiten der Pferde, die im Grunde nicht allein als Verzierung gedacht sind, sondern die Aufgabe haben, die Fliegen abzuwehren. Das korrekte Gebiß zu dieser Anspannung ist die Doppelringtrense oder auch die Postkandare. Der mit Jakketanzug bekleidete Fahrer mit weichem Homburg oder Strohhut führt eine Juckerpeitsche. Bei dieser Stockpeitsche ist der Schlag lediglich in einer Schlaufe am Ende des Stockes eingehängt.
Zu beiden Anspannungen sind die karierte Bockdecke und Handschuhe korrekt. Im Ungarischen Gespann bevorzugt man leichte Halbblüter oder dem Araber nahestehende Pferdeschläge.
Weiterhin möglich, aber ohne klassische Bedeutung, sind die Amerikanische Anspannung, die besonders leicht ist und für den Turniersport oft Verwendung findet, sowie die Russische Anspannung: hier handelt es sich um die Troika, ein Dreiergespann, bei dem das mittlere trabende Pferd unter einem Rundbogen, der Djuga, geht, während die beiden Außenpferde nach außen gestellt galoppieren.

Zweispänner: Stadtanspannung mit Kummet.

Ungarischer Fünfspänner: Landanspannung mit Brustblatt.

Grundlagen des Achenbachschen Fahrsystems

Die Achenbachleine hat eine Länge von 4,20–4,50 m. Nach 2,90 m kommt das für die Verschnallung bestimmte Teil, bei dem 11 Löcher auf 40 cm verteilt sind. Der Vorteil dieser Leine ist, daß vom Bock aus verschnallt werden kann, d. h. auch bereits nach dem Aufsitzen oder während dem Fahren kann bei Bedarf – Temperamentsprobleme! – der Einsatz zum Zug der Pferde unterschiedlich gesteuert werden. Diese Verschnallung wird nur wirksam, wenn mit einer festen Bracke oder der sogenannten Sprengwaage angespannt und gefahren wird. Die Befestigung der Stränge erfolgt dabei auf den

Leinenführung nach Achenbach:

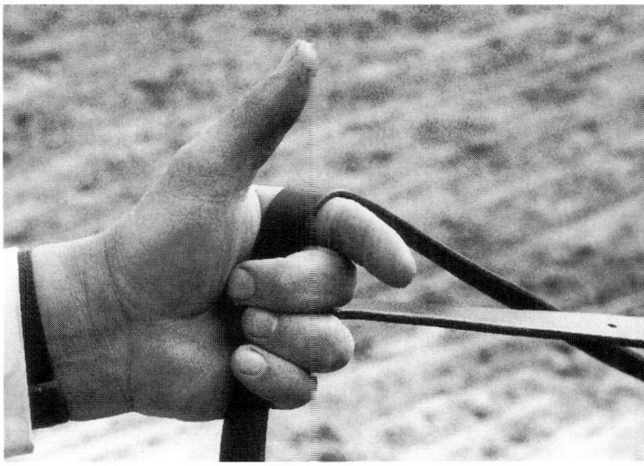

Grundhaltung

Gebrauchshaltung

Dressur- oder Arbeitshaltung

festen Docken oder an den Ortsscheiten, die an der Sprengwaage mit Leder verbunden sind. Die treibenden Hilfen werden mit der jeweils dem Stil entsprechenden Fahrpeitsche und mit der Stimme vermittelt.

Für die Haltung der Achenbachleinen gibt es drei korrekte Möglichkeiten:

- die Grundhaltung,
- die Gebrauchshaltung,
- die Dressurhaltung.

Bei der Grundhaltung liegen beide Leinen mit der Haarseite nach oben ohne Verdrehung in der linken Hand. Bei der Gebrauchshaltung verhält sich die linke Hand wie bei der Grundhal-

Achenbachsche Leine

Grundschnallung zusammen 10 Löcher (Fahrerseite) bei temperamentmäßig gleichartigen und gleich großen Pferden

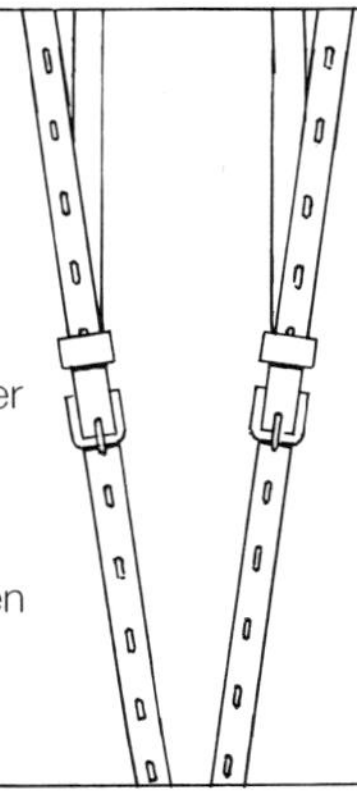

Zweispänner-Kummetgeschirr

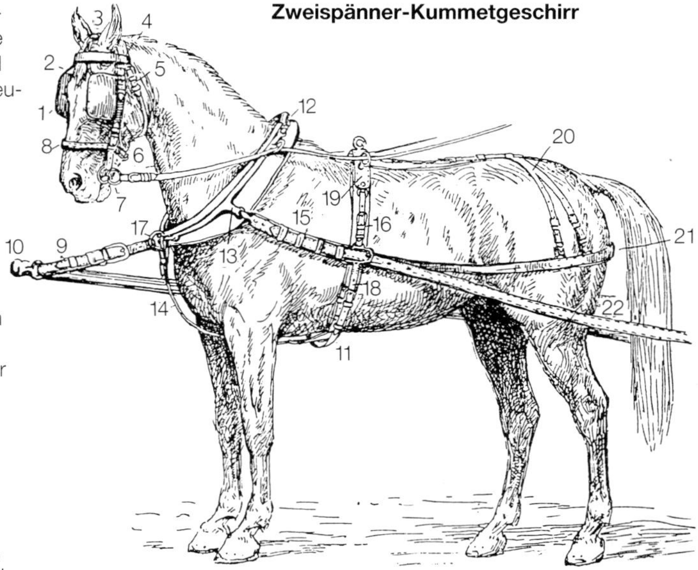

1 Richtig sitzende Scheuklappe, das Pferdeauge zwischen mittlerem und oberem Drittel der Scheuklappe
2 Blendriemen
3 Blendriemenschnalle
4 Stirnband
5 Kehlriemen
6 Backenstück. Die Schnallen von Backenstück und Kehlriemen sollen bei Zweispännern wenigstens an den Außenseiten auf gleicher Höhe sein.
7 Doppelringtrense. Zum Kummet gehört vorschriftsmäßig Kandare.
8 Nasenriemen. Richtig gearbeitet und richtig sitzend. So eingezogen, daß er beim linken Pferd von links, beim rechten von rechts geschnallt werden kann, die Strupfen also nach innen zeigen.
9 Aufhalter
10 Deichselbrille
11 Kleiner oder Sprenggurt
12 Kummetgürtel, so eingezogen, daß er beim linken Pferd von links und beim rechten von rechts geschnallt werden kann, die Strupfen also nach innen zeigen. Der Kummetgürtel kann dann bei Zwischenfällen, Stürzen usw. leicht gelöst werden.
13 Zugkrampe
14 Sprungriemen
15 Strangstutze
16 Oberblattstössel
17 Aufenthaltsring am Langring
18 Sprenggurtstrupfe
19 Kammdeckel
20 Gabelriemen und
21 Umgang eine Handbreit unter dem Sitzbein
22 Strang

(Aus U. Scholz »Der Pferdepfleger« (1942). Abdruck mit freundlicher Genehmigung des Verlags Sankt Georg GmbH, Düsseldorf.)

tung; sie wird lediglich durch die rechte Hand entlastet, die, ohne die Peitsche abzugeben, von vorne kommend in die Leinen greift und den Zug der Pferdemäuler auf beide Hände verteilt. Bei der Dressurhaltung nimmt die rechte Hand etwa 5–10 cm der rechten Leine aus der linken Hand heraus und ermöglicht so, ebenfalls aufrecht stehend, eine differenzierte Einwirkung und Lenkung der Pferde.
Ein Verlängern und Verkürzen der Leinen erfolgt immer aus der Gebrauchshaltung heraus, wobei exakt nachgegriffen werden muß. Verkehrszeichen werden während einer Leinenführung mit Grundhaltung gegeben, wobei der rechte Arm des Fahrers nach rechts weist, beim Halten die rechte Hand nach oben gestreckt wird und beim Abbiegen nach links die über dem Kopf nach links zeigende Peitsche die Richtungsänderung signalisiert.
Neben dem vorschriftsmäßigen und korrekt verpaßten Geschirr spielen ordentliche und intakte Wagen für den Erfolg im Fahrsport eine entscheidende Rolle.

Kutschen und Wagen

Ein eigenes Kapitel der klassischen Fahrkunst ist die Kenntnis und Erhaltung der klassischen Wagen, von denen heute noch einige bei Fahrprüfungen zu finden sind: Häufig anzutreffen ist der Landauer, der offen oder gedeckt gefahren werden kann und als Repräsentationsfahrzeug für Prominente zu finden ist; zwei- oder viersitzige Coupés – auch Brougham oder Broom genannt –, ein geschlossenes Fahrzeug, das zum Teil mit C-Federn ausgestattet ist, Wagonetten, die als Miniaturomnibusse auch mehrere Menschen gleichzeitig trocken transportieren können; amerikanische Jagdwagen, das Phaeton oder die Brake. Als reines Turnierfahrzeug kam hierzu der Buggy. Aus den englischen Kutschensammlungen kennen wir die Dog- und Tandemcarts sowie die großen Mailcoaches.
Das charakteristische Fahrzeug für die Ungarische Anspannung ist der Korbwagen, der aufgrund des Korbgeflechtes, das den Kasten bildet, sehr leicht ist, sich für Überlandfahrten hervorragend eignet und dabei hohe Durchschnittsgeschwindigkeiten zuläßt.
Der Fahrsport nimmt inzwischen eine immer breitere Basis auf Pferdeleistungsschauen für

Landauer

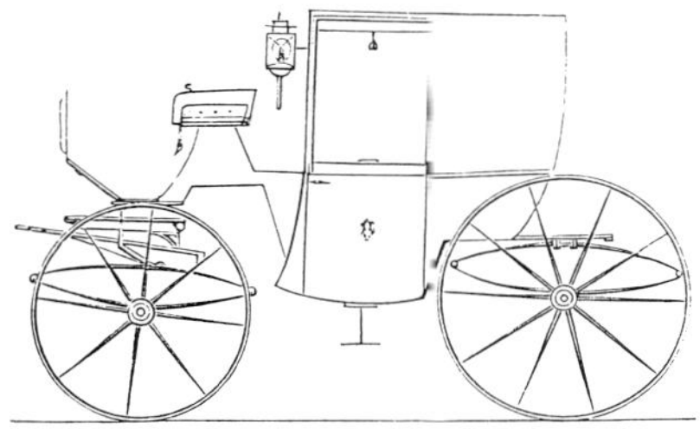

Coupé

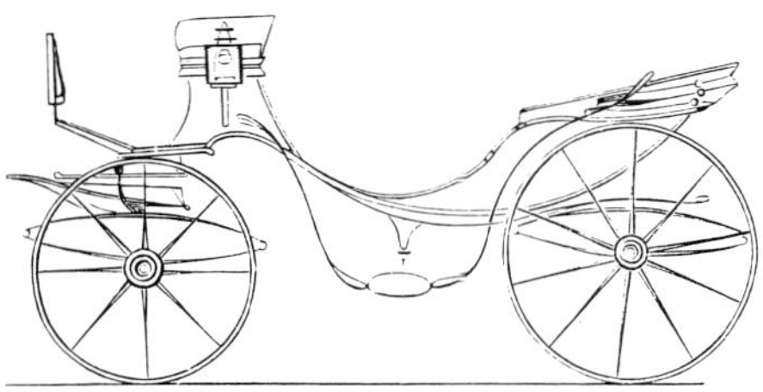

Victoria

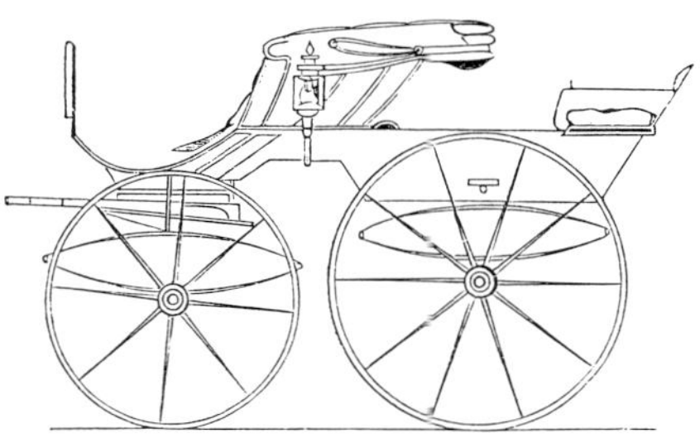

Kutschier Phaëton

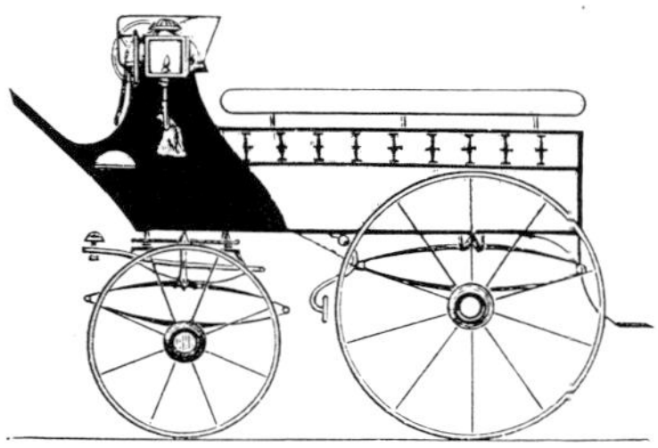

Break

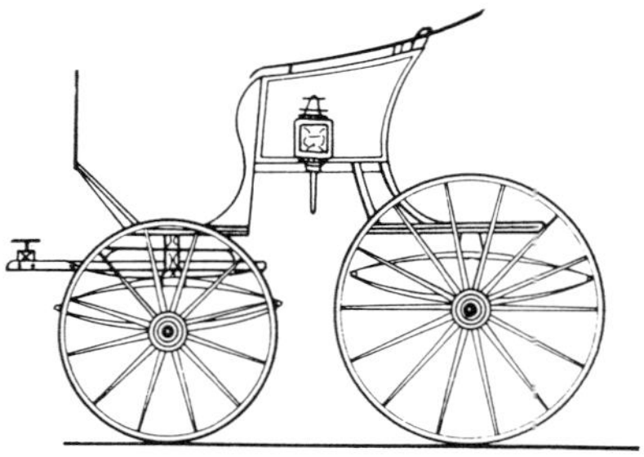

Spider Phaëton

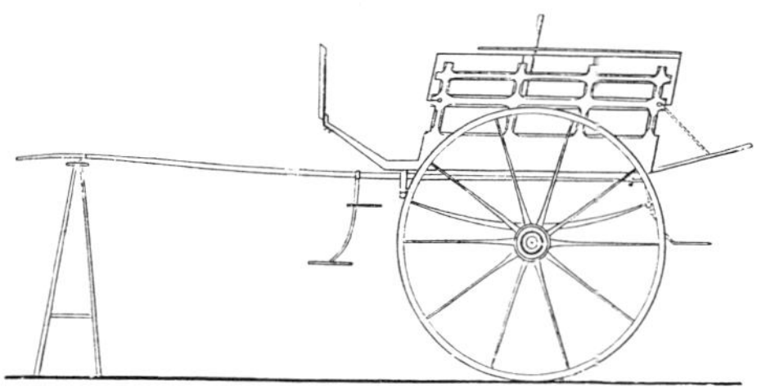

Dog-Cart/Tandem-Cart

Buggy

sich in Anspruch. Es werden Distanzfahren, Dressurprüfungen, Hindernisfahren, Gelände- und Streckenfahren und Vielseitigkeiten durchgeführt. Aber auch auf der Straße sieht man da und dort wieder ein Gespann, das teilweise sehr ordentlich vorgestellt wird, nach den Ansprüchen der Fahrkunst gesteuert wird und hinsichtlich Beleuchtung und der Ausstattung mit geeigneten Bremsen den Vorschriften entspricht.
Merke: Jedes Pferdegespann, das auf öffentlichen Wegen und Straßen gefahren wird, ist nach den Bestimmungen der Straßenverkehrsordnung auszustatten und zu fahren (weiße Leuchten vorn, rote Leuchten hinten).
Für das Reiten wie für das Fahren gilt, daß Theorie allein nicht ausreicht, um Grundfertigkeiten zu erhalten. Nur durch wiederholtes und häufiges praktisches Üben von Leinenaufnehmen, Aufsteigen, Fahren und Vorstellen von verschiedenen Hufschlagfiguren und Lektionen bringt schließlich das erwünschte Können und die Beherrschung der Pferde vom Bock aus.

Die Leistungsprüfungsordnung – LPO

Die von der Deutschen Reiterlichen Vereinigung e. V. herausgegebene Leistungsprüfungsordnung ist die Grundlage für alle nationalen Wettbewerbe im Reitsport und im klassischen Fahrsport auf nationaler Ebene. Sie gliedert sich in folgende Teile:

a) allgemeine Bestimmungen,
b) besondere Bestimmungen – hier sind alle Wettbewerbe für Reiter, Fahrer und Pferde enthalten,
c) Rechtsordnung,
d) Durchführungsbestimmungen.

Für den an offiziellen Reit- und Fahrwettbewerben Teilnehmenden ist die LPO ein tägliches Muß, um Ausschreibungen lesen zu können, um korrekt in Prüfungen zu nennen und zu starten. Auch um Erlaubtes und Nichterlaubtes zu differenzieren, hilft die Kenntnis der Leistungsprüfungsordnung. Ein kurzer Überblick soll helfen, bei Bedarf die notwendigen Bestimmungen rasch aufzufinden.

Allgemeine Bestimmungen: Die Definition und die Angabe über den Geltungsbereich der Leistungsprüfungsordnung sind die Basis für ihren räumlichen Wirkungsgrad. Das Wettbewerbssystem ist in drei Kategorien aufgebaut. Kategorie C, die unterste, ist für die Anfänger bestimmt. Sie erfordert weder für Pferd noch für Reiter eine Eintragung oder einen entsprechenden Ausweis. Kategorie B, die nächstfolgende Leistungsgruppe, stellt bereits Identitätsführung der Pferde sicher und verlangt von den Teilnehmern als Leistungsnachweis ein erfolgreich abgelegtes Reitabzeichen und Ausweis. Während sich die Kategorie-C-Turniere nur in der Klasse E bewegen, umfaßt die Kategorie B Leistungsprüfungen von Klasse A bis zur Klasse M. Die Kategorie A umfaßt die Klassen M und S. In den allgemeinen Bestimmungen finden außerdem alle Dinge einen Niederschlag, die für die Durchführung von Pferdeleistungsschauen Bedeutung haben. Es sind dies:

Teil A – Allgemeine Bestimmungen

- Voraussetzungen für die Beteiligung am Pferdeleistungssport
- Ausschreibungen
- Nennungen
- Ergebnisse
- Durchführung von Wettbewerben und Leistungsprüfungen
- Beaufsichtigung von Wettbewerben und Leistungsprüfungen, Placierung und Beurteilung
- Teilnahmeberechtigung
- Ausrüstung von Teilnehmern und Pferden
- Einteilung in Wettbewerbe und Leistungsprüfungen

Teil B – Besondere Bestimmungen

Diese regeln folgendes:
- Grundwettbewerbe für Reiter und Fahrer
- Reiterspiele
- Reiter- und Fahrerwettbewerbe
- Distanzritte, Distanzfahrten
- Voltigieren, Ponywettbewerbe u. -prüfungen
- Reitpferdeprüfungen und Championate für Reitpferde
- Eignungsprüfungen und Eignungschampionate für Reitpferde
- Eignungsprüfungen für Fahrpferde
- Zuchtstutenprüfungen
- Mindestleistungen
- Dressurpferdeprüfungen
- Springpferdeprüfungen
- Geländepferdeprüfungen
- Jagdpferdeprüfungen
- kombinierte Aufbauprüfungen
- Dressurprüfungen, Springprüfungen, Spezialspringprüfungen
- Gelände- und Vielseitigkeitsprüfungen
- Distanzritte, Gruppengeländeritte
- Vielseitigkeitsprüfungen, Fahrprüfungen: Distanzfahren, Dressurfahrprüfungen und Gespannkontrollen, Hindernisfahren
- Rallye- und Streckenfahren
- Gelände- und Streckenfahren
- Vielseitigkeitsprüfungen im Fahrsport
- kombinierte Prüfungen

Teil C – Rechtsordnung

Dieser Teil wiederum gliedert sich in folgende Kapitel:
- Allgemeine Bestimmungen
- Einsprüche
- Ordnungsmaßnahmen
- Berufung und Revision
- Wiederaufnahme von Verfahren
- Ausführung der Schiedssprüche
- Haftsummen, Kosten und Gnadenrecht

Teil D – Durchführungsbestimmungen

Der letzte Abschnitt regelt mit Durchführungsbestimmungen Angelegenheiten wie z. B.:
- die Olympia-Reitergroschen-Abführung
- die Zusammenarbeit mit Medien – Fernsehübertragungen
- Transportkostenentschädigung
- Dopinguntersuchungen
- Verzeichnis der Dopingmittel

Es lohnt sich, den Umgang mit der Leistungsprüfungsordnung zu üben und sie zu beherrschen. Eigene Verstöße gegen die Bestimmungen lassen sich dadurch verhindern, und – sofern man wirklich benachteiligt ist – kann man sich unter Anwendung der entsprechenden Paragraphen der Rechtsordnung auf faire und legale Art und Weise sein Recht sichern. Kenntnis und Fairneß ergänzen den guten Reiter.

Die Weltdachorganisation des Reitsports ist die FEI = Fédération Equestre Internationale
(gegründet 1921) (Sitz in Lausanne/Schweiz)

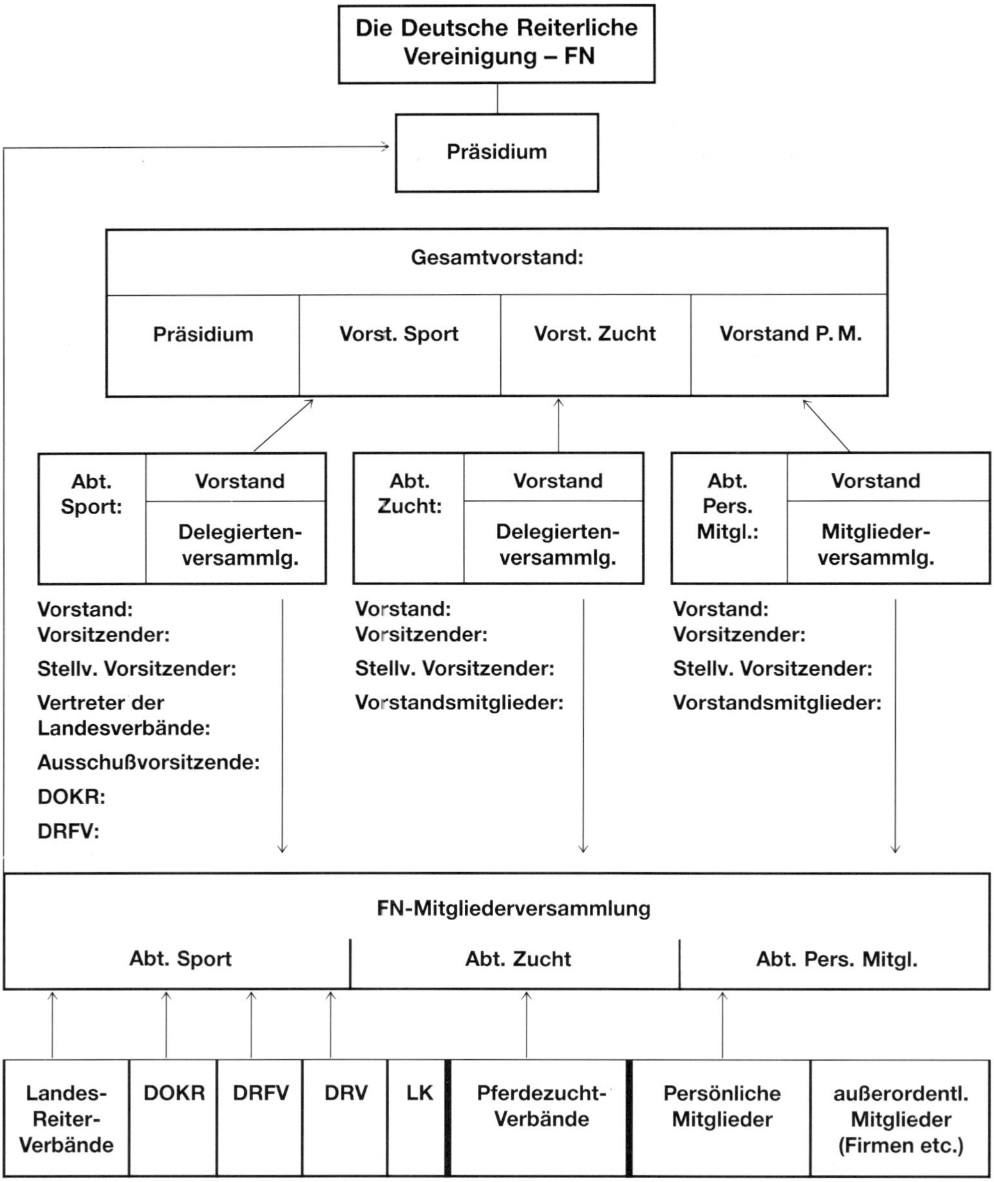

Abkürzungen:
DOKR – Deutsches Olympiade-Komitee für Reiterei e. V.
DRFV – Deutscher Reiter- und Fahrer-Verband e. V.
DRV – Deutsche Richtervereinigung
LK – Landeskommissionen für Pferdeleistungsprüfungen

Besonderes Fachwissen: Schwerpunkt Rennreiten*

Das Englische Vollblutpferd – ein kurzer geschichtlicher Rückblick

Flachrennen: Rennreiter in korrektem Sitz in der Zielgeraden.

Keine andere Pferderasse kann auf eine so lange und traditionsreiche Geschichte zurückblicken wie der Englische Vollblüter. Von den Wettspielen der asiatischen Reitervölker, den Wettrennen im antiken Griechenland – Olympische Wagenrennen 680 v. Chr. – über die ersten Daten von Rennen in England aus der Zeit der römischen Besatzer 210 n. Chr. ist ein weiter Weg bis zur Gegenwart. Der Prince of Wales soll 1377 der erste gewesen sein, der ein richtiges Rennen gegen seinen Kontrahenten, den Earl of Arundel, durchführte. Diese alten Rennveranstaltungen wurden als sogenannte »Matches« ausgetragen, bei denen jeweils zwei Pferde gegeneinander liefen. James I., ein Stuartkönig (1603–1625), war es, der die Rennen offiziell zuließ. Bereits sein Nachfolger, Charles I. machte Newmarket zur Rennmetropole und veranstaltete ab 1627 im Frühjahr und im Herbst richtige Meetings. Die Französische Akademie der Wissenschaften erkannte als erste im Jahre 1817, daß Rennen nicht nur Spiele sind, sondern durch sie zum Wohle Englands die Pferdezucht unschätzbar gefördert wurde. Heute wissen wir, daß das gesamte Vollblut der Gegenwart seine Existenz auf 43 Stammstuten zurückführt. Sie liegen rund 30 Generationen zurück. Bei dieser Generationenvielzahl ist es verständlich, daß züchterisch keine genetische Eigenschaft mehr auf diese 43 Stammstuten und auch nicht auf die 3 Stammväter Byerley's Turk, Darley's Arabian und Godolphin Arabian (Barb) hinweisen. Man kann lediglich von genealogischen Aspekten sprechen.

Byerley's Turk. Er soll das Beutepferd eines holländischen Reiters aus der Belagerung von Wien im Jahre 1689 sein. Das Türkenpferd wurde von Captain Byerley erworben und während der Gefechte im Jahre 1689 in Irland geritten. Anschließend begann die Deckhengsttätigkeit des türkischen Pferdes, das rassenmäßig ein Araber war. Blutanteile des Hengstes sind in den alten Stutenfamilien, z. B. der Gestüte Schlenderhan und Waldfried, zu finden.

Darley's Arabian. Um das Jahr 1710 wurde er von Thomas Darley nach England importiert. 9 Stutenlinien hat er dem Generalstutbuch geschenkt. Seine Heimat soll Aleppo im nördlichen Syrien am Schnittpunkt von Euphrat und Tigris sein. Sein bedeutendster Nachkomme ist der 1764 in einer Neumondnacht geborene Eclipse, der 19 Rennen bestritt und dabei immer als Sieger hervorging. St. Simon ist wohl der berühmteste Nachkomme, der in der Stute Festa eine der bekanntesten deutschen Stutenfamilien schuf.

Auch in England, Frankreich und Italien sind die Nachkommen der Darley-Arabian-Linie intensiv verbreitet, und Namen wie Nearco, Ribot, Bay Ronald, Gainsborough, Dark Ronald und Son-in-Law zeugen von seiner Bedeutung.

Godolphin Arabian. Der Bey von Tunis schenkte ihn im Jahre 1730 als »Sham« König Ludwig XV. von Frankreich, der ihn weiter nach England

* (Zusätzliche Fachliteratur »Galopprennen« wird empfohlen).

verkaufte. Nach dem Tode des neuen Besitzers Coke erbte der Earl of Godolphin dessen gesamten Pferdebestand und mit ihm den Hengst »Godolphin Barb«, auch als »Godolphin Arabian« bezeichnet. Sein ursprünglicher Name wurde erst mit der Übernahme durch den jetzigen Besitzer in Godolphin Arabian umbenannt. Einer der markanten Nachkommen ist der Hengst Matchem. Auch der Rennsport der USA hat einen großen Nachkommen aus dieser Linie, den Hengst »Man o' War«. Ein Kenner der Materie Vollblut, F. Chales de Beaulieu, führt die Wirkung dieser drei Hengstlinien auf die nachstehenden Merkmale zurück:

1. Eine hervorragende Stutenbasis stand für die Zucht mit diesen Hengsten zur Verfügung.
2. Diese Hengste hatten hinsichtlich ihrer Vererbungskraft eine weit überdurchschnittliche Prägung.
3. Das System der früh begonnenen Leistungsprüfungen, die Begründung des Generalstutbuches (General Stud Book).

In einem »Rennkalender« werden seit 1709 die Ergebnisse regelmäßig aufgezeichnet. Ein englischer Jahresrennkalender wird im Jahre 1727 zum ersten Mal veröffentlicht. 1750 konstituiert sich der English Jockeyclub. Nachfolgend werden die bedeutenden klassischen englischen Vollblutrennen begründet:

- 1776 St. Leger
- 1779 Oaks
- 1780 Derby

Das »General Stud Book« – alle eingetragenen Vollblutstuten der Welt müssen auf die dort eingetragenen Stuten zurückgehen – erscheint 1793 erstmalig. Damit ist die authentische Quelle für die Vollblutrasse geschaffen. Die Vorfahren der Stammütter sind teilweise nicht ermittelbar. Die Hengste waren ausschließlich Orientalen, Araber, Türken und Berber. Unter den Stuten waren ohne Zweifel neben den Royal Mares, den Königlichen Stuten, auch einheimische Landstuten, Keltische Ponys und auch Galloways. Eine Definition für Englisches Vollblut wurde im Jahre 1901 von den Herren Weatherby, die seit 1773 den Rennkalender und das General Stud Book führten, gegeben: »Jedes Pferd, das in das General Stud Book eingetragen werden soll, muß acht oder neun Generationen reinen Blutes über einen Zeitraum von mindestens 100 Jahren nachweisen, und außerdem müssen sich in seiner nahen Verwandtschaft ausreichende Leistungen auf der Rennbahn feststellen lassen, durch die das Vertrauen in die Reinblütigkeit des Pferdes bestätigt wird.«

Die Vollblutzucht in der Bundesrepublik hat ebenfalls eine bereits über 175 Jahre alte Geschichte. Der erste eingeführte Hengst war Dick Andrews, geboren 1811. Ihm folgte Oracle von Sorcerer des Baron Biel. 1822 wurden in Doberan durch die Barone von Biel die ersten Rennen begründet. 1842 stehen im allgemeinen deutschen Gestütbuch bereits 779 Stuten verzeichnet. Mecklenburg war damals die Hochburg der Deutschen Vollblutzucht, aus der Spitzenpferde überallhin verkauft wurden. Mit dem Aufkommen der schlesischen Zucht, der Errichtung der Gestüte Graditz, Harzburg, Schlenderhan und Waldfried (1869, 1896) begann ein bedeutender Aufschwung. 1867 wurde der Unionclub begründet, 1868 wurde in Berlin die Hoppegartener Rennbahn zu ihrem ersten Rennen eröffnet. Im Jahre 1869 wurde dort das erste Deutsche Derby gelaufen. Um die Jahrhundertwende begann die Vollblutzucht in bayerischen Gestüten, und zwar in Leutstetten (Prinz Ludwig von Bayern), Puchhof b. Straubing (v. Lang und v. Schmieder) und Ludwigsfeld (v. Lutz).

Die Dachorganisation in der Bundesrepublik Deutschland

Das Direktorium für Vollblutzucht und Rennen e. V.

Das Direktorium (Sitz und Gerichtsstand Köln) ist eine anerkannte Züchtervereinigung im Sinne des Tierzuchtgesetzes der Bundesrepublik Deutschland. Für die Vollblüter regelt es in voller Zuständigkeit die Zucht wie auch den Rennsport. Eine der Hauptaufgaben ist der Erlaß der Rennordnung, in der die Bereiche Zucht, Rennen und Wettbetrieb geregelt sind. Für laufende Informationen und für Dokumentation sorgt das Direktorium durch die Herausgabe der Wochen- und der Jahresrennkalender.

Die Vergabe aller Lizenzen (Trainer, Berufsrennreiter, Amateurrennreiter, Reiterlaubnis für Auszubildende) sowie die Bestellung der Funktionäre der Rennveranstaltungen wird von ihr wahrgenommen. Auch eine Rechtsordnung wird darin erlassen.

Die Zuchtbuchordnung regelt die ordnungsgemäße Planung und Durchführung der Zucht in folgenden Punkten:

a) Grundlagen
b) Zuchtprogramm
c) Rassenmerkmale und Zuchtziel
d) Eintragung in das Zuchtbuch (Stallstutbuch, Zuchtergebnisse)
e) Allgemeines Gestütsbuch (ADGB)
f) Eintragung von Hengsten
g) Identitätssicherung und Beschreibung
h) Pferdepaß

Neben den allgemein gültigen Richtlinien für die Vorsorge und Zuchthygiene enthält die Rennordnung des Direktoriums noch zusätzlich strenge Richtlinien für die Hygiene, die im Vollblutzuchtbetrieb vorgeschrieben sind.

Rennvereine

Für den praktischen Rennbetrieb und die Durchführung von Veranstaltungen ist der jeweils regionale Rennverein zuständig. Das Direktorium erteilt den Rennvereinen dazu die Genehmigung. Rennvereine sind gemeinnützige und rechtsfähige Vereine im Sinne des Bürgerlichen Gesetzbuches. Da die Rennvereine in der Regel einen Totalisator betreiben, muß eine Totalisatorgenehmigung bei der zuständigen obersten Landesbehörde eingeholt werden (Renn-, Wett- und Lotteriegesetz). Die Rennvereine sind Eigentümer oder Besitzer der Rennbahnen und der für den Rennbetrieb erforderlichen technischen Einrichtungen. Umfangreiche Bestimmungen regeln die ordnungsgemäße Durchführung (z. B. Zielfotoanlage, Rennverfilmungsanlage, Startmaschinen, Dopingkontrollen usw.).

Ausschreibungen

Sie werden von den Rennvereinen erstellt und dem Direktorium genehmigt. Jede Ausschreibung muß folgende Angaben enthalten:

- Ort des Rennens, Tag des Rennens
- Nummer des Rennens
- Art des Rennens
- Rennpreise
- Zulassungsbestimmungen
- Gewichtsbestimmungen
- Rennstrecke
- Nennungstermin
- Einsatz und Einsatztermine
- bei einem Ausgleich den Tag der Veröffentlichung der Gewichte
- Starterangabetermin

Rennarten

Alle Rennen, die weder als Hürdenrennen noch als Jagdrennen ausgeschrieben sind, gelten als Flachrennen.

Ein Flachrennen führt über die flache Bahn. Die Hindernisrennen werden in Hürdenrennen oder in Jagdrennen unterteilt. Altersgewichtsrennen sind Zuchtrennen oder Aufgewichtsrennen. Zuchtrennen sind immer Flachrennen, in denen alle Pferde eines Jahrgangs, abgesehen von der Stutenerlaubnis (2 kg), das gleiche Gewicht tragen müssen. Unter Aufgewichtsrennen versteht man ein Rennen, bei dem das von einem Pferd zu tragende Gewicht (abgesehen von

Hindernisrennen: Beim *Hürdenrennen* sind umwerfbare Hürden, sogenannte Bürsten zu überwinden.

Hindernisrennen: Beim *Jagdrennen* geht es über feste Hindernisse und Gräben. Taxisgraben der Pardubitzer-Steeplechase.

Alter und Geschlecht) von den bisherigen Gewinnen des Pferdes abhängt. Ein Rennen für Pferde, die noch nicht gestartet wurden, gilt als Aufgewichtsrennen. Ein Ausgleichsrennen ist ein Rennen, bei dem das zu tragende Gewicht zur Erzielung gleicher Gewinnaussichten durch den Ausgleicher festgesetzt wird. Dadurch ist es für den Zuschauer bzw. den Wetter interessant, da theoretisch alle Starter gleichzeitig durch das Ziel gehen müßten.
Des weiteren werden noch ausgeschrieben:
- Verkaufsrennen
- Verlosungsrennen
- Nachwuchsrennen und
- Amateurrennen

Ausgleiche in Flachrennen

Ausgleich/Klasse	GAG der Pferde mit theoretischer Chance
– Ausgleich 1 = sehr gute Klasse	96–78 kg
– Ausgleich 2 = gute Klasse	84–66 kg
– Ausgleich 3 = mittlere Klasse	72–56 kg
– Ausgleich 4 = untere Klasse	50–60 kg
– allgemeiner Ausgleich für sehr gute und gute Klasse	92–66 kg

Ausgleiche in Hindernisrennen

– Ausgleich G = gute Klasse	73 kg und höher
– Ausgleich M = mittlere Klasse	72–66 kg
– Ausgleich U = untere Klasse	60–70 kg

Rennbahn

Jede Rennbahn muß vom Direktorium abgenommen und zugelassen werden. An Renntagen darf das Geläuf nur mit Erlaubnis der Rennleitung betreten werden. Alle offiziellen Informationen wie auch der Rennbahnplan müssen im Waageraum ausgehängt sein.
Die Länge der Rennstrecken wird mit 2 m Abstand von der inneren Begrenzung des Geläufs gemessen. 150 m nach dem Start ist auf der Innenseite des Geläufs für alle Teilnehmer gut sichtbar eine große gelbe Flagge angebracht. Bis zu deren Passieren darf im Rennen die Spur nicht verändert werden. Bei Hindernisrennen müssen die Wendungen der Rennstrecke und die beiden Seiten der Hindernisteile deutlich durch Flaggen kenntlich gemacht sein. Bei Hürdenrennen sind die Flaggen rechts blau, links gelb. Bei Jagdrennen sind die Flaggen rechts rot, links weiß.

Die Rennstrecken

Hindernisrennen müssen mindestens 3000 m lang sein. Ein Flachrennen der Klasse A führt wenigstens über 1000 m. Ein Rennen für zweijährige Pferde darf vor dem 1. 6. nicht länger als 1200 m, vor dem 1. 8. nicht länger als 1400 m und vor dem 1. 9. nicht länger als 1700 m sein. Später ist die Distanz der Zweijährigen auf 2000 m begrenzt.
Hürdenrennen der Klasse A müssen mindestens 3000 m, Jagdrennen der Klasse A mindestens 3200 m lang sein. Hindernisrennen der Klasse A, an denen vierjährige u. ä. Pferde teilnehmen, dürfen vor dem 1. 5. nicht länger als 3600 m, vor dem 1. 8. nicht länger als 4000 m und nachher nicht länger als 5000 m messen.

Grundsätzliches über Gewichte

In einem Flachrennen, das kein Ausgleich ist, hat eine Stute eine Gewichtserlaubnis von 2 kg, ein Wallach eine Erlaubnis von 1,5 kg.
In einem Hindernisrennen der Klasse A, das kein Ausgleich ist, erhält auf Antrag ein inländisches Pferd, das zweijährig und dreijährig nicht in einem Flachrennen gestartet wurde, eine Gewichtserlaubnis von 3 kg, das zweijährig nicht gestartet ist, 1,5 kg. Ab 1. 6. hat in einem Aufgewichts-Flachrennen der Klasse A mit einem Siegpreis von weniger als 10 000,– DM (ausgenommen Rennen für sieglose Pferde) ein dreijähriges Pferd, das im laufenden Jahr kein Rennen der Klasse A gewonnen hat, eine Gewichtserlaubnis von 2 kg.
Bei einem Ausgleich muß ein Pferd für jeden am Tag der Veröffentlichung der Gewichte oder später gewonnenem Ausgleich ein Aufgewicht von 5 kg, für jedes andere in dieser Zeit gewonnene Rennen ein Aufgewicht von 3 kg aufnehmen; bei einem Toten Rennen die Hälfte.
Für die Vollblutkörung sind ausschließlich die Gewichte der Jahresgeneralausgleiche maßgebend. Für einen Vollbluthengst, der in der Vollblutzucht eingesetzt werden soll, ist ein Mindestgeneralausgleichsgewicht von 95 kg erforderlich.
In einem Flachrennen der Klasse A darf ein Pferd nicht weniger als 47 kg tragen. In Hindernisrennen, in denen Reiter eine Gewichtserlaubnis in Anspruch nehmen können, beträgt das Gewicht nicht weniger als 57 kg, in anderen Hindernisrennen nicht weniger als 60 kg.

Amateurrennen

Im Galopprennsport besteht für Amateurrennreiter die Möglichkeit, an den Start zu gehen. Eine Amateurrennreiterlizenz kann nach Ablegung einer Prüfung erhalten, wer das 15. Lebensjahr vollendet hat, eine mindestens zweijährige Reitausbildung nachweist und ausreichende Reitfertigkeiten besitzt. Er muß zudem im Verband Deutscher Amateurrennreiter organisiert sein, eine Unfallversicherung abgeschlossen haben und mit jüngstem ärztlichen Attest einen Nachweis über geistige und körperliche Leistungsfähigkeit bringen.
Bewerbern, die in den letzten drei Jahren beruflich in einem Rennstall tätig gewesen sind, wird die Amateurrennreiterlizenz nicht erteilt. Ein Amateurrennreiter ist zu einem Hindernisrennen der Klasse A, das für alle Reiter offen ist, erst dann zugelassen, wenn er an mindestens 10 Flachrennen teilgenommen hat. Zu einem Flachrennen für alle Reiter ist er zugelassen, wenn er an insgesamt mindestens 3 Amateurrennen gestartet ist.
Von den gewonnenen Geldpreisen erhält bei einem Amateurrennen der Amateurreiterverband 5% der Geldpreise. Für die Erlaubnisse werden Flach- und Hindernisrennen nicht getrennt gezählt. Die Erlaubnisse betragen in Amateurrennen bis zum 5. Sieg 3 kg, bis zum 10. Sieg 2 kg, bis zum 15. Sieg 1 kg. In allen übrigen Rennen hat ein Amateurrennreiter die gleichen Gewichtserlaubnisse wie der Berufsrennreiter. Dabei zählen für die Gewichtserlaubnis in Flachrennen nur Siege in Flachrennen, für die Gewichtserlaubnis in Hindernisrennen nur Siege in Hindernisrennen. In Fegentry-Rennen gibt es keine Gewichtserlaubnis. Startberechtigt sind darin jeweils nur Reiter mit 3 bis 5 Siegen. Als Fegentry-Rennen werden nur Rennen gewertet, in denen Reiter bzw. Reiterinnen aus mindestens 3 Ländern, bei einem Fegentry-Flachrennen für Männer mit 9 und mehr Startern aus mindestens 4 Ländern teilgenommen haben.

Rennleitung, Rechtsorgane und -verfahren

Für den Ablauf und die Entscheidung in Rennen ist die Rennleitung verantwortlich. Alle in der Rennleitung und den Rechtsorganen tätigen Personen sind nur der Rennordnung und ihrem Gewissen unterworfen. Dem Beschuldigten ist in jedem Fall rechtliches Gehör zu gewähren. Für alle Funktionäre des Direktoriums und der Rennvereine ist die Mitwirkung in der Rennleitung und im Renngericht nicht erlaubt. Ihre Anwesenheit ist jedoch üblich. Die Rennleitung besteht aus jeweils 3 Mitgliedern, von denen 2 nur im Einvernehmen mit dem Direktorium bestellt werden dürfen. Die Rennleitung hat schiedsrichterliche Funktion, Aufsichtspflicht und Anordnungsbefugnis für alle Durchführun-

gen, die für diese Aufgabe erforderlich sind. Der Ordnungsausschuß ist das weitere Organ des Rennvereines. Er wird nur auf Antrag des Direktoriums tätig. Das Renngericht ist die Berufungsinstanz gegen die Entscheidungen der Rennleitung und des Ordnungsausschusses. Neben dem Vorsitzenden und stellvertretenden Vorsitzenden gehören dem Renngericht 10 weitere Mitglieder an. Der weitere Instanzenweg läuft über das obere Renngericht und das Schiedsgericht.
Die Ordnungsmaßnahmen und die Verfahrensordnung sind von Verstoß bis Revision in der Rennordnung detailliert geregelt.

Der Ausgleicher

Eine für das Rennen wichtige Aufgabe, die für den Außenstehenden allerdings schwer durchschaubar ist, hat der Ausgleicher. Er erhält seine Richtlinien für die Errechnung der wirklich von den Pferden zu tragenden Gewichte aus den Richtlinien zur Rennordnung (R 1). Die Pferde des Ausgleiches 1 müssen entsprechend ihrem Jahresgeneralausgleichsgewicht bzw. Generalausgleichsgewicht enorm hohe Gewichte tragen. Der Ausgleicher rechnet entsprechend der Klasse um, so daß sich als wirkliche Renngewichte etwa 50–60 kg ergeben. Er darf dabei vom Jahresgeneralausgleichsgewicht bzw. Generalausgleichsgewicht (GAG) bei Flachrennen für ein vierjähriges Pferd folgende Zahlen in Abzug bringen:

- im Ausgleich 1 höchstens 36 kg, mindestens 28 kg
- im Ausgleich 2 höchstens 24 kg, mindestens 16 kg
- im Ausgleich 3 höchstens 10 kg, mindestens 4 kg
- im Ausgleich 4 einen Zuschlag von höchstens 8 kg

Bei Hindernisrennen beträgt der Abzug vom Jahresgeneralausgleichsgewicht bzw. Generalausgleichsgewicht für ein fünfjähriges Pferd:

- im Ausgleich G mindestens 13 kg
- im Ausgleich M höchstens 12 kg und mindestens 6 kg
- im Ausgleich U 0 kg, der Zuschlag beträgt höchstens 10 kg;
  dies gilt nicht für Amateurrennen.

Der Ausgleicher hat bei der endgültigen Festsetzung des Abzugs oder Zuschlags einen Spielraum von 2 kg nach oben oder unten. Diese Zuschläge bzw. Abzüge lassen Mindestgewichte, die im Rennen real zu tragen sind, errechnen:

- im Ausgleich 1 und 2 = 48 kg Mindestgewicht
- im Ausgleich 3 und 4 = 50 kg Mindestgewicht
- in allen Ausgleichen über Hindernisse = 62 kg Mindestgewicht

Sofern in Ausgleich 3 oder 4 ein Nachwuchsrennen ausgeschrieben ist, beträgt das Mindestgewicht 48 kg (Nachwuchsreiter und Auszubildende).

Der Rennbetrieb, die Rennordnung

Im Bereich des Rennbetriebes sind einige Begriffe klar durch die Bestimmungen der Rennordnung definiert.

Besitz und Eigentum

Besitzer. Der Besitzer eines Pferdes ist der derzeitige Eigentümer. Bei mehreren Eigentümern ist jeder der Teilhaber als Besitzer mit einem entsprechenden Anteil eingetragen. Berufsrennreiter und Auszubildende dürfen nicht Besitzer eines Rennpferdes sein. Als Eigentümer ist der Besitzer des Pferdes für alle Haftpflichtschäden verantwortlich (Tierhalter- und Tierhüterhaftpflicht). Bei einem Pferd, das mehreren Besitzern gehört, ist einer der Teilhaber zu rechtsverbindlichen Handlungen zu ermächtigen.

Decknamen. Ein Rennpferdebesitzer kann mit Genehmigung des Direktoriums einen Decknamen führen. Das gleiche gilt für die Teilhaber an einem oder mehreren Pferden. Die Pferde müssen dann allerdings alle unter dem Decknamen oder alle unter dem wirklichen Namen gestartet werden. Dieser Deckname gilt jeweils für ein laufendes Kalenderjahr. Sofern der Besitzer den Namen eines anerkannten

Vollblutgestütes als Decknamen verwendet, das er gleichzeitig führt, ist die Eintragung gebührenfrei.

Rennfarben. Das Direktorium führt ein »Farbenbuch«. Für jeden Besitzer, der ein Pferd in Rennen teilnehmen läßt, muß eine Rennfarbe eingetragen sein. Die Rennfarben müssen so gewählt werden, daß sie sich deutlich voneinander unterscheiden.

Bevollmächtigte. Ein Einzelbesitzer oder die gemeinsamen Besitzer eines oder mehrerer Pferde können ihre Rechte durch einen Bevollmächtigten ausüben lassen. Diese Vollmacht muß schriftlich vereinbart sein und beim Direktorium hinterlegt werden. Er übernimmt mit den Rechten auch alle Pflichten des Besitzers.

Besitzwechsel. Wechselt ein Pferd durch Verkauf, Versteigerung, Verpachtung oder Aufhebung des Pachtvertrages seinen Besitzer, so muß dies von dem früheren und dem neuen Besitzer dem Direktorium schriftlich unter Vorlage des Pferdepasses angezeigt werden. Die Anzeige muß von beiden Parteien unterzeichnet sein.

Aktive und Lizenzinhaber

Berufstrainer. Eine Berufstrainerlizenz kann nur erhalten, wer eine Pferdewirtschaftsmeisterprüfung – Teilbereich Galopprenntraining – gemäß der Bundesverordnung vom 4. Februar 1980 abgelegt hat (s. Seite 123ff.). Die frühere Trainerprüfung, die das Direktorium für Vollblutzucht und Rennen abgenommen hat, ist in der Übergangszeit voll gültig. Für die Berechtigung zum Einstellen und Ausbilden von Auszubildenden muß dazu aber, wenn nicht bereits durchgehend ausgebildet wurde, eine berufs- und arbeitspädagogische Ergänzungsprüfung abgelegt werden.

Besitzertrainer. Eine eingeschränkte Besitzertrainerlizenz kann nach einer verkürzten Trainerprüfung derjenige erhalten, der nachweist, daß er über die Fertigkeiten und Kenntnisse verfügt, die zum ordnungsgemäßen Training und zur Teilnahme an Rennen notwendig sind. Eine Beschränkung auf Rennen mit einer Gesamtdotierung bis zu 4500,– DM ist gegeben, als Voraussetzung werden entsprechende Starts bzw. Placierungen und Siege eingefordert.

Berufsrennreiterlizenz. Als Berufsrennreiter gilt, wer eine Abschlußprüfung als Pferdewirt – Schwerpunkt Rennreiten – bestanden hat sowie gesund und ausreichend versichert ist. In Ausnahmefällen kann auch ein Amateurrennreiter, der 50 Rennen der Klasse A gewonnen hat, eine Berufsrennreiterlizenz beantragen.

Amateurrennreiter. Eine Amateurrennreiterlizenz wird nach Ablegung einer Prüfung, einem Mindestalter von 15 Jahren und einer mindestens zweijährigen Reitausbildung ausgestellt.

Die Lizenzen für Berufstrainer und Berufsrennreiter gelten zeitlich unbegrenzt, solange die Zulassungsvoraussetzungen gegeben sind. Die Lizenzen für Besitzertrainer und Amateurrennreiter gelten jeweils nur für ein Kalenderjahr.
Training. Der Berufstrainer trainiert gegen eine vereinbarte Geldentschädigung Pferde und sorgt gleichzeitig für deren Unterhalt. Er ist für einen oder mehrere Besitzer tätig. Jeder Trainer hat u. a. alle für seinen Rennstall verpflichteten Futtermeister, Stalljockeys, Berufsrennreiter und Auszubildenden – unter Angabe des niedrigsten Renngewichtes (der Reiter) – sowie ein Verzeichnis der bei ihm im Training befindlichen Pferde über den zuständigen Rennverein an das Direktorium einzureichen. Alle Reiter, Berufsrennreiter, Amateurrennreiter und Auszubildende erhalten vom Direktorium ein Gesundheitsbuch, das mehrjährig benutzt werden kann. Dieses Buch ist bei jedem Ritt auf Anfrage der Rennleitung vorzulegen. Alle Stürze, alle Verletzungen werden eingetragen. Sofern ein Reiter an einem Renntag einen Sturz erleidet, wird dies eingetragen und ein weiterer Ritt am gleichen Tage hängt davon ab, ob der Bahnarzt diesen für unbedenklich hält und genehmigt.

Als **Stalljockey** wird ein Berufsrennreiter bezeichnet, der von einem Trainer für alle Pferde oder für die Pferde bestimmter Besitzer in der Trainingsliste eingetragen ist. Entsprechende

Veröffentlichung im Wochenrennkalender ist erforderlich. Als **Jockey** wird ein Berufsrennreiter bezeichnet, der 50 und mehr Siege erringen konnte.

Auszubildende im Ausbildungsberuf Pferdewirt – Schwerpunkt Rennreiten. Generell ist die Ausbildung durch das Berufsbildungsgesetz und die Verordnung über die Berufsausbildung zum Pferdewirt (1. 11. 75) geregelt. Die im Rahmen des Gesetzes abzulegende Zwischenprüfung wird vom Direktorium als Grundlage für die Erteilung einer Lehrlingsreitlizenz angerechnet.

Wettordnung und Wettbetrieb

Der Totalisator ist ein nicht unwesentlicher Teil am gesamten Rennsportgeschehen. Er zieht Leute an, die nicht der Pferde und des Pferdesports wegen auf die Rennplätze gehen, sondern jene, die Wettlust besitzen und mit dem Glück spielen wollen. Die großen Gewinne sind es allerdings nicht, die beim Pferdetoto abzuholen sind, es sei denn, man setzt hohe Summen als Einsatz. Alle bei der Durchführung eines Rennens Beteiligten – von der Rennleitung bis zum Hilfszielrichter – dürfen nicht wetten (699 RO). Auch Trainer, Besitzer und Reiter dürfen nur jeweils auf ihr Pferd wetten, dessen Erfolg sie durch volles Ausreiten begünstigen können. Eine Hilfe zum Sieg eines jeden anderen Pferdes ist durch Zurückhalten des eigenen Pferdes möglich. Auszubildende dürfen grundsätzlich keine Rennwetten abschließen. Mit der Abgabe und Einzahlung für eine Wette und der Annahme der Wette am Wettschalter bzw. an einer Wettannahmestelle wird ein sogenannter Wettvertrag abgeschlossen, bei dem das Ziel des Wetters ist, einen Gewinn zu erreichen. Die Errechnung des Gewinnes im Pferdetoto erfolgt nach drei Schritten:

1. Die Addierung der Einsätze nach Wettart getrennt;
2. Abzug für Wettsteuern und Nebenausgaben;
3. Aufteilung nach Quoten.

Die Wettarten

Von den Rennvereinen werden nachfolgende Wettarten zum Abschluß angeboten:

Siegwette. Bei der Siegwette wird durch den Wetter das Pferd vorhergesagt, welches gemäß der Entscheidung des Zielrichters als Sieger einkommt.

Platzwette. Bei der Platzwette wird gewettet, welches Pferd gemäß der Entscheidung des Zielrichters als placiert einkommt. Als Platz zählt bei Rennen mit vier bis sechs mit Wetten laufenden Pferden der erste oder zweite Platz, bei sieben oder mehr mit Wetten laufenden Pferden der erste bis einschließlich dritte Platz.

Zweierwette. Bei der Zweierwette gewinnt, wer die beiden ersten Pferde gemäß der Entscheidung des Zielrichters auf dem ersten und auf dem zweiten Platz vorausgesagt hat.

Dreierwette. Eine Dreierwette kann nicht für jedes Rennen angeboten werden, sondern nur für einzelne Rennen, die vom jeweiligen Rennverein für die Dreierwette besonders gekennzeichnet wurden. Die Dreierwette gewinnt, wer drei Pferde in der richtigen Reihenfolge bezeichnet hat, in der sie gemäß der Entscheidung des Zielrichters einlaufen. Für den Fall, daß eines der drei gewetteten Pferde nicht startet, ist vom Wetter ein Pferd als Ersatzpferd anzugeben.

Finishwette. Eine besondere Wette ist die Finishwette, bei welcher der Rennverein drei Rennen kennzeichnet, die für die Finishwette zugelassen sind. Die Wette ist gewonnen, wenn die Sieger dieser drei Rennen richtig vorausgesagt wurden.

Das Rennquintett. Die Rennen mit Rennquintettwette haben dazu beigetragen, den Pferderennsport mehr in die Öffentlichkeit zu tragen und aktualisieren. Menschen, die sonst nicht auf den Rennplatz gehen, sollen sich für das Pferd begeistern. Durch diese Publizität ist es für alle beteiligten Aktiven besonders wichtig, daß eine reibungslose und korrekte Abwicklung gewährleistet ist, daß sportlich geritten wird und alle Verstöße gegen die Rennordnung unterbleiben.

Rennen mit Rennquintettwette sind Rennen, in denen neben dem üblichen Totalisatorwettbetrieb gemäß den Vorschriften für den Wettbetrieb von staatlichen Lotterieunternehmen zu-

sätzlich eine Wette 2 mal 3 aus 15 (Rennquintett) veranstaltet wird.
Der Verein zur Förderung von Vollblutzucht und Traberzucht e. V. bestimmt, welche Rennen jeweils mit Rennquintettwette ausgeschrieben werden. Es sind dafür mindestens 35 Nennungen von 30 verschiedenen Besitzern verlangt. Durch die Medien – Presse, Funk und Fernsehen – sind die Rennen mit Rennquintettwetten in den Blickpunkt der Öffentlichkeit gerückt.

Das praktische Training des Rennpferdes

Anreiten und Training eines jungen Pferdes

Die jungen Vollblutpferde kommen mit eineinhalb Jahren aus dem Gestüt in den Rennstall. Teilweise sind sie auch schon zweijährig, wenn sie spät geboren wurden oder irgendeine Verletzung erlitten; vereinzelt sind Jungpferde darunter, die in der Entwicklung zurückgeblieben sind. Der Begriff des »Einbrechens« ist bei der heute meist angewandten Methode nicht mehr gültig. Das Gestütspersonal, das intensiven Kontakt mit Fohlen und Jungpferden pflegt, bereitet die Arbeit vor. Der Umgang mit den Fohlen, der Kontakt mit Putzzeug, das Aufheben der Beine und besonders das Führen der jungen Pferde am Halfter schaffen beste Voraussetzungen. Früher liefen die Pferde vielfach frei auf der Koppel und waren in Laufstallungen untergebracht, ohne daß sie dabei rechtzeitig direkten menschlichen Kontakt erfahren haben. So spricht man heute nicht mehr vom Einbrechen, sondern vom »Anreiten«.
Zuerst wird die Trense übergezogen, dann der Sattel aufgelegt. Dazu läßt man sich im Rennstall nicht viel Zeit. Der beste Zeitpunkt dafür ist, wenn die Pferde aus dem Transporter vom Gestüt ankommen. Unmittelbar nach dem Wechsel in die neue Umgebung, in die neue Boxe, werden Trense und Sattel verpaßt. In der Summe der großen Überraschungen und Neuerungen nehmen die Pferde beides zusätzlich, meist ohne Widerstreben, an. Auch der Reiter kommt anschließend sofort auf den Pferderücken. Mit diesem Verfahren hat man in der Regel häufig und vor allem raschen Erfolg. Ohne erneute und zusätzliche Verängstigung der Pferde und ohne hohen Energieverbrauch geschieht alles. Sind die Pferde schon eine Nacht in der Boxe gestanden, dann wehren sie sich gegen die neue zusätzliche Forderung wesentlich mehr. Die Wirkung der neuen Umgebung, der neuen Personen und das erneute Einfangen in der Boxe ergäbe eine weitere Einschüchterung oder Herausforderung. Zusätzliche Schwierigkeiten ergeben sich, wenn Jungpferde die Beengung durch Sattel und Gurt mit Sattelzwang quittieren. Bei diesen muß man das Anlegen des Gurtes vielleicht auf eine halbe Stunde ausdehnen. Sofern beim Auftrensen Probleme entstehen, bleibt als sicherster Weg, die Trense aufzuschnallen, sie geöffnet überzuziehen und erst dann zu schließen. Ein zweiter erfahrener Mann ist bei diesen Arbeiten neben dem Reiter in der Boxe erforderlich. Das Aufsteigen durch den Reiter erfolgt in der Vorwärtsbewegung. Auch wenn er im Sattel sitzt, wird das Pferd weiterhin in der Boxe im Kreis geführt. Die Hand wird dabei öfter gewechselt; das gesamte Führen dauert etwa eine halbe Stunde. Anschließend geht es aus der Boxe heraus und möglichst hinter einem Führpferd ins Freie. Meist sind zum Anreiten mehrere Jährlinge beisammen, und es ist vorteilhaft, wenn sie sich bereits von der Koppel her kennen.
Unzweckmäßig ist es, vor dem ersten Anreiten die Pferde zu longieren oder einzuhafern. Sie bekommen dabei zuviel Muskulatur und Kraft, was die ganze Prozedur für beide Teile – für Pferd und Mensch – erschwert. Diese anfängliche Schrittarbeit muß von absoluter Ruhe begleitet werden. Die Leistung kann man nur langsam steigern. Der Rücken ist schwach, die Muskulatur fehlt. Das junge Pferd sollte in den ersten Tagen nicht länger als 10–15 Minuten belastet werden. Bei zu langer und starker Belastung beginnt der Rücken zu schmerzen, und mit festem Rücken ist die weitere Arbeit für längere Zeit gehandicapt. Nach etwa acht Tagen wird man die Arbeit, die bisher in einer Koppel erfolgte, auf die Bahn verlegen. Die tägliche Arbeitszeit ist nach einer Woche auf 20–30 Minuten zu verlängern. Auf der Bahn gehen die Eineinhalbjährigen bzw. Zweijährigen

hinter dem Führpferd im Schritt und im Trab erstmals eine Runde. Das sind rund 1800 m, die im Trab, bei Bedarf mit Schrittreprisen, absolviert werden. Eine Schrittreprise umfaßt dabei allemal rund 100 Schritt bis 100 m. Die gut entwickelten Jungpferde werden allmählich etwas frecher, bieten auch schon den Galopp an, und nach 4–6 Wochen bringt man sie auf der Trainingsbahn zum Galoppieren. Es ist absolut natürlich, daß sie von selber anspringen und auch im ruhigen Galopp bleiben. Das Führpferd, das von der Mechanik und vom Bodengewinn her ja ein leistungsfähiges Pferd ist, läuft dabei meist im Traben noch voraus mit. Nach 6, 8 Wochen bleiben sie schon etwa eine halbe Stunde auf der Trainingsbahn draußen und gehen auch schon im normalen Lot ihre ruhige Kanterarbeit. Nach 2–3 Monaten werden bereits zwei Bahnrunden und darüber gecantert, das sind rund 3600–4000 m.

Diese nun bereits als Leistung anzusprechende Anforderung ist notwendig, um die Muskulatur aufzubauen und die Organe (Herz und Lunge) in Kondition zu bringen. In dieser Zeit erfolgt eine bemerkenswerte körperliche Entwicklung. Pferde, die fohlenhaft in den Rennstall kamen, legen in dieser Phase aus und werden durch einen kräftigen Wachstumsschub nach oben erwachsen. Der Rahmen erweitert sich und vor allem die Brusttiefe wächst. Durch Sattel und Reiter werden Widerrist, Hals und Schultern geprägt. Die Muskulatur wird plastisch und die Bewegungsabläufe werden fließend und federnd. Inzwischen ist der Winter meist vorbei, die Pferde sind alle zweijährig und die ganz normale Galoppierarbeit stellt das Standardtraining des Pferdes dar. Die Vorbereitung für die ersten Rennen beginnt. Das Training bei einem durchschnittlichen Rennpferd mit drei vier Jahren unterscheidet sich durch gezielte Distanzen, durch unterschiedliche Tempi, gelegentlich auch durch Intervalltraining. Die individuelle Betreuung und Abwechslung im Training ist ausschlaggebend für den weiteren Erfolg.

Was für das »Meilenpferd« paßt, kann für den Steher vollkommen verkehrt sein. Diese Eignung ist teilweise am Äußeren zu erkennen. Kurze, kompakte Pferde besitzen ihre Vorzüge als Kurzstreckler, großrahmige, schlanke Typen sind häufig Galoppierer für lange Steherstrecken.

Training des Hindernispferdes

Es ist verkehrt zu glauben, daß alle Pferde, die auf der flachen Bahn zu langsam sind, das Potential für Hindernispferde ergeben. Hierfür sind eine gute, raumgreifende Galoppade, viel Herz und Nerven, aber auch Durchlässigkeit und Gehorsam die Voraussetzung. Natürlich sind auch Pferde darunter, die in der flachen Distanz die erforderlichen Zeiten nicht bringen konnten. Großlinige Pferde mit mächtiger Hinterhand haben in jedem Fall vom Exterieur her optimale Voraussetzungen für den Hindernissport. Diese Typen sind nicht in überreichem Maße vorhanden. Entsprechend macht die Zahl der Pferde, die in Hindernisrennen gestartet werden, auch nur rund 10% der Galopprennpferde aus. Schuld daran sind allerdings auch die Rennpreise, die für Hindernisrennen verhältnismäßig klein sind, das Risiko für Pferd und Reiter in dieser Disziplin ist aber sehr groß. Im allgemeinen sind Hürdenrennen nicht wesentlich besser dotiert als die Flachrennen etwa in Ausgleich 4. Bei den Jagdrennen liegt die Dotierung geringfügig darüber. Es ist schade, daß diese schöne und spannende Disziplin keine breitere Förderung und damit Basis erfahren kann.

Training von Hochleistungsgaloppern

Hier einige Tips für Derbysieger in spe: Nichts ist so schwierig wie das spezielle Training von Hochleistungspferden. Viel Erfahrung, individuelles Beobachten und immer wieder neue Ansätze, neue Methoden bringen den Erfolg. Je belastbarer ein Pferd ist, desto individueller müssen die Ansprüche gestellt werden, desto variabler muß das Training aufgebaut sein. Besonders das hochempfindliche Vollblutpferd erfährt beim Training, aber besonders auch beim Rennen eine enorme psychische Belastung. Der Umgang im Stall, beim Training und im Rennen hat deshalb einen so großen Einfluß auf die Leistungsergebnisse. Das geeignete Paar Pferd/Reiter muß zusammenfinden, um zur Spitzenleistung zu finden. Fritz Drechsel meinte einmal: 70% mache das Pferd, 30% der Reiter am Erfolg oder Mißerfolg aus. Nur ein optimales Zusammenwirken gibt die Chance auf den großen Wurf.

Die Order

Die vom Trainer verpaßte Order für Pferd und Reiter vor dem Start ist ein allgemeiner Hinweis, wie das Pferd aufgrund seiner Konstitution, seiner gegenwärtigen Kondition und seiner Psyche in dem Rennen unter der Konkurrenz zu reiten ist. Die Order kann ganz verschieden lauten: Es kann der Hinweis Start – Ziel an der Spitze zu gehen sein oder im Felde an einem Mittelplatz zu verbleiben bis nach der letzten Kurve vor der Zielgeraden. Dennoch muß der Reiter die Fähigkeit besitzen, der Situation angepaßt das Bestmögliche mit seinem Pferd zu erlangen und es optimal zu steuern. Das Ziel muß – so schreibt es auch die Rennordnung vor – immer der Sieg bleiben.

Peitscheneinsatz

Die Peitsche ist ein Hilfsmittel; fehlerhaft ist übermäßiger Einsatz. Strafbar ist es, sie zum Prügeln zu verwenden oder die Konkurrenz zu behindern.

Renngebisse

Olivenkopftrense

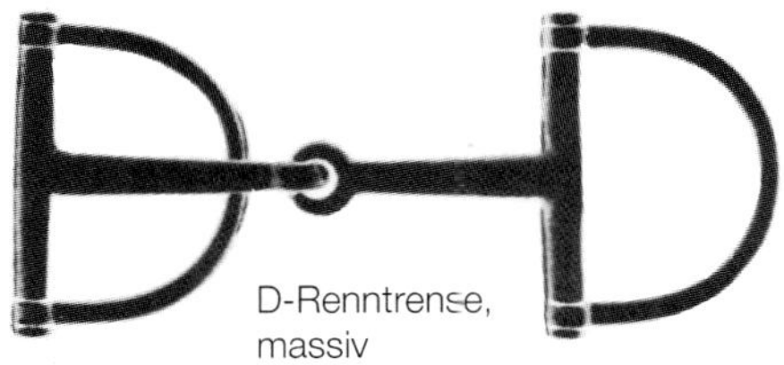

D-Renntrense, massiv

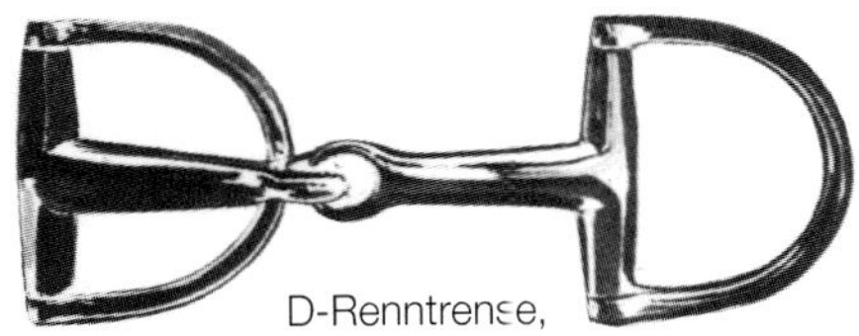

D-Renntrense, hohl

Die Ausrüstung der Pferde im Training und beim Rennen

Zäumung

Die Zäumung beim Galopprennpferd ist denkbar einfach und unkompliziert. Viele Pferde gehen mit einfacher Trensenzäumung und einem Wassertrensengebiß von mittlerer Stärke. Statt der Wassertrense wird auch häufig eine Olivenkopftrense eingeschnallt. Im Training findet zur Trensenzäumung oft ein Hannoversches Reithalfter, öfter aber noch ein Englisches Reithalfter ohne Pullriemen seine Anwendung. Ein Martingal, das meist ziemlich lang verschnallt wird und die Pferde am Kopfschlagen hindert, wird im Training oft angelegt. Bei empfindlichen Pferden schützt man die Maulwinkel mit Gummischeiben. Andere Gebisse und Hilfszügel werden im Regelfall weder bei der Arbeit noch im Rennen eingesetzt. Hochsensible Pferde vertragen keine scharfen Gebisse. Jeder Vollblutreiter weiß, daß die Pferde mit schärferen Gebissen nur heftiger werden. In Ausnahmefällen sieht man im Training einen Schlaufzügel.

Sättel

Im Rennen kommen die leichten Sättel zur Anwendung. Der leichteste unter ihnen ist die sogenannte »Fliege«. Sie wiegt ca. 300–400 g komplett: Sattelgurt aus Gurtenmaterial, Bügelriemen – inzwischen auch meist aus Nylongurten – und Leichtmetallbügel – sie sind so klein, daß der Fuß des Reiters nicht hindurchrutschen kann – sind in dem Gewicht enthalten. Das nächstschwerere ist der sogenannte »Pfundsattel«, er wiegt exakt ½ kg. Sodann werden die Sattelgewichte bis hinauf zum 6-kg-Sattel gesteigert. Zum weiteren Gewichtsausgleich wird eine Bleidecke – sie wiegt ebenfalls 1 kg – verwendet. Sofern zusätzliches Gewicht aufzunehmen ist, werden in den Taschen der Bleidecke Gewichte eingeschoben. Die verwendete Reitpeitsche ist mit Klappe auf eine Länge von 75 cm begrenzt.

Rennsättel

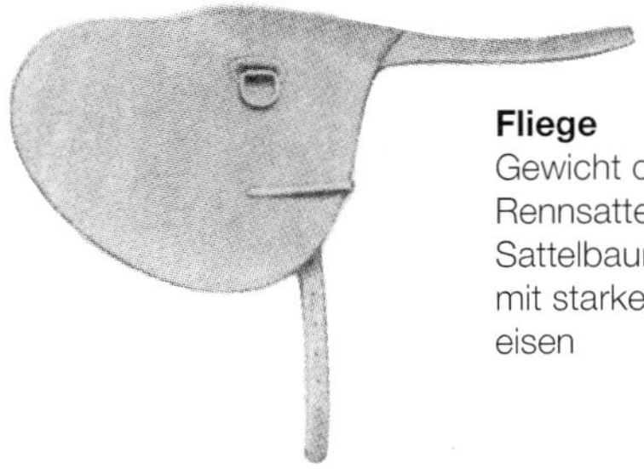

Fliege
Gewicht ca. 170 g Rennsattel ohne Sattelbaum, nur mit starkem Kopfeisen

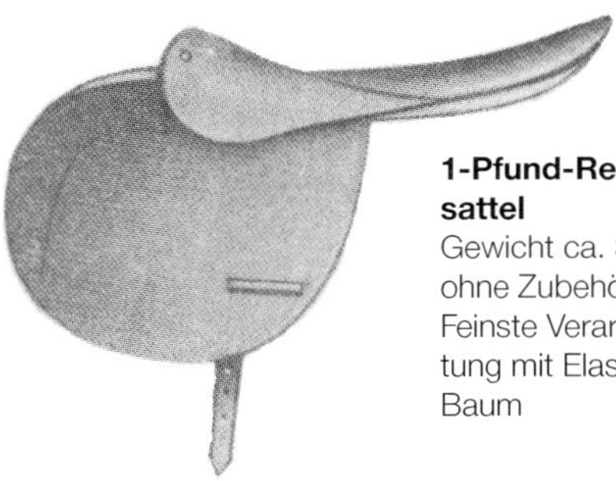

1-Pfund-Rennsattel
Gewicht ca. 350 g ohne Zubehör. Feinste Verarbeitung mit Elastic-Baum

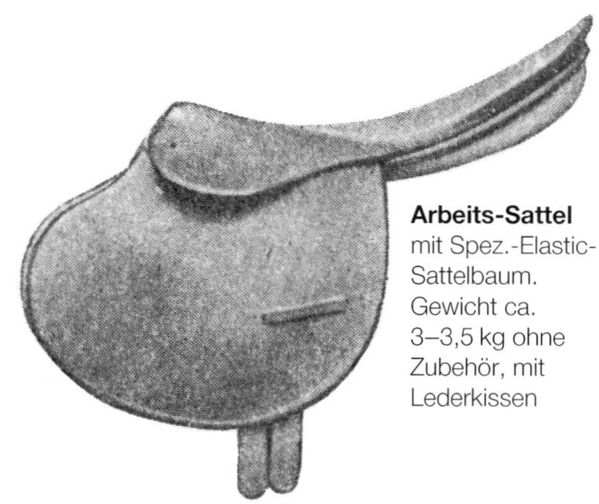

Arbeits-Sattel
mit Spez.-Elastic-Sattelbaum. Gewicht ca. 3–3,5 kg ohne Zubehör, mit Lederkissen

Abwiegen und Zurückwiegen

Im Rennen ist das vom Pferd zu tragende Gewicht festgelegt. Zum Reiter darf ein Teil der Ausrüstung mitgewogen werden. Es sind dies: die Rennkleidung, der Sattel einschließlich der Bügel, Gurte und Unterlagen, Bleidecke mit Gewichten. Nicht dazugewogen werden dürfen die Sturzkappe, die Peitsche und die Nummerndecke. Um einen Austausch der Ausrüstungsgegenstände zu unterbinden, darf der Reiter vor dem Zurückwiegen weder andere Personen noch andere Pferde kontaktieren noch sich in andere Räume begeben.

Club 1000

Das ist kein Club mit Vereinssatzung, Beiträgen und Clubabzeichen; vielmehr versteht man darunter im Rennsport alle Jockeys, die über 1000 Siege erringen konnten. Der berühmteste Jokkey aller Zeiten war wohl Fred Archer, geboren in Chelten in England. Vom Stallburschen hat er sich zum Champion der Champions emporgearbeitet. Ein wahres Reitgenie muß er wohl gewesen sein, der Held auf den Rennplätzen des Inselreiches. Fünfmal gewann er das Englische Derby, dreimal im Grand Prix de Paris. Insgesamt konnte er im Lauf von 17 Jahren 8046 Ritte und davon 2747 Siege verbuchen.
Von den deutschen Jockeys gehören dem Club 1000 folgende berühmte Namen an: Otto Schmitt, Fritz Drechsler, Johannes Starosta, Jule Rastenberger, Oskar Langner, Hans Zehmisch, Hein Bollow, Kurt Narr, Peter Alafi, Joan Pall, Peter Remmert. Der Anführer der Liste, Otto Schmitt (1896–1964), allgemein im Turf bekannt unter dem Namen »Otto Otto«, konnte 2218 Siege erreichen, gefolgt von den 1523 Siegen von Fritz Drechsler. Den Rekordjahreserfolg stellte Championjockey Peter Schiergen 1993 mit 150 Siegen auf. Mit immensen Zahlen kann auch der Trabrennsport aufwarten; in diesem Zusammenhang sei auf die 5000 Siege von Hans Frömming im Sulky erinnert.

Die bedeutenden Galopprennen in der Bundesrepublik Deutschland*

Zweijährige Hengste und Stuten

Sierstorpff-Rennen (Juli/Köln)	1000 m
Oppenheim-Rennen (August/Köln)	1200 m
Zukunfts-Rennen (September/Baden-Baden)	1200 m
Ratibor-Rennen (September/Krefeld)	1400 m
Preis des Winterfavoriten (Oktober/Köln)	1600 m

Zweijährige Stuten

Ostermann-Pokal (August/Gelsenkirchen-Horst)	1400 m

Dreijährige Hengste und Stuten

Großer-Hertie-Preis (Mai/München)	1850 m
Union-Rennen (Juni/Köln)	2200 m
Deutsches Derby (Juli/Hamburg) (250 000,– DM)	2400 m

Dreijährige Stuten

Schwarzgold-Rennen (Mai/Düsseldorf)	1600 m
Preis der Diana (Juni/Mülheim-Ruhr)	2100 m
Deutscher Stutenpreis (Oktober/Hannover)	2400 m

Drei- und vierjährige Stuten

Großer Herbst-Stuten-Preis der Internationalen Harvester (September/Neuss)	2100 m

Dreijährige und ältere inländische Hengste und Stuten

Aral-Pokal (August/Gelsenkirchen-Horst)	2400 m

Dreijährige und ältere internationale Hengste und Stuten

Großer Preis der Badischen Wirtschaft (Mai/Baden-Baden)	1800 m
Großer-Hansa-Preis (Juli/Hamburg)	2200 m
Großer Preis von Nordrhein-Westfalen (Juli/Düsseldorf)	2400 m
Goldene Peitsche (September/Baden-Baden)	1200 m
Großer Preis von Baden (September/Baden-Baden) (255 000,– DM)	2400 m
Preis von Europa (Oktober/Köln) (400 000,– DM)	2400 m
Großer Kaufhof-Preis (Oktober/Köln)	1600 m

Vierjährige und ältere inländische Hengste und Stuten

Großer Preis von Düsseldorf (Juni/Düsseldorf)	2400 m

Vor jedem Rennen steht der Start aus den Boxen, bei dem es um eine günstige Ausgangsposition geht.

* Der Austausch und die Ergänzung von Rennen unterscheidet sich teilweise von Jahr zu Jahr.

Besonderes Fachwissen: Schwerpunkt Trabrennfahren*

Die Entstehung der Traberrasse

Die deutsche Traberzucht wurde in ihrer Entwicklung stark von den drei ursprünglichen Entstehungsländern des Trabers, nämlich Rußland, Amerika und Frankreich, geprägt. Der anfänglich nicht unbedeutende Einfluß der russischen Traberzucht wurde unter der immer stärker hervortretenden amerikanischen Zuchtrichtung bald bedeutungslos, während die französische Zucht zwar nie so beachtet wurde wie die amerikanische, angesichts der internationalen Erfolge französischer Traber jedoch immer wieder bei den deutschen Züchtern großes Interesse hervorrief.

Rußland

Der Ursprung der russischen Traberzucht wird auf die Gestütsgründung im Gebiet von Woronesch 1775/76 durch Graf Alexej Orlow zurückgeführt. Aus dem einige Jahre zuvor für 60 000 Goldrubel erworbenen Araber-Schimmelhengst Smetanka und einer dänischen Stute ging Polkan I hervor, der wiederum mit einer holländischen Harddraverstute gepaart 1784 Bars I zeugte, der als Stammvater der russischen Traber gelten kann.
Zum Leistungsvergleich der Nachzucht legte Orlow eine Rennbahn mit einer großen Stoppuhr in der Mitte an. Bis 1831 wurden keine Hengste verkauft, internationale Erfolge bewirkten jedoch eine große Nachfrage und Exporte

Pferdewirt – Schwerpunkt Trabrennfahren: Das Rennen ist Faszination für Fahrer und Zuschauer.

* Zusätzliche Fachliteratur aus dem Trabrennsport wird empfohlen.

nach Westeuropa. So waren z. B. im 1. deutschen Trabergestütbuch 1895 25 Orlowhengste eingetragen. Umgekehrt wurden auch amerikanische Traber nach Rußland importiert, deren Produkte mit Orlow-Trabern »Metis« genannt wurden.
Aufgrund der russischen Revolution im September 1917 war an eine planmäßige Traberzucht nicht mehr zu denken. Erst 1939 begann eine neue Zuchtplanung mit zwei Zuchtzielen, einmal dem möglichst reinen Orlow-Traber und zum anderen dem neuen russischen Traber mit den drei Richtungen Zugpferd/Reitpferd/Rennpferd mit entsprechendem Körperbau.
In den letzten Jahren hatten die russischen (jetzt sowjetischen) Traber im internationalen Vergleich nur vereinzelt Erfolge, obwohl der inländische Rennsport auf 14 Groß- und ca. 100 Provinzbahnen doch recht beachtlich ist. Dort werden die Rennen als Traditions- (entspricht unseren Zuchtrennen) oder als gewöhnliche Rennen nach einem Punktesystem abgehalten. Die Punktesummen ergeben die »Gewinnsummen« der Pferde und das Prämiensystem der Trainer.

Amerika

Im Gegensatz zu den Bemühungen des Grafen Orlow, schnelle Pferde für Postkuriere zu züchten, wird der Ursprung der amerikanischen Traber auf Wettfahrten zwischen Farmern zurückgeführt. Diese versuchten auf der Basis der Einwanderer-Pferde normannischen, englischen, holländischen und spanischen Ursprungs, ab ungefähr 1750 mit englischen Vollblütern schnellere Wagenpferde zu züchten. Ab 1789 erfolgte eine Zuchtzulassung nur bei einer Mindestleistung von 2:30 Minuten für die Meile (entspricht 1:33,2 min/km), mit Registrierung in der Standardliste. Später folgten weitere Rekordlisten mit der
Eliteliste (2:10 min/Meile = 1:20,8 min/km),
Sonderliste (2:05 min/Meile = 1:17,7 min/km),
2:00-Liste (2:00 min/Meile = 1:14,6 min/km).
Als Stammväter der amerikanischen Traberzucht werden Messenger, ein 1780 in England geborener Vollbluthengst, der 1788 nach Philadelphia ausgeführt wurde, und Hambletonian 10, sein 1849 geborener Urenkel (Abdallah/Mambrino/Messenger) betrachtet.

Von Hambletonian 10 stammen die Linienbegründer:
- George Wilkes (– McKinney – Axworthy)
- Electioneer (– May King – Bingen)
- Happy Medium (– Pilot Medium – Peter the Great).

Die deutsche Zucht wurde vor allem durch Axworthy (Guy Axworthy) und Peter the Great (Peter Volo) beeinflußt.
Seit 1880 steht die amerikanische Traberzucht im internationalen Vergleich an erster Stelle, das Zuchtziel orientierte sich stets an der Geschwindigkeit, nicht am Exterieur der Pferde.

Frankreich

In Frankreich entstand die Traberzucht als Teil der Landespferdezucht in der Normandie, wo Anfang des 19. Jahrhunderts die Normänner aus spanischen, friesischen, dänischen und nordafrikanischen Pferden gezüchtet wurden. Dieser Zucht wurden bis 1850 auch englisches Vollblut und Anglo-Araber zugeführt. Die Begründer der bedeutendsten Blutlinien sind:

Yong Rattler – Kapirat I	– Conquerant
	– Normand
The Norfolk Phaenomenon	– Lavater
	– Niger
The Heir of Linne	– Phaeton

1887 wurde eine Aufsichtsorganisation gegründet, die Mindestleistungen für die jungen Traber vorschrieb, wobei zum einen lange Distanzen zu laufen waren (zwischen 3 und 6 km), zum anderen auch Leistungen unter dem Sattel verlangt wurden. Daraus ergaben sich die Eigenschaften des französischen Trabers, nämlich großer, kräftiger Körperbau, Ausdauer und Spätreife. Wegen grundsätzlicher Unterschiede im Zuchtziel wurden amerikanische Traber nur sehr begrenzt, zeitweise überhaupt nicht zur Zucht zugelassen.
Die erste reine Trabrennbahn gründete man in Paris-Vincennes, wo auch das bedeutendste Rennen, der Prix d'Amerique, jährlich am letzten Januar-Sonntag gelaufen wird.
Traberzucht und -sport erfahren in Frankreich große staatliche Förderung durch Unterhalt von Staatsgestüten, die den Züchtern gute Hengste zu günstigen Bedingungen anbieten, ferner durch den Betrieb eines großen Trainingszen-

trums in Grosbois nahe Paris und durch die Bezuschussung der Rennpreise. Diese Förderung ist nur über die Einnahmen aus der Tiercé-Wette, einer sehr populären Dreierwette, möglich.

Deutschland

Bereits vor den ersten offiziellen Trabrennen 1874 in Hamburg-Jüthorn wird von Trabfahren und -reiten ab 1847 auf der Münchner Oktoberfestwiese berichtet. Der erste bayerische Trabrennverein wurde 1873 in Straubing, die erste Trabrennbahn Bayerns 1895 in Pfarrkirchen gegründet. Die bereits vorher in Hamburg und ab 1877 auch in Berlin gelaufenen Rennen fanden reges Wettinteresse, was die Regierung wegen moralischer Bedenken veranlaßte, 1881 ein Totalisatorverbot zu erlassen. Erst dessen Aufhebung 1886 bewahrte den Trabrennsport vor dem endgültigen Niedergang.
Als Geburtsjahr des heutigen Sports kann 1892 gelten, das ein Trabrenn-Reglement, zunächst für das Königreich Preußen, hervorbringt. Die Grundlage der Ausschreibungen bildeten die Rekorde der Pferde, erst 1912 erfolgte die Umstellung auf die heute übliche Ausschreibung nach Gewinnsumme.
1895 wurde das erste Traber-Derby in Berlin gelaufen, 1896 das erste Traber-Gestüt-Buch herausgegeben. Die beiden Weltkriege warfen die Entwicklung stark zurück; dank der Passion vieler bedeutender Züchter und Organisatoren konnte der Trabrennsport aber wieder auf den heutigen Stand gebracht werden.
Als Mann der ersten Stunde in der deutschen Traberzucht kann W. Moessinger bezeichnet werden, der 1886 das Gestüt Mariahall bei Frankfurt/M. gründete und mit Orlow- und amerikanischen Trabern züchtete. Auch die Zuchtstätte Heitmann in Altengamme besteht bereits seit 1890. In das gleiche Jahr fällt die Gründung des Haupt-Traber-Gestüts Lilienhof in Baden durch die »Technische Kommission«.
Die Vertreter der amerikanischen Zuchtrichtung setzten sich durch, von der russischen sind jedoch die Nachkommen der Stute Tumannaja erwähnenswert, die mit dem amerikanischen Hengst Independence drei Derbysieger brachte: Cid, Teufelsdorn und Tuberose.
Große Verdienste um die Traberzucht erwarben u. a. Landstallmeister Peter Adam in Bayern, Oberlandstallmeister Großcourth von der preußischen Gestütsverwaltung und die Privatinitiative ergreifenden Gebrüder Knauer und B. J. Alkemade. Der Erfolg war, daß in den 30er Jahren deutsche, auf amerikanischer Grundlage gezüchtete Traber die Europarekorde aller Altersklassen hielten.
Aus der Reihe berühmter Vererber sei noch auf die äußerst erfolgreiche Linie Epilog – Permit – Lord Pit hingewiesen.
Der Traberpferdebestand liegt bei derzeit rund 23000 (Stand 1990), darin enthalten sind ca. 370 Deckhengste und 3700 Zuchtstuten.
An ca. 790 Renntagen werden etwa 355 Millionen DM an Wettumsätzen getätigt und ca. 52 Millionen DM an Rennpreisen ausgeschüttet.

Organisation des Trabrennsports

Für die Durchführung der Trabrennen und eine kontrollierte Traberzucht existiert eine straffe Organisation, an deren oberster Stelle der Hauptverband für Traberzucht und -Rennen e. V. (HVT) mit Sitz in Kaarst steht.
Als nach dem Tierzuchtgesetz allein zuständige Züchtervereinigung nimmt er alle Aufgaben auf dem Gebiet der Traberzucht wahr, zusammen mit den Aufsichtsorganisationen und Rennvereinen überwacht er auch den Trabrennsport.

Mitglieder im HVT sind:
- die regionalen Aufsichtsorganisationen
- die Trabrennvereine
- die Besitzer- und Züchtervereine
- der Trabertrainer-Verband

Organe des HVT sind:
- die Mitgliederversammlung
- der Hauptausschuß
- der Vorstand
- der Vorsitzende

Die Aufsichtsorganisationen führen in ihrem Regionalbereich die Aufsicht über die Rennvereine und den Rennbetrieb. Sie erteilen z. B. im Einvernehmen mit dem HVT die Fahr- und Trainerausweise und die Genehmigung für Rennfarben und Decknamen.

Die Obersten Landesbehörden genehmigen den Totalisator.

Die Regionalbereiche sind wie folgt aufgeteilt:

- Commission für Traberzucht und -Rennen in Bayern e. V. (CTB): Bayern, Baden-Württemberg, Hessen, Rheinland-Pfalz, Saarland
- Organisation für Berliner Traber-Zucht und -Rennen e. V. (OBT): Land Berlin
- Zentralverband für Traber-Zucht und -Rennen e. V. (ZVT): Bremen, Hamburg, Niedersachsen, Schleswig-Holstein, Nordrhein-Westfalen

Die Rennvereine veranstalten die Leistungsprüfungen für die Traberzucht (= Trabrennen). Nach ihrer rennsportlichen und wirtschaftlichen Bedeutung werden sie als A- oder B-Bahnen eingestuft. Darüber hinaus gibt es noch C-Bahnen, die von den Aufsichtsorganisationen genehmigte und überwachte Rennen z. B. auf Volksfestwiesen abhalten.

Die Besitzer-, Züchter- und Amateurfahrervereine sowie der Trabertrainer-Verband setzen sich unter Berücksichtigung der besonderen Interessen ihrer Mitglieder für das Wohl von Traberzucht und Trabrennsport ein.

Die Regeln für den Trabrennfahrer

Zum Handwerkszeug jeden Trabrennfahrers zählt das üblicherweise nur als Trabrennordnung bezeichnete Regelwerk des HVT, dessen Titel richtig »Satzung und Ordnungen des HVT« lautet. Hierin enthalten sind die:

- Satzung des HVT
- Zuchtbuchordnung
- Trabrennordnung
- Schiedsgerichtsordnung
- Gebührenordnung
- Sonderbestimmungen für Rennquintett-Rennen

Die regionalen Aufsichtsorganisationen des Trabrennsports

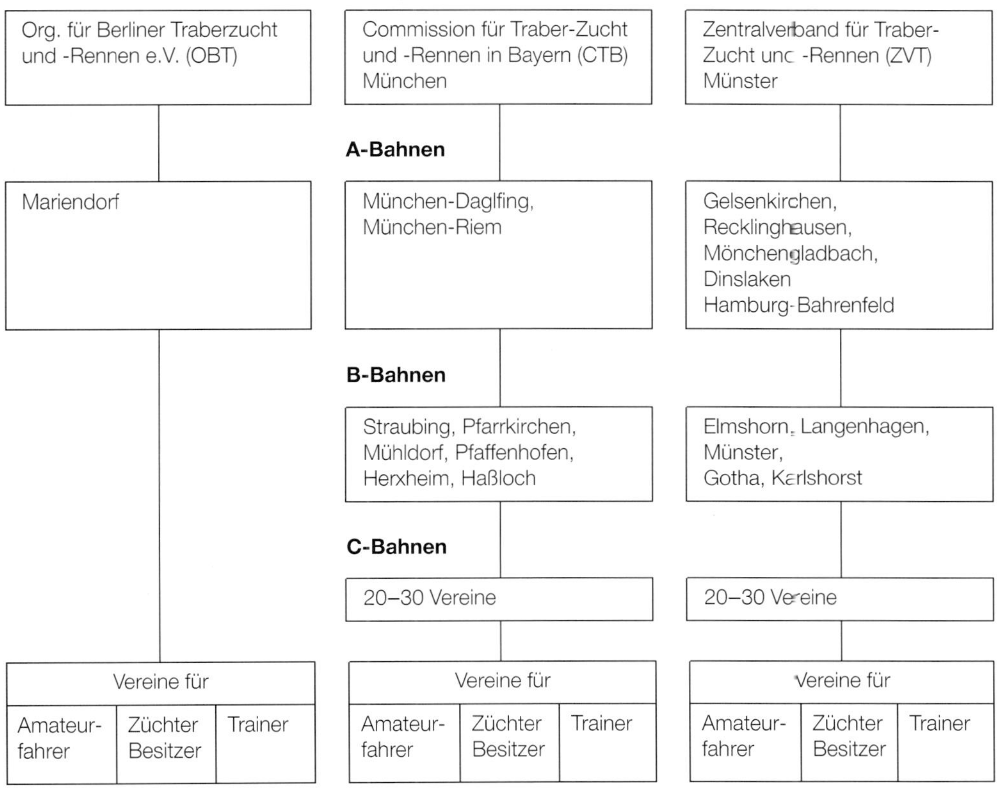

In der Satzung finden sich die Organisation, der Zweck und die Aufgaben des HVT als oberster traberzüchterischer und trabrennsportlicher Vereinigung sowie seiner Mitglieder.
Das Zuchtziel ist der Zuchtbuchordnung als Leitsatz der züchterischen Bemühungen vorangestellt und lautet:

> Das Zuchtziel ist der leistungsfähige Traber mit Frühreife und korrektem Exterieur, der auch für die Verwendung in der Landespferdezucht geeignet ist.

Die ZBO enthält weiter Bestimmungen für die Führung des Zuchtbuches mit seinen Registern für Geburten, Ein- und Ausfuhren, Deckhengste, Besitzer, Züchter und -prämien sowie das Deutsche Traber-Gestüt-Buch.
Die eigentliche Trabrennordnung (TRO) regelt die Durchführung der Trabrennen und beginnt mit den diesbezüglichen Aufgaben des HVT, der Aufsichtsorganisationen und der Rennvereine. Im weiteren ist festgelegt, unter welchen Voraussetzungen Personen und Pferde an Trabrennen teilnehmen dürfen. So muß jeder, der einen Fahrausweis erwerben möchte, eine Prüfung ablegen, sich unterschriftlich zur Einhaltung der Regeln verpflichten, eine Haftpflichtversicherung nachweisen, ein ärztliches Attest und ein polizeiliches Führungszeugnis vorlegen und die festgesetzten Gebühren entrichten. Auch an die Pferde werden strenge Anforderungen hinsichtlich Zuchtbucheintragung, Identitätssicherung durch Feststellung der Abzeichen und Blutgruppe, Haftpflichtversicherung, Impfung sowie Rennleistungsnachweis durch ein Qualifikationsrennen gestellt.
Erst wenn alle Voraussetzungen erfüllt sind, kann eine Meldung zu einem Rennen erfolgen. Hierzu wird ein passendes Rennen aus der Ausschreibung eines Rennvereins ausgewählt, entweder ein normales Rennen für inländische Pferde, ein internationales Rennen oder gar ein Zucht- oder Standardrennen. Leistungsklassen für die Pferde werden hauptsächlich nach Gewinnsumme und Altersklasse, seltener nach Geschlecht oder Rekord gebildet. Auch der Kreis der Fahrer kann durch die Ausschreibung festgelegt werden, so z. B. als Lehrlings- oder Nachwuchsfahren für die angehenden und noch weniger erfolgreichen Pferdewirte im Schwerpunkt Trabrennfahren. Sobald die Wahl auf ein Rennen gefallen ist, wird das Pferd genannt, d. h. zum Rennen angemeldet (= Nennung) und schließlich als fester Starter angegeben (= Starterangabe), wobei auch der Fahrer anzugeben ist. Überwiegend gibt es heute bei normalen Rennen nur einen Termin für Nennung und Starterangabe, während Zucht- und Standard-Rennen mehrere Einsatztermine haben.

Traberklasse beim praktischen Unterricht am Pferd und im Sulky.

Am Renntag selbst hat der Ausweisinhaber übernommene Fahrten auch auszuführen und kann sich nur durch ärztliches Attest oder Nachweis höherer Gewalt von dieser Verpflichtung befreien lassen. Gleiches gilt für die Abmeldung eines als Starter angegebenen Pferdes. In vorgeschriebener Ausrüstung, wie in § 76 TRO gefordert, erscheint der Fahrer dann mit seinem Pferd zur Parade, um das Gespann den Zuschauern nochmals vorzustellen, die sich jetzt beeilen müssen, ihre Wetten am Totalisator abzuschließen.
Die Fahrer werden nun an den Start gerufen, der in der Regel als Autostart mit gleichen Bedingungen für alle Teilnehmer, selten als Bänderstart, bei dem die besseren Pferde durch Zulagen gehandicapt werden können, durchgeführt wird. Bei ordnungsgemäßem Start ist dieser gültig, sonst entscheidet der Hauptstarter oder die Rennleitung auf Fehlstart. Wiederholte Fehlstarts oder Nichtbeachten der Weisungen des Starters können einen Startverweis nach sich ziehen.

§ 76 TRO: Ausrüstung

1. Die Rennen sind im Dreß in den eingetragenen Rennfarben zu fahren. Die Fahrer sind hierbei an die Weisungen des Besitzers gebunden.
2. Der Dreß besteht aus Sturzhelm, Seidenjacke, weißer Halsbinde, langer einheitlicher Fahrhose (weiße Stoffkeilhose mit Steg) und braunen Stiefeletten.
3. Mit Genehmigung der Rennleitung kann im Allwetterdreß (weiße Fahrhose) gefahren werden.
4. Im Rennen sind nur Peitschen gestattet, die mindestens 110 cm, höchstens jedoch 135 cm lang sind. Der Schmiß, den jede Peitsche aufweisen muß, darf bis zu 8 cm lang sein.
5. In Rennen dürfen nur die vom Hauptverband zugelassenen Wagentypen benutzt werden. Zugelassen werden nur Wagen, die die Sicherheit der übrigen Teilnehmer nicht gefährden, insbesondere müssen die Räder des Wagens an der Innen- und Außenseite mit Plastikscheiben versehen sein.
6. Die Verwendung von Beinkreuzriemen ist verboten.

Während des Rennens ist Trab zu fahren, Galopp, Paß oder Dreischlag führen zur Disqualifikation. Die Rennleitung überwacht dies ebenso wie die Einhaltung der übrigen Bestimmungen der Fahrordnung von einem Begleitauto aus und über Videokameras. Da die Beachtung dieser Regeln so wichtig ist, seien sie aus der TRO (1990) abgedruckt:

§ 84 TRO: Fahrordnung

1. Der Ausweisinhaber hat sich im Rennen so zu verhalten, daß er keinen anderen stört, behindert oder gefährdet.
2. Der Ausweisinhaber ist insbesondere verpflichtet:
   a) das abgegrenzte Geläuf nicht zu verlassen,
   b) als führender Fahrer stets die Innenseite des Geläufs einzuhalten und von seiner Fahrtrichtung nicht abzuweichen,
   c) nur dann die Fahrspur zu verändern, wenn er hierdurch andere Teilnehmer nicht stört, behindert oder gefährdet,
   d) ein galoppierendes oder unrein gehendes Pferd unverzüglich und ohne Behinderung der anderen Teilnehmer auszuparieren,
   e) sein disqualifiziertes Pferd unverzüglich und ohne Behinderung der anderen Teilnehmer aus dem Rennen zu nehmen,
   f) sich nicht während des Rennens zu unterhalten oder zu lärmen,
   g) die Peitsche in Fahrtrichtung zu halten und sie nicht übermäßig oder unnötig oder von der Seite zu gebrauchen.
   h) bei Gebrauch der Peitsche die Leinen in beiden Händen zu halten,
   i) die Füße ununterbrochen in den Bügeln zu belassen,
   j) nach Erreichen der Zielgeraden geradeaus zu fahren. Eine Änderung der Fahrspur ist nur zum Überholen gestattet, wenn hierdurch andere Teilnehmer nicht behindert oder gefährdet werden.
   k) das Pferd nur mit fahrsportgerechten Mitteln anzutreiben.

Das Rennenfahren selbst erfordert viel Geschick, Umsicht und Erfahrung. Der Auszubildende sollte sich von seinem Trainer genaue Order über das Verhalten im Rennen geben lassen, da der Trainer das Können des von ihm vorbereiteten Pferdes und das der Gegner am besten einschätzen kann. Der Erfolg hängt nämlich entscheidend davon ab, ob das Pferd einen optimalen Rennverlauf vorfindet. So üben beispielsweise der Start und das Anfangstempo, dann die Position während des Rennens (als Führpferd oder mitten im Feld, innen oder außen) und letztlich die Frage, ob das Pferd einen guten Schlußspeed gehen kann oder nicht, entscheidenden Einfluß auf die Placierung im Ziel aus. Auch ein geschickter Vorstoß bei langsamem Tempo oder das Ziehenlassen eines sehr mächtig angreifenden Gegners kann zum Sieg verhelfen. Wenn dieser gelungen ist, können noch Proteste oder eine jederzeit mögliche Dopingkontrolle Probleme bereiten, was jedoch bei umsichtiger Fahrweise und Verzicht auf nicht fahrsportgerechte Mittel nicht zu befürchten ist.
Teil C der Trabrennordnung enthält die Aufgaben der Rechtsorgane (Rennleitung u. Rennausschuß) und der Ermittlungsorgane (HVT u. Aufsichtsorganisationen) sowie die Zuständigkeit der Schiedsgerichte. Um seine Pflichten zu kennen und seine Rechte wahren zu können, sollte sich jeder Ausweisinhaber mit dem Katalog der Ordnungswidrigkeiten und den Protestbestimmungen vertraut machen, um drohende Ordnungsmittel (Geldbuße, Fahrverbot, Ausschließung, Ausweisung) oder den Verlust eines Sieges durch Protest zu vermeiden.

§ 135 TRO: Ordnungswidrigkeiten

1. Ordnungswidrig handelt, wer vorsätzlich oder fahrlässig die Traberzucht oder den Trabrennsport gefährdet oder schädigt.
2. Ordnungswidrig handelt insbesondere, wer:
   a) den ihm nach Satzung und Ordnungen auferlegten Verpflichtungen ganz oder teilweise nicht nachkommt.
   b) einer Vorschrift des Tierzuchtgesetzes oder einer hierzu erlassenen Durchführungsverordnung zuwiderhandelt,
   c) gegen die Vorschriften des Rennwett- und Lotteriegesetzes oder gegen die jeweilige Totalisatorerlaubnis verstößt,
   d) im Renn- oder Zuchtbetrieb eine strafbare Handlung begeht,
   e) ein Pferd quält, mißhandelt, unzulänglich ernährt, pflegt oder unterbringt,
   f) als Zeuge oder Sachverständiger falsch oder unvollständig aussagt oder dem Ermittlungsorgan die erbetene, zumutbare Auskunft nicht oder nicht vollständig erteilt oder Anordnungen der Rechts- und Ermittlungsorgane nicht befolgt oder sich vor diesen ungebührlich benimmt,

g) die Durchsetzung rechtskräftiger Ordnungsmittel unterläßt,

h) Geldbußen oder Verfahrenskosten ganz oder teilweise nicht fristgerecht entrichtet,

i) falsche Eintragungen in das Zuchtbuch des Hauptverbandes veranlaßt oder Mitteilungen unterläßt, zu denen er verpflichtet ist,

j) unerlaubte Mittel (Doping) anwendet, anwenden läßt oder die Anwendung duldet. Bei positivem Dopingbefund hat der Betroffene nachzuweisen, daß er alle gebotenen Maßnahmen ergriffen hat, um ein Doping zu verhindern,

k) einem Teilnehmer am Rennen Vorteile dafür verspricht oder gewährt, daß dieser die Gewinnchancen des Pferdes nicht wahrnimmt oder das Pferd nicht voll ausfährt,

l) als Teilnehmer eine Wettvoraussage gegen Entgelt gibt,

m) die Ausrüstung fremder Pferde verändert,

n) ein nicht startberechtigtes Pferd am Rennen teilnehmen läßt oder fährt,

o) ein Pferd an »Wilden Rennen« teilnehmen läßt oder fährt,

p) ein nicht ordnungsgemäß trainiertes Pferd an den Start bringt,

q) als Teilnehmer eines Rennens die Gewinnchancen seines Pferdes nicht wahrnimmt oder das Pferd nicht voll ausfährt,

r) den Ausgang eines Rennens in unsportlicher oder unehrlicher Weise beeinflußt,

s) den die Durchführung des Rennbetriebes betreffenden Anordnungen nicht Folge leistet,

t) den Vorschriften zur Durchführung von Rennen zuwiderhandelt oder den Rennverlauf durch unsportliches Verhalten oder unkorrektes Handeln stört oder gefährdet,

u) sich während einer Rennveranstaltung unbefugt auf dem Geläuf, bei der Rennleitung, beim Starter, Zielrichter oder in den Stallungen aufhält,

v) am Rennbetrieb ohne gültigen Ausweis oder mit nicht genehmigtem Decknamen oder unzutreffender Rennfarben teilnimmt.

w) als Amateurfahrer gegen Entgelt fährt,

x) sich gegenüber den Rennleitungsmitgliedern in ehrverletzender Weise äußert oder ungebührlich benimmt oder unwahre rufschädigende Behauptungen über die Rennleitung oder einzelne Mitglieder gegenüber Dritten verbreitet.

§ 124 TRO: Protestgründe

1. Protestgrund ist jeder Regelverstoß, der geeignet ist, den Ausgang eines Rennens zu beeinflussen.
2. Regelverstöße sind insbesondere:
   a) Verstöße gegen die Fahrordnungsvorschriften (§ 84),
   b) Teilnahme eines Pferdes, dessen Besitzer oder Mitbesitzer vom Rennbetrieb ausgeschlossen oder ausgewiesen ist,
   c) Teilnahme eines Pferdes, das innerhalb der letzten drei Jahre an »Wilden Rennen« teilgenommen hat (§ 31),
   d) Teilnahme eines Pferdes, bei dem ein unerlaubtes Mittel angewandt wurde (§ 93),
   e) Teilnahme eines Pferdes, das nicht der Ausschreibung entspricht,
   f) fehlende Teilnahmeberechtigung von Fahrern, Trainern oder Pferden,
   g) Start eines Pferdes von einer falschen Startmarke,
   h) Behinderung durch ein Pferd, wenn hierdurch ein Pferd des selben Besitzers oder Trainers begünstigt wurde. Der Protest ist gegen beide Pferde zu richten,
   i) Nichtwahrnehmung der Gewinnchancen.

§ 127 TRO: Protestfristen

1. Bei Vorfällen, die sich während des Rennverlaufs ereignet haben, ist der Protest innerhalb von 3 Minuten nach Bekanntgabe der vorläufigen Placierung einzulegen.
2. In Abweichung von Absatz 1 beträgt die Protestfrist bei Vorfällen, die sich während des Rennverlaufs ereignen, für die Aufsichtsorganisation 5 Tage nach dem Renntag. Diese Proteste haben keinen Einfluß auf den Totalisator und werden nicht öffentlich bekanntgegeben. Über diese Proteste entscheidet der Rennausschuß.
3. Wird der Protest auf einen Verstoß gegen das Verbot der Anwendung unerlaubter Mittel, auf Betrug, Wettbetrug oder im Zusammenhang mit dem Renn- und Zuchtbetrieb begangene Vermögens- oder Urkundsdelikte im Sinne des Strafgesetzbuches (StGB) gestützt, endet die Protestfrist ein Jahr nach dem Renntag.
4. Der Hauptverband kann bei fehlerhafter Eintragung in das Zuchtbuch binnen eines Monats nach Kenntnis der fehlerhaften Eintragung, jedoch nicht später als drei Jahre nach der fehlerhaften Eintragung, das Protestverfahren einleiten.
5. In allen übrigen Fällen beträgt die Protestfrist 5 Tage nach dem Renntag.

Training des Trabrennpferdes

Mit dem Training in Form des Umgangs mit dem jungen Traber und seinem schonenden Aufbau für das Rennenlaufen sollte möglichst früh begonnen werden, damit eine gute Vertrauensbasis zum Menschen geschaffen wird und genügend Zeit für die Entwicklung von Muskeln, Sehnen und Organen bleibt.
Der Umgang mit dem Fohlen beinhaltet das Berühren, Aufheben der Hufe, Halfter anlegen und möglichst auch schon das Führen. Täglicher Koppelgang sollte selbstverständlich sein.
Der Jährling lernt es, angebunden zu werden, indem er anfangs nur mit einer Schnur und einseitig, später beidseitig angebunden wird, wobei ständig eine Person anwesend sein soll. Ruhiger Umgang und große Vorsicht sind oberstes Gebot, da ein Unfall jetzt und beim folgenden »Einbrechen« das Vertrauen des Pferdes möglicherweise für dauernd erschüttern würde. Es folgt die Gewöhnung an Zaum und Geschirr; dabei bleiben der Scheck, die Ausbindezügel und der Schweifriemen vorerst lang, man verwendet ein weiches Gebiß und verbessert die Kautätigkeit mit etwas Zucker. Nun wird der Jährling mit der Doppellonge vom Boden aus

»gefahren« mit Unterstützung von 1–2 Führern am Kopf des Pferdes (das Longieren selbst ist wegen der noch geringen Kontrolle über das Pferd umstritten und sollte erst in einem späteren Ausbildungsstand geübt werden), dann wird er beim Nachlaufenlassen hinter einem ruhigen Führpferd an den Wagen und längeres Traben gewöhnt und schließlich selbst in den Wagen eingespannt. Eine Peitsche sollte immer mitgeführt werden, um das Pferd in kritischen Situationen vorwärts treiben zu können und um nie in die Versuchung zu kommen, mit der Leine zu schlagen.

Der Zweijährige sollte im Frühjahr nochmals Weidegang erhalten, da frisches Grün und Sonne seine Entwicklung fördern. Auch während des Trainings wäre täglicher Auslauf anzustreben, was leider auf den Rennbahnen oft nicht zu organisieren ist. Das Training bis zur Startfertigkeit besteht in täglichem Langsamfahren mit anfangs einer, später zwei oder drei schnelleren Arbeiten in der Woche. Diese Schnellarbeiten umfassen wieder je nach Trainingsstand 1–3 Heats pro Arbeitstag. Die Anzahl der Heats und deren Tempo sind dem Können des Pferdes sorgfältig anzupassen und Überforderungen zu vermeiden. Letztere äußern sich in Mattigkeit, verringerter Futteraufnahme und Unlust beim Training und erfordern eine sofortige Reduzierung der Anforderungen. Auch die langsamere Anpassung des Sehnen- und Knochenapparates im Vergleich zu Muskeln, Herz und Lunge an erhöhte Beanspruchung ist zu berücksichtigen. Deshalb muß sich der Auszubildende genau an die Trainingsanweisung halten und imstande sein, einzelne Trainingsabschnitte kontrolliert nach der Stoppuhr zu fahren. Wesens-, Leistungsveränderungen oder Verspannungen sollte er erkennen lernen und mit dem Trainer besprechen.

Beschlag, Ausrüstung und Wagen

Der Hufbeschlag spielt beim Renntraber eine enorm wichtige Rolle, da er nicht nur der Abnutzung vorbeugen soll, sondern die raumgreifende Trabaktion und Balance herstellen hilft.

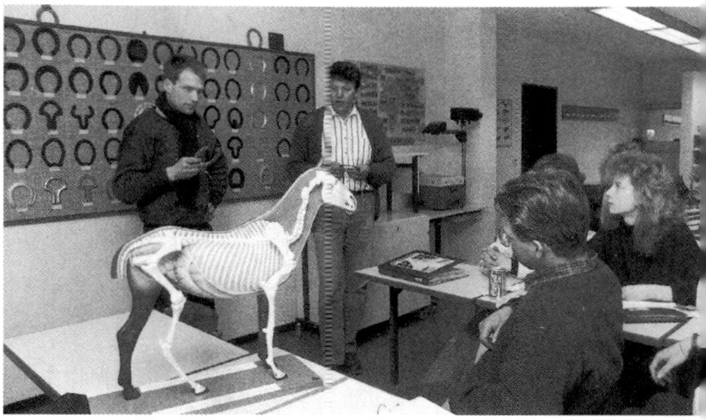

Für den Rennsportler ist Anatomie und Hufbeschlag ein wichtiger Teil der Ausbildung in der Berufsschule.

Traber-Hufeisen

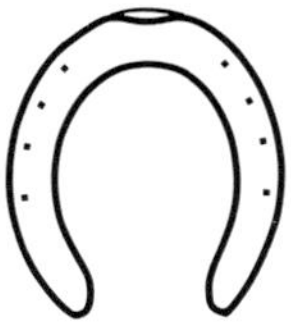

Normal-Eisen

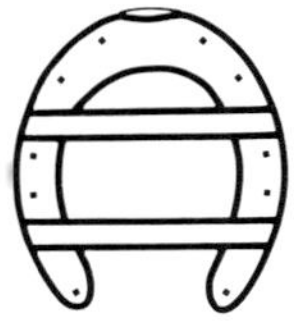

Steg-Eisen für Pferde mit Paßanlagen und für junge Pferde mit wenig Geläuf

Vorder-Eisen mit Gewindelöchern als Winter-Beschlag

Knieschläger-Eisen (außen halbrund, innen verstärkt mit Falz). Für Knieschläger

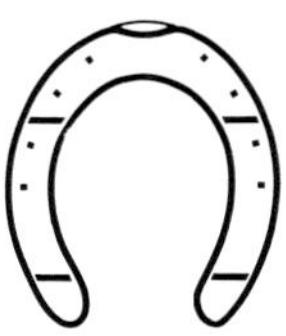

Vorder-Eisen mit 4 Griffen, hauptsächlich für Grasbahn und mullige Bahn geeignet

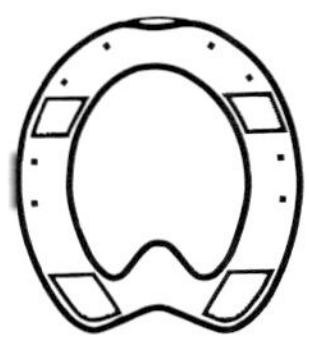

Schluß-Eisen (4 Knacken). Sie verhindern ein Rutschen

Sofern keine Fehlstellungen zu korrigieren sind, bekommt der Jährling zuerst breite, glatte Eisen von max. 10 Unzen (= ca. 280 g) Gewicht aufgeschlagen. Im Frühjahr wechselt man dann auf halbrunde Eisen, die den Lauf flüssiger machen. Je nach Geläuf des Pferdes können die verschiedensten Sonderformen von Eisen nötig oder angebracht sein, um auch bei sehr schneller Gangart eine Gleichmäßigkeit in der Bewegung zu erhalten. Durch gute Beobachtung des Trainers und fachgerechten Beschlag des Hufschmieds können manchmal enorme Leistungssteigerungen erzielt werden. Das möglichst leichte Eisen wird angestrebt; Gewicht, Form und angebrachte Griffe lassen viele Kombinationen zu.

Traber-Gebisse

Trabertrense

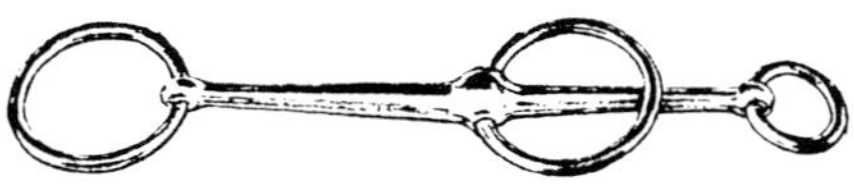

Schiefgeher-Stange

Checkstange

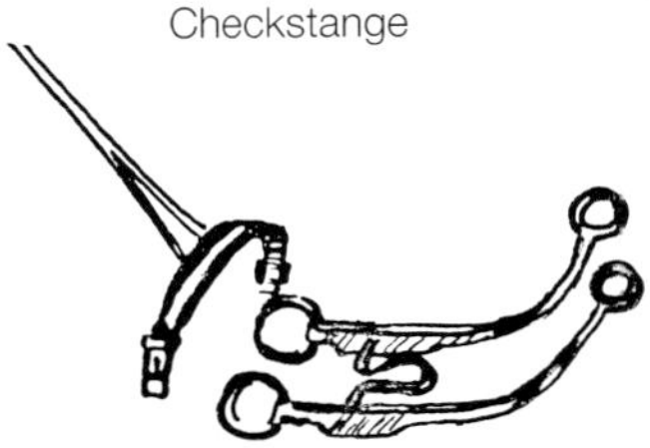

Löffel-Check (Davis-Check)
(Gebiß mit Zungenlöffel)

Zungenstrecker-Checkstange
mit Gaumenwirkung

Mit der Wahl des Gebisses beginnt für viele Trainer die Qual der Wahl, für manche Pferde nur das erste. Man beginnt mit einer einfachen Trabertrense, zu der noch eine Spielkette eingeschnallt wird, manchmal auch mit einem weicheren, lederüberzogenen Gebiß oder einem aus Gummi oder Plastik. Grundsätzlich haben die dicken Gebisse den Vorzug vor dünnen, da die Wirkung auf das Pferdemaul weniger scharf ist. Zusätzlich eingeschnallte Scheckgebisse halten über den ledernen Scheckriemen den Kopf des Pferdes in einer vorgegebenen Höhe. Für Traber gibt es sehr viele Gebisse und Scheckgebisse, von denen hier eine kleine Auswahl vorgestellt sei.

Weitere Ausrüstungsgegenstände sind Gummischuhe, Bandagen, Gamaschen, Sehnen- und Gelenkschoner zur Vermeidung von Verletzungen an den Beinen.

Auch die Beschirrung läßt viele Variationen zu, so daß die Abstimmung auf das einzelne Pferd gut möglich ist. Es gibt Zäume mit unterschiedlicher Sichtfreigabe als sog. offene, $\frac{1}{4}$-, $\frac{1}{2}$-, $\frac{3}{4}$- oder ganz geschlossene Zäume. Die Geschirre gibt es vom reinen Trainings- bis zu eleganten und leichten Renngeschirr, die im Detail wieder auf die zu benutzenden Wägen abgestimmt werden.

Ebenso stehen Trainings- und Rennwagen in mehreren Ausführungen und Materialien zur Wahl. Zum Einfahren der Jährlinge benutzt man den schwereren Fohlenwagen in Holz für zwei Personen, für das normale Langsamtraining wird meist der Korb- oder Joggwagen bevorzugt, zum Schnelltraining dient häufig die bequeme und sichere Sulkette, während zum Rennen überwiegend sog. Sulkies aus Leichtmetall und Holz nach amerikanischem oder skandinavischem Muster eingesetzt werden. Letztere ermöglichen durch Veränderung der Sitzposition eine optimale Gewichtsverteilung, so daß kein Druck mehr auf dem Pferd lastet und nur der anfängliche Zugwiderstand bzw. der relativ geringe Rollwiderstand zu überwinden sind. Mittels variabler Seitenstangen kann der Fahrer das Pferd beim Durchlaufen der Bögen unterstützen. Dies dient besonders zum Erhalt des Gleichgewichts, das in Kurven leichter verlorengeht.

Amerikanischer Sulky – Fußbügel außen

Amerikanischer Sulky mit Stangen – Fußbügel innen

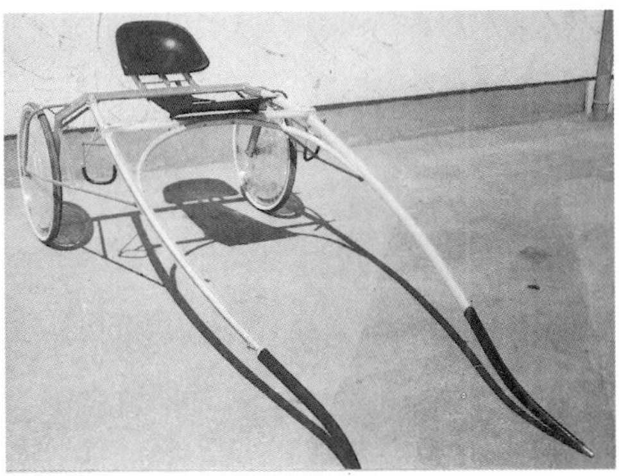

Sulkette aus Holz (Longschaft) mit verstellbarem Sitz

Fohlenwagen (Metall)

Bedeutende Zucht- und Standardrennen in der Bundesrepublik Deutschland*

Rennen Nr. 4, Straubing	1600 m
Walter-Heitmann-Rennen (Dt. Zweij.-Pr.), Hamburg	1609 m
Bayerischer Jugend-Preis, Daglfing	1609 m
Buchmacher Springer Gold-Cup – Gelsentrab Gold-Pokal, Gelsenkirchen (Dotierung 300 000 DM)	1609 m
Panda-Pokal-Preis des Winterfavoriten, Recklinghausen	1609 m
Großer Preis der NRZ, Dinslaken	2100 m
Buddenbrock-Rennen, Berlin	1900 m
Deutsches Traber-Derby, Berlin (Dotierung 560 000 DM)	1900 m
Bayern-Pokal, Daglfing	1609 m
Großer Preis Spielbank Hohensyburg (Traber St. Leger), Gelsenkirchen (Dotierung 300 000 DM)	2600 m
Großer Herbst-Preis der Traber, Pfaffenhofen	2100 m
Krone der Dreijährigen und Hamburger Dreijährigen-Preis	2100 m
A + M-Pokal, Gelsenkirchen	2000 m
Pit-Pan-Rennen-Finale, Hamburg	2140 m
König Pilsener-Pokal, Dinslaken	2100 m
Gelsentrab-Cup (BSG-Cup)/Finale, Gelsenkirchen	2000 m
Deutsches Traberchampionat, Daglfing	2100 m
Gelsenkirchener Criterium	2000 m
Deutschland-Pokal, Hamburg	2100 m
Arthur-Knauer-Rennen, Berlin	1900 m
Großer Preis von Recklinghausen	2000 m
Großer Preis von Bayern, Daglfing (Dotierung 200 000 DM)	2100 m
Matadoren-Rennen, Berlin	1900 m
Elite-Rennen, Gelsenkirchen (Dotierung 200 000 DM)	2011 m
Preis der Besten, Daglfing (Dotierung 200 000 DM)	2100 m

* Der Austausch und die Ergänzung von Rennen unterscheiden sich teilweise von Jahr zu Jahr.

Anhang

Gesetzestexte

Bekanntmachung der Neufassung des Tierschutzgesetzes (BGBl. I S. 254) vom 17. Februar 1993

Auf Grund des Artikels 8 des Gesetzes zur Änderung veterinärrechtlicher, lebensmittelrechtlicher und tierzuchtrechtlicher Vorschriften vom 18. Dezember 1992 (BGBl. I S. 2022) wird nachstehend der Wortlaut des Tierschutzgesetzes in der seit 1. Januar 1993 geltenden Fassung bekanntgemacht. Die Neufassung berücksichtigt:

1. die Fassung der Bekanntmachung des Gesetzes vom 18. August 1986 (BGBl. I S. 1319),
2. den am 1. Juli 1990 in Kraft getretenen Artikel 5 des Gesetzes vom 20. Juni 1990 (BGBl. I S. 1080),
3. den am 1. September 1990 in Kraft getretenen Artikel 3 des Gesetzes vom 20. August 1990 (BGBl. I S. 1762) und
4. den nach seinem Artikel 9 im wesentlichen am 1. Januar 1993 in Kraft getretenen Artikel 2 des eingangs genannten Gesetzes.

Bonn, den 17. Februar 1993

Der Bundesminister
für Ernährung, Landwirtschaft und Forsten
Jochen Borchert

Tierschutzgesetz

Erster Abschnitt
Grundsatz

§ 1

Zweck dieses Gesetzes ist es, aus der Verantwortung des Menschen für das Tier als Mitgeschöpf dessen Leben und Wohlbefinden zu schützen. Niemand darf einem Tier ohne vernünftigen Grund Schmerzen, Leiden oder Schäden zufügen.

Zweiter Abschnitt
Tierhaltung

§ 2

Wer ein Tier hält, betreut oder zu betreuen hat,

1. muß das Tier seiner Art und seinen Bedürfnissen entsprechend angemessen ernähren, pflegen und verhaltensgerecht unterbringen,
2. darf die Möglichkeit des Tieres zu artgemäßer Bewegung nicht so einschränken, daß ihm Schmerzen oder vermeidbare Leiden oder Schäden zugefügt werden.

§ 2a

(1) Der Bundesminister für Ernährung, Landwirtschaft und Forsten (Bundesminister) wird ermächtigt, durch Rechtsverordnung mit Zustimmung des Bundesrates, soweit es zum Schutz der Tiere erforderlich ist, die Anforderungen an die Haltung von Tieren nach § 2 näher zu bestimmen und dabei insbesondere Vorschriften zu erlassen über Anforderungen

1. hinsichtlich der Bewegungsmöglichkeit oder der Gemeinschaftsbedürfnisse der Tiere,
2. an Räume, Käfige, andere Behältnisse und sonstige Einrichtungen zur Unterbringung von Tieren sowie an die Beschaffenheit von Anbinde-, Fütterungs- und Tränkvorrichtungen,
3. hinsichtlich der Lichtverhältnisse und des Raumklimas bei der Unterbringung der Tiere,
4. an die Pflege einschließlich der Überwachung der Tiere; hierbei kann der Bundesminister auch vorschreiben, daß Aufzeichnungen über die Ergebnisse der Überwachung zu machen, aufzubewahren und der zuständigen Behörde auf Verlangen vorzulegen sind.

(2) Der Bundesminister wird ermächtigt, im Einvernehmen mit dem Bundesminister für Verkehr und, soweit die Beförderung mit der Deutschen Bundespost berührt wird, mit dem Bundesminister für das Post- und Fernmeldewesen*) durch Rechtsverordnung mit Zustimmung des Bundesrates, soweit es zum Schutz der Tiere erforderlich ist, ihre Beförderung zu regeln. Er kann hierbei insbesondere

1. Anforderungen
   a) hinsichtlich der Transportfähigkeit von Tieren,
   b) an Transportmittel für Tiere
   festlegen,

1a. bestimmte Transportmittel und Versendungsarten für die Beförderung bestimmter Tiere, insbesondere die Versendung als Nachnahme, verbieten oder beschränken,

2. bestimmte Transportmittel und Versendungsarten für die Beförderung bestimmter Tiere vorschreiben,
3. vorschreiben, daß bestimmte Tiere bei der Beförderung von einem Betreuer begleitet werden müssen,

3a. vorschreiben, daß Personen, die Tiertransporte durchführen oder hierbei mitwirken, bestimmte Kenntnisse und Fähigkeiten haben und diese nachweisen müssen,

4. Vorschriften über das Verladen, Entladen, Unterbringen, Ernähren und Pflegen der Tiere erlassen,
5. als Voraussetzung für die Durchführung von Tiertransporten bestimmte Bescheinigungen, Erklärungen oder Meldungen vorschreiben sowie deren Ausstellung und Aufbewahrung regeln,
6. vorschreiben, daß, wer gewerbsmäßig Tiertransporte durchführt, bei der zuständigen Behörde registriert sein muß, sowie die Voraussetzungen und das Verfahren der Registrierung regeln.

*) Jetzt Bundesminister für Post und Telekommunikation.

§ 3

Es ist verboten,

1. einem Tier außer in Notfällen Leistungen abzuverlangen, denen es wegen seines Zustandes offensichtlich nicht gewachsen ist oder die offensichtlich seine Kräfte übersteigen,
2. ein gebrechliches, krankes, abgetriebenes oder altes, im Haus, Betrieb oder sonst in Obhut des Menschen gehaltenes Tier, für das ein Weiterleben mit nicht behebbaren Schmerzen oder Leiden verbunden ist, zu einem anderen Zweck als zur unverzüglichen schmerzlosen Tötung zu veräußern oder zu erwerben; dies gilt nicht für die unmittelbare Abgabe eines kranken Tieres an eine Person oder Einrichtung, der eine Genehmigung nach § 8 und, wenn es sich um ein Wirbeltier handelt, eine Ausnahmegenehmigung nach § 9 Abs. 2 Nr. 7 Satz 2 für Versuche an solchen Tieren erteilt worden ist,
3. ein im Haus, Betrieb oder sonst in Obhut des Menschen gehaltenes Tier auszusetzen oder es zurückzulassen, um sich seiner zu entledigen,
4. ein gezüchtetes oder aufgezogenes Tier einer wildlebenden Art in der freien Natur auszusetzen oder anzusiedeln, das nicht auf die zum Überleben in dem vorgesehenen Lebensraum erforderliche artgemäße Nahrungsaufnahme vorbereitet und an das Klima angepaßt ist; die Vorschriften des Jagdrechts und des Naturschutzrechts bleiben unberührt,
5. ein Tier auszubilden, sofern damit erhebliche Schmerzen, Leiden oder Schäden für das Tier verbunden sind,
6. ein Tier zu einer Filmaufnahme, Schaustellung, Werbung oder ähnlichen Veranstaltung heranzuziehen, sofern damit Schmerzen, Leiden oder Schäden für das Tier verbunden sind,
7. ein Tier an einem anderen lebenden Tier auf Schärfe abzurichten oder zu prüfen,
8. ein Tier auf ein anderes Tier zu hetzen, soweit dies nicht die Grundsätze weidgerechter Jagdausübung erfordern,
9. einem Tier durch Anwendung von Zwang Futter einzuverleiben, sofern dies nicht aus gesundheitlichen Gründen erforderlich ist,
10. einem Tier Futter darzureichen, das dem Tier erhebliche Schmerzen, Leiden oder Schäden bereitet,
11. an einem Tier bei sportlichen Wettkämpfen oder ähnlichen Veranstaltungen Dopingmittel anzuwenden.

Dritter Abschnitt
Töten von Tieren

§ 4

(1) Ein Wirbeltier darf nur unter Betäubung oder sonst, soweit nach den gegebenen Umständen zumutbar, nur unter Vermeidung von Schmerzen getötet werden. Ist die Tötung eines Wirbeltieres ohne Betäubung im Rahmen weidgerechter Ausübung der Jagd oder auf Grund anderer Rechtsvorschriften zulässig oder erfolgt sie im Rahmen zulässiger Schädlingsbekämpfungsmaßnahmen, so darf die Tötung nur vorgenommen werden, wenn hierbei nicht mehr als unvermeidbare Schmerzen entstehen. Ein Wirbeltier töten darf nur, wer die dazu notwendigen Kenntnisse und Fähigkeiten hat.

(2) Für das Schlachten eines warmblütigen Tieres gilt § 4a.

§ 4a

(1) Ein warmblütiges Tier darf nur geschlachtet werden, wenn es vor Beginn des Blutentzugs betäubt worden ist.

(2) Abweichend von Absatz 1 bedarf es keiner Betäubung, wenn

1. sie bei Notschlachtungen nach den gegebenen Umständen nicht möglich ist,
2. die zuständige Behörde eine Ausnahmegenehmigung für ein Schlachten ohne Betäubung (Schächten) erteilt hat; sie darf die Ausnahmegenehmigung nur insoweit erteilen, als es erforderlich ist, den Bedürfnissen von Angehörigen bestimmter Religionsgemeinschaften im Geltungsbereich dieses Gesetzes zu entsprechen, denen zwingende Vorschriften ihrer Religionsgemeinschaft das Schächten vorschreiben oder den Genuß von Fleisch nicht geschächteter Tiere untersagen.

§ 4b

Der Bundesminister wird ermächtigt, durch Rechtsverordnung mit Zustimmung des Bundesrates

1. a) das Schlachten von Fischen und anderen kaltblütigen Tieren zu regeln,
   b) bestimmte Tötungsarten und Betäubungsverfahren näher zu regeln, vorzuschreiben, zuzulassen oder zu verbieten,
   c) die Voraussetzungen näher zu regeln, unter denen Schlachtungen im Sinne des § 4a Abs. 2 Nr. 2 vorgenommen werden dürfen,

   um sicherzustellen, daß den Tieren nicht mehr als unvermeidbare Schmerzen zugefügt werden,
2. das Schlachten von Tieren im Rahmen der Bestimmungen des Europäischen Übereinkommens vom 10. Mai 1979 über den Schutz von Schlachttieren (BGBl. 1983 II S. 770) näher zu regeln.

Vierter Abschnitt
Eingriffe an Tieren

§ 5

(1) An einem Wirbeltier darf ohne Betäubung ein mit Schmerzen verbundener Eingriff nicht vorgenommen werden. Die Betäubung eines warmblütigen Wirbeltieres ist von einem Tierarzt vorzunehmen. Für die Betäubung mit Betäubungspatronen kann die zuständige Behörde Ausnahmen von Satz 2 zulassen, sofern ein berechtigter Grund nachgewiesen wird.

(2) Eine Betäubung ist nicht erforderlich,

1. wenn bei vergleichbaren Eingriffen am Menschen eine Betäubung in der Regel unterbleibt,
2. wenn die Betäubung im Einzelfall nach tierärztlichem Urteil nicht durchführbar erscheint.

(3) Eine Betäubung ist ferner nicht erforderlich

1. für das Kastrieren von unter zwei Monate alten männlichen Rindern, Schweinen, Ziegen, Schafen und Kaninchen, sofern kein von der normalen anatomischen Beschaffenheit abweichender Befund vorliegt,
2. für das Enthornen oder das Verhindern des Hornwachstums bei unter sechs Wochen alten Rindern,
3. für das Kürzen des Schwanzes von unter vier Tage alten Ferkeln sowie von unter acht Tage alten Lämmern,
4. für das Kürzen des Schwanzes von unter acht Tage alten Lämmern mittels elastischer Ringe,
5. für das Kürzen der Rute von unter acht Tage alten Welpen,
6. für das Kürzen von Hornteilen des Schnabels beim Geflügel,
7. für das Absetzen des krallentragenden letzten Zehengliedes bei Masthahnenküken, die als Zuchthähne Verwendung finden sollen, während des ersten Lebenstages.

(4) Der Bundesminister wird ermächtigt, durch Rechtsverordnung mit Zustimmung des Bundesrates Verfahren und Methoden zur Durchführung von Maßnahmen nach Absatz 3 vorzuschreiben, zuzulassen oder zu verbieten, soweit dies zum Schutz der Tiere erforderlich ist.

§ 6

(1) Verboten ist das vollständige oder teilweise Amputieren von Körperteilen oder das vollständige oder teilweise Entnehmen oder Zerstören von Organen oder Geweben eines Wirbeltieres. Das Verbot gilt nicht, wenn

1. der Eingriff im Einzelfall nach tierärztlicher Indikation geboten ist,
2. der Eingriff im Einzelfall für die vorgesehene Nutzung des Tieres, ausgenommen eine Nutzung für Tierversuche, unerläßlich ist und tierärztliche Bedenken nicht entgegenstehen,
3. ein Fall des § 5 Abs. 3 vorliegt,
4. das vollständige oder teilweise Entnehmen von Organen oder Geweben zum Zwecke der Transplantation oder des Anlegens von Kulturen oder der Untersuchung isolierter Organe, Gewebe oder Zellen erforderlich ist.

Eingriffe nach Satz 2 Nr. 1 und 2 sind durch einen Tierarzt vorzunehmen; Eingriffe nach Satz 2 Nr. 3 können auch durch eine andere Person vorgenommen werden, die die dazu notwendigen Kenntnisse und Fähigkeiten hat. Für Eingriffe nach Satz 2 Nr. 4 gelten § 8a Abs. 1 und § 9 Abs. 1 Satz 1, 3 und 4, Abs. 2 Nr. 4 und 8 und Abs. 3 Satz 1 entsprechend.

(2) Verboten ist, beim Amputieren oder Kastrieren elastische Ringe zu verwenden; dies gilt nicht im Falle des § 5 Abs. 3 Nr. 4.

§ 6a

Die Vorschriften dieses Abschnitts gelten nicht für Tierversuche und für Eingriffe zur Aus-, Fort- oder Weiterbildung.

Fünfter Abschnitt
Tierversuche

§ 7

(1) Tierversuche im Sinne dieses Gesetzes sind Eingriffe oder Behandlungen zu Versuchszwecken

1. an Tieren, wenn sie mit Schmerzen, Leiden oder Schäden für diese Tiere oder
2. am Erbgut von Tieren, wenn sie mit Schmerzen, Leiden oder Schäden für die erbgutveränderten Tiere oder deren Trägertiere verbunden sein können.

(2) Tierversuche dürfen nur durchgeführt werden, soweit sie zu einem der folgenden Zwecke unerläßlich sind:

1. Vorbeugen, Erkennen oder Behandeln von Krankheiten, Leiden, Körperschäden oder körperlichen Beschwerden oder Erkennen oder Beeinflussen physiologischer Zustände oder Funktionen bei Mensch oder Tier,
2. Erkennen von Umweltgefährdungen,
3. Prüfung von Stoffen oder Produkten auf ihre Unbedenklichkeit für die Gesundheit von Mensch oder Tier oder auf ihre Wirksamkeit gegen tierische Schädlinge,
4. Grundlagenforschung.

Bei der Entscheidung, ob Tierversuche unerläßlich sind, ist insbesondere der jeweilige Stand der wissenschaftlichen Erkenntnisse zugrunde zu legen und zu prüfen, ob der verfolgte Zweck nicht durch andere Methoden oder Verfahren erreicht werden kann.

(3) Versuche an Wirbeltieren dürfen nur durchgeführt werden, wenn die zu erwartenden Schmerzen, Leiden oder Schäden der Versuchstiere im Hinblick auf den Versuchszweck ethisch vertretbar sind. Versuche an Wirbeltieren, die zu länger anhaltenden oder sich wiederholenden erheblichen Schmerzen oder Leiden führen, dürfen nur durchgeführt werden, wenn die angestrebten Ergebnisse vermuten lassen, daß sie für wesentliche Bedürfnisse von Mensch oder Tier einschließlich der Lösung wissenschaftlicher Probleme von hervorragender Bedeutung sein werden.

(4) Tierversuche zur Entwicklung oder Erprobung von Waffen, Munition und dazugehörigem Gerät sind verboten.

(5) Tierversuche zur Entwicklung von Tabakerzeugnissen, Waschmitteln und dekorativen Kosmetika sind grundsätzlich verboten. Der Bundesminister wird ermächtigt, durch Rechtsverordnung mit Zustimmung des Bundesrates Ausnahmen zu bestimmen, soweit es erforderlich ist, um konkrete Gesundheitsgefährdungen abzuwehren, und soweit die notwendigen neuen Erkenntnisse nicht auf andere Weise erlangt werden können.

§ 8

(1) Wer Versuche an Wirbeltieren durchführen will, bedarf der Genehmigung des Versuchsvorhabens durch die zuständige Behörde.

(2) Der Antrag auf Genehmigung eines Versuchsvorhabens ist schriftlich bei der zuständigen Behörde einzureichen. In dem Antrag ist

1. wissenschaftlich begründet darzulegen, daß die Voraussetzungen des Absatzes 3 Nr. 1 vorliegen,
2. nachzuweisen, daß die Voraussetzungen des Absatzes 3 Nr. 2 bis 4 vorliegen,
3. darzulegen, daß die Voraussetzungen des Absatzes 3 Nr. 5 vorliegen.

Der Antrag muß ferner die Angaben nach § 8a Abs. 2 Nr. 1 bis 5 enthalten.

(3) Die Genehmigung darf nur erteilt werden, wenn

1. wissenschaftlich begründet dargelegt ist, daß
   a) die Voraussetzungen des § 7 Abs. 2 und 3 vorliegen,
   b) das angestrebte Versuchsergebnis trotz Ausschöpfung der zugänglichen Informationsmöglichkeiten nicht hinreichend bekannt ist oder die Überprüfung eines hinreichend bekannten Ergebnisses durch einen Doppel- oder Wiederholungsversuch unerläßlich ist;
2. der verantwortliche Leiter des Versuchsvorhabens und sein Stellvertreter die erforderliche fachliche Eignung insbesondere hinsichtlich der Überwachung der Tierversuche haben und keine Tatsachen vorliegen, aus denen sich Bedenken gegen ihre Zuverlässigkeit ergeben;
3. die erforderlichen Anlagen, Geräte und anderen sachlichen Mittel vorhanden sowie die personellen und organisatorischen Voraussetzungen für die Durchführung der Tierversuche einschließlich der Tätigkeit des Tierschutzbeauftragten gegeben sind;
4. eine den Anforderungen des § 2 entsprechende Unterbringung und Pflege einschließlich der Betreuung der Tiere sowie ihre medizinische Versorgung sichergestellt ist und
5. die Einhaltung der Vorschriften des § 9 Abs. 1 und 2 und des § 9a Abs. 1 erwartet werden kann.

(4) In dem Genehmigungsbescheid sind der Leiter des Versuchsvorhabens und sein Stellvertreter anzugeben. Wechselt der Leiter eines Versuchsvorhabens oder sein Stellvertreter, so hat der Genehmigungsinhaber diese Änderung der zuständigen Behörde unverzüglich anzuzeigen; die Genehmigung gilt weiter, wenn sie nicht innerhalb eines Monats widerrufen wird.

(5) Die Genehmigung ist zu befristen.

(6) Wird die Genehmigung einer Hochschule oder anderen Einrichtung erteilt, so müssen die Personen, welche die Tierversuche durchführen, bei der Einrichtung beschäftigt oder mit Zustimmung des verantwortlichen Leiters zur Benutzung der Einrichtung befugt sein.

(7) Der Genehmigung bedürfen nicht Versuchsvorhaben,

1. deren Durchführung ausdrücklich
   a) durch Gesetz oder Rechtsverordnung oder durch unmittel-

bar anwendbaren Rechtsakt eines Organs der Europäischen Gemeinschaften vorgeschrieben,

b) in einer von der Bundesregierung oder einem Bundesminister mit Zustimmung des Bundesrates im Einklang mit § 7 Abs. 2 und 3 erlassenen allgemeinen Verwaltungsvorschrift vorgesehen oder

c) auf Grund eines Gesetzes oder einer Rechtsverordnung oder eines unmittelbar anwendbaren Rechtsaktes eines Organs der Europäischen Gemeinschaft von einem Richter oder einer Behörde angeordnet oder im Einzelfall als Voraussetzung für den Erlaß eines Verwaltungsaktes gefordert

ist;

2. die als Impfungen, Blutentnahmen oder sonstige Maßnahmen diagnostischer Art nach bereits erprobten Verfahren vorgenommen werden und der Erkennung insbesondere von Krankheiten, Leiden, Körperschäden oder körperlichen Beschwerden bei Mensch oder Tier oder der Prüfung von Seren oder Impfstoffen dienen.

§ 8a

(1) Wer Tierversuche durchführen will, die nicht der Genehmigung bedürfen, hat das Versuchsvorhaben spätestens zwei Wochen vor Beginn der zuständigen Behörde anzuzeigen. Die Frist braucht nicht eingehalten zu werden, wenn in Notfällen eine sofortige Durchführung des Tierversuchs erforderlich ist; die Anzeige ist unverzüglich nachzuholen.

(2) In der Anzeige sind anzugeben:

1. der Zweck des Versuchsvorhabens,
2. die Art und bei Wirbeltieren die Zahl der für das Versuchsvorhaben vorgesehenen Tiere,
3. die Art und Durchführung der beabsichtigten Tierversuche einschließlich der Betäubung,
4. Ort, Beginn und voraussichtliche Dauer des Versuchsvorhabens,
5. Name und Anschrift des verantwortlichen Leiters des Versuchsvorhabens und seines Stellvertreters,
6. bei Versuchsvorhaben nach § 8 Abs. 7 Nr. 1 der Rechtsgrund der Genehmigungsfreiheit.

(3) Ist die Durchführung mehrerer gleichartiger Versuchsvorhaben beabsichtigt, so genügt die Anzeige des ersten Versuchsvorhabens, wenn in der Anzeige zusätzlich die voraussichtliche Zahl der Versuchsvorhaben angegeben wird. Am Ende eines jeden Jahres ist der zuständigen Behörde die Zahl der durchgeführten Versuchsvorhaben sowie bei Wirbeltieren Art und Zahl der insgesamt verwendeten Tiere anzugeben.

(4) Ändern sich nach Absatz 2 angegebene Sachverhalte während des Versuchsvorhabens, so sind diese Änderungen unverzüglich der zuständigen Behörde anzuzeigen, es sei denn, daß die Änderung für die Überwachung des Versuchsvorhabens ohne Bedeutung ist.

(5) Die zuständige Behörde hat Tierversuche zu untersagen, wenn Tatsachen die Annahme rechtfertigen, daß die Einhaltung der Vorschriften des § 7 Abs. 2 oder 3, des § 8b Abs. 1, 2, 4, 5 oder 6 oder des § 9 Abs. 1 oder 2 nicht sichergestellt ist, und diesem Mangel nicht innerhalb einer von der zuständigen Behörde gesetzten Frist abgeholfen worden ist.

§ 8b

(1) Träger von Einrichtungen, in denen Tierversuche an Wirbeltieren durchgeführt werden, haben einen oder mehrere Tierschutzbeauftragte zu bestellen und die Bestellung der zuständigen Behörde anzuzeigen. In der Anzeige sind auch die Stellung und die Befugnisse des Tierschutzbeauftragten nach Absatz 6 Satz 3 anzugeben.

(2) Zum Tierschutzbeauftragten können nur Personen mit abgeschlossenem Hochschulstudium der Veterinärmedizin, Medizin oder Biologie – Fachrichtung Zoologie – bestellt werden. Sie müssen die für die Durchführung ihrer Aufgaben erforderlichen Fachkenntnisse und die hierfür erforderliche Zuverlässigkeit haben. Die zuständige Behörde kann im Einzelfall Ausnahmen von Satz 1 zulassen.

(3) Der Tierschutzbeauftragte ist verpflichtet,

1. auf die Einhaltung von Vorschriften, Bedingungen und Auflagen im Interesse des Tierschutzes zu achten,
2. die Einrichtung und die mit den Tierversuchen und mit der Haltung der Versuchstiere befaßten Personen zu beraten,
3. zu jedem Antrag auf Genehmigung eines Tierversuchs Stellung zu nehmen,
4. innerbetrieblich auf die Entwicklung und Einführung von Verfahren und Mitteln zur Vermeidung oder Beschränkung von Tierversuchen hinzuwirken.

(4) Führt der Tierschutzbeauftragte selbst ein Versuchsvorhaben durch, so muß für dieses Versuchsvorhaben ein anderer Tierschutzbeauftragter tätig sein.

(5) Die Einrichtung hat den Tierschutzbeauftragten bei der Erfüllung seiner Aufgaben so zu unterstützen und von allen Versuchsvorhaben zu unterrichten, daß er seine Aufgaben uneingeschränkt wahrnehmen kann.

(6) Der Tierschutzbeauftragte ist bei der Erfüllung seiner Aufgaben weisungsfrei. Er darf wegen der Erfüllung seiner Aufgaben nicht benachteiligt werden. Seine Stellung und seine Befugnisse sind durch Satzung, innerbetriebliche Anweisung oder in ähnlicher Form zu regeln. Dabei ist sicherzustellen, daß der Tierschutzbeauftragte seine Vorschläge oder Bedenken unmittelbar der in der Einrichtung entscheidenden Stelle vortragen kann. Werden mehrere Tierschutzbeauftragte bestellt, so sind ihre Aufgabenbereiche festzulegen.

§ 9

(1) Tierversuche dürfen nur von Personen durchgeführt werden, die die dafür erforderlichen Fachkenntnisse haben. Tierversuche an Wirbeltieren, ausgenommen Versuche nach § 8 Abs. 7 Nr. 2, dürfen darüber hinaus nur von Personen mit abgeschlossenem Hochschulstudium der Veterinärmedizin oder der Medizin oder von Personen mit abgeschlossenem naturwissenschaftlichem Hochschulstudium durchgeführt werden. Tierversuche mit operativen Eingriffen an Wirbeltieren dürfen nur von Personen mit abgeschlossenem Hochschulstudium

1. der Veterinärmedizin oder Medizin oder
2. der Biologie – Fachrichtung Zoologie –, wenn diese Personen an Hochschulen oder anderen wissenschaftlichen Einrichtungen tätig sind,

durchgeführt werden. Die zuständige Behörde kann im Einzelfall Ausnahmen von den Sätzen 2 und 3 zulassen, soweit dies mit dem Schutz der Versuchstiere vereinbar ist.

(2) Tierversuche sind auf das unerläßliche Maß zu beschränken. Bei der Durchführung ist der Stand der wissenschaftlichen Erkenntnisse zu berücksichtigen. Im einzelnen gilt für die Durchführung folgendes:

1. Versuche an sinnesphysiologisch höher entwickelten Tieren, insbesondere warmblütigen Tieren, dürfen nur durchgeführt werden, soweit Versuche an sinnesphysiologisch niedriger entwickelten Tieren für den verfolgten Zweck nicht ausreichen. Versuche an Tieren, die aus der Natur entnommen worden sind, dürfen nur durchgeführt werden, soweit Versuche an anderen Tieren für den verfolgten Zweck nicht ausreichen.
2. Für den Tierversuch dürfen nicht mehr Tiere verwendet werden, als für den verfolgten Zweck erforderlich ist.

3. Schmerzen, Leiden oder Schäden dürfen den Tieren nur in dem Maße zugefügt werden, als es für den verfolgten Zweck unerläßlich ist; insbesondere dürfen sie nicht aus Gründen der Arbeits-, Zeit- oder Kostenersparnis zugefügt werden.

4. Versuche an Wirbeltieren dürfen vorbehaltlich des Satzes 4 nur unter Betäubung vorgenommen werden. Die Betäubung darf nur von einer Person, die die Voraussetzungen des Absatzes 1 Satz 1 und 2 erfüllt, oder unter ihrer Aufsicht vorgenommen werden. Ist bei einem betäubten Wirbeltier damit zu rechnen, daß mit Abklingen der Betäubung erhebliche Schmerzen auftreten, so muß das Tier rechtzeitig mit schmerzlindernden Mitteln behandelt werden, es sei denn, daß dies mit dem Zweck des Tierversuchs nicht vereinbar ist. An einem nicht betäubten Wirbeltier darf
   a) kein Eingriff vorgenommen werden, der zu schweren Verletzungen führt,
   b) ein Eingriff nur vorgenommen werden, wenn der mit dem Eingriff verbundene Schmerz geringfügiger ist als die mit einer Betäubung verbundene Beeinträchtigung des Befindens des Versuchstieres oder der Zweck des Tierversuchs eine Betäubung ausschließt.

   An einem nicht betäubten Wirbeltier darf nur einmal ein erheblich schmerzhafter Eingriff oder eine erheblich schmerzhafte Behandlung durchgeführt werden, es sei denn, daß der Zweck des Tierversuchs anders nicht erreicht werden kann. Bei einem nicht betäubten Wirbeltier dürfen keine Mittel angewandt werden, durch die die Äußerung von Schmerzen verhindert oder eingeschränkt wird.

5. Wird bei einem Wirbeltier ein schwerer operativer Eingriff vorgenommen oder ist das Tier in einem mit erheblichen oder länger anhaltenden Schmerzen oder Leiden oder mit erheblichen Schäden verbundenen Tierversuch verwendet worden, so darf es nicht für ein weiteres Versuchsvorhaben verwendet werden, es sei denn, sein allgemeiner Gesundheitszustand und sein Wohlbefinden sind vollständig wiederhergestellt und der weitere Tierversuch ist nicht mit Leiden oder Schäden und mit nur unerheblichen Schmerzen verbunden.

6. Bei Tierversuchen zur Ermittlung der tödlichen Dosis oder tödlichen Konzentration eines Stoffes ist das Tier schmerzlos zu töten, sobald erkennbar ist, daß es infolge der Wirkung des Stoffes stirbt.

7. Wirbeltiere dürfen für Tierversuche nur verwendet werden, wenn sie für diesen Zweck gezüchtet worden sind. Die zuständige Behörde kann, soweit es mit dem Schutz der Tiere vereinbar ist, Ausnahmen hiervon zulassen, wenn für Versuchszwecke gezüchtete Tiere der betreffenden Art nicht zur Verfügung stehen oder der Zweck des Tierversuchs die Verwendung von Tieren anderer Herkunft erforderlich macht.

8. Nach Abschluß eines Tierversuchs ist jeder verwendete und überlebende Affe, Halbaffe, Einhufer, Paarhufer, Hund, Hamster sowie jede verwendete und überlebende Katze und jedes verwendete und überlebende Kaninchen und Meerschweinchen unverzüglich einem Tierarzt zur Untersuchung vorzustellen. Kann das Tier nach dem Urteil des Tierarztes nur unter Schmerzen oder Leiden weiterleben, so muß es unverzüglich schmerzlos getötet werden. Andere als in Satz 1 bezeichnete Tiere sind gleichfalls unverzüglich schmerzlos zu töten, wenn dies nach dem Urteil der Person, die den Tierversuch durchgeführt hat, erforderlich ist. Soll ein Tier am Ende eines Tierversuchs am Leben erhalten werden, so muß es seinem Gesundheitszustand entsprechend gepflegt und dabei von einem Tierarzt oder einer anderen befähigten Person beobachtet und erforderlichenfalls medizinisch versorgt werden.

(3) Für die Einhaltung der Vorschriften der Absätze 1 und 2 ist der Leiter des Versuchsvorhabens oder sein Stellvertreter verantwortlich. Das gleiche gilt für die Erfüllung von Auflagen, die mit einer Genehmigung nach § 8 verbunden sind.

§ 9a

(1) Über die Tierversuche sind Aufzeichnungen zu machen. Die Aufzeichnungen müssen für jedes Versuchsvorhaben den mit ihm verfolgten Zweck, insbesondere die Gründe für nach § 9 Abs. 2 Nr. 1 erlaubte Versuche an sinnesphysiologisch höher entwickelten Tieren, sowie die Zahl und Bezeichnung der verwendeten Tiere und die Art und Ausführung der Versuche angeben. Werden Wirbeltiere verwendet, so ist auch ihre Herkunft einschließlich des Namens und der Anschrift des Vorbesitzers anzugeben; bei Hunden und Katzen sind zusätzlich Geschlecht und Rasse sowie Art und Zeichnung des Fells und eine an dem Tier vorgenommene Kennzeichnung anzugeben. Die Aufzeichnungen sind von den Personen, die die Versuche durchgeführt haben, und von dem Leiter des Versuchsvorhabens zu unterzeichnen; der Unterschrift bedarf es nicht, wenn die Aufzeichnungen mit Hilfe automatischer Einrichtungen erstellt werden. Die Aufzeichnungen sind drei Jahre lang nach Abschluß des Versuchsvorhabens aufzubewahren und der zuständigen Behörde auf Verlangen zur Einsichtnahme vorzulegen.

(2) Der Bundesminister wird ermächtigt, durch Rechtsverordnung mit Zustimmung des Bundesrates Personen und Einrichtungen, die Tierversuche an Wirbeltieren durchführen, zu verpflichten, in bestimmten, regelmäßigen Zeitabständen der zuständigen Behörde Angaben über Art und Zahl der für die Versuche verwendeten Tiere und über die Art der Versuche zu melden, und das Melde- und Übermittlungsverfahren zu regeln.

Sechster Abschnitt
Eingriffe und Behandlungen zur Aus-, Fort- oder Weiterbildung

§ 10

(1) Zur Aus-, Fort- oder Weiterbildung dürfen Eingriffe oder Behandlungen an Tieren, die mit Schmerzen, Leiden oder Schäden verbunden sind, nur durchgeführt werden

1. an einer Hochschule, einer anderen wissenschaftlichen Einrichtung oder einem Krankenhaus oder
2. im Rahmen einer Aus-, Fort- oder Weiterbildung für Heilhilfsberufe oder naturwissenschaftliche Hilfsberufe.

Sie dürfen nur vorgenommen werden, soweit ihr Zweck nicht auf andere Weise, insbesondere durch filmische Darstellungen, erreicht werden kann.

(2) Auf Eingriffe oder Behandlungen zur Aus-, Fort- oder Weiterbildung sind die §§ 8a, 9 Abs. 1 und 2 und § 9a Abs. 1 entsprechend anzuwenden. § 8a Abs. 1 Satz 1 ist mit der Maßgabe entsprechend anzuwenden, daß die Eingriffe oder Behandlungen vor Aufnahme in das Lehrprogramm oder vor Änderung des Lehrprogramms anzuzeigen sind, § 9 Abs. 1 mit der Maßgabe, daß die Eingriffe und Behandlungen nur durch die dort genannten Personen oder unter deren Aufsicht durchgeführt werden dürfen.

(3) Für die Einhaltung der Vorschriften der Absätze 1 und 2 ist der Leiter der Aus-, Fort- oder Weiterbildung oder sein Stellvertreter verantwortlich.

Siebenter Abschnitt
Zucht von Tieren, Handel mit Tieren

§ 11

(1) Wer

1. Wirbeltiere zu Versuchszwecken züchten oder halten,
2. Tiere für andere in einem Tierheim oder in einer ähnlichen Einrichtung halten oder

3. gewerbsmäßig
   a) Hunde, Katzen oder sonstige Heimtiere züchten oder halten,
   b) mit Wirbeltieren außer landwirtschaftlichen Nutztieren handeln,
   c) einen Reit- oder Fahrbetrieb unterhalten oder
   d) Tiere zur Schau stellen

will, bedarf der Erlaubnis der zuständigen Behörde. In dem Antrag auf Erteilung der Erlaubnis sind anzugeben:

1. die Arten der Tiere, mit denen die Tätigkeit ausgeübt werden soll,
2. die für die Tätigkeit verantwortliche Person,
3. die Räume und Einrichtungen, die der Tätigkeit dienen.

Dem Antrag sind Nachweise über die Sachkunde im Sinne des Absatzes 2 Nr. 1 beizufügen.

(2) Die Erlaubnis darf nur erteilt werden, wenn

1. die für die Tätigkeit verantwortliche Person auf Grund ihrer Ausbildung oder ihres bisherigen beruflichen Umgangs mit Tieren die für diese Tätigkeit erforderlichen fachlichen Kenntnisse und Fähigkeiten hat,
2. die für die Tätigkeit verantwortliche Person die erfoderliche Zuverlässigkeit hat und
3. die der Tätigkeit dienenden Räume und Einrichtungen eine den Anforderungen des § 2 entsprechende Ernährung, Pflege und Unterbringung der Tiere ermöglichen.

(3) Mit der Ausübung der Tätigkeit nach Absatz 1 Satz 1 darf erst nach Erteilung der Erlaubnis begonnen werden. Die zuständige Behörde kann demjenigen die Ausübung der Tätigkeit untersagen, der die Erlaubnis nicht hat.

(4) Die Ausübung der nach Absatz 3 Satz 2 untersagten Tätigkeit kann von der zuständigen Behörde auch durch Schließung der Betriebs- oder Geschäftsräume verhindert werden.

§ 11a

(1) Wer Wirbeltiere zur Verwendung als Versuchstiere züchtet oder hält oder mit solchen Wirbeltieren handelt, hat über die Herkunft und den Verbleib der Tiere Aufzeichnungen zu machen und die Aufzeichnungen drei Jahre lang aufzubewahren. Dies gilt nicht, soweit für Wirbeltiere wildlebender Arten eine entsprechende Aufzeichnungspflicht auf Grund jagdrechtlicher oder naturschutzrechtlicher Vorschriften besteht.

(2) Wer Hunde oder Katzen zur Abgabe oder Verwendung als Versuchstiere züchtet, hat sie, bevor sie vom Muttertier abgesetzt werden, dauerhaft so zu kennzeichnen, daß ihre Identität festgestellt werden kann. Wer nicht gekennzeichnete Hunde oder Katzen zur Abgabe oder Verwendung als Versuchstiere erwirbt, hat sie unverzüglich nach Satz 1 zu kennzeichnen.

(3) Der Bundesminister wird ermächtigt, durch Rechtsverordnung mit Zustimmung des Bundesrates Vorschriften über Art und Umfang der Aufzeichnungen und der Kennzeichnung zu erlassen. Er kann dabei vorsehen, daß Aufzeichnungen auf Grund anderer Rechtsvorschriften als Aufzeichnungen nach Satz 1 gelten.

§ 11b

Es ist verboten, Wirbeltiere zu züchten, wenn der Züchter damit rechnen muß, daß bei der Nachzucht auf Grund vererbter Merkmale Körperteile oder Organe für den artgemäßen Gebrauch fehlen oder untauglich oder umgestaltet sind und hierdurch Schmerzen, Leiden oder Schäden auftreten. Das Verbot gilt nicht für die Zucht von Versuchstiermutanten, die für die Durchführung bestimmter Tierversuche notwendig sind.

§ 11c

Ohne Einwilligung der Erziehungsberechtigten dürfen

1. warmblütige Tiere an Kinder oder Jugendliche bis zum vollendeten 16. Lebensjahr,
2. andere Wirbeltiere an Kinder bis zum vollendeten 14. Lebensjahr

nicht abgegeben werden.

Achter Abschnitt
Verbringungs-, Verkehrs- und Haltungsverbot

§ 12

(1) Wirbeltiere, an denen Schäden feststellbar sind, von denen anzunehmen ist, daß sie den Tieren durch tierschutzwidrige Handlungen zugefügt worden sind, dürfen nicht in das Inland verbracht oder im Inland gewerbsmäßig in den Verkehr gebracht oder gewerbsmäßig gehalten werden, wenn das Weiterleben der Tiere infolge der Schäden nur unter Leiden möglich ist. Dieses Verbot steht der zollamtlichen Abfertigung nicht entgegen.

(2) Der Bundesminister wird ermächtigt, durch Rechtsverordnung mit Zustimmung des Bundesrates, soweit es zum Schutz der Tiere erforderlich ist, das Verbringen von Tieren aus einem Staat, der nicht der Europäischen Gemeinschaft angehört, in das Inland (Einfuhr) von der Einhaltung von Mindestanforderungen hinsichtlich der Tierhaltung und von einer entsprechenden Bescheinigung abhängig zu machen sowie deren Inhalt, Form, Ausstellung und Aufbewahrung zu regeln, soweit Richtlinien oder Entscheidungen der Europäischen Gemeinschaft dies vorschreiben.

Neunter Abschnitt
Sonstige Bestimmungen zum Schutz der Tiere

§ 13

(1) Es ist verboten, zum Fangen, Fernhalten oder Verscheuchen von Wirbeltieren Vorrichtungen oder Stoffe anzuwenden, wenn damit die Gefahr vermeidbarer Schmerzen, Leiden oder Schäden für Wirbeltiere verbunden ist; dies gilt nicht für die Anwendung von Vorrichtungen oder Stoffen, die auf Grund anderer Rechtsvorschriften zugelassen sind. Vorschriften des Jagdrechts, des Naturschutzrechts, des Pflanzenschutzrechts und des Seuchenrechts bleiben unberührt.

(2) Der Bundesminister wird ermächtigt, durch Rechtsverordnung mit Zustimmung des Bundesrates zum Schutz des Wildes Maßnahmen anzuordnen, die das Wild vor vermeidbaren Schmerzen oder Schäden durch land- oder forstwirtschaftliche Arbeiten schützen.

(3) Der Bundesminister wird ermächtigt, im Einvernehmen mit dem Bundesminister für Wirtschaft durch Rechtsverordnung mit Zustimmung des Bundesrates, soweit es zum Schutz der Tiere erforderlich ist, das Halten von Tieren wildlebender Arten, den Handel mit solchen Tieren sowie ihre Einfuhr oder ihre Ausfuhr aus dem Inland in einen Staat, der der Europäischen Gemeinschaft nicht angehört, (Ausfuhr) zu verbieten oder von einer Genehmigung abhängig zu machen.

Zehnter Abschnitt
Durchführung des Gesetzes

§ 14

(1) Der Bundesminister der Finanzen und die von ihm bestimmten Zollstellen wirken bei der Überwachung der Einfuhr und Ausfuhr von Tieren mit. Die genannten Behörden können

1. Tiere sowie deren Beförderungsmittel, Behälter, Lade- und Verpackungsmittel bei der Einfuhr zur Überwachung anhalten,
2. den Verdacht von Verstößen gegen Verbote und Beschränkun-

gen dieses Gesetzes oder der nach diesem Gesetz erlassenen Rechtsverordnungen, der sich bei der Abfertigung ergibt, den zuständigen Behörden mitteilen,

3. in den Fällen der Nummer 2 anordnen, daß die Tiere auf Kosten und Gefahr des Verfügungsberechtigten der zuständigen Behörde vorgeführt werden.

(2) Der Bundesminister der Finanzen regelt im Einvernehmen mit dem Bundesminister durch Rechtsverordnung ohne Zustimmung des Bundesrates die Einzelheiten des Verfahrens nach Absatz 1. Er kann dabei insbesondere Pflichten zu Anzeigen, Anmeldungen, Auskünften und zur Leistung von Hilfsdiensten sowie zur Duldung der Einsichtnahme in Geschäftspapiere und sonstige Unterlagen und zur Duldung von Besichtigungen vorsehen.

§ 15

(1) Die Durchführung dieses Gesetzes und der auf Grund dieses Gesetzes erlassenen Rechtsverordnungen obliegt den nach Landesrecht zuständigen Behörden. Die nach Landesrecht zuständigen Behörden berufen jeweils eine oder mehrere Kommissionen zur Unterstützung der zuständigen Behörden bei der Entscheidung über die Genehmigung von Tierversuchen. Die Mehrheit der Kommissionsmitglieder muß die für die Beurteilung von Tierversuchen erforderlichen Fachkenntnisse der Veterinärmedizin, der Medizin oder einer naturwissenschaftlichen Fachrichtung haben. In die Kommissionen sind auch Mitglieder zu berufen, die aus Vorschlagslisten der Tierschutzorganisationen ausgewählt worden sind und auf Grund ihrer Erfahrungen zur Beurteilung von Tierschutzfragen geeignet sind; die Zahl dieser Mitglieder muß ein Drittel der Kommissionsmitglieder betragen. Die zuständige Behörde unterrichtet unverzüglich die Kommission über Anträge auf Genehmigung von Versuchsvorhaben und gibt ihr Gelegenheit, in angemessener Frist Stellung zu nehmen.

(2) Die zuständigen Behörden sollen im Rahmen der Durchführung dieses Gesetzes oder der auf Grund dieses Gesetzes erlassenen Rechtsverordnungen den beamteten Tierarzt als Sachverständigen beteiligen.

(3) Die Durchführung dieses Gesetzes obliegt für Tiere, die sich im Besitz der Bundeswehr befinden, den zuständigen Dienststellen der Bundeswehr. Der Bundesminister der Verteidigung beruft eine Kommission zur Unterstützung der zuständigen Dienststellen bei der Entscheidung über die Genehmigung von Versuchsvorhaben. Die Mehrheit der Kommissionsmitglieder muß die für die Beurteilung von Tierversuchen erforderlichen Fachkenntnisse der Veterinärmedizin, der Medizin oder einer naturwissenschaftlichen Fachrichtung haben. In die Kommission sollen auch Mitglieder berufen werden, die aus Vorschlagslisten der Tierschutzorganisationen ausgewählt worden sind und auf Grund ihrer Erfahrungen zur Beurteilung von Tierschutzfragen geeignet sind. Die zuständige Dienststelle unterrichtet unverzüglich die Kommission über Anträge auf Genehmigung von Versuchsvorhaben und gibt ihr Gelegenheit, in angemessener Frist Stellung zu nehmen. Die Sicherheitsbelange der Bundeswehr sind zu berücksichtigen.

§ 15a

Die nach Landesrecht zuständigen Behörden unterrichten den Bundesminister über Fälle grundsätzlicher Bedeutung bei der Genehmigung von Versuchsvorhaben, insbesondere über die Fälle, in denen die Genehmigung von Versuchsvorhaben mit der Begründung versagt worden ist, daß die Voraussetzungen des § 7 Abs. 3 nicht erfüllt waren, oder in denen die Kommission nach § 15 Abs. 1 oder der Tierschutzbeauftragte Bedenken hinsichtlich des Vorliegens dieser Voraussetzungen erhoben hat.

§ 16

(1) Der Aufsicht durch die zuständige Behörde unterliegen

1. Nutztierhaltungen,
2. Einrichtungen, in denen Tiere geschlachtet werden,
3. Einrichtungen, die Tierversuche oder Eingriffe oder Behandlungen zur Aus-, Fort- oder Weiterbildung durchführen,
4. Betriebe nach § 11 Abs. 1 Satz 1,
5. Einrichtungen oder Betriebe,
   a) die mit landwirtschaftlichen Nutztieren handeln,
   b) die gewerbsmäßig Tiere transportieren
   c) in denen Tiere während des Transports ernährt, gepflegt oder untergebracht werden,
6. Zoo- und Zirkusbetriebe, die nicht gewerbsmäßig betrieben werden.

(2) Natürliche und juristische Personen und nicht rechtsfähige Personenvereinigungen haben der zuständigen Behörde auf Verlangen die Auskünfte zu erteilen, die zur Durchführung der der Behörde durch dieses Gesetz übertragenen Aufgaben erforderlich sind.

(3) Personen, die von der zuständigen Behörde beauftragt sind, sowie in ihrer Begleitung befindliche Sachverständige der Kommission der Europäischen Gemeinschaft und anderer Mitgliedstaaten der Europäischen Gemeinschaft (Mitgliedstaaten) dürfen im Rahmen des Absatzes 2

1. Grundstücke, Geschäftsräume, Wirtschaftsgebäude und Transportmittel des Auskunftspflichtigen während der Geschäfts- oder Betriebszeit betreten,
2. zur Verhütung dringender Gefahren für die öffentliche Sicherheit und Ordnung
   a) die in Nummer 1 bezeichneten Grundstücke, Räume, Gebäude und Transportmittel außerhalb der dort genannten Zeiten,
   b) Wohnräume des Auskunftpflichtigen

   betreten; das Grundrecht der Unverletzlichkeit der Wohnung (Artikel 13 des Grundgesetzes) wird insoweit eingeschränkt,
3. geschäftliche Unterlagen einsehen.

Der Auskunftspflichtige hat die Maßnahmen zu dulden, die mit der Überwachung beauftragten Personen zu unterstützen und die geschäftlichen Unterlagen vorzulegen.

(4) Der zur Auskunft Verpflichtete kann die Auskunft auf solche Fragen verweigern, deren Beantwortung ihn selbst oder einen der in § 383 Abs. 1 Nr. 1 bis 3 der Zivilprozeßordnung bezeichneten Angehörigen der Gefahr strafgerichtlicher Verfolgung oder eines Verfahrens nach dem Gesetz über Ordnungswidrigkeiten aussetzen würde.

(5) Der Bundesminister wird ermächtigt, durch Rechtsverordnung mit Zustimmung des Bundesrates, soweit es zum Schutz der Tiere erforderlich ist, die Überwachung näher zu regeln. Er kann dabei insbesondere

1. die Durchführung von Untersuchungen einschließlich der Probenahme,
2. die Maßnahmen, die zu ergreifen sind, wenn Tiertransporte diesem Gesetz oder den auf Grund dieses Gesetzes erlassenen Rechtsverordnungen nicht entsprechen,
3. Einzelheiten der Duldungs-, Unterstützungs- und Vorlagepflichten und
4. Pflichten zur Aufzeichnung und zur Aufbewahrung von Unterlagen

regeln.

§ 16a

Die zuständige Behörde trifft die zur Beseitigung festgestellter

Verstöße und die zur Verhütung künftiger Verstöße notwendigen Anordnungen. Sie kann insbesondere

1. im Einzelfall die zur Erfüllung der Anforderungen des § 2 erforderlichen Maßnahmen anordnen,
2. ein Tier, das nach dem Gutachten des beamteten Tierarztes mangels Erfüllung der Anforderungen des § 2 erheblich vernachlässigt ist, dem Halter fortnehmen und so lange auf dessen Kosten anderweitig pfleglich unterbringen, bis eine den Anforderungen des § 2 entsprechende Haltung des Tieres durch den Halter sichergestellt ist. Kann das Tier nach dem Urteil des beamteten Tierarztes nur unter nicht behebbaren erheblichen Schmerzen, Leiden oder Schäden weiterleben, so kann die Behörde es auf Kosten des Halters schmerzlos töten lassen,
3. demjenigen, der den Vorschriften des § 2, einer Anordnung nach Nummer 1 oder einer Rechtsverordnung nach § 2a wiederholt oder grob zuwidergehandelt und dadurch den von ihm gehaltenen Tieren erhebliche Schmerzen, Leiden oder Schäden zugefügt hat, das Halten von Tieren einer bestimmten oder jeder Art untersagen, wenn Tatsachen die Annahme rechtfertigen, daß er weiterhin derartige Zuwiderhandlungen begehen wird. Auf Antrag ist ihm das Halten von Tieren wieder zu gestatten, wenn der Grund für die Annahme weiterer Zuwiderhandlungen entfallen ist,
4. die Einstellung von Tierversuchen anordnen, die ohne die erforderliche Genehmigung oder entgegen einem tierschutzrechtlichen Verbot durchgeführt werden.

§ 16b

(1) Der Bundesmininster beruft eine Tierschutzkommission zu seiner Unterstützung in Fragen des Tierschutzes. Vor dem Erlaß von Rechtsverordnungen und allgemeinen Verwaltungsvorschriften nach diesem Gesetz hat der Bundesminister die Tierschutzkommission anzuhören.

(2) Der Bundesminister wird ermächtigt, durch Rechtsverordnung ohne Zustimmung des Bundesrates das Nähere über Zusammensetzung, Berufung der Mitglieder, Aufgaben und Geschäftsführung der Tierschutzkommission zu regeln.

§ 16c

Der Bundesminister erläßt mit Zustimmung des Bundesrates die allgemeinen Verwaltungsvorschriften, die zur Durchführung dieses Gesetzes und der auf Grund dieses Gesetzes erlassenen Rechtsverordnungen erforderlich sind.

§ 16d

Die Bundesregierung erstattet dem Deutschen Bundestag alle zwei Jahre einen Bericht über den Stand der Entwicklung des Tierschutzes.

§ 16e

(1) Die zuständigen Behörden

1. erteilen der zuständigen Behörde eines anderen Mitgliedstaates auf begründetes Ersuchen Auskünfte und übermitteln die erforderlichen Schriftstücke, um ihr die Überwachung der Einhaltung tierschutzrechtlicher Vorschriften zu ermöglichen,
2. überprüfen die von der ersuchenden Behörde mitgeteilten Sachverhalte und teilen ihr das Ergebnis der Prüfung mit.

(2) Die zuständigen Behörden erteilen der zuständigen Behörde eines anderen Mitgliedstaates unter Beifügung der erforderlichen Schriftstücke Auskünfte, die für die Überwachung in diesem Mitgliedstaat erforderlich sind, insbesondere bei Verstößen oder Verdacht auf Verstöße gegen tierschutzrechtliche Vorschriften.

(3) Die zuständigen Behörden können, soweit dies zum Schutz der Tiere erforderlich oder durch Rechtsakte der Europäischen Gemeinschaft vorgeschrieben ist, Daten, die sie im Rahmen der Überwachung gewonnen haben, den zuständigen Behörden anderer Länder und anderer Mitgliedstaaten, dem Bundesminister und der Kommission der Europäischen Gemeinschaft mitteilen.

§ 16f

Der Verkehr mit den zuständigen Behörden anderer Mitgliedstaaten und der Kommission der Europäischen Gemeinschaft obliegt dem Bundesminister. Er kann diese Befugnis durch Rechtsverordnung mit Zustimmung des Bundesrates auf die zuständigen obersten Landesbehörden übertragen. Ferner kann er im Einzelfall im Benehmen mit der zuständigen obersten Landesbehörde dieser die Befugnis übertragen. Die obersten Landesbehörden können die Befugnis nach den Sätzen 2 und 3 auf andere Behörden übertragen.

§ 16g

(1) Ist eine von der zuständigen Behörde getroffene Maßnahme, die sich auf die Durchführung von Tiertransporten aus anderen Mitgliedstaaten bezieht, zwischen ihr und dem Verfügungsberechtigten streitig, so können beide Parteien einvernehmlich den Streit durch den Schiedsspruch eines Sachverständigen schlichten lassen. Die Streitigkeit ist binnen eines Monats nach Bekanntgabe der Maßnahme einem Sachverständigen zu unterbreiten, der in einem von der Kommission der Europäischen Gemeinschaft aufgestellten Verzeichnis aufgeführt ist. Der Sachverständige hat das Gutachten binnen 72 Stunden zu erstatten.

(2) Auf den Schiedsvertrag und das schiedsgerichtliche Verfahren finden die Vorschriften der §§ 1025 bis 1047 der Zivilprozeßordnung entsprechend Anwendung. Gericht im Sinne des § 1045 der Zivilprozeßordnung ist das zuständige Verwaltungsgericht. Der Schiedsspruch oder der schiedsrichterliche Vergleich wird bei der zuständigen Behörde niedergelegt. Gegen den Schiedsspruch kann innerhalb eines Montas Aufhebungsklage bei dem zuständigen Verwaltungsgericht erhoben werden.

Elfter Abschnitt
Straf- und Bußgeldvorschriften

§ 17

Mit Freiheitsstrafe bis zu zwei Jahren oder mit Geldstrafe wird bestraft, wer

1. ein Wirbeltier ohne vernünftigen Grund tötet oder
2. einem Wirbeltier
   a) aus Roheit erhebliche Schmerzen oder Leiden oder
   b) länger anhaltende oder sich wiederholende erhebliche Schmerzen oder Leiden

   zufügt.

§ 18

(1) Ordnungswidrig handelt, wer vorsätzlich oder fahrlässig

1. einem Wirbeltier, das er hält, betreut oder zu betreuen hat, ohne vernünftigen Grund erhebliche Schmerzen, Leiden oder Schäden zufügt,
2. einer vollziehbaren Anordnung nach § 8a Abs. 5, § 11 Abs. 3 Satz 2 oder § 16a Satz 2 Nr. 1, 3 oder 4 zuwiderhandelt,
3. einer
   a) nach § 2a oder
   b) nach den §§ 4b, 5 Abs. 4, § 9a Abs. 2, § 11a Abs. 3 Satz 1, § 12 Abs. 2, § 13 Abs. 2 oder 3 oder § 14 Abs. 2

   erlassenen Rechtsverordnung zuwiderhandelt, soweit sie für einen bestimmten Tatbestand auf diese Bußgeldvorschrift verweist,
4. einem Verbot nach § 3 zuwiderhandelt,
5. entgegen § 4 Abs. 1 ein Wirbeltier tötet,

6. entgegen § 4a Abs. 1 ein warmblütiges Tier schlachtet,
7. entgegen § 5 Abs. 1 Satz 1 einen Eingriff ohne Betäubung vornimmt oder, ohne Tierarzt zu sein, entgegen § 5 Abs. 1 Satz 2 eine Betäubung vornimmt,
8. einem Verbot nach § 6 Abs. 1 Satz 1 zuwiderhandelt oder entgegen § 6 Abs. 1 Satz 3 einen Eingriff vornimmt,
9. entgegen § 6 Abs. 1 Satz 4 in Verbindung mit § 9 Abs. 3 Satz 1 nicht für die Einhaltung der Vorschriften des § 9 Abs. 1 Satz 1 oder 3 oder Abs. 2 Nr. 4 oder 8 sorgt,
10. entgegen § 6 Abs. 2 elastische Ringe verwendet,
11. entgegen § 7 Abs. 4 oder 5 Satz 1 Tierversuche durchführt,
12. Versuche an Wirbeltieren ohne die nach § 8 Abs. 1 erforderliche Genehmigung durchführt,
13. entgegen § 8 Abs. 4 Satz 2 eine Änderung nicht oder nicht rechtzeitig anzeigt,
14. entgegen § 8a Abs. 1, 2 oder 4 ein Vorhaben oder eine Änderung nicht, nicht richtig, nicht vollständig oder nicht rechtzeitig anzeigt,
15. entgegen § 8a Abs. 3 Satz 2 die Zahl der Versuchsvorhaben oder die Art oder die Zahl der verwendeten Tiere nicht, nicht richtig oder nicht rechtzeitig angibt,
16. entgegen § 8b Abs. 1 Satz 1 keinen Tierschutzbeauftragten bestellt,
17. entgegen § 9 Abs. 3 Satz 1 nicht für die Einhaltung der Vorschriften des § 9 Abs. 1 oder 2 oder entgegen § 9 Abs. 3 Satz 2 nicht für die Erfüllung einer vollziehbaren Auflage sorgt,
18. entgegen § 9a Abs. 1 Aufzeichnungen nicht, nicht richtig oder nicht vollständig macht, nicht unterzeichnet, nicht aufbewahrt oder nicht vorlegt,
19. entgegen § 10 Abs. 3 nicht für die Einhaltung der Vorschriften des § 10 Abs. 1 oder 2 sorgt,
20. eine Tätigkeit ohne die nach § 11 Abs. 1 Satz 1 erforderliche Erlaubnis ausübt oder einer mit einer solchen Erlaubnis verbundenen vollziehbaren Auflage zuwiderhandelt,
21. entgegen § 11a Abs. 1 Satz 1 Aufzeichnungen nicht, nicht richtig oder nicht vollständig macht oder nicht aufbewahrt oder entgegen § 11a Abs. 2 Tiere nicht, nicht in der vorgeschriebenen Weise oder nicht rechtzeitig kennzeichnet,
22. Wirbeltiere entgegen § 11b Satz 1 züchtet,
23. entgegen § 11c ein warmblütiges Tier an ein Kind oder einen Jugendlichen bis zum vollendeten 16. Lebensjahr oder ein anderes Wirbeltier an ein Kind bis zum vollendeten 14. Lebensjahr abgibt,
24. entgegen § 12 Abs. 1 Satz 1 ein Wirbeltier in das Inland verbringt oder dort gewerbsmäßig in den Verkehr bringt oder gewerbsmäßig hält,
25. entgegen § 13 Abs. 1 Satz 1 eine Vorrichtung oder einen Stoff anwendet,
26. entgegen § 16 Abs. 2 eine Auskunft nicht, nicht richtig oder nicht vollständig erteilt oder einer Duldungs- oder Mitwirkungspflicht nach § 16 Abs. 3 Satz 2 zuwiderhandelt oder
27. einer Vorschrift der §§ 1 bis 5 der Verordnung über das Schlachten und Aufbewahren von lebenden Fischen und anderen kaltblütigen Tieren in der im Bundesgesetzblatt Teil III, Gliederungsnummer 7833-1-3, veröffentlichten bereinigten Fassung zuwiderhandelt.

(2) Ordnungswidrig handelt auch, wer, abgesehen von den Fällen des Absatzes 1 Nr. 1, einem Tier ohne vernünftigen Grund erhebliche Schmerzen, Leiden oder Schäden zufügt.

(3) Die Ordnungswidrigkeit kann in den Fällen des Absatzes 1 Nr. 1, 2, 3 Buchstabe a, Nr. 4 bis 9, 11, 12, 17, 20, 22, 25 und 27 und des Absatzes 2 mit einer Geldbuße bis zu fünfzigtausend Deutsche Mark, in den übrigen Fällen des Absatzes 1 mit einer Geldbuße bis zu zehntausend Deutsche Mark geahndet werden.

§ 19

Tiere, auf die sich eine Straftat nach § 17 oder eine Ordnungswidrigkeit nach § 18 Abs. 1 Nr. 1, 2, Nr. 3, soweit die Ordnungswidrigkeit eine Rechtsverordnung nach § 2a oder § 5 Abs. 4 betrifft, Nr. 4, 8, 9, 12, 17, 19, 22, 23, 24 oder 27 bezieht, können eingezogen werden.

§ 20

(1) Wird jemand wegen einer nach § 17 rechtswidrigen Tat verurteilt oder nur deshalb nicht verurteilt, weil seine Schuldunfähigkeit erwiesen oder nicht auszuschließen ist, so kann ihm das Gericht das Halten von sowie den Handel oder den sonstigen berufsmäßigen Umgang mit Tieren jeder oder einer bestimmten Art für die Dauer von einem Jahr bis zu fünf Jahren oder für immer verbieten, wenn die Gefahr besteht, daß er weiterhin eine nach § 17 rechtswidrige Tat begehen wird.

(2) Das Verbot wird mit Rechtskraft des Urteils wirksam. In die Verbotsfrist wird die Zeit, in welcher der Täter in einer Anstalt verwahrt wird, nicht eingerechnet. Ergibt sich nach der Anordnung des Verbots Grund zu der Annahme, daß die Gefahr, der Täter werde nach § 17 rechtswidrige Taten begehen, nicht mehr besteht, so kann das Gericht das Verbot aufheben, wenn es mindestens sechs Monate gedauert hat.

(3) Wer einem Verbot nach Absatz 1 zuwiderhandelt, wird mit Freiheitsstrafe bis zu einem Jahr oder mit Geldstrafe bestraft.

§ 20a

(1) Sind dringende Gründe für die Annahme vorhanden, daß ein Verbot nach § 20 angeordnet werden wird, so kann der Richter dem Beschuldigten durch Beschluß das Halten von sowie den Handel oder den sonstigen berufsmäßigen Umgang mit Tieren jeder oder einer bestimmten Art vorläufig verbieten.

(2) Das vorläufige Verbot nach Absatz 1 ist aufzuheben, wenn sein Grund weggefallen ist oder wenn das Gericht im Urteil ein Verbot nach § 20 nicht anordnet.

(3) Wer einem Verbot nach Absatz 1 zuwiderhandelt, wird mit Freiheitsstrafe bis zu einem Jahr oder mit Geldstrafe bestraft.

Zwölfter Abschnitt
Übergangs- und Schlußvorschriften

§ 21

(1) Genehmigungen zur Durchführung von Tierversuchen, die vor dem 1. Januar 1987 erteilt worden sind, erlöschen spätestens am 31. Dezember 1987. Vor dem 1. Januar 1987 begonnene Tierversuche, die nach dem bis dahin geltenden Recht nur anzeigepflichtig waren, jedoch nunmehr einer Genehmigung bedürfen, dürfen bis zur Entscheidung über einen Genehmigungsantrag ohne Genehmigung fortgeführt werden, sofern der Genehmigungsantrag bis zum 31. März 1987 gestellt wird. Vor dem 1. Januar 1987 begonnene Tierversuche, die weiterhin nur anzeigepflichtig sind, sind der zuständigen Behörde bis zum 31. März 1987 nach Maßgabe des § 8a erneut anzuzeigen; dies gilt für anzeigepflichtige Eingriffe oder Behandlungen zur Aus-, Fort- oder Weiterbildung entsprechend.

(2) Die Erlaubnis nach § 11 gilt demjenigen, der am 1. Januar 1987 eine nach § 11 Abs. 1 Satz 1 erlaubnispflichtige Tätigkeit ausübt, für diese Tätigkeit vorläufig als erteilt. Die vorläufige Erlaubnis erlischt,

1. wenn nicht bis zum 30. Juni 1987 die Erteilung einer endgültigen Erlaubnis beantragt wird,

2. im Falle rechtzeitiger Antragstellung mit Eintritt der Unanfechtbarkeit der Entscheidung über den Antrag.

§ 21a

Rechtsverordnungen nach diesem Gesetz können auch zur Durchführung von Rechtsakten der Europäischen Gemeinschaft auf dem Gebiet des Tierschutzes erlassen werden.

§ 21b

Der Bundesminister wird ermächtigt, durch Rechtsverordnung mit Zustimmung des Bundesrates folgende Vorschriften aufzuheben, auch soweit sie durch Landesrecht geändert worden sind:

1. das Gesetz über das Schlachten von Tieren in der im Bundesgesetzblatt Teil III, Gliederungsnummer 7833-2, veröffentlichten bereinigten Fassung, geändert durch Artikel 216 Abschnitt I des Gesetzes vom 2. März 1974 (BGBl. I S. 469);
2. die Verordnung über das Schlachten von Tieren in der im Bundesgesetzblatt Teil III, Gliederungsnummer 7833-2-1, veröffentlichen bereinigten Fassung;
3. a) die Verordnung über das Schlachten und Aufbewahren von lebenden Fischen und anderen kaltblütigen Tieren in der im Bundesgesetzblatt Teil III, Gliederungsnummer 7833-1-3, veröffentlichten bereinigten Fassung, geändert durch § 23 Satz 2 Nr. 5 dieses Gesetzes,
   b) § 18 Abs. 1 Nr. 27 dieses Gesetzes;

Bayern

4. die Verordnung Nr. 49 über das Schlachten von Tieren in der im Bundesgesetzblatt Teil III, Gliederungsnummer 7833-2-2-a, veröffentlichten bereinigten Fassung;

Hamburg

5. die Änderung der Verordnung über das Schlachten von Tieren in der im Bundesgesetzblatt Teil III, Gliederungsnummer 7833-2-1-a, veröffentlichten bereinigten Fassung;

Hessen

6. das Gesetz über das Schlachten von Tieren in der im Bundesgesetzblatt Teil III, Gliederungsnummer 7833-2-a, veröffentlichten bereinigten Fassung;

Nordrhein-Westfalen

7. die Verordnung über das Schlachten von Tieren nach jüdischem Ritus in der im Bundesgesetzblatt Teil III, Gliederungsnummer 7833-2-1-b, veröffentlichten bereinigten Fassung (Sammlung des bereinigten Landesrechts Nordrhein-Westfalen S. 762) für die ehemalige Nord-Rheinprovinz;
8. die Anordnung über das Tierschlachten auf jüdische Weise in der im Bundesgesetzblatt Teil III, Gliederungsnummer 7833-2-1-c, veröffentlichten bereinigten Fassung (Sammlung des bereinigten Landesrechts Nordrhein-Westfalen S. 762) für die ehemalige Provinz Westfalen.

§ 22

(Inkrafttreten)

Bekanntmachung der Neufassung des Tierzuchtgesetzes (BGBl. I S. 601) vom 22. März 1994

Auf Grund des Artikels 2 des Ersten Gesetzes zur Änderung des Tierzuchtgesetzes vom 22. März 1994 (BGBl. I S. 598) wird nachstehend der Wortlaut des Tierzuchtgesetzes in der ab 1. April 1994 geltenden Fassung bekanntgemacht. Die Neufassung berücksichtigt:

1. das im wesentlichen am 1. Januar 1990 in Kraft getretene Gesetz vom 22. Dezember 1989 (BGBl. I S. 2493),
2. den im wesentlichen am 1. Januar 1993 in Kraft getretenen Artikel 7 des Gesetzes vom 18. Dezember 1992 (BGBl. I S. 2022),
3. den am 1. Januar 1994 in Kraft getretenen Artikel 75 des Gesetzes vom 27. April 1993 (BGBl. I S. 512, 2436),
4. den am 1. April 1994 in Kraft tretenden Artikel 1 des eingangs genannten Gesetzes.

Bonn, den 22. März 1994

Der Bundesminister
für Ernährung, Landwirtschaft und Forsten
Jochen Borchert

Tierzuchtgesetz

Erster Abschnitt
Allgemeine Bestimmungen

§ 1

Anwendungsbereich und Zweck des Gesetzes

(1) Dieses Gesetz gilt für die Zucht von Rindern, Schweinen, Schafen, Ziegen und Pferden. Das Bundesministerium für Ernährung, Landwirtschaft und Forsten wird ermächtigt, durch Rechtsverordnung mit Zustimmung des Bundesrates weitere landwirtschaftlich genutzte Tiere in den Anwendungsbereich dieses Gesetzes einzubeziehen, soweit dies zur Durchführung von Rechtsakten der Europäischen Gemeinschaft erforderlich ist.

(2) Zweck dieses Gesetzes ist es, im züchterischen Bereich die Erzeugung der Tiere nach Absatz 1, auch durch Bereitstellung öffentlicher Mittel, so zu fördern, daß

1. die Leistungsfähigkeit der Tiere unter Berücksichtigung der Vitalität erhalten und verbessert wird,
2. die Wirtschaftlichkeit, insbesondere Wettbewerbsfähigkeit, der tierischen Erzeugung verbessert wird,
3. die von den Tieren gewonnenen Erzeugnisse den an sie gestellten qualitativen Anforderungen entsprechen und
4. eine genetische Vielfalt erhalten wird.

§ 2

Begriffsbestimmungen

Im Sinne dieses Gesetzes sind

1. Zuchttier: ein Tier,
   a) das in einem Zuchtbuch eingetragen ist (eingetragenes Zuchttier),
   b) dessen Eltern und Großeltern in einem Zuchtbuch derselben Rasse eingetragen oder vermerkt sind und das dort selbst entweder eingetragen ist oder vermerkt ist und eingetragen werden kann (reinrassiges Zuchttier) oder
   c) das in einem Zuchtregister eingetragen ist (registriertes Zuchttier);

2. Zuchtwert: der erbliche Einfluß von Tieren auf die Leistungen ihrer Nachkommen unter Berücksichtigung der Wirtschaftlichkeit;
3. Leistungsprüfung: ein Verfahren zur Ermittlung der Leistungen von Tieren einschließlich der Qualität ihrer Erzeugnisse im Rahmen der Feststellung des Zuchtwertes;
4. Stichprobentest: eine Leistungsprüfung im Rahmen der Kreuzungszucht, bei der anhand der Ergebnisse einer repräsentativen Stichprobe die Leistungen der Endprodukte und ihrer Mütter festgestellt werden;
5. Zuchtorganisation: eine Züchtervereinigung oder ein Zuchtunternehmen;
6. Züchtervereinigung: ein körperschaftlicher Zusammenschluß von Züchtern zur Förderung der Tierzucht, der ein Zuchtprogramm durchführt;
7. Zuchtunternehmen: ein Betrieb oder vertraglicher Verbund mehrerer Betriebe, der ein Kreuzungszuchtprogramm zur Züchtung auf Kombinationseignung von Zuchtlinien durchführt;
8. Zuchtbuch: ein von einer anerkannten Züchtervereinigung geführtes Buch der Zuchttiere eines Reinzuchtprogramms zu ihrer Identifizierung und zum Nachweis ihrer Abstammung und ihrer Leistungen;
9. Zuchtregister: ein von einer anerkannten Zuchtorganisation geführtes Register der Zuchttiere eines Kreuzungszuchtprogramms zu ihrer Identifizierung und zum Nachweis ihrer Herkunft;
10. Zuchtbescheinigung: eine von einer anerkannten Züchtervereinigung ausgestellte Urkunde über die Abstammung und Leistung eines Zuchttieres;
11. Herkunftsbescheinigung: eine von einer anerkannten Zuchtorganisation ausgestellte Urkunde über die Herkunft eines Zuchttieres in der Kreuzungszucht;
12. Besamungsstation: eine Einrichtung, in der männliche Zuchttiere zur Gewinnung, Behandlung und Abgabe von Samen zur künstlichen Besamung gehalten werden;
13. Embryotransfereinrichtung: eine Einrichtung zur Gewinnung, Behandlung sowie Übertragung oder Abgabe von Eizellen und Embryonen;
14. Mitgliedstaat: Staat, der der Europäischen Gemeinschaft angehört;
15. Vertragsstaat: Staat, der Vertragsstaat des Abkommens über den Europäischen Wirtschaftsraum ist.

Zweiter Abschnitt
Allgemeine Voraussetzungen für das Anbieten und Abgeben

§ 3

Anbieten und Abgeben

(1) Ein Zuchttier darf zur Erzeugung von Nachkommen nur

1. angeboten oder abgegeben werden, wenn es dauerhaft so gekennzeichnet ist oder bei Pferden so genau beschrieben ist, daß seine Identität festgestellt werden kann, und
2. abgegeben werden, wenn es von einer Zucht- oder Herkunftsbescheinigung begleitet ist.

(2) Samen darf nur von oder an Besamungsstationen und nur dann angeboten oder abgegeben werden, wenn er

1. in einer Besamungsstation gewonnen worden ist,
2. von einem Zuchttier stammt,
3. gekennzeichnet ist und
4. bei der Abgabe zwischen Besamungsstationen und beim Verbringen aus dem Ausland von einer Zucht- oder Herkunftsbescheinigung für das Spendertier, aus der dessen Blutgruppe ersichtlich ist, und von einem Samenschein der Besamungsstation begleitet ist; den Zucht- und Herkunftsbescheinigungen stehen Ablichtungen, Lichtdrucke und ähnliche in technischen Verfahren hergestellte Vervielfältigungen gleich, sofern sie als solche gekennzeichnet sind und ihre Identität durch Angabe der abgebenden Besamungsstation in Verbindung mit einer fortlaufenden Nummer gesichert ist.

§ 10 Abs. 1 und § 12 Abs. 1 bleiben unberührt.

(3) Eizellen und Embryonen dürfen nur von Embryotransfereinrichtungen, Zuchtorganisationen und Mitgliedern von Zuchtorganisationen und nur dann angeboten oder abgegeben werden, wenn die Eizellen und Embryonen

1. durch eine Embryotransfereinrichtung gewonnen und behandelt worden sind,
2. von Zuchttieren stammen und
3. gekennzeichnet sind; befindet sich der Embryo in einem Empfängertier, so muß dieses gekennzeichnet sein.

(4) Bei der Abgabe müssen

1. Die Eizellen von einer Zucht- oder Herkunftsbescheinigung für das genetische Muttertier, aus der dessen Blutgruppe ersichtlich ist, und einem Eizellenschein der Embryotransfereinrichtung,
2. die Embryonen von Zucht- oder Herkunftsbescheinigungen für die genetischen Eltern, aus denen deren Blutgruppen ersichtlich sind, und einem Eizellenschein der Embryotransfereinrichtung

begleitet sein.

(5) Weibliche Zuchttiere sowie Eizellen und Embryonen bedürfen keiner Zucht- oder Herkunftsbescheinigung nach Absatz 1 Nr. 2 und Absatz 4, wenn der Abnehmer auf sie verzichtet hat.

§ 4

Leistungsprüfungen, Zuchtwertfeststellung

(1) Die Durchführung der Leistungsprüfungen, auch zur Erhaltung der Vitalität und der genetischen Vielfalt, wird nach Maßgabe des Landesrechts, auch durch Bereitstellung öffentlicher Mittel, gefördert.

(2) Die zuständige Behörde führt die Leistungsprüfungen durch und stellt den Zuchtwert fest. Beauftragt sie mit der Durchführung der Leistungsprüfungen eine andere Stelle, so kann dies auch ein Tierhalter sein.

(3) Die zuständige Behörde kann bei der Zuchtwertfeststellung auch Ergebnisse anderer Prüfungen zugrunde legen, sofern diese von einer anerkannten Züchtervereinigung oder im Auftrag oder unter Aufsicht einer anerkannten Züchtervereinigung durchgeführt werden und eine objektive und sachgerechte Ermittlung der Ergebnisse durch das angewandte Prüfverfahren sichergestellt ist.

(4) Den im Inland durchgeführten Leistungsprüfungen und Zuchtwertfeststellungen stehen Leistungsprüfungen und Zuchtwertfeststellungen

1. in einem anderen Mitgliedstaat oder Vertragsstaat gleich, die nach geltenden Rechtsvorschriften der Europäischen Gemeinschaft durchgeführt werden,
2. in einem Staat außerhalb des Geltungsbereichs des Abkommens über den Europäischen Wirtschaftsraum gleich, wenn die Ergebnisse mit mindestens gleicher Genauigkeit ermittelt worden und vergleichbar sind.

§ 5

Sammlung, Auswertung und Veröffentlichung der Ergebnisse

(1) Die zuständige Behörde sammelt die Ergebnisse der Leistungsprüfungen und wertet sie zur Information und Beratung der Erzeuger und Abnehmer von Zuchtprodukten aus, um insbesondere durch die Verwendung hochwertiger Zuchttiere den Zuchtfortschritt zu fördern.

(2) Die für die Erteilung der Besamungserlaubnis zuständige Behörde veröffentlicht die festgestellten Zuchtwerte der männlichen Tiere, deren Samen angeboten oder abgegeben wird; die für die Anerkennung von Zuchtunternehmen zuständige Behörde veröffentlicht die Ergebnisse der Stichprobentests.

§ 6

Ermächtigungen

(1) Das Bundesministerium für Ernährung, Landwirtschaft und Forsten wird ermächtigt, durch Rechtsverordnung mit Zustimmung des Bundesrates, soweit es zur Erfüllung des in § 1 Abs. 2 genannten Zweckes erforderlich ist,

1. Leistungsmerkmale einschließlich der äußeren Erscheinung,
2. die Grundsätze für die Durchführung der Leistungsprüfungen und die Beurteilung der äußeren Erscheinung,
3. die Grundsätze für die Zuchtwertfeststellung,
4. die Anforderungen an die Zuchtbescheinigungen, Herkunftsbescheinigungen, Samenscheine und Eizellenscheine,
5. die Kriterien und das Verfahren für die Verteilung der Prämien bei pferdesportlichen Veranstaltungen, insbesondere bei Leistungsprüfungen,

festzusetzen.

(2) Die Landesregierungen werden ermächtigt, durch Rechtsverordnung

1. vorzuschreiben, daß männliche Tiere zur Erzeugung von Nachkommen nur verwendet werden dürfen, wenn sie Zuchttiere sind,
2. zuzulassen, daß Samen über § 3 Abs. 2 Nr. 1 hinaus auch außerhalb einer Besamungsstation von einem Beauftragten der Besamungsstation gewonnen wird,

2a. vorzuschreiben, daß die Empfänger von Zuchttieren, Samen, Eizellen und Embryonen, die aus anderen Mitgliedstaaten in das Inland verbracht werden sollen, der zuständigen Behörde die voraussichtliche Ankunftszeit und die Art der Sendung spätestens einen Tag im voraus anzuzeigen haben,

3. weitere Leistungsmerkmale festzusetzen,
4. vorzuschreiben, daß die zuständigen Behörden über § 5 hinaus weitere Ergebnisse der Leistungsprüfungen oder Zuchtwertfeststellungen veröffentlichen,
5. zu bestimmen, daß in der Pferdezucht ein bei Inkrafttreten des Gesetzes von einer anderen Stelle als einer Züchtervereinigung geführtes Buch der Zuchttiere eines Reinzuchtprogramms als Zuchtbuch gilt,
6. Regelungen nach Absatz 1 Nr. 5 zu treffen, soweit das Bundesministerium für Ernährung, Landwirtschaft und Forsten von der Ermächtigung keinen Gebrauch macht.

(3) Die Landesregierungen können durch Rechtsverordnung bestimmen, daß die Gemeinden dafür zu sorgen haben, daß die für das Decken der vorhandenen weiblichen Tiere erforderliche Zahl männlicher Zuchttiere zur Verfügung steht oder die weiblichen Tiere künstlich besamt werden können.

Dritter Abschnitt
Zuchtorganisation

§ 7

Anerkennung

(1) Eine Zuchtorganisation wird von der zuständigen Behörde anerkannt, wenn

1. das Zuchtprogramm geeignet ist, die tierische Erzeugung, auch unter Berücksichtigung bestehender Zuchtprogramme, im Sinne des § 1 Abs. 2 zu fördern;
2. eine für die Durchführung des Zuchtprogramms hinreichend große Zuchtpopulation vorhanden ist;
3. das für eine einwandfreie züchterische Arbeit erforderliche Personal und die hierfür erforderlichen Einrichtungen vorhanden sind;
4. sichergestellt ist, insbesondere hinsichtlich der personellen, technischen und organisatorischen Voraussetzungen, daß
   a) die Geschäftsstelle der Zuchtorganisation im Bereich der für den Sitz der Zuchtorganisation zuständigen Behörde liegt,
   b) die Zuchttiere dauerhaft so gekennzeichnet oder bei Pferden so genau beschrieben werden, daß ihre Identität festgestellt werden kann,
   c) das Zuchtbuch oder Zuchtregister ordnungsgemäß geführt wird und in den Zuchtbetrieben die erforderlichen Aufzeichnungen gemacht werden,
   d) bei einer Züchtervereinigung jedes Tier, das hinsichtlich seiner Abstammung die Anforderungen für seine Eintragung erfüllt, auf Antrag des Mitglieds, das Eigentümer oder Halter des Tieres ist, in das Zuchtbuch eingetragen wird oder darin vermerkt wird und eingetragen werden kann; dabei dürfen an eingeführte Tiere keine höheren Anforderungen gestellt werden als an inländische Tiere und
5. bei einer Züchtervereinigung nach ihrer Rechtsgrundlage jeder Züchter in ihrem sachlichen und räumlichen Tätigkeitsbereich, der zur Mitwirkung an einwandfreier züchterischer Arbeit bereit ist, ein Recht auf Mitgliedschaft oder, bei der Zucht des englischen Vollblutes und des Trabers, zumindest die Möglichkeit hat, die von ihm gezüchteten Pferde in das Zuchtbuch eintragen oder darin vermerken und an den Leistungsprüfungen teilnehmen zu lassen sowie Zuchtbescheinigungen zu erhalten.

(2) Die Anerkennung bezieht sich auf das Zuchtziel (Absatz 3 Nr. 3), das Zuchtprogramm (Absatz 3 Nr. 4) sowie bei einer Züchtervereinigung auf den sachlichen und räumlichen Tätigkeitsbereich und die Zuchtbuchordnung (Absatz 3 Nr. 5), bei einem Zuchtunternehmen auf die Zuchtregisterordnung (Absatz 3 Nr. 6 Buchstabe a). Soweit es zur Erfüllung des in § 1 Abs. 2 genannten Zweckes erforderlich ist, kann die Anerkennung auf bestimmte Rassen oder Gebiete oder in sonstiger Weise inhaltlich beschränkt werden. Die zuständige Behörde kann eine Zuchtorganisation auch anerkennen, wenn die Voraussetzungen nach Absatz 1 Nr. 2 und 3 noch nicht in vollem Umfang erfüllt sind.

(3) Der Antrag auf Anerkennung muß enthalten:

1. den Namen, die Anschrift und die Rechtsform;
2. den Namen und die Anschrift des für die Zuchtarbeit Verantwortlichen;
3. das Zuchtziel;
4. das Zuchtprogramm, aus dem Zuchtmethode, Umfang der Zuchtpopulation sowie Art, Umfang und Auswertung der Leistungsprüfungen ersichtlich sind;
5. bei einer Züchtervereinigung
   a) Nachweise über die Rechtsgrundlage, aus der der sachliche und räumliche Tätigkeitsbereich ersichtlich ist,
   b) die Zuchtbuchordnung, aus der die Anforderungen für die Eintragung in die Abteilungen des Zuchtbuchs ersichtlich sind;

6. bei einem Zuchtunternehmen
   a) die Zuchtregisterordnung,
   b) den Namen, die Anschrift und Angaben über den vorgesehenen Tierbestand der am Zuchtprogramm beteiligten Betriebe oder Züchter und ihre Aufgaben innerhalb des Zuchtprogramms.

(3a) Soweit es für die Entscheidung erforderlich ist, kann die zuständige Behörde nach Anhörung des Antragstellers und auf dessen Kosten Gutachten einholen.

(4) Zuständig für die Anerkennung ist die für den Sitz der Zuchtorganisation zuständige Behörde. Erstreckt sich die züchterische Tätigkeit einer Zuchtorganisation auf mehrere Länder, so entscheidet die Behörde im Einvernehmen mit den zuständigen Behörden dieser Länder.

(5) Der Leiter der Zuchtorganisation ist verpflichtet, der zuständigen Behörde Änderungen der Sachverhalte nach Absatz 3 Nr. 1, 2 und 6 Buchstabe b unverzüglich mitzuteilen.

(6) Änderungen der Sachverhalte nach Absatz 3 Nr. 3, 4, 5 und 6 Buchstabe a bedürfen der Zustimmung der zuständigen Behörde; sie gilt als erteilt, wenn die Behörde sich nicht innerhalb eines Monats nach Mitteilung der Änderung hierzu schriftlich äußert.

(7) Die Anerkennung endet zehn Jahre, im Falle des Absatzes 2 Satz 3 fünf Jahre, nach Ablauf des Jahres, in dem sie erteilt wurde; sie kann neu erteilt werden. Im Einzelfall kann eine kürzere Dauer der Anerkennung festgesetzt werden.

§ 8
Ermächtigungen

(1) Das Bundesministerium für Ernährung, Landwirtschaft und Forsten wird ermächtigt, durch Rechtsverordnung mit Zustimmung des Bundesrates, soweit es zur Erfüllung des in § 1 Abs. 2 genannten Zweckes erforderlich ist,

1. Anforderungen
   a) an Personal und Einrichtung der Zuchtorganisationen,
   b) an den Inhalt der Zuchtbuchordnung und der Zuchtregisterordnung sowie an Inhalt, Gestaltung und Führung des Zuchtbuches und Zuchtregisters,
   c) an die Kennzeichnung der Tiere, des Samens, der Eizellen und Embryonen

   festzusetzen und
2. das Verfahren der Anerkennung näher zu regeln.

(2) Die Landesregierungen werden ermächtigt, durch Rechtsverordnung Regelungen nach Absatz 1 zu treffen, soweit das Bundesministerium für Ernährung, Landwirtschaft und Forsten von der Ermächtigung keinen Gebrauch macht.

Vierter Abschnitt
Besamungswesen

§ 9
Besamungsstationen

(1) Wer eine Besamungsstation betreiben will, bedarf der Erlaubnis.

(2) Die Erlaubnis wird erteilt, wenn

1. das für einen ordnungsgemäßen Betrieb erforderliche Personal und die hierfür erforderlichen männlichen Zuchttiere sowie Einrichtungen und Geräte vorhanden sind,
2. ein Tierarzt die Besamungsstation tierärztlich-fachtechnisch leitet (Stationsarzt) oder die Wahrnehmung der tierärztlich-fachtechnischen Aufgaben durch einen vertraglich an die Besamungsstation gebundenen Tierarzt (Vertragstierarzt) gewährleistet ist,
3. sichergestellt ist, daß
   a) der abzugebende Samen überwiegend aus der Erzeugung der von der Besamungsstation gehaltenen männlichen Zuchttiere stammt und
   b) die Besamungsstation sich an den Zuchtprogrammen der in ihrem sachlichen und räumlichen Tätigkeitsbereich bestehenden anerkannten Züchtervereinigungen beteiligt, soweit eine Beteiligungspflicht besteht, und
4. sichergestellt ist, daß die notwendigen seuchenhygienischen Anforderungen eingehalten werden.

(3) Die Erlaubnis bezieht sich auf den sachlichen und räumlichen Tätigkeitsbereich (Absatz 4 Nr. 2).

(4) Der Antrag auf Erteilung der Erlaubnis muß enthalten:

1. den Namen, die Anschrift und die Rechtsform,
2. die Angabe des sachlichen und räumlichen Tätigkeitsbereichs.

(5) Zuständig für die Erteilung der Erlaubnis ist die für den Sitz der Besamungsstation zuständige Behörde. Erstreckt sich die Tätigkeit einer Besamungsstation auf mehrere Länder, so entscheidet die Behörde im Einvernehmen mit den zuständigen Behörden dieser Länder.

(6) Der Leiter einer Besamungsstation ist verpflichtet, der zuständigen Behörde Änderungen der Sachverhalte nach Absatz 2 Nr. 2 und Absatz 4 Nr. 1 unverzüglich mitzuteilen.

(7) Änderungen des sachlichen und räumlichen Tätigkeitsbereichs (Absatz 4 Nr. 2) bedürfen der Zustimmung der zuständigen Behörde; sie gilt als erteilt, wenn die Behörde sich nicht innerhalb eines Monats nach Mitteilung der Änderung hierzu schriftlich äußert.

(8) Wer eine Besamungsstation betreibt,

1. darf Samen nur abgeben an
   a) Tierhalter, Gemeinden, Gemeindeverbände und anerkannte Zuchtorganisationen im Tätigkeitsbereich der Besamungsstation,
   b) Besamungsstationen;
2. darf Samen, der für Abnehmer nach Nummer 1 Buchstabe a bestimmt ist, nur ausliefern an
   a) Tierärzte, Fachagrarwirte für Besamungswesen oder Besamungsbeauftragte; diese dürfen den Samen zur künstlichen Besamung nur im Auftrag der Besamungsstation in Tierbeständen der Abnehmer nach Nummer 1 Buchstabe a verwenden,
   b) Tierhalter zur Besamung von Tieren im eigenen Bestand;
3. hat auf Anforderung auch Samen aus anderen Besamungsstationen abzugeben; bei der Abgabe an Abnehmer nach Nummer 1 Buchstabe a darf er keinen höheren Preis fordern, als es den Aufwendungen im Falle des direkten Bezugs entspricht;
4. hat über Gewinnung, Aufbereitung, Überprüfung während der Aufbewahrung und Abgabe des Samens Aufzeichnungen zu machen.

(9) Absatz 8 Nr. 1 bis 3 gilt nicht für die Ausfuhr von Samen.

(10) Personen, an die Samen ausgeliefert wird, haben über die Verwendung des Samens Aufzeichnungen zu machen.

(11) Als Besamungsbeauftragter darf nur tätig sein, wer an einem Lehrgang über künstliche Besamung mit Erfolg teilgenommen hat. Samen darf zur Besamung von Tieren im eigenen Bestand eines Tierhalters nur verwendet werden, wenn der Tierhalter oder einer seiner Betriebsangehörigen an einem Lehrgang oder Kurzlehrgang über künstliche Besamung mit Erfolg teilgenommen hat.

(12) Die Erlaubnis endet zehn Jahre nach Ablauf des Jahres, in dem sie erteilt wurde; sie kann neu erteilt werden. Im Einzelfall kann eine kürzere Dauer der Erlaubnis festgesetzt werden.

§ 10

Besamungserlaubnis

(1) Samen darf an einen Empfänger im Inland nur abgegeben werden, wenn für das Zuchttier, von dem der Samen stammt, eine Besamungserlaubnis erteilt ist.

(2) Die Besamungserlaubnis wird von der zuständigen Behörde erteilt, wenn

1. der Zuchtwert des Spendertieres über dem durchschnittlichen Zuchtwert vergleichbarer Tiere liegt;
2. sich an dem Spendertier keine
   a) Erscheinungen einer Krankheit zeigen, die durch den Samen übertragen werden kann, oder
   b) Erscheinungen zeigen, die den Ausbruch einer solchen Krankheit befürchten lassen, und
3. die von dem Spendertier entnommenen Samen- und sonstigen Proben ergeben haben, daß keine durch Rechtsverordnung nach § 13 Abs. 1 Nr. 2 Buchstabe c Doppelbuchstabe bb bestimmte übertragbare Krankheit vorliegt.

In der Kreuzungszucht tritt an die Stelle der Anforderung nach Satz 1 Nr. 1 das Ergebnis des Stichprobentests für das Spendertier. Bei Schweinen, die einer reinen Zuchtlinie eines Kreuzungszuchtprogramms angehören, kann an die Stelle der Anforderung nach Satz 1 Nr. 1 das Ergebnis des Stichprobentests für das Spendertier treten.

(3) Die Besamungserlaubnis kann auch für abgegangene oder zur Samengewinnung nicht mehr verwendete Tiere erteilt werden.

(4) Der Besamungserlaubnis stehen entsprechende Erlaubnisse sowie Zulassungen zu amtlichen Prüfungen gleich, die in einem anderen Mitgliedstaat oder Vertragsstaat nach geltenden Rechtsvorschriften der Europäischen Gemeinschaft erteilt werden.

§ 11

Antrag auf Besamungserlaubnis

(1) Einen Antrag auf Besamungserlaubnis kann nur eine Besamungsstation stellen.

(2) Dem Antrag sind beizufügen:

1. die Zuchtbescheinigung für das Spendertier, aus der dessen Blutgruppe ersichtlich ist,
2. eine frühestens drei Wochen vor der Antragstellung ausgestellte Bescheinigung eines amtlichen Tierarztes oder Fachtierarztes für Zuchthygiene und Besamung, aus der hervorgeht, daß das Spendertier die Anforderungen des § 10 Abs. 2 Satz 1 Nr. 2 erfüllt,
3. eine Bescheinigung eines öffentlichen tierärztlichen Instituts, wonach die Untersuchung der von dem Spendertier nach § 10 Abs. 2 Satz 1 Nr. 3 entnommenen Proben ergeben hat, daß die dort genannten Voraussetzungen erfüllt sind. Die Proben dürfen nicht früher als fünf Wochen vor der Antragstellung genommen worden sein. Dies muß aus der Bescheinigung hervorgehen.

(3) Im Falle des § 10 Abs. 3 darf die Bescheinigung nach Absatz 2 Nr. 2 frühestens drei Wochen vor Beginn der Samengewinnung ausgestellt worden sein. Die Proben nach § 10 Abs. 2 Satz 1 Nr. 3 dürfen nicht früher als fünf Wochen vor dem Beginn der Samengewinnung gewonnen worden sein; dies muß aus der Bescheinigung hervorgehen. Die Bescheinigungen gelten für den Zeitraum, in dem das Zuchttier ohne Unterbrechung einer veterinärhygienischen Überwachung durch eine Besamungsstation unterlegen hat. Sie sind nicht erforderlich, wenn im Zeitpunkt der Samengewinnung bereits eine Besamungserlaubnis bestand.

§ 12

Anbieten und Abgeben von eingeführtem Samen

(1) Samen, der aus Ländern außerhalb des Geltungsbereichs des Abkommens über den Europäischen Wirtschaftsraum in das Inland verbracht worden ist, darf nur angeboten oder abgegeben werden, wenn die zuständige Behörde hierfür eine Genehmigung erteilt hat. Die Genehmigung kann nur die Besamungsstation beantragen, die den Samen anbietet oder abgibt.

(2) Die Genehmigung wird erteilt, wenn

1. der Zuchtwert des Spendertieres über dem durchschnittlichen Zuchtwert vergleichbarer Tiere liegt,
2. das Spendertier und seine Eltern in ein Zuchtbuch oder Register einer im Herkunftsgebiet amtlich anerkannten Zuchtorganisation eingetragen sind,
3. das Spendertier oder seine Eltern in das Zuchtbuch oder Register einer im Inland anerkannten zuständigen Zuchtorganisation eingetragen sind und
4. für das Spendertier das Ergebnis einer Blutgruppenbestimmung vorliegt.

(3) Die zuständige Behörde kann auf Antrag Ausnahmen von Absatz 2 Nr. 2 und 3 zulassen, soweit hierfür ein Bedürfnis besteht und der in § 1 Abs. 2 genannte Zweck hierdurch nicht beeinträchtigt wird.

§ 13

Ermächtigungen

(1) Das Bundesministerium für Ernährung, Landwirtschaft und Forsten wird ermächtigt, durch Rechtsverordnung mit Zustimmung des Bundesrates, soweit es zur Erfüllung des in § 1 Abs. 2 genannten Zweckes erforderlich ist,

1. Vorschriften über
   a) die Einrichtung und den Betrieb der Besamungsstationen,
   b) Zulassungsvoraussetzungen, Anforderungen, Dauer und Abschluß der Lehrgänge und Kurzlehrgänge über künstliche Besamung sowie der Anerkennung der Ausbildungsstätten

   zu erlassen;
2. zu bestimmen,
   a) unter welchen Voraussetzungen und in welcher Form Besamungsstationen sich an den Zuchtprogrammen der in ihrem Tätigkeitsbereich bestehenden anerkannten Zuchtorganisationen beteiligen müssen,
   b) welche Untersuchungen nach § 10 Abs. 2 Satz 1 Nr. 2 durchzuführen sind,
   c) aa) welche sonstigen Proben,
      bb) auf welche übertragbaren Krankheiten die Proben und
      cc) nach welchen Methoden die Proben

      nach § 10 Abs. 2 Satz 1 Nr. 3 zu untersuchen sind;
3. Anforderungen nach § 10 Abs. 2 Satz 1 Nr. 1 und § 12 Abs. 2 Nr. 1 festzusetzen.

(2) Die Landesregierungen werden ermächtigt, durch Rechtsverordnung Regelungen nach

1. Absatz 1 Nr. 1 Buchstabe a,
2. Absatz 1 Nr. 3

zu treffen, soweit das Bundesministerium für Ernährung, Landwirtschaft und Forsten von der Ermächtigung keinen Gebrauch macht.

(3) Die Landesregierungen werden ermächtigt, durch Rechtsverordnung, soweit es zur Erfüllung des in § 1 Abs. 2 genannten Zweckes erforderlich ist,

1. das Verfahren der Erteilung der Besamungserlaubnis zu regeln;
2. die Anzahl der zu amtlichen Prüfungen vorgesehenen Besamungen, den hierfür maßgeblichen Zeitraum sowie das räumliche Gebiet festzusetzen;

3. Vorschriften zu erlassen über
   a) die Voraussetzungen, unter denen Samen nach § 9 Abs. 8 Nr. 1 abgegeben werden darf, wobei auch bestimmt werden kann, daß Samen nur auf Grund einer Mitgliedschaft oder eines Besamungsvertrages abgegeben werden darf,
   b) die Voraussetzungen, unter denen Samen nach § 9 Abs. 8 Nr. 2 ausgeliefert werden darf, wobei auch bestimmt werden kann, daß Samen nur auf Grund eines Vertrages und im Falle des § 9 Abs. 8 Nr. 2 Buchstabe b nur von einer Besamungsstation ausgeliefert werden darf, in deren Tätigkeitsbereich die Tierhaltung liegt,
   c) Form und Mindestinhalt der Verträge nach den Buchstaben a und b,
   d) die Behandlung von Samen einschließlich seiner Beförderung,
   e) die Kennzeichnung der zu besamenden Tiere und ihrer Nachkommen sowie das Verbot der Besamung nicht gekennzeichneter Tiere,
   f) die Art, den Inhalt, den Umfang, die Aufbewahrung und die Auswertung der Aufzeichnungen nach § 9 Abs. 8 Nr. 4 und Abs. 10,
   g) Schutzmaßnahmen gegen Samenverwechslungen, insbesondere die Kennzeichnung;
4. Prüfungsordnungen für die Lehrgänge und Kurzlehrgänge über künstliche Besamung zu erlassen.

Fünfter Abschnitt
Embryotransfer

§ 14

Embryotransfereinrichtungen

(1) Wer eine Embryotransfereinrichtung betreiben will, bedarf der Erlaubnis.

(2) Die Erlaubnis wird erteilt, wenn

1. das für einen ordnungsgemäßen Betrieb erforderliche Personal und die hierfür erforderlichen Einrichtungen und Geräte vorhanden sind,
2. ein Tierarzt die Embryotransfereinrichtung tierärztlich-fachtechnisch leitet oder die Wahrnehmung der tierärztlich-fachtechnischen Aufgaben durch einen vertraglich an die Embryotransfereinrichtung gebundenen Tierarzt gewährleistet ist und
3. sichergestellt ist, daß die notwendigen seuchenhygienischen Anforderungen eingehalten werden.

(3) Der Antrag auf Erteilung der Erlaubnis muß den Namen, die Anschrift und die Rechtsform der Embryotransfereinrichtung enthalten.

(4) Zuständig für die Erteilung der Erlaubnis ist die für den Sitz der Embryotransfereinrichtung zuständige Behörde.

(5) Der Leiter einer Embryotransfereinrichtung ist verpflichtet, der zuständigen Behörde Änderungen der Sachverhalte nach Absatz 2 Nr. 2 und Absatz 3 unverzüglich mitzuteilen.

(6) Wer eine Embryotransfereinrichtung betreibt, hat über Gewinnung, Behandlung, Abgabe und Verwendung der Eizellen und Embryonen Aufzeichnungen zu machen.

(7) Eizellen und Embryonen dürfen nur von Tierärzten und Fachagrarwirten für Besamungswesen und nur im Auftrag der Embryotransfereinrichtung gewonnen sowie nur von diesen Personen und von Besamungsbeauftragten, die an einem Lehrgang über Embryotransfer mit Erfolg teilgenommen haben, übertragen werden.

(8) Die Erlaubnis endet zehn Jahre nach Ablauf des Jahres, in dem sie erteilt wurde; sie kann neu erteilt werden. Im Einzelfall kann eine kürzere Dauer der Erlaubnis festgesetzt werden.

§ 15

Ermächtigungen

(1) Das Bundesministerium für Ernährung, Landwirtschaft und Forsten wird ermächtigt, durch Rechtsverordnung mit Zustimmung des Bundesrates, soweit es zur Erfüllung des in § 1 Abs. 2 genannten Zweckes erforderlich ist, Vorschriften zu erlassen über

1. die Voraussetzungen, unter denen Eizellen und Embryonen angeboten, abgegeben, ausgeliefert und übertragen werden dürfen,
2. die Einrichtung und den Betrieb der Embryotransfereinrichtungen,
3. Zulassungsvoraussetzungen, Anforderungen, Dauer und Abschluß der Lehrgänge über Embryotransfer sowie die Anerkennung der Ausbildungsstätten,
4. die Art, den Inhalt, den Umfang, die Aufbewahrung und die Auswertung der Aufzeichnungen nach § 14 Abs. 6,
5. die Feststellung der Identität, insbesondere über die Kennzeichnung der Spendertiere, Empfängertiere, Eizellen und Embryonen.

(2) Die Landesregierungen werden ermächtigt, durch Rechtsverordnung Regelungen nach

1. Absatz 1 Nr. 1, 2 und 4,
2. Absatz 1 Nr. 3

zu treffen, soweit das Bundesministerium für Ernährung, Landwirtschaft und Forsten von der Ermächtigung keinen Gebrauch macht.

(3) Die Landesregierungen werden ermächtigt, durch Rechtsverordnung, soweit es zur Erfüllung des in § 1 Abs. 2 genannten Zweckes erforderlich ist, Prüfungsordnungen für die Lehrgänge über Embryotransfer zu erlassen.

Sechster Abschnitt
Durchführung des Gesetzes, Ausnahmen, Bußgeldvorschriften

§ 16

Übertragungsbefugnis

Soweit in diesem Gesetz die Landesregierungen zum Erlaß von Rechtsverordnungen ermächtigt werden, können sie die Ermächtigungen durch Rechtsverordnung auf oberste Landesbehörden übertragen.

§ 16a

Rechtsverordnungen in Dringlichkeitsfällen

Das Bundesministerium für Ernährung, Landwirtschaft und Forsten kann Rechtsverordnungen nach diesem Gesetz ohne Zustimmung des Bundesrates erlassen, wenn ihr unverzügliches Inkrafttreten zur Durchführung von Rechtsakten der Europäischen Gemeinschaft erforderlich ist. Sie treten spätestens sechs Monate nach ihrem Inkrafttreten außer Kraft; ihre Geltungsdauer kann nur mit Zustimmung des Bundesrates verlängert werden.

§ 17

Ausnahmen

(1) Das Bundesministerium für Ernährung, Landwirtschaft und Forsten wird ermächtigt, durch Rechtsverordnung mit Zustimmung des Bundesrates Zuchttiere bestimmter Rassen, Größen oder ähnlich abgegrenzter Gruppierungen von der Geltung dieses Gesetzes auszunehmen, soweit der in § 1 Abs. 2 genannte Zweck hierdurch nicht beeinträchtigt wird.

(2) Die zuständige Behörde kann auf Antrag Ausnahmen von den Vorschriften dieses Gesetzes oder der nach diesem Gesetz erlassenen Rechtsverordnungen zulassen

1. für Forschungsarbeiten in wissenschaftlichen Einrichtungen und in Betrieben, die für diese Einrichtungen Versuche durchführen;
2. für sonstige Versuchszwecke, soweit es mit dem in § 1 Abs. 2 genannten Zweck vereinbar ist;
3. im Rahmen eines Kreuzungszuchtprogramms einer anerkannten Zuchtorganisation
   a) für die Entwicklung von Herkünften und
   b) für das Abgeben von Zuchttieren, Samen, Eizellen und Embryonen bis zum Vorliegen des Ergebnisses des Stichprobentests;
4. für Maßnahmen zur Erhaltung von Genreserven.

(3) Die zuständige Behörde kann auf Antrag im Falle von Tierseuchen, Futtermittelschäden und höherer Gewalt Ausnahmen von § 9 Abs. 2 Nr. 3 zulassen.

§ 18

Bekanntmachung

Die zuständigen Behörden machen die anerkannten Zuchtorganisationen sowie die Besamungsstationen, denen eine Erlaubnis nach § 9 Abs. 1 erteilt ist, und die Embryotransfereinrichtungen, denen eine Erlaubnis nach § 14 Abs. 1 erteilt ist, im Bundesanzeiger bekannt.

§ 19

Überwachung

(1) Der Aufsicht durch die zuständige Behörde unterliegen
1. in züchterischer Hinsicht
   a) die anerkannten Zuchtorganisationen,
   b) die mit der Durchführung von Leistungsprüfungen und Zuchtwertfeststellungen beauftragten Stellen,
   c) die Betriebe, die innergemeinschaftlich mit Zuchttieren, Eizellen oder Embryonen handeln,
2. in züchterischer und veterinärhygienischer Hinsicht die Besamungsstationen und Embryotransfereinrichtungen.

(2) Natürliche und juristische Personen und nichtrechtsfähige Personenvereinigungen haben der zuständigen Behörde auf Verlangen die Auskünfte zu erteilen, die zur Durchführung der der Behörde durch dieses Gesetz oder auf Grund dieses Gesetzes übertragenen Aufgaben erforderlich sind.

(3) Personen, die von der zuständigen Behörde beauftragt sind, dürfen, soweit es erforderlich ist, im Rahmen der Absätze 1 und 2 unter Einhaltung der für den Betrieb geltenden veterinärhygienischen Regelungen Betriebsgrundstücke, Betriebsräume sowie betrieblich genutzte Stallungen und Transportmittel des Auskunftspflichtigen während der Betriebs- oder Geschäftszeit betreten und dort
1. Besichtigungen und Untersuchungen vornehmen sowie Blutproben und sonstige Proben entnehmen sowie
2. die Zuchtunterlagen und geschäftlichen Unterlagen einsehen.

Der Auskunftspflichtige hat diese Maßnahmen zu dulden, die Zuchtunterlagen und die sonstigen geschäftlichen Unterlagen vorzulegen sowie die Tiere vorzuführen.

(4) Der Auskunftspflichtige kann diese Auskunft auf solche Fragen verweigern, deren Beantwortung ihn selbst oder einen der in § 383 Abs. 1 Nr. 1 bis 3 der Zivilprozeßordnung bezeichneten Angehörigen der Gefahr strafgerichtlicher Verfolgung oder eines Verfahrens nach dem Gesetz über Ordnungswidrigkeiten aussetzen würde.

§ 19a

Auskünfte zwischen den Behörden

(1) Die zuständigen Behörden
1. erteilen der zuständigen Behörde eines anderen Mitgliedstaates auf begründetes Ersuchen Auskünfte und übermitteln die erforderlichen Schriftstücke, um ihr die Überwachung der Einhaltung tierzuchtrechtlicher Vorschriften zu ermöglichen,
2. überprüfen die von der ersuchenden Behörde mitgeteilten Sachverhalte und teilen ihr das Ergebnis der Prüfung mit.

(2) Die zuständigen Behörden erteilen der zuständigen Behörde eines anderen Mitgliedstaates unter Beifügung der erforderlichen Schriftstücke Auskünfte, die für die Überwachung in diesem Mitgliedstaat erforderlich sind, insbesondere bei Verstößen oder Verdacht auf Verstöße gegen tierzuchtrechtliche Vorschriften.

(3) Die zuständigen Behörden können, soweit es zur Erfüllung des in § 1 Abs. 2 genannten Zweckes erforderlich oder durch Rechtsakte der Europäischen Gemeinschaft vorgeschrieben ist, Daten, die sie im Rahmen der Überwachung gewonnen haben, den zuständigen Behörden anderer Länder und anderer Mitgliedstaaten, dem Bundesministerium für Ernährung, Landwirtschaft und Forsten und der Kommission der Europäischen Gemeinschaft mitteilen.

§ 19b

Übermittlung von Daten

Der Verkehr mit den zuständigen Behörden anderer Mitgliedstaaten und der Kommission der Europäischen Gemeinschaft obliegt dem Bundesministerium für Ernährung, Landwirtschaft und Forsten. Es kann diese Befugnis durch Rechtsverordnung mit Zustimmung des Bundesrates auf die zuständigen obersten Landesbehörden übertragen. Ferner kann es im Einzelfall im Benehmen mit der zuständigen obersten Landesbehörde dieser die Befugnis übertragen. Die obersten Landesbehörden können die Befugnis nach den Sätzen 2 und 3 auf andere Behörden übertragen.

§ 19c

Die §§ 19a und 19b gelten entsprechend für die Vertragsstaaten, die nicht Mitgliedstaaten der Europäischen Gemeinschaft sind.

§ 19d

Schiedsverfahren

(1) Ist eine von der zuständigen Behörde getroffene Maßnahme, die sich auf Zuchttiere, Samen, Eizellen oder Embryonen aus anderen Mitgliedstaaten bezieht, zwischen ihr und dem Verfügungsberechtigten streitig, so können beide Parteien einvernehmlich den Streit durch den Schiedsspruch eines Sachverständigen schlichten lassen. Die Streitigkeit ist binnen eines Monats nach Bekanntgabe der Maßnahme einem Sachverständigen zu unterbreiten, der in einem von der Kommission der Europäischen Gemeinschaft aufgestellten Verzeichnis aufgeführt ist. Der Sachverständige hat das Gutachten binnen 72 Stunden zu erstatten.

(2) Auf den Schiedsvertrag und das schiedsgerichtliche Verfahren finden die Vorschriften der §§ 1025 bis 1047 der Zivilprozeßordnung entsprechend Anwendung. Gericht im Sinne des § 1045 der Zivilprozeßordnung ist das zuständige Verwaltungsgericht. Der Schiedsspruch oder der schiedsrichterliche Vergleich wird bei der zuständigen Behörde niedergelegt. Gegen den Schiedsspruch kann innerhalb eines Monats Aufhebungsklage bei dem zuständigen Verwaltungsgericht erhoben werden.

§ 20

Bußgeldvorschriften

(1) Ordnungswidrig handelt, wer vorsätzlich oder fahrlässig
1. entgegen § 3 Abs. 1 Nr. 1, Abs. 2 Satz 1 Nr. 1 bis 3 oder Abs. 3 oder § 12 Abs. 1 Satz 1 ein Zuchttier, Samen, Eizellen oder Embryonen anbietet oder abgibt,

1a. entgegen § 3 Abs. 1 Nr. 2 ein Zuchttier abgibt,

2. einer Rechtsverordnung nach

a) § 6 Abs. 2 Nr. 1 oder 2a, § 13 Abs. 3 Nr. 3 Buchstabe f oder § 15 Abs. 1 Nr. 3 oder Abs. 2 Nr. 2 oder
b) § 13 Abs. 1 Nr. 1 Buchstabe a oder Nr. 2 Buchstabe a, Abs. 2 Nr. 1 oder Abs. 3 Nr. 3 Buchstabe d, e oder g oder § 15 Abs. 1 Nr. 1, 2 oder 4 oder Abs. 2 Nr. 1

zuwiderhandelt, soweit sie für einen bestimmten Tatbestand auf diese Bußgeldvorschrift verweist,

2a. einer mit einer Anerkennung nach § 7 Abs. 1 oder einer Erlaubnis nach § 9 Abs. 1 oder § 14 Abs. 1 verbundenen vollziehbaren Auflage zuwiderhandelt,

3. entgegen § 7 Abs. 5, § 9 Abs. 6 oder § 14 Abs. 5 eine Änderung nicht oder nicht rechtzeitig mitteilt,

4. entgegen § 9 Abs. 1 oder § 14 Abs. 1 eine Besamungsstation oder Embryotransfereinrichtung betreibt,

5. entgegen § 9 Abs. 8 Nr. 1 oder 2 oder § 10 Abs. 1 Samen abgibt oder ausliefert,

5a. entgegen § 9 Abs. 8 Nr. 2 Buchstabe a zweiter Halbsatz Samen nicht im Auftrag der Besamungsstation verwendet,

6. entgegen § 9 Abs. 8 Nr. 3 Samen nicht abgibt oder einen höheren Preis fordert, als es den Aufwendungen im Falle des direkten Bezuges entspricht,

7. entgegen § 9 Abs. 8 Nr. 4 oder Abs. 10 oder § 14 Abs. 6 Aufzeichnungen nicht oder nicht richtig macht,

8. entgegen § 9 Abs. 11 Satz 1 als Besamungsbeauftragter tätig wird,

9. entgegen § 9 Abs. 11 Satz 2 Samen verwendet,

10. entgegen § 14 Abs. 7 Eizellen oder Embryonen überträgt oder

11. entgegen § 19 Abs. 2 eine Auskunft nicht, nicht richtig, nicht vollständig oder nicht rechtzeitig erteilt oder entgegen § 19 Abs. 3 Satz 2 einer dort genannten Verpflichtung zuwiderhandelt.

(2) Die Ordnungswidrigkeit kann in den Fällen des Absatzes 1 Nr. 1, 1a, 2 Buchstabe b, Nr. 2a, 4, 5, 5a und 8 bis 10 mit einer Geldbuße bis zu zehntausend Deutsche Mark, in den Fällen des Absatzes 1 Nr. 2 Buchstabe a, Nr. 3, 6, 7 und 11 mit einer Geldbuße bis zu fünftausend Deutsche Mark geahndet werden.

(3) Samen, Eizellen und Embryonen, auf die sich eine Ordnungswidrigkeit nach Absatz 1 Nr. 1, 2 Buchstabe b oder Nr. 5 bezieht, können eingezogen werden. § 23 des Gesetzes über Ordnungswidrigkeiten ist anzuwenden.

Siebenter Abschnitt
Schlußvorschriften

§ 21
Durchführung von Vorschriften der Europäischen Gemeinschaft

Rechtsverordnungen nach diesem Gesetz können auch zur Durchführung von Rechtsakten der Europäischen Gemeinschaft auf dem Gebiet der landwirtschaftlichen Tierzucht erlassen werden.

§ 22
Allgemeine Verwaltungsvorschriften

Das Bundesministerium für Ernährung, Landwirtschaft und Forsten erläßt mit Zustimmung des Bundesrates die allgemeinen Verwaltungsvorschriften, die zur Durchführung dieses Gesetzes erforderlich sind.

§ 23
Übergangsvorschriften

(1) Nach bisherigem Recht erteilte Anerkennungen von Zuchtorganisationen gelten als Anerkennungen nach diesem Gesetz.

(2) Nach bisherigem Recht erteilte Erlaubnisse zum Betrieb von Besamungsstationen gelten als Erlaubnisse nach diesem Gesetz.

(3) Nach bisherigem Recht erteilte Besamungserlaubnisse gelten fort. Für Samen von abgegangenen Tieren, der vor Inkrafttreten dieses Gesetzes gewonnen wurde, kann auch dann eine Besamungserlaubnis erteilt werden, wenn Bescheinigungen vorliegen, die nach dem zum Zeitpunkt der Samengewinnung geltenden Rechtsvorschriften erforderlich sind; § 11 Abs. 2 Nr. 1 und 3 bleibt hiervon unberührt.

(4) Lehrgänge für Besamungswarte nach den §§ 2 bis 4 der Verordnung über Lehrgänge nach dem Besamungsgesetz vom 23. August 1972 (BGBl. I S. 1587) gelten als Lehrgänge über künstliche Besamung nach § 9 Abs. 11 Satz 1 dieses Gesetzes. Kurzlehrgänge nach § 5 der Verordnung über Lehrgänge nach dem Besamungsgesetz gelten als Kurzlehrgänge über künstliche Besamung nach § 9 Abs. 11 Satz 2 dieses Gesetzes.

§ 24
(Inkrafttreten)

Für alle in der Pferdezucht existenten Verbände ist die nachstehende Gesetzesgrundlage vom Oktober 1990 verbindlich:

Verordnung über Zuchtorganisationen Vom 17. Oktober 1990

Auf Grund des § 6 Abs. 1 Nr. 4 und des § 8 Abs. 1 Nr. 1 des Tierschutzgesetzes vom 22. Dezember 1989 (BGBl. I S. 2493) verordnet der Bundesminister für Ernährung, Landwirtschaft und Forsten:

§ 1
Anforderungen an das Personal von Zuchtorganisationen

In einer Zuchtorganisation muß der für die Zuchtarbeit Verantwortliche die Diplomprüfung in den Agrarwissenschaften und eine zweite Staatsprüfung bestanden haben; eine dieser Prüfungen muß als Ausbildungsschwerpunkt die Tierproduktion umfassen. Die zuständige Behörde kann im Einzelfall zulassen, daß auf andere Weise nachgewiesen wird, daß der für die Zuchtarbeit Verantwortliche die erforderliche Eignung hat.

§ 2
Inhalt der Zuchtbuchordnung

In der Zuchtbuchordnung ist zu regeln,

1. daß die im Zuchtbuch einzutragenden Zuchttiere und ihre für das Zuchtprogramm erforderlichen Nachkommen innerhalb bestimmter Fristen gekennzeichnet werden;
2. daß der Züchtervereinigung die Deck- oder Besamungsdaten und die Abkalbe-, Abferkel-, Ablamm- oder Abfohldaten der Zuchttiere innerhalb bestimmter Fristen zu melden sind;
3. daß in den Zuchtbetrieben als Grundlage für die Eintragung in das Zuchtbuch
   a) Aufzeichnungen über
      aa) die Kennzeichen,
      bb) die Abstammung und
      cc) die Deck- oder Besamungsdaten und die Abkalbe-, Abferkel-, Ablamm- oder Abfohldaten
      der Zuchttiere,
   b) bei Zuchttieren, die aus einem Embryotransfer hervorgegangen sind, zusätzlich Aufzeichnungen über
      aa) die genetischen Eltern, das Empfängertier und den Embryo,
      bb) den Zeitpunkt der Besamung,
      cc) die Zeitpunkte der Entnahme und der Übertragung des Embryos und
      dd) den Namen und die Anschrift der Embryotransfereinrichtung
   vorgenommen werden;
4. wie die Absamung überprüft wird und
5. wer für die Meldungen nach Nummer 2 und die Aufzeichnungen nach Nummer 3 verantwortlich ist.

§ 3
Inhalt, Gestaltung und Führung des Zuchtbuches

(1) Das Zuchtbuch muß für jedes eingetragene Zuchttier mindestens folgende Angaben enthalten:

1. den Namen und die Anschrift des Züchters und des Besitzers,
2. das Geburtsdatum des Zuchttieres, es sei denn, daß es im Falle des Absatzes 3 Satz 4 nicht bekannt ist,
3. das Geschlecht des Zuchttieres,
4. das Kennzeichen des Zuchttieres,
5. die Kennzeichen der Eltern des Zuchttieres, es sei denn, daß diese im Falle des Absatzes 3 Satz 4 nicht bekannt sind,
6. bei reinrassigen Zuchttieren die Kennzeichen seiner Großeltern,
7. bei Zuchttieren, die aus einem Embryotransfer hervorgegangen sind, die genetischen Eltern und deren Blutgruppen,
8. alle der Züchtervereinigung bekannten Ergebnisse der Leistungsprüfungen und der Zuchtwertfeststellung,
9. den Zeitpunkt und, soweit bekannt, die Ursache des Abgangs und
10. das Datum der ausgestellten Zuchtbescheinigungen.

(2) Das Zuchtbuch kann die Form eines Buches, eines Verzeichnisses, einer Kartei oder eines anderen geordneten Informationsträgers haben.

(3) Das Zuchtbuch kann bei der Züchtervereinigung selbst oder in ihrem Auftrag bei einer Einrichtung für Datenverarbeitung geführt werden. Führt eine Züchtervereinigung mehrere Zuchtprogramme durch oder werden in ihr Zuchttiere mehrerer Rassen oder Zuchtrichtungen gehalten, so hat sie für jede dieser Rassen und Zuchtrichtungen ein besonderes Zuchtbuch zu führen. Trifft sie unterschiedliche Regelungen hinsichtlich der Zuchttiere nach Maßgabe ihrer Leistungen oder ihrer Abstammung, so hat sie das Zuchtbuch in entsprechende Abteilungen zu unterteilen. Sieht die Zuchtbuchordnung vor, daß auch Zuchttiere, deren Geburtsdatum oder deren Eltern nicht bekannt sind, in das Zuchtbuch eingetragen werden, so ist für diese Tiere eine besondere Abteilung anzulegen.

§ 4
Inhalt der Zuchtregisterordnung

In der Zuchtregisterordnung ist zu regeln,

1. daß die im Zuchtregister einzutragenden Zuchttiere einschließlich der zur Erzeugung von Eltern von Endprodukten bestimmten Tiere innerhalb bestimmter Fristen gekennzeichnet werden;
2. daß die Deck- oder Besamungsdaten und die Abkalbe-, Abferkel-, Ablamm- oder Abfohldaten der Tiere nach Nummer 1 innerhalb bestimmter Fristen vermerkt werden;
3. daß in den dem Zuchtprogramm angeschlossenen Betrieben als Grundlage für die Eintragung in das Zuchtregister
   a) Aufzeichnungen über
      aa) die Kennzeichen,
      bb) die Abstammung und
      cc) die Deck- oder Besamungsdaten und die Abkalbe-, Abferkel-, Ablamm- oder Abfohldaten
      der Zuchttiere,
   b) bei Zuchttieren, die aus einem Embryotransfer hervorgegangen sind, zusätzlich Aufzeichnungen über
      aa) die genetischen Eltern, das Empfängertier und den Embryo,
      bb) den Zeitpunkt der Besamung,
      cc) die Zeitpunkte der Entnahme und der Übertragung des Embryos und
      dd) den Namen und die Anschrift der Embryotransfereinrichtung
   vorgenommen werden und
4. wie die Abstammung überprüft wird.

§ 5
Inhalt, Gestaltung und Führung des Zuchtregisters

(1) Das Zuchtregister muß für jedes eingetragene Zuchttier mindestens folgende Angaben enthalten:

1. den Namen und die Anschrift des Besitzers,

2. das Geburtsdatum des Zuchttieres, es sei denn, daß es im Falle des Absatzes 3 Satz 3 nicht bekannt ist,
3. das Geschlecht des Zuchttieres,
4. das Kennzeichen des Zuchttieres,
5. die Kennzeichen der Eltern des Zuchttieres, es sei denn, daß diese im Falle des Absatzes 3 Satz 3 nicht bekannt sind,
6. bei Zuchttieren, die aus einem Embryotransfer hervorgegangen sind, die genetischen Eltern und deren Blutgruppen,
7. bei den im Zuchtprogramm verwendeten Zuchttieren das Ergebnis der Leistungsprüfungen, bei den zur Erzeugung von Endprodukten bestimmten Tieren den Ort und den Zeitpunkt des letzten Stichprobentests,
8. den Zeitpunkt und, soweit bekannt, die Ursache des Abgangs und
9. das Datum der ausgestellten Herkunftsbescheinigungen.

(2) Das Zuchtregister kann die Form eines Buches, eines Verzeichnisses, einer Kartei oder eines anderen geordneten Informationsträgers haben.

(3) Das Zuchtregister kann bei dem Zuchtunternehmen selbst oder in seinem Auftrag bei einer Einrichtung für Datenverarbeitung geführt werden. Führt ein Zuchtunternehmen mehrere Zuchtprogramme durch, so hat es für jedes Zuchtprogramm ein besonderes Zuchtregister zu führen. Sieht die Zuchtregisterordnung vor, daß auch Zuchttiere, deren Geburtsdatum oder deren Eltern nicht bekannt sind, in das Zuchtregister eingetragen werden, so ist für diese Tiere eine besondere Abteilung anzulegen.

§ 6

Anforderungen an die Kennzeichnung

(1) Die im Zuchtbuch einzutragenden Zuchttiere sowie die im Zuchtregister einzutragenden Zuchttiere und ihre für die Durchführung des Zuchtprogramms bestimmten Nachkommen sind
1. dauerhaft so zu kennzeichnen oder
2. bei Pferden so genau zu beschreiben,

daß durch das Kennzeichen oder die Beschreibung ihre Identität mit Sicherheit festgestellt werden kann. Bei Pferden gilt die Beschreibung als Kennzeichnung und Kennzeichen im Sinne dieser Verordnung.

(2) Samen, Eizellen und Embryonen sind unverzüglich nach der Gewinnung so zu kennzeichnen, daß ihre Identität mit Sicherheit festgestellt werden kann.

(3) Kälber und Lämmer sind innerhalb von acht Wochen nach der Geburt, Ferkel vor dem Umsetzen oder Absetzen, spätestens vier Wochen nach der Geburt, zu kennzeichnen. Fohlen sind vor dem Absetzen zu kennzeichnen oder genau zu beschreiben; dabei muß zur Sicherung der Identität des Fohlens seine Mutter anwesend sein, es sei denn, daß sie abgegangen ist.

§ 7

Anforderungen an die Zuchtbescheinigung

Eine Zuchtbescheinigung muß mindestens enthalten:
1. den Namen der Züchtervereinigung, die Bezeichnung des Zuchtbuches und im Falle des § 3 Abs. 3 Satz 3 und 4 dessen Abteilung,
2. Geburtsdatum, Rasse und Geschlecht des Zuchttieres,
3. die Art der Kennzeichnung des Zuchttieres und sein Kennzeichen sowie seine Zuchtbuchnummer, falls sie vom Kennzeichen abweicht,
4. den Namen und die Anschrift des Züchters und des Besitzers,
5. die Abstammung des Zuchttieres mit Angabe der Zuchtbuchnummern seiner Eltern, bei einem reinrassigen Zuchttier auch seiner Großeltern,
6. das neueste Ergebnis der Leistungsprüfungen und der Zuchtwertfeststellung für das Zuchttier und seine Eltern, bei einem reinrassigen Zuchttier auch für seine Großeltern, ferner die Angabe der Behörde, die den Zuchtwert festgestellt hat,
7. bei einem Zuchttier, das aus einem Embryotransfer hervorgegangen ist, außerdem die Angabe seiner genetischen Eltern und deren Blutgruppen,
8. den Ort und das Datum der Ausstellung und
9. die Unterschrift des für die Zuchtarbeit Verantwortlichen oder seines Vertreters.

Die Angaben nach Satz 1 Nr. 6 können der Zuchtbescheinigung beigefügt sein.

§ 8

Anforderungen an die Herkunftsbescheinigung

Eine Herkunftsbescheinigung muß mindestens enthalten:
1. den Namen des Zuchtunternehmens, die Bezeichnung des Zuchtregisters und im Falle des § 5 Abs. 3 Satz 3 dessen Abteilung,
2. Geburtsdatum und Geschlecht des Zuchttieres,
3. die Art der Kennzeichnung des Zuchttieres und sein Kennzeichen sowie seine Zuchtregisternummer, falls sie vom Kennzeichen abweicht,
4. den Namen und die Anschrift des Betriebes, der das Zuchttier abgibt,
5. die Zugehörigkeit zu einer bestimmten Zuchtlinie oder Herkunft,
6. den Ort und den Zeitpunkt des letzten Stichprobentests,
7. bei einem Zuchttier, das aus einem Embryotransfer hervorgegangen ist, außerdem die Angabe seiner genetischen Eltern und deren Blutgruppen,
8. den Ort und das Datum der Ausstellung,
9. die Unterschrift des für die Zuchtarbeit Verantwortlichen oder seines Vertreters.

Werden mehrere Zuchttiere derselben Zuchtlinie oder Herkunft von demselben Betrieb an denselben Abnehmer abgegeben, so reicht es aus, wenn diese Tiere von einer einzigen Herkunftsbescheinigung begleitet sind.

§ 9

Berlin-Klausel

Diese Verordnung gilt nach § 14 des Dritten Überleitungsgesetzes in Verbindung mit § 22 des Tierschutzgesetzes auch im Land Berlin.

§ 10

Inkrafttreten

Diese Verordnung tritt am 1. Januar 1991 in Kraft. Gleichzeitig tritt die Verordnung über Züchtervereinigungen und Zuchtunternehmen vom 16. Dezember 1976 (BGBl. I S. 3621) außer Kraft.

Der Bundesrat hat zugestimmt.

Bonn, den 17. Oktober 1990

Der Bundesminister
für Ernährung, Landwirtschaft und Forsten
I. Kiechle

240 Fragen aus dem Lehrstoff für die Abschlußprüfung des Pferdewirts

Anatomie und Veterinärkunde

1. Wie nennt man
   a) die Teilung von Körperzellen?
   b) die Teilung von Geschlechtszellen?
2. Welche Stoffe benötigt eine Muskelzelle zur Energiegewinnung?
3. Nennen Sie die ersten beiden Halswirbel des Pferdes, welche Art von Gelenk bilden sie?
4. Welche Substanzen verleihen dem Knochen
   a) Härte?
   b) Elastizität?
5. Wie sind die Vorder- bzw. die Hintergliedmaße des Pferdes mit dem Rumpf verbunden? Wie heißen die Knochen und Gelenke der Gliedmaßen?
6. Welche Knochen bilden das Skelett des Hufes?
7. Woraus wird die Hufrolle gebildet?
8. Ein Pferd (500 kg LG) hat sich verletzt und 3 l Blut verloren. Besteht zu diesem Zeitpunkt eine ernste Gefahr für das Pferd? Begründen Sie dies kurz!
9. Die Kenntnis der Blutgruppen und ihrer Vererbung beim Pferd wird in der Praxis verschiedentlich genutzt. Nennen Sie in Stichworten 3 Beispiele!
10. Wo wird der Saft der Bauchspeicheldrüse in den Verdauungstrakt des Pferdes eingeleitet? Welche allgemeine Wirkung haben die darin enthaltenen Enzyme bzw. Hormone?
11. Gegen welche Pferdekrankheiten kann oder sollte man impfen?
12. In welchen Formen kann Rotz auftreten und warum ist er anzeigepflichtig?
13. Was versteht man unter Kolik? Welche Kolikarten gibt es?
14. Welche Hilfsmittel sind in der Stallapotheke aufzubewahren (auch Verbandsmaterial)?
15. Welche innerlich bzw. äußerlich anzuwendenden Medikamente sollten in der Stallapotheke nicht fehlen?
16. Was ist Dummkoller, woran ist er zu erkennen, welche Behandlung ist möglich?
17. Wie äußert sich Wundstarrkrampf? Wodurch entsteht er?
18. Was ist passive Immunisierung, was ist aktive Immunisierung?
19. Was ist die Ursache von chronischer Bronchitis?
20. Wie häufig kommen Palisadenwürmer (Blutwürmer) vor und welche Erkrankungen können sie auslösen?
21. Was ist »Periodische Augenentzündung«, woran ist sie zu erkennen?
22. Woran kann man erkennen, daß ein Pferd ein Schiefergebiß hat, was kann dagegen unternommen werden?
23. Nennen Sie die 2 wichtigsten Schritte bei der Heilung eines Knochenbruches!
24. Welche Faktoren beeinflussen hauptsächlich das Knochenwachstum eines Fohlens?
25. Zwei Einrichtungen eines Gelenkes dienen zur Verminderung der Reibung. Welche?
26. Welche Aufgaben erfüllen Gelenkbänder?
27. Welche darunterliegenden Knochen des Pferdes bilden:
    a) die Bugspitze?
    b) den Widerrist?
    c) den Fersenhöcker?
28. Nennen Sie 3 Symptome bei einer akuten Atemwegsinfektion durch Viren.
29. Bei welchen Pferden (Altersgruppe) ist in einem Gestüt vor allem der Zwergfadenwurm eine Gefahr?
30. In welchen Monaten legen die Dasselfliegen vorwiegend ihre Eier am Pferd ab und wo bevorzugt?

Reitlehre

31. Wann und durch wen wurden die ersten Aufzeichnungen über eine geregelte Ausbildung von Pferd und Reiter gemacht?
32. Welcher Verfasser (Stadt?) hat im Mittelalter eine Reitlehre in Wort und Bild (Stiche) herausgegeben?
33. Im späten Mittelalter entwickelten sich im deutsch-französisch-italienischsprachigen Raum zwei hauptsächliche Reitweisen. Nenne jeweils einen bedeutenden Vertreter davon!
34. Nennen Sie drei Autoren der neuen Fachliteratur, die Lehrbücher über die Reitkunst verfaßt haben (dazu den jeweiligen Buchtitel)!
35. In welche zeitlichen und sachlichen Abschnitte gliedert sich die Ausbildung des jungen Pferdes?

36. Wir kennen zwei Arten der Aufrichtung beim Pferd.
    a) Nennen Sie diese.
    b) Welche der beiden ist erwünscht?
    c) Wodurch wird sie erreicht?
37. Erklären Sie den folgerichtigen Aufbau bei der Ausbildung eines Reiters.
38. Im Ablauf einer sinnvoll aufgebauten Reitstunde wird ein Ausbilder vor Beginn der eigentlichen Arbeitsphase die Pferde überprüfen.
    a) Was wird überprüft?
    b) Wodurch wird es überprüft?
    c) Auf was ist dabei zu achten?
39. Was sagt der Begriff »leichter Sitz« aus und welche Bedeutung hat er in der Spring- und Vielseitigkeitsreiterei?
40. Erklären Sie den Begriff »Hilfengebung«.
    Welche Hilfen gibt es?
    Wie wirken sie?
41. a) Welche Fußfolge hat ein Pferd im Galopp/Trab/Schritt?
    b) Welche Taktstörung kann entstehen?
    c) Wie ist dies korrigierbar?
42. Mit welchem Kriterium ist die »Entwicklung der Schubkraft« identisch?
43. Wie sieht eine korrekte Anlehnung des Pferdes aus?
44. Welche Zügelhilfen gibt es?
45. Longieren: Erkläre!
    a) Vorbereitung für die Longenarbeit?
    b) Anpassen und Anlegen der Ausrüstung?
    c) Technik des Longierens?
46. Welche Möglichkeiten der Einschnallung der Longe (einfache Longe) haben wir und wie ist jeweils die Wirkungsweise?
47. Nennen Sie Sinn und Zweck der dressurmäßigen Ausbildung, und die Bedeutung der Ausbildungsskala für die Ausbildung von Dressurpferden.
48. Mit welcher Lektion kann die Losgelassenheit unschwer überprüft werden?
    Auf was ist dabei zu achten?
49. Ab welcher Klasse und bei welchen Lektionen ist die Beherrschung der Tragkraft Voraussetzung?
50. Geben Sie auf dem Dressurviereck (20 × 40 m) die Hufschlagfiguren und die Abmessungen der Bahnpunkte an (Lektionen der Dressur der Kl. A und L).
51. Nennen Sie lösende Lektionen!
52. Ausbildung und Training eines jungen Springpferdes unter Berücksichtigung der Bodenrickarbeit und der Springgymnastik!
53. Mit welchen Möglichkeiten kann man bei der Springgymnastik Technik und Vermögen eines Pferdes positiv beeinflussen?
54. Welche Sprünge gibt es im Parcours? Was sind dabei die jeweiligen Kriterien, die beim Training und im Wettkampf zu beachten sind?
55. Welche Vielseitigkeitsprüfungen gibt es? Welches sind die wichtigsten Voraussetzungen für einen Vielseitigkeitsreiter und für ein Vielseitigkeitspferd?

Zucht

56. Was versteht man unter Vererbung?
57. Was ist Variation?
58. Was versteht man unter Variationsbreite?
59. Was ist eine Population?
60. Was versteht man unter der Bezeichnung homozygot?
61. Was bedeutet heterozygot?
62. Wann ist eine sichere Vererbung zu erwarten?
63. Was verstehen wir unter dominanter, was unter rezessiver Vererbung?
64. Nennen Sie hierfür Beispiele in bezug auf Pferdefarben!
65. Wann ist ein Pferd geschlechtsreif, wann zuchtreif?
66. Wie lange dauert die Rosse?
67. In welchen Abständen kehrt Rossigkeit wieder?
68. Welches ist der günstigste Deckzeitpunkt in der Rosse?
69. Wieviel Sprünge sind im Landesdurchschnitt für eine Trächtigkeit erforderlich?
70. Was ist ein guter Prozentsatz der Befruchtung?
71. Wieviel Zuchtstuten braucht man bei ca. 67% Fruchtbarkeit, um zwei Fohlen zu erzeugen?
72. Wie lange dauert die Tragzeit?
73. Was versteht man unter Reinzucht?
    Linienzucht?
    Inzucht, Inzestzucht?
74. Was ist Rasse?
75. Was versteht man unter Bodenständigkeit einer Rasse?
76. Was ist eine Kreuzung, was eine Gebrauchskreuzung?
77. Was bezweckt die Veredelungskreuzung?
78. Nennen Sie wertvolle Gebrauchskreuzungen und ihre Ausgangsrassen oder -tierarten!
79. Nennen Sie ein Beispiel für Natur- und Kulturrasse!

80. Was ist ein Robustpferd?
81. Was ist eine Primitivrasse?
82. Nennen Sie Haltungs- und Fütterungsmaßnahmen, die die Eierstocktätigkeit der Stute positiv beeinflussen!
83. a) Was ist der Unterschied zwischen Bedekkung und Befruchtung?
    b) Wo findet die Befruchtung statt?
84. Nennen Sie die Begründer-Hengste der Englischen Vollblutzucht!
85. Welche Möglichkeiten gibt es, den Zuchtwert eines Hengstes zu überprüfen?
86. Wie lange dauert die Tragzeit bei der Stute
    a) im Durchschnitt?
    b) im Extremfall?
87. Wie hoch ist das Durchschnittsalter der Z-Stuten in der Warmblutzucht?
88. Die Erbanlagen der Lebewesen liegen
    – im Zytoplasma?
    – im Protoplasma?
    – im Zellkern?
    – in der Zellmembran?
89. Homologe Chromosomen sind
    – erbgeschädigt?
    – geteilt?
    – formgleich?
90. Zeige die möglichen Kombinationen für die Chromosomenpaare Cc, Dd auf!
91. Woraus entstehen die Chromosomen bei der Zellteilung?
92. Welche Geschlechtschromosomen sind in der Eizelle einer Stute vorhanden?
93. Erklären Sie den Begriff »Mutation«!

Fütterung

94. Zur vollwertigen Fütterung gehört die ausreichende Versorgung mit Mineralstoffen.
    Nenne vier Mengenelemente und ihre Aufgaben im Pferdekörper!
95. Leinsamen ist ein hochwertiges Futtermittel. Was gibt es bzgl. Wirkungsweise, Verabreichung, Mengen und Gehalt besonderes zu beachten?
96. Welche Unterschiede ergeben sich bei der Verfütterung von ganzem bzw. gequetschtem Hafer?
97. Der Pflanzenbestand auf dem Dauergrünland besteht aus drei Pflanzengruppen.
    a) Nennen Sie diese!
    b) Geben Sie drei Arten von erwünschten Kräutern an!
    c) Geben Sie drei Arten von unerwünschten Leguminosen an!
98. Der Blinddarm hat beim Pferd eine artspezifische Größe. Welche Vorgänge vollziehen sich in seinem Bereich?
99. a) Wozu dienen Energiestoffe im Pferdekörper?
    b) Welche Nährstoffgruppen zählen zu den Energiestoffen?
    c) In welchen Futtermitteln sind sie anteilmäßig besonders stark vertreten?
100. a) Nennen Sie zwei Gründe, weshalb es bei Pferden leicht zu Magenüberladungen kommen kann.
     b) Welche Futtermittel sind besonders gefährlich?
101. a) Welcher Rohfaseranteil ist in einer gesundheitsfördernden Ration für ein Reitpferd anzustreben?
     b) Welche Probleme können bei zu geringem Rohfaseranteil in der Ration auftreten?
102. Welche lebenswichtigen Inhaltsstoffe enthält Kolostralmilch?
103. Welche Kriterien muß Heu bei der Sinnesprüfung erfüllen?
104. Geben Sie eine Mashmahlzeit einer Zuchtstute an, die mindestens 8 Zutaten und die zu verwendenden Mengen enthält!
105. Getreidekörner: Geben Sie die Unterschiede bezüglich Form, Farbe und Spelze an bei: Hafer, Gerste, Weizen, Roggen!
106. Erklären Sie den Begriff »Baustoff« bezüglich der Nährstoffe und beschreiben Sie die Probleme, die bei einer Überversorgung mit »Baustoffen« auftreten können!
107. Nennen Sie 3 für das Pferd wichtige Spurenelemente und deren Aufgaben!
108. Welche Bedeutung hat der Mais in der Pferdefütterung?
109. Was kann mit Körnermais in der Futterration ausgeglichen werden?
110. Nennen Sie 2 verdauungsfördernde Futtermittel!

Pferdehaltung

Stallform, Stallklima, Haltungsform

111. Wie sollte eine gesunde Pferdebox beschaffen sein und welche Mindestgröße sollte sie für eine Stute mit Fohlen haben?
112. Wie hoch sollte die Temperatur in einem Stall sein, dessen Pferde täglichen Koppelgang haben?

113. Was sollte man beim Neubau eines Stalles beachten, um eine gute Stalluft zu erreichen?

114. Welche Haltungsform ist
a) die gesündere?
b) die wirtschaftlichere:
Matratzenhaltung oder Wechselstreu?

115. Wann soll eine Box desinfiziert werden?

116. In welchem Alter und in welchen Abständen sollen die Hufe des Fohlens erstmals korrigiert werden?

117. Welche Gefahren bestehen in der Verwendung gemeinsamer Schwämme und Lappen
a) bei einer Gruppe von Stuten?
b) bei einer Gruppe von Fohlen?

118. Welche Anforderungen muß man an Tränken und Futterkrippen stellen?

119. Welches sind die Vor- und Nachteile von geschlossenen Trennwänden bei einer Pferdeaufstallung?

120. Welche Nebenräume gehören zu einem mittleren bis größeren Stallkomplex?

121. a) Welche Funktionen muß der Stallboden erfüllen?
b) Welche Einstreuarten sind im Pferdestall möglich?
c) Welche Vor- und Nachteile bieten sie?
d) Welche Formen der Aufstallung kennen Sie?
e) Wie breit sollte eine Stallgasse sein?

122. Erklären Sie Zweck und Wirkung des Putzens von Pferden!

123. Welchen Flächenbedarf hat man für ein Warmblutpferd bei Boxenaufstallung einzuberechnen?

124. Welche Vor- bzw. Nachteile bringt im Stall die Einrichtung eines Solariums?

125. Wieviel Anbaufläche bzw. Grünlandfläche benötigt man für ein Großpferd jährlich:
a) Haferanbau?
b) Weidefläche für die Weidesaison?
c) Heuerntefläche bei ganzjähriger Stallhaltung?

126. Was ist bei der Errichtung eines Weidestalles zu beachten?

127. Welche Vorteile und Nachteile hat
a) bodenlastige Futterlagerung?
b) dachlastige Futterlagerung?

128. Welche Pflegemittel werden zu welchem Zweck bei der Sattel- und Zaumzeugpflege verwendet?

129. Nenne 4 Beispiele, bei denen man einem Turnierpferd Stollen in die Hufe einschrauben wird.

130. a) In welchem Abstand ist gewöhnlich der Hufbeschlag zu erneuern?
b) Wieviel wächst das Hufhorn circa im Jahr?
c) Was bedeutet der Begriff »Zwicke«?

Betriebsorganisation

131. Welche Einzelposten müssen bei der Kostenberechnung einer Verleihstunde je Pferd berücksichtigt werden?

132. a) Wieviel Stunden muß ein Schulpferd im Jahr im Verleih gehen, um rentabel zu sein?
b) Wieviel DM kostet die Haltung eines Schulpferdes im Jahr?
c) Wieviel DM beträgt die Abschreibung für ein Schulpferd je Jahr bei einem Anschaffungspreis von 7200,– DM und einer zu erwartenden Nutzung von 6 Jahren?

133. Durch eine elektrische Putzmaschine (Pferdestaubsauger) kann der Zeitbedarf um 8 Minuten pro Pferd und Tag gesenkt werden. Wie viele Stunden im Jahr werden bei 15 Pferden gespart?

134. Wie teuer kommt das Tränken von 15 Pferden jährlich
a) mit Eimern,
b) mit Selbsttränken?

135. Was versteht man unter Festkosten eines pferdehaltenden Betriebes? Geben Sie 1 Beispiel an!

136. Woraus bezieht der Halter einer Zuchtstute mit leichter Reitnutzung seine Roheinnahmen?

137. In welcher Reihenfolge nimmt der Arbeitszeitbedarf ab? Ordnen Sie:
– Laufstall, 1 × täglich misten, Tränkebecken
– Laufstall täglich einstreuen, Eimertränke
– Einzelbox, täglich misten, Eimertränke
– Stand, täglich misten, Eimertränke

138. Wie verändern sich bei einem Pferdehaltungsbetrieb
a) die Festkosten je Pferd?
b) die variablen Kosten je Pferd?
c) der Deckungsbeitrag je Pferd?
d) der Gewinn je Pferd?
wenn der Betrieb seinen Pferdebestand von 15 auf 25 Pferde aufstockt?

139. Welche 4 Angaben sind zur Berechnung des Heulagerraums für einen Pferdestall erforderlich?

140. Nennen Sie die aktuellen Marktpreise für Heu, Stroh, Hafer, Mais, Gerste usw.!

Rechtliche Zusammenhänge

141. Welche beiden Ausbildungsinhalte sieht der Ausbildungsrahmenplan für die Berufsausbildung zum Pferdewirt während der gesamten Ausbildungsdauer vor?

142. Nennen Sie je 2 Beispiele für Kenntnisse und Fertigkeiten, die in der Ausbildung vermittelt werden sollen!
   a) Kenntnisse:
   b) Fertigkeiten:

143. Welche Möglichkeiten der Bestrafung sieht das Tierschutzgesetz vor?

144. a) Wie lange dauert die Berufsausbildung zum Pferdewirt generell?
   b) Welche einzige Ausnahme gibt es und wie lange ist dann die Ausbildungszeit?

145. Was bedeuten die beiden Verkehrszeichen nach der STVO (Straßenverkehrsordnung)?
   a) Rundes, rotes Schild mit weißem Querbalken?
   b) Rundes Schild: Weißer Reiter auf blauem Grund?

146. Was bedeutet der Begriff »Haftung« nach BGB?
   – Haftung bedeutet, daß der Schädiger zur Schadenswiedergutmachung verpflichtet ist. Oder:
   – Haftung bedeutet, daß der Schädiger mit Bargeld einen Besuch beim Geschädigten machen muß. Oder:
   – Haftung bedeutet, daß der Schädiger den alten Zustand wieder herstellen muß.

147. Welche Fristen gelten, um eine »Wandlung« bei Feststellung eines Hauptmangels herbeizuführen:
   a) Innerhalb von wieviel Tagen muß ein Hauptmangel dem Verkäufer angezeigt werden?
   b) In welcher Form muß es geschehen?
   c) Wieviele Tage »ab Übergabe« muß die Klage eingereicht sein?

148. a) Wer gilt gemäß LPO als Züchter eines Pferdes?
   b) Wann gilt ein Reiter gemäß LPO als »Junior«?
   c) Was ist gemäß LPO unter »beurteilendem Richtverfahren« zu verstehen?

149. Der Ausbruch einer Viehseuche ist anzuzeigen:
   a) von wem?
   b) bei wem?
   c) wann?

150. Wann geht in der Regel beim Pferdekauf die »Gefahr« auf den Käufer über (Gefahrenübergang)?

151. Welche Voraussetzungen sind zur Gründung eines eingetragenen Vereins notwendig?

152. Welche Vorteile hat ein eingetragener Verein gegenüber einem nicht eingetragenen?

153. Was versteht man unter Stammitgliedschaft bei einem Verein?

154. Wann kann man die Stammitgliedschaft wechseln?

155. Unter welchen Voraussetzungen kann man die Stammitgliedschaft während des Jahres wechseln?

156. Welche Versicherungen muß ein eingetragener Verein abschließen?

157. Welche Versicherungen schließt der Besitzer bzw. Arbeitgeber einer Reitanlage ab?

158. Welche Versicherungen muß, soll und kann der Reitpferdehalter abschließen?

159. Wodurch erhält das Finanzamt Einblick in die Betriebsverhältnisse?

160. Welche Mehrwertsteuer-Sätze gelten in einem Reitbetrieb?

161. Bei welchen Leistungen und Gütern treffen die verschiedenen Sätze zu?

162. Welchen Steuerabgaben kann ein Reitbetrieb unterliegen?

163. Auf welchen Gesetzesgrundlagen beruht ein Ausbildungsvertrag?

164. Welche Pflichten übernimmt der Auszubildende gegenüber seinem Ausbilder?

165. Welche Pflichten übernimmt der Ausbildende gegenüber dem Auszubildenden?

166. Zuständige Stellen bzw. Ämter für die Berufsausbildung zum Pferdewirt?

167. Unter welchen Voraussetzungen kann der Berufsausbildungsvertrag
   a) von Seiten des Auszubildenden
   b) von Seiten des Ausbildenden
   gekündigt werden?

168. Wann kann eine Ausbildungszeitverkürzung beantragt werden?

169. Welche Unterlagen sind zur Eintragung eines Berufsausbildungsvertrages notwendig?

170. Welche Arbeitspapiere benötigt der Arbeitnehmer bei Antritt einer Anstellung?

Umweltschutz

171. Was muß beachtet werden, wenn eine Reitanlage in unmittelbarer Nähe einer Wohngegend liegt?

172. Wie muß eine Dungstätte angelegt sein?

173. Was muß man beim Bau eines Koppelzaunes beachten?

174. Was muß man beim Anlegen einer Koppel, die an einen Weg oder Straße grenzt, beachten?

175. Was macht man mit Abfällen von Giftstoffen, Chemikalien, Spritzmitteln, Schädlingsbekämpfungsmitteln?

176. Wann muß absolute Lärmruhe herrschen?

177. Was besagt das Bundesnaturschutzgesetz?

178. Darf man ohne Erlaubnis auf Stoppelfeldern oder abgeernteten Wiesen reiten?

179. Wie sind Altöle von landwirtschaftlichen Maschinen, Gummireifen und Batterien zu entsorgen?

180. Was bedeuten die Begriffe: Immission, Emission, Erosion, Inversion?

181. Welchen Zweck verfolgt die Landesplanung? Geben Sie dazu ein Beispiel an!

182. Welche Behörden – von Gemeindeebene bis Bundesebene – sind dafür zuständig?

183. a) In jüngerer Vergangenheit mußte in verschiedenen Gebieten Smog-Alarm ausgelöst werden.
Nennen Sie 4 Maßnahmen, die Sie selbst ergreifen können, um einer weiteren Zunahme der Luftverschmutzung entgegenzuwirken!
b) Zeigen Sie 5 Möglichkeiten auf, wie jeder einzelne Bürger dazu beitragen kann, das Müllproblem zu verringern!
c) Moore und Feuchtgebiete spielen eine wichtige Rolle im Naturhaushalt. Von verschiedenen Seiten aber werden sie gefährdet. Nennen Sie 4 solcher Gefahren!
d) Nennen Sie 4 Beispiele, wie infolge des Waldsterbens unsere Umwelt akut gefährdet wird.

184. Nennen Sie
a) 10 geschützte Pflanzen und
b) 10 geschützte Tiere,
die in der BRD vom Aussterben bedroht sind!

Exterieurlehre

185. Welche Bedeutung hat die Wirbelsäule beim Pferd? Wie wird sie eingeteilt?

186. a) Beschreiben Sie die Knochen und Gelenke der Vorder- und Hintergliedmaßen.
b) Erklären Sie den Einfluß ihrer Längenverhältnisse und Winkelbildung auf die Eignung als Reitpferd!

187. Was sind Reitpferdepoints?

188. Welches Zuchtziel erstreben alle deutschen Warmblutzuchtgebiete?
Nennen Sie die Charakteristika dieses Zuchtzieles.

189. a) Was geben Stockmaß, Bandmaß, Umschlag (Gurtmaß) und Röhrbeinstärke an?
b) Nennen Sie Normmaße des modernen Zuchtzieles!

190. Welchen Einfluß haben Widerrist und Schulter auf die Reitpferdeeignung?

191. Nennen Sie die wichtigsten Stellungsfehler und ihre Auswirkungen!

192. Welche Pferdeschläge und welche Rassen innerhalb der einzelnen Schläge kennen Sie?

Organisation des Reitsportes

Rechtliche Zusammenhänge – Schwerpunkt Reiten

193. Wie heißt die Weltdachorganisation des Reitsportes?
Was sind ihre Aufgaben?

194. Nennen Sie die 3 Abteilungen der Deutschen Reiterlichen Vereinigung (FN) sowie weitere der FN angeschlossene Institutionen und ihre Aufgabenbereiche!

195. Wie heißt das nationale Reglement des Reitsportes, in welche Teile ist es gegliedert?

196. Wie heißt das internationale Regelbuch des Reitsports, wer erläßt es, in welchem Zeitraum werden gewöhnlich Neuerungen vorgenommen?

Sportlehre

Trainingsmethoden – Schwerpunkt Reiten

197. Was ist mit dem Begriff Didaktik und Methodik gemeint?

198. Worin liegt die Bedeutung frühzeitiger Fehlerkorrektur?

199. Welche Rolle spielt der Lernerfolg bei der Ausbildung?

200. Welche Trainingsarten kennen wir im Sport? Wovon hängt eine trainingsbedingte Leistungssteigerung ab?

Rennreiten

201. In welchen Farben sind Hindernisrennen ausgeflaggt?
a) Hürdenrennen
rechts oder links?
b) Jagdrennen
rechts oder links?

202. Nennen Sie die verschiedenen Ausgleichsklassen in Flach- und in Hindernisrennen.

203. In welchen Rennen gibt es Gewichtserlaubnisse für den Reiter?

204. Welche Hilfsmittel sollten beim Anreiten eines Jährlings verwendet werden?

205. Wann gilt ein Rennen als Hindernis-, wann als Jagdrennen?

206. Welche Rennen zählen zu den Altersgewichtsrennen?

207. Nennen Sie 5 Beispiele für Informationen, die man dem Wochenrennkalender entnehmen kann.

208. In welchen Rennen gibt es Gastjockeys, erhalten diese Reitgeld und Gewinnprozente?

209. Was muß man auf alle Fälle nach dem Start beachten?

210. Warum muß man im Rennen vom Vorderpferd genügend Abstand halten?

211. Nennen Sie einige für den Reiter unerwünschte Angewohnheiten von Pferden bei Arbeit oder Rennen!

212. Wie muß das Ringmartingal eingestellt werden?

213. Wie muß man eine Gamasche anlegen und auf was muß man besonders achten?

214. Nennen Sie die Erlaubnisse eines Auszubildenden in Flachrennen für den eigenen Lehrherrn und für fremde Trainer!

215. a) In welchen Rennen dürfen Reiter nur eine Reitklappe mitnehmen?
b) Wie lang darf diese sein?

216. Wo kann ich auf einer mir unbekannten Rennbahn den Rennbahnplan einsehen, unter welcher Voraussetzung darf ich am Renntag die Bahn betreten?

217. Wo muß ein Außenrail vorhanden sein?

218. Nennen Sie die Erlaubnisse eines Azubis in Flachrennen für den eigenen Lehrherrn!

219. Wer darf nicht Besitzer von Rennpferden sein?

220. Nach wieviel Starts verliert ein Pferd die Startberechtigung?
a) als Zweijähriger?
b) als dreijähriges Hindernispferd?

Trabrennfahren

221. Wie lautet das Zuchtziel für den deutschen Traber?

222. Seit wann besteht das deutsche Traber-Gestüt-Buch, was bedeutet es, daß es »geschlossen« ist?

223. a) Wie hieß das staatliche Trabergestüt in Baden?
b) Wer gründete das Gestüt »Mariahall« (1885)?

224. Nennen Sie 3 von den 5 Gründerhengsten der französischen Traberzucht!

225. Nennen Sie zur Entwicklung des Trabersports (-Zucht) in Deutschland
a) Wann und wo fanden die ersten offiziellen Trabrennen statt?
b) Welche Bedeutung hatte die Paarung Independence × Tumannaja?
c) Warum wurden 1894 die Sonntagsrennen verboten?
d) Warum war die Zeit von 1881–86 für die Entwicklung des Trabersports so nachteilig?

226. Wie sollte bei der amerikanischen Anspannung die Lage der Anzen und der Sitz des Fahrers sein?

227. Wie ist ein Rennsulky zu pflegen, worauf ist bezüglich der Betriebssicherheit zu achten?

228. Welche Vorteile bringt eine in den Kurven überhöhte Rennbahn?

229. Wie würden Sie sich ein Rennen mit einem »Steher« einteilen?

230. Nennen Sie das Mindest- und das Höchstmaß der im Rennen zugelassenen Peitschen; wie lang darf der Schmiß sein?

231. Welche Quali-Leistung wird von einem 4jährigen Traber verlangt?

232. Welche Disqualifikationsgründe gibt es?

233. Nennen Sie 3 Gründe, die zur Sperre eines Pferdes führen!

234. Von welchen Personen bzw. Stellen kann ein Protest eingelegt werden?

235. Wie wird ein Protest am Renntag vom Fahrer ordnungsgemäß eingelegt?

236. Wer setzt die Rennleitung, wer den Rennausschuß ein?

237. An welche Stelle sind Geldbußen zu zahlen, welche Folge hat eine Nichtzahlung?

238. Wann werden Eintragungen im Strafenbuch gelöscht, wann verjähren Ordnungswidrigkeiten?

239. Gegen welche Maßnahme der Rennleitung gibt es keinen Protest?

240. Wann zählt eine Leistung als Rekord?

Für die Berufsbildung Pferdewirt zuständige Stellen der Bundesländer in Deutschland

Baden-Württemberg
Ministerium für Ernährung, Landwirtschaft, Umwelt und Forsten
Marienstraße 41, 70178 Stuttgart

Regierungspräsidium Karlsruhe
Schloßplatz 1–3, 76131 Karlsruhe

Bayern
Bayerisches Landesamt für Pferdezucht und Pferdesport
Landshamer Straße 11, 81929 München

Berlin
Der Senator für Schulwesen, Berufsausbilcung und Sport
Storkoher Straße 133, 10407 Berlin

Brandenburg
Ministerium für Landwirtschaft, Ernährung und Forsten
Heinrich-Mann-Allee 107, 14473 Potsdam

Bremen
Landwirtschaftskammer Bremen
Ellhornstraße 20, 28195 Bremen

Hamburg
Hauptausschuß für Landwirtschaft und Gartenbau
Banksstraße (Großmarkt), 20097 Hamburg

Hessen
Hessisches Landesamt für Ernährung, Landwirtschaft und Landentwicklung
Kölnische Straße 48–50, 34117 Kassel

Mecklenburg-Vorpommern
Ministerium für Landwirtschaft
Paulshöher Weg 1, 19061 Schwerin

Niedersachsen
Landwirtschaftskammer Hannover
Johannssenstraße 10, 30159 Hannover

Landwirtschaftskammer Weser-Ems
Mars-la-Tour-Straße 6, 26121 Oldenburg

Nordrhein-Westfalen
Landwirtschaftskammer Rheinland
Endenicher Allee 60, 53115 Bonn

Landwirtschaftskammer Westfalen-Lippe
Schorlemerstraße 26, 48143 Münster

Rheinland-Pfalz
Landwirtschaftskammer Rheinland-Pfalz
Burgenlandstraße 7, 55543 Bad Kreuznach

Saarland
Landwirtschaftskammer für das Saarland
Lessingstraße 12, 66121 Saarbrücken

Sachsen
Staatsministerium für Landwirtschaft, Ernährung und Forsten
Freiberger Straße 31, 01067 Dresden

Sachsen-Anhalt
Ministerium für Ernährung, Landwirtschaft und Forsten
Olvenstedter Straße 4, 39108 Magdeburg

Schleswig-Holstein
Landwirtschaftskammer Schleswig-Holstein
Holstenstraße 106–108, 24103 Kiel

Thüringen
Ministerium für Landwirtschaft und Forsten
Hallesche Straße 16, 99085 Erfurt

Weitere Anschriften

Stellenvermittlung (bundesweit)
Zentrale Fachvermittlungsstelle für Berufe des Reit- und Fahrwesens und der Pferdezucht beim Arbeitsamt Verden
Münchmeyerstraße 6, 27283 Verden/Aller

Interessenvertretung
Fachgruppe Berufsreiter und -fahrer im Deutschen Reiter- und Fahrerverband e.V.
Kettelstraße 1b, 48336 Sassenberg-Fürchtorf

Fachverband: Reiten – Zucht
Deutsche Reiterliche Vereinigung e.V.
– Hauptverband für Zucht und Prüfung deutscher Pferde –
Freiherr-von-Langen-Straße 13, 48231 Warendorf

Fachverband: Rennreiten
Direktorium für Vollblutzucht und Rennen e.V.
Rennbahnstraße 154, 50737 Köln

Fachverband: Trabrennfahren
Hauptverband für Traberzucht und Rennen e. V.
Hochhaus, 41564 Kaarst

Fachverband: Reittherapie
Kuratorium für Therapeutisches Reiten e. V.
Freiherr-von-Langen-Straße 13, 48231 Warendorf

Vereinigung der Freizeitreiter in Deutschland e. V.
Am Bauernwald 5b, 81739 München

Die Zuchtgebiete des deutschen Reitpferdes

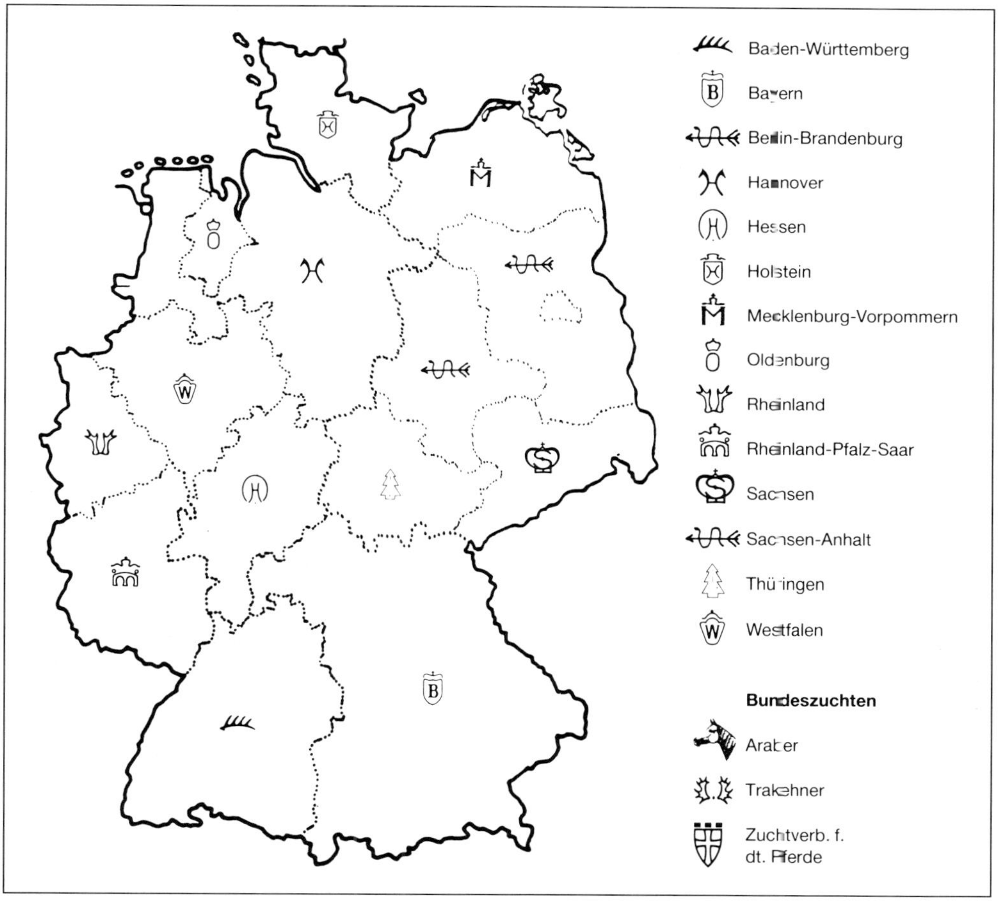

Berufsausbildungsvertrag
für den Bereich Landwirtschaft

1. Ausfertigung für den **Lehrling** (weiß)
2. Ausfertigung für den **Ausbildenden** (grün)
3. Ausf. für die **verzeichnisführende Stelle** (gelb)
4. Ausfertigung für den **gesetzl. Vertreter** (rosa)

Ausbildungsberuf *Pferdewirt/in* — Berufszweig

Zwischen der/dem **Ausbildenden** (Ausbildungsstätte)

Name, Betrieb

Straße — Telefon

PLZ/Ort

Ausbilder/in — geb. am

und der/dem **Auszubildenden** (Lehrling)

Name, Vorname

Straße

PLZ/Ort

geb. am — in

gesetzlich vertreten durch*)

Name, Vorname — Straße — PLZ/Ort

Nur mit Schreibmaschine oder in Druckschrift ausfüllen!

wird nachstehender Vertrag nach Maßgabe der Ausbildungsordnung geschlossen:

A Die **Ausbildungszeit** beträgt nach der Ausbildungsordnung

☐ 36 Monate (=3 Jahre) ☐ 24 Monate (=2 Jahre)

☐ Das Berufsgrundschuljahr Agrarwirtschaft tierischer/pflanzlicher Bereich wird angerechnet

☐ Verkürzung wegen ....

Damit ergibt sich eine betriebliche Ausbildungsdauer von insgesamt ______ Monaten.
Dieses Ausbildungsverhältnis dauert

	Ausbildungsbeginn				Ausbildungsende			Probezeit
	Tag	Mon.	Jahr		Tag	Mon.	Jahr	Mon.
von				bis				

B Die/Der Ausbildende zahlt der/dem Auszubildenden eine angemessene **Brutto-Vergütung**(s.§4 Nr.1). von z.Z. mtl. DM

	vom bis ./ . Monat	vom bis ./ . Monat	vom bis ./ . Monat
unter 18 J.			
über 18 J.			

Kost und Wohnung wird

☐ auf Grund des Ausbildungsverhältnisses - unter Kürzung der Barvergütung - gewährt ☐ in Erfüllung der elterlichen Unterhaltspflicht gewährt ☐ nicht gewährt

C Die/Der Ausbildende gewährt der/dem Auszubildenden **Urlaub** nach den jeweils geltenden Bestimmungen (s.§5 Nr.2). Es besteht ein Urlaubsanspruch:

19 ______ auf __________ Werktage ________ Arbeitstage

19 ______ auf __________ Werktage ________ Arbeitstage

19 ______ auf __________ Werktage ________ Arbeitstage

19 ______ auf __________ Werktage ________ Arbeitstage

Die regelmäßige **tägliche Arbeitszeit** beträgt _____ Stunden

D Die regelmäßige **wöchentl. Arbeitszeit** beträgt _____ Stunden

E **Ausbildungsmaßnahmen** außerhalb der Ausbildungsstätte

☐ Überbetrieblicher Lehrgang vor der Abschlußprüfung

F **Sonstige Vereinbarungen: (z.B. Arbeitszeitregelung)** ☐ Der zwischen den Tarifvertragsparteien abgeschlossene Tarifvertrag wird angewandt.

....

G Die umstehenden **Vereinbarungen** sind Gegenstand dieses Vertrages und werden anerkannt. Die Eintragung in das Verzeichnis der Berufsausbildungsverhältnisse wird beantragt.

.........., den ....

(Unterschrift der/des Ausbildenden **und** ggf. Ausbilder/in)

(Unterschrift des Lehrlings) — Unterschrift des Vaters, der Mutter bzw. Vormundes*)

H Folgende **Änderung** des vorstehenden Vertrages wird vereinbart:

....

.........., den ....

(Unterschrift der/des Ausbildenden **und** ggf. Ausbilder/in)

(Unterschrift des Lehrlings) — Unterschrift des Vaters, der Mutter bzw. Vormundes*)

Dieser Vertrag ist anerkannt und in das Verzeichnis der Berufsausbildungsverhältnisse eingetragen unter der

Nr.	Siegel
am	Unterschrift

Der Ausbildungsbetrieb hat unverzüglich nach Abschluß des Vertrages, spätestens vor Beginn der Ausbildung, die Eintragung in das Verzeichnis der Berufsausbildungsverhältnisse zu beantragen. Hierfür sind sämtliche Ausfertigungen des Vertrages, die **ärztliche Bescheinigung** über die Erstuntersuchung nach § 32 Abs. 1 JArbSchG und das **letzte Schulzeugnis(Kopie)** beizufügen. Das gleiche gilt bei wesentlichen Änderungen des Vertragsinhaltes(z.B. Verlängerung der Ausbildungsdauer, vorzeitige Beendigung des Ausbildungsverhältnisses). Eine bestätigte Ausfertigung des Vertrages ist dem gesetzlichen Vertreter unverzüglich auszuhändigen.

Hinweis: Die Erhebung der Daten erfolgt aufgrund der §§ 31, 32 und 33 BBiG sowie § 5 BerBiFG

* Nur erforderlich bei Minderjährigen

Herausgeber: Bayer. Staatsministerium für Ernährung, Landwirtschaft und Forsten, Referat Berufsbildung (März 1993)

StMELF-A6/VERTRAG in MLSE.SEIDEN.SCHWAND

§ 1 - Ausbildungszeit

1. **Dauer und Probezeit:** (siehe A)
Die Ausbildungzeit richtet sich nach der Ausbildungsordnung. Die Probezeit muß mindestens einen Monat und darf höchstens drei Monate betragen. Wird die Ausbildung um mehr als ein Drittel dieser Zeit unterbrochen, so verlängert sich die Probezeit um den Zeitraum der Unterbrechung.

2. **Vorzeitige Beendigung:**
Besteht die/der Auszubildende vor Ablauf der Ausbildungszeit die Abschlußprüfung, so endet das Berufsausbildungsverhältnis mit Bestehen der Abschlußprüfung.

3. **Verlängerung:**
Besteht die/der Auszubildende die Abschlußprüfung nicht, so verlängert sich das Berufsausbildungsverhältnis auf ihr/sein Verlangen bis zur nächstmöglichen Wiederholungsprüfung, höchstens um ein Jahr.

§ 2 - Pflichten der/des Ausbildenden

Die/Der Ausbildende verpflichtet sich,

1. **(Ausbildungsziel)**
dafür zu sorgen, daß der/dem Auszubildenden die Fertigkeiten und Kenntnisse vermittelt werden, die zum Erreichen des Ausbildungszieles nach der Ausbildungsordnung erforderlich sind, und die Berufsausbildung nach den beigefügten Angaben zur sachlichen und zeitlichen Gliederung des Ausbildungsablaufs so durchzuführen, daß das Ausbildungsziel in der vorgesehenen Ausbildungszeit erreicht werden kann;

2. **(Ausbilder)**
selbst auszubilden oder eine/n persönlich und fachlich geeignete/n Ausbilder/in ausdrücklich damit zu beauftragen;

3. **(Ausbildungsordnung)**
der/dem Auszubildenden vor Beginn die Ausbildungsordnung kostenlos auszuhändigen;

4. **(Ausbildungsmittel)**
der/dem Auszubildenden kostenlos die Ausbildungsmittel zur Verfügung zu stellen, die für die Ausbildung in den betrieblichen und überbetrieblichen Ausbildungsstätten und zum Ablegen von Zwischen- und Abschlußprüfungen erforderlich sind;

5. **(Berufsschule und überbetriebliche Ausbildung)**
die/den Auszubildende/n zum Besuch der Berufsschule und von überbetrieblichen Ausbildungsmaßnahmen (siehe E) anzuhalten und freizustellen;

6. **(Berichtsheft)**
der/dem Auszubildenden vor Ausbildungsbeginn das Berichtsheft für die Berufsausbildung kostenlos auszuhändigen und die ordnungsgemäße Führung durch regelmäßige Abzeichnung zu überwachen;

7. **(Ausbildungsbezogene Tätigkeiten)**
der/dem Auszubildenden nur Verrichtungen zu übertragen, die dem Ausbildungszweck dienen und ihren/seinen körperlichen Kräften angemessen sind;

8. **(Sorgepflicht)**
dafür zu sorgen, daß die/der Auszubildende charakterlich gefördert sowie sittlich und körperlich nicht gefährdet wird. Bei Aufnahme in die häusliche Gemeinschaft der/des Ausbildenden ist der/dem Auszubildenden angemessene Unterkunft und Verpflegung, bei Erkrankung die erforderliche Pflege zu gewähren, sofern nicht die Überführung in ein Krankenhaus erforderlich ist. Die/Der Erziehungsberechtigte oder Sorgeberechtigte ist von der Erkrankung zu benachrichtigen;

9. **(Ärztliche Untersuchungen)**
von der/dem jugendlichen Auszubildenden sich eine Bescheinigung gemäß §§ 32,33 Jugendarbeitsschutzgesetz darüber vorlegen zu lassen, daß dieser
a) vor der Aufnahme der Ausbildung untersucht (Bescheinigung nicht älter als 14 Monate) und
b) vor Ablauf des ersten (betrieblichen) Ausbildungsjahres nachuntersucht worden ist;

10. **(Eintragungsantrag)**
unverzüglich nach Abschluß des Berufsausbildungsvertrages, spätestens vor Beginn der Berufsausbildung, den wesentlichen Inhalt des Vertrages schriftlich niederzulegen und unverzüglich die Eintragung in das Verzeichnis der Berufsausbildungsverhältnisse bei der zuständigen Stelle unter Beifügung der Vertragsniederschriften zu beantragen. Entsprechendes gilt bei späteren Änderungen des wesentlichen Vertragsinhaltes. Bei jugendlichen Auszubildenden ist außerdem die ärztliche Bescheinigung über die Erstuntersuchung gemäß § 32 JArbSchG beizufügen. Die Gebühr für die Eintragung des Berufsausbildungsvertrages trägt die/der Ausbildende;

11. **(Anmeldung zu Prüfungen)**
die/den Auszubildende/n rechtzeitig zu den angesetzten Zwischen- und Abschlußprüfungen anzumelden und für die Teilnahme freizustellen. Bei der Anmeldung zur Zwischenprüfung ist bei Auszubildenden unter 18 Jahren die ärztliche Bescheinigung über die erste Nachuntersuchung gem. § 33 JArbSchG zur Einsicht vorzulegen. Die Prüfungsgebühren trägt die/der Ausbildende;

12. **(Sozialversicherung)**
die/den Auszubildende/n zu den gesetzlichen Sozialversicherungen anzumelden.

§ 3 - Pflichten der/des Auszubildenden

Die/Der Auszubildende hat sich zu bemühen, die Fertigkeiten und Kenntnisse zu erwerben, die erforderlich sind, um das Ausbildungsziel zu erreichen. Sie/Er verpflichtet sich insbesondere,

1. **(Lernpflicht)**
die ihr/ihm im Rahmen der Berufsausbildung übertragenen Verrichtungen und Aufgaben sorgfältig auszuführen;

2. **(Berufsschulunterricht, Prüfungen und sonstige Maßnahmen)**
am Berufsschulunterricht und an Prüfungen sowie an überbetrieblichen Ausbildungsmaßnahmen teilzunehmen, für die sie/er nach § 2 Nr. 5 freigestellt wird.

3. **(Weisungsgebundenheit)**
den Weisungen zu folgen, die ihr/ihm im Rahmen der Berufsausbildung von der/vom Ausbildenden, von der/vom Ausbilder/in oder von anderen weisungsberechtigten Personen, soweit sie als weisungsberechtigt bekanntgemacht worden sind, erteilt werden;

4. **(Betriebliche Ordnung)**
die für die Ausbildungsstätte geltende Ordnung zu beachten;

5. **(Sorgfaltspflicht)**
Pflanzen, Tiere, Maschinen und sonstige Einrichtungen pfleglich zu behandeln und sie nur zu den übertragenen Arbeiten zu verwenden;

6. **(Betriebsgeheimnisse)**
über Betriebs- und Geschäftsgeheimnisse Stillschweigen zu wahren;

7. **(Berichtsheft)**
ein vorgeschriebenes Berichtsheft zu führen und regelmäßig der/dem Ausbilder/in vorzulegen;

8. **(Benachrichtigungen)**
bei Fernbleiben von der betrieblichen Ausbildung, vom Berufsschulunterricht oder von sonstigen Ausbildungsveranstaltungen der/dem Ausbildenden unter Angabe von Gründen unverzüglich Nachricht zu geben und ihr/ihm bei Krankheit oder Unfall spätestens am dritten Tag eine ärztliche Bescheinigung zuzuleiten;

9. **(Ärztliche Untersuchungen)**
soweit auf sie/ihn die Bestimmungen des JArbSchG Anwendung finden, sich gemäß §§ 32, 33 dieses Gesetzes ärztlich
a) vor der Aufnahme der Ausbildung untersuchen (Bescheinigung darf nicht älter als 14 Monate sein) und
b) vor Ablauf des ersten (betrieblichen) Ausbildungsjahres nachuntersuchen zu lassen
und die Bescheinigung hierüber der/dem Ausbildenden vorzulegen

10. **(Hausordnung)**
bei Aufnahme in die häusliche Gemeinschaft der/des Ausbildenden die Hausordnung einzuhalten.

§ 4 - Vergütung und sonstige Leistungen

1. **Höhe und Fälligkeit:** (siehe B)
Unbeschadet von Buchst. B gelten mindestens die tariflichen Ausbildungsvergütungen.
Ändern sich während des Berufsausbildungsverhältnisses die Vergütungssätze, so gelten diese. Eine über die vereinbarte regelmäßige Ausbildungszeit hinausgehende Beschäftigung wird besonders vergütet. Die Vergütung wird spätestens am letzten Arbeitstag des Monats gezahlt. Das auf die Urlaubszeit entfallende Entgelt (Urlaubsentgelt) wird vor Antritt des Urlaubs ausgezahlt. Die Beiträge für die Sozialversicherung tragen die Vertragsschließenden nach Maßgabe der gesetzlichen Bestimmungen.

2. **Sachleistungen:**
Soweit die/der Ausbildende der/dem Auszubildenden Kost und/oder Wohnung gewährt, gilt die folgende Regelung:
Die/Der Ausbildende gewährt der/dem Auszubildenden angemessene Wohnung und Voll- bzw. Teilverpflegung im Rahmen der Hausgemeinschaft. Die Leistungen sind nach der geltenden gesetzlichen Regelung des § 17 Sozialgesetzbuch IV zu gewähren. Kann die/der Auszubildende während der Zeit für welche die Vergütung fortzuzahlen ist, aus berechtigtem Grund (z.B. Urlaub, Krankheit) vereinbarte Sachleistungen nicht abnehmen, so sind diese abzugelten.

3. **Überbetriebliche Ausbildung:**
Die/Der Ausbildende trägt die Kosten für überbetriebliche Ausbildungsmaßnahmen gem. § 2 Nr. 5 soweit sie nicht durch die Förderung nach LwFöG gedeckt sind. Ist eine auswärtige Unterbringung erforderlich, so können der/dem Auszubildenden anteilige Kosten für Verpflegung in dem Umfang in Rechnung gestellt werden, in dem diese/r Kosten einspart.

4. **Fortzahlung:**
der/dem Auszubildenden wird die Vergütung auch gezahlt
a) für die Zeit der Freistellung gem. § 2 Nr. 5 und 11 dieses Vertrages, sowie gem. § 10 Abs. 1 Nr. 2 JArbSchG an dem Arbeitstag, der der schriftlichen Abschlußprüfung unmittelbar vorangeht, ferner für die nach dem JArbSchG erforderlichen ärztlichen Untersuchungen.
b) bis zur Dauer von 6 Wochen, wenn sie/er
- sich für die Berufsausbildung bereithält, diese aber ausfällt,
- infolge unverschuldeter Krankheit nicht an der Berufsausbildung teilnehmen kann oder
- aus einem sonstigen, in ihrer/seiner Person liegenden Grund unverschuldet verhindert ist, ihre/seine Pflichten aus dem Berufsausbildungsverhältnis zu erfüllen.

§ 5 - Ausbildungszeit und Urlaub

1. **Tägliche Ausbildungszeit:**
richtet sich nach § 8 JArbSchG; Tarifverträge bzw. Betriebsvereinbarungen sollen berücksichtigt werden.

2. **Urlaub:**
Urlaubsjahr ist das Kalenderjahr (nicht das Beschäftigungsjahr). Der Urlaubsanspruch richtet sich nach § 19 JArbSchG, Tarifvertrag oder Bundesurlaubsgesetz.

3. **Zeitliche Lage:**
Der Urlaub soll zusammenhängend und in der Zeit der Berufsschulferien erteilt und genommen werden. Während des Urlaubs darf die/der Auszubildende keine dem Urlaubszweck widersprechende Erwerbsarbeit leisten.

§ 6 - Kündigung

1. **Während der Probezeit:**
Während der Probezeit kann das Berufsausbildungsverhältnis ohne Einhaltung einer Kündigungsfrist und ohne Angabe von Gründen gekündigt werden.

2. **Nach Ablauf der Probezeit:**
Nach der Probezeit kann das Berufsausbildungsverhältnis nur gekündigt werden
a) aus einem wichtigen Grund ohne Einhalten einer Kündigungsfrist,
b) von der/vom Auszubildenden mit einer Kündigungsfrist von 4 Wochen, wenn sie/er die Berufsausbildung aufgeben oder sich für eine andere Berufstätigkeit ausbilden lassen will.

3. **Form:**
Die Kündigung muß schriftlich, im Falle der Nr. 2 unter Angabe von Kündigungsgründen erfolgen.

4. **Unwirksamkeit:**
Eine Kündigung aus einem wichtigen Grund ist unwirksam, wenn die ihr zugrunde liegenden Tatsachen dem zur Kündigung Berechtigten länger als 2 Wochen bekannt sind. Ist ein Schlichtungsverfahren gemäß § 8 eingeleitet, so wird bis zu dessen Beendigung der Lauf dieser Frist gehemmt.

5. **Schadenersatz bei vorzeitiger Beendigung:**
Wird das Berufsausbildungsverhältnis nach Ablauf der Probezeit vorzeitig gelöst, so kann die/der Ausbildende oder die/der Auszubildende Ersatz des Schadens verlangen, wenn der andere den Grund für die Auflösung zu vertreten hat. Das gilt nicht bei Kündigung wegen Aufgabe oder Wechsels der Berufsausbildung (Nr. 2b). Der Anspruch erlischt, wenn er nicht innerhalb von 3 Monaten nach Beendigung des Berufsausbildungsverhältnisses geltend gemacht wird.

6. **Betriebsaufgabe, Wegfall der Ausbildereignung:**
Bei Kündigung des Berufsausbildungsverhältnisses, wegen Betriebsaufgabe oder Wegfalls der Ausbildereignung verpflichtet sich die/der Ausbildende, die zuständige Stelle unverzüglich zu unterrichten und sich mit Hilfe der Berufsberatung des zuständigen Arbeitsamtes rechtzeitig um eine weitere Ausbildung im bisherigen Ausbildungsberuf in einer anderen geeigneten Ausbildungsstätte zu bemühen.

§ 7 - Zeugnis

Die/Der Ausbildende stellt der/dem Auszubildenden bei Beendigung des Berufsausbildungsverhältnisses ein Zeugnis aus. Hat die/der Ausbildende die Berufsausbildung nicht selbst durchgeführt, so soll auch die/der Ausbilder/in das Zeugnis unterschreiben. Es muß Angaben enthalten, über Art, Dauer und Ziel der Berufsausbildung sowie über die erworbenen Fertigkeiten und Kenntnisse der/des Auszubildenden, auf Verlangen auch Angaben über Führung, Leistung und besondere fachliche Fähigkeiten.

§ 8 - Beilegung von Streitigkeiten

Etwaige Streitigkeiten aus dem bestehenden Ausbildungsverhältnis sind vor Inanspruchnahme des Arbeitsgerichtes der für die Überwachung der Berufsausbildung zuständigen Stelle vorzutragen.

§ 9 - Sonstige Vereinbarungen

Rechtswirksame Nebenabreden, die das Berufsausbildungsverhältnis betreffen, können durch schriftliche Ergänzungen nur unter Buchst. F dieses Berufsausbildungsvertrages getroffen werden.

Literatur

Ahnert, R. L.: Die Vollblutzucht der Welt. Podzin-Verlag, Dorheim, 1970

AID: Anzeigepflichtige Tierseuchen. Bonn, 1987

Baywa: Das 1 × 1 der Futterpflanzen. Weiß'sche Buchdruckerei, München

Bogner, H.: Das neue Futtermittelrecht. BLT, Grub, 1982

Bundesgesetzblätter der BRD ab 1975

Burgstaller, G.: Der Verdauungsablauf beim Pferd. In: *Bayerns Pferdezucht und -sport,* BLV Verlag, München, 1988

Deutsche Reiterliche Vereinigung e. V. (Hrsg.): Richtlinien für Reiten und Fahren, Band I–IV. FN Verlag, Warendorf, 1986
- Taschenbuch für Vereine, Bereiter und Reitlehrer. FN Verlag, Warendorf, 1986
- Leistungsprüfungsordnung (LPO). FN Verlag, Warendorf, 1990

Direktorium für Vollblutzucht und Rennen e. V. (Hrsg.): Rennordnung (RO), Richtlinien zur Rennordnung

Drepper, K.: Richtige Fütterung von Zucht- und Sportpferden. Ahnert-Verlag, Echzell

FAL (Bundesforschungsanstalt für Landwirtschaft) (Hrsg.): Prof. Piotrowski – neue Haltungsformen für Pferde. 1988

Festerling, G.: Lehrunterlagen für Bereiter und Reitlehrer (unveröffentlicht). Landesreitschule München, 1975

Gesellschaft für Ernährungsphysiologie der Haustiere (Hrsg.): Energie- und Nährstoffbedarf landwirtschaftlicher Nutztiere, Nr. 2. DLG Verlag, Frankfurt/M.

Gold, M.: Kleinpferde und Ponys. Welsermühl-Verlag, Wels, 1975
- Fütterung im Stall und auf der Weide. Nymphenburger Verlag, München, 1976
- Vom Reiterpaß zur Berufsreiterprüfung – Pferdewirt. BLV Verlag, München, 1977

Harrison et al.: Care and Training of the Trotter and Pacer. 1968

HVT: Satzung, Ordnung und TRO (Trabrenn-Ordnung). Karst, 1986
- Jahresberichte

Leidl, W.: Die künstliche Besamung beim Pferd. In: *Bayerns Pferdezucht und -sport,* BLV Verlag, München, 1988

Leidl/Kähn/Kaspar: Die Trächtigkeitsuntersuchung bei der Stute. In: *Bayerns Pferdezucht und -sport,* BLV Verlag, München, 1988

Lengwenat, O.: Was braucht mein Pferd? Landwirtschaftsverlag Weser-Ems, Oldenburg, 1987

Löwe/Meyer: Pferdezucht und Pferdefütterung. Ulmer Verlag, Stuttgart, 1944/74/86

Meyer, E.: Farbe und Abzeichen bei Pferden. M. & H. Schaper, Hannover, 1970

Meyer, H.: Pferde-Fütterung. Parey-Verlag, Hamburg/Berlin, 1986

Nissen, J.: Großes Reiter- und Pferdelexikon. Bertelsmann Lexikothek Verlag, Gütersloh, 1976

Packer, D. E.: Farben und Merkmale beim Pferd. BLV Verlag, München, 1986

Pick, M.: Neues Handbuch der Pferdekrankheiten. Franckh'sche Verlagshandlung, Stuttgart, 1988

Pirkelmann/Schäfer/Schulz: Pferdeställe und Pferdehaltung. Ulmer Verlag, Stuttgart, 1976

Podhajsky, A.: Die klassische Reitkunst. Nymphenburger Verlag, München, 1965

Pulte, J.: Die Entwicklung der Deutschen Traberzucht (in: *Leitfaden für Traberzüchter*). 1964

Reitvorschrift: Reitvorschrift (H. Dv. 12) vom 18. 8. 1937. Verlag E. S. Mittler & Sohn. Herford

Schlipf, S.: Praktisches Handbuch der Landwirtschaft. Parey Verlag, Hamburg/Berlin

Schmid, M.: Zur Entwicklung des bayerischen Renntrabers. München, 1960

Schröder, H.: Traben. 1981

Schwarz, F.: Grundsätze der Pferdefütterung. Lehrstuhl für Tierhygiene und Nutztierkunde, Weihenstephan, 1983

Thein, P. (Red.): Handbuch Pferd. BLV Verlag, München 1995

Trench, Ch. Ch.: Geschichte der Reitkunst. Nymphenburger Verlag, München, 1970

Verband der Landwirtschaftsberater (Hrsg.): Die Landwirtschaft, Band I–V. BLV Verlag, München, 1983

Wintzer, H.-J.: Krankheiten des Pferdes. Parey Verlag, Hamburg/Berlin, 1982

Grundlagen für Aufbau und Gliederung:

Verordnung über die Berufsausbildung zum Pferdewirt. Bundesministerium f. Ernährung, Landwirtschaft u. Forsten, Bonn, 1975

Lehrpläne für die Berufsschule Fachklassen »Pferdewirt/Pferdewirtin«. Bayer. Staatsministerium f. Unterricht u. Kultus, München, 1987

Stichwortverzeichnis